舆论学基础与实务教程

邓海荣　邓凤仪　◎　编著

西南交通大学出版社
·成都·

图书在版编目（CIP）数据

舆论学基础与实务教程 / 邓海荣，邓凤仪编著. — 成都：西南交通大学出版社，2020.12
ISBN 978-7-5643-7807-3

Ⅰ. ①舆… Ⅱ. ①邓… ②邓… Ⅲ. ①新闻工作 – 舆论 – 教材 Ⅳ. ①G210

中国版本图书馆 CIP 数据核字（2020）第 211645 号

Yulunxue Jichu yu Shiwu Jiaocheng
舆论学基础与实务教程

邓海荣　邓凤仪　**编著**

责任编辑	居碧娟
助理编辑	罗俊亮
封面设计	GT 工作室
出版发行	西南交通大学出版社 （四川省成都市金牛区二环路北一段 111 号 西南交通大学创新大厦 21 楼）
邮政编码	610031
发行部电话	028-87600564　028-87600533
网址	http://www.xnjdcbs.com
印刷	成都中永印务有限责任公司
成品尺寸	185 mm×260 mm
印张	15.25
字数	382 千
版次	2020 年 12 月第 1 版
印次	2020 年 12 月第 1 次
定价	36.00 元
书号	ISBN 978-7-5643-7807-3

课件咨询电话：028-81435775
图书如有印装质量问题　本社负责退换
版权所有　盗版必究　举报电话：028-87600562

前言 PREFACE

舆论学是以舆论为研究对象，研究其产生、发展及其应用规律的学科。随着媒介技术的社会化发展，社会公众获取信息、共享资源、沟通交往、表达意见的渠道更加多元，各种反映社情民意的舆论场极其活跃，舆论话题、舆论事件成为政府、民众、媒体都十分关注的重要问题，舆论学已成为社会科学研究领域的一门显学。

我国现代意义上的舆论学始于近代，随着西方资产阶级启蒙思想的引入，中国先进的知识分子，如梁启超、康有为等在推进社会革新时，十分重视舆论的力量以及对舆论规律的研究。然而，我国现代真正科学意义上的舆论研究始于20世纪70年代末80年代初，如今我国的舆论学研究取得了丰硕的成果，出版了多部舆论学专著，代表作如：1988年，刘建明的《基础舆论学》、杨张乔的《声张自我的艺术——舆论社会学》；1989年，孟小平的《揭示公共关系的奥秘——舆论学》；1990年，刘建明的《当代舆论学》；1991年，徐向红的《现代舆论学》；1999年，陈力丹的《舆论学——舆论导向研究》；2005年，韩运荣、喻国明的《舆论学原理、方法与应用》；2009年，刘建明、纪忠慧等的《舆论学概论》、许静的《舆论学概论》；2012年，李衍玲的《舆论学精要》；2015年，宋晖、吴麟等的《舆论学实务教程》；2018年，王灿发的《新闻舆论学基础教程》；等等。这些专著以及与之相呼应的为数众多的论文，对舆论的本质、功能、表现形态、运行规律以及舆论与国家、社会等的互动关系等进行了持续不懈的探索，初步形成了有中国特色的舆论学理论体系。

一般来说，舆论学研究包括理论研究、应用研究、历史研究三大板块。

本教材侧重舆论学的基础理论和应用知识介绍。在舆论学基础理论方面，主要阐释舆论的概念、要素、特征、形态、功能、形成，以及舆论的传播、调控等系统的基本知识，并结合案例介绍舆论学的基础理论；在舆论学应用方面，主要阐释新闻舆论引导、新闻舆论监督以及网络舆情的监测与分析、舆论的测量与调查等常用实务知识。据此，全书分为九章：第一章舆论的认知，主要介绍舆论的定义、特征、功能和构成要素；第二章舆论的形成，主要从环境、过程、标志、模式等方面阐释了舆论的形成；第三章舆论的形态，主要分析了舆论的存在形态、信息形态及畸变形态；第四章舆论的传播，主要阐释了舆论的传播手段、传播规律以及舆论的大众传播；第五章舆论的调控，主要分析了舆论调控的目的、方法和原则；第六章新闻舆论引导，主要阐述了新闻舆论的内涵、特征以及引导原则、方法和艺术；第七章新闻舆论监督，主要介绍了新闻舆论监督的主体、客体、特征与作用，还分析了新闻舆论监督的原则与方式；第八章网络舆情监测与分析，主要介绍了网络舆情监测的方法、流程与系统，网络舆情分析技术、工具及方法，以及网络舆情报告的写作方法；第九章舆论的测量与调查，主要介绍舆论测量与调查的基本方法，以及舆论调查报告的写作方法。在写作分工上，第一、二、三、四、五、六章由邓海荣撰写，第七、八、九章由邓凤仪撰写。

本教材是重庆市特色专业——广播电视学的建设内容之一，其出版得到了特色专业建设资金的支持，在此表示感谢。本教材吸纳了众多学者的观点及论述，在此谨向陈力丹、刘建明、喻国明、秦志希、丁柏铨、侯东阳、王灿发、何梓华、李良荣、彭菊华等学者致以真诚的感谢！也要感谢重庆工商大学文学与新闻学院研究生蒋昊君、朱花平、任俊燕、陈佳玲等同学在收集材料或校对中付出的艰辛劳动！此外，还要感谢西南交通大学出版社对本书出版的大力支持！

由于时间仓促及编者相关理论知识水平所限，本书的不足和错误在所难免，欢迎读者批评指正。

目　录 CONTENTS

第一章　舆论的认知

　　第一节　舆论的定义 ……………………………………………………001
　　第二节　舆论的构成要素 ………………………………………………009
　　第三节　舆论的特征 ……………………………………………………014
　　第四节　舆论的功能 ……………………………………………………017

第二章　舆论的形成

　　第一节　舆论产生的社会环境 …………………………………………023
　　第二节　舆论生成的过程 ………………………………………………026
　　第三节　舆论形成的标志 ………………………………………………032
　　第四节　舆论形成的模式 ………………………………………………034

第三章　舆论的形态

　　第一节　舆论的存在形态 ………………………………………………037
　　第二节　舆论的信息形态 ………………………………………………042
　　第三节　舆论的畸变形态 ………………………………………………044

第四章　舆论的传播

　　第一节　舆论的传播手段 ………………………………………………053
　　第二节　舆论的传播规律 ………………………………………………060
　　第三节　舆论的大众传播 ………………………………………………065

第五章　舆论的调控

　　第一节　舆论调控的目的 ………………………………………………074
　　第二节　舆论调控的方法 ………………………………………………076

第三节　舆论调控的原则……084

第六章　新闻舆论引导

第一节　新闻舆论的内涵及特点……088
第二节　舆论引导与新闻舆论引导……094
第三节　新闻舆论引导的原则……107
第四节　新闻舆论引导的方法……110
第五节　新闻舆论引导的艺术……115

第七章　新闻舆论监督

第一节　新闻舆论监督的特征与功能……121
第二节　新闻舆论监督的主体与客体……126
第三节　新闻舆论监督的原则与方法……132

第八章　网络舆情监测与分析

第一节　网络舆情的监测……137
第二节　网络舆情的分析……148
第三节　网络舆情报告的写作……162

第九章　舆论的测量与调查

第一节　舆论的测量……170
第二节　舆论调查……180

附　录

附录1　调查问卷表设计案例……210
附录2　舆论调查报告写作案例……217
附录3　舆情月度报告写作案例……222
附录4　舆情专题报告写作案例……229

参考文献……237

第一章

舆论的认知

第一节 舆论的定义

一、舆论概念的产生

"舆论"一词在国内外出现都比较早。

据考证,我国历史上最早出现"舆论"这个词,可以追溯到1700年前的《三国志》等史籍。《三国志·王朗传》中有这样一段记载:"设其傲狠,殊无人志,惧彼舆论之未畅者,并怀伊邑。"表明"舆论"概念在当时已基本确立,而且以"百姓的议论"之意开始使用。

汉语里,"舆论"一词是偏正结构,可理解为"舆人之论"。而"舆人"又由"舆"字演化而来。舆,原指"车箱",如《说文·车部》:"舆,车舆也。"段玉裁注:"车舆谓车之舆也""舆为人所居。"舆,又代指车,如《玉篇·车部》:"舆,车乘也。"后由物转指人,包括造车的木工、轿夫等,如《周礼·考工记·舆人》:"舆人为车。"春秋末期将人划分为十等,舆人为第六等,地位比较低下,于是"舆人"便泛指下层劳动者、管理人及吏卒等普通老百姓。

早期记载中的"舆论"由于直接来源于"舆人之论""舆人之诵"或"舆人之谋",其含义主要指的是下层百姓的议论。这种舆论代表的是被统治阶层的意见,并没有将统治阶层包括进去。①

西方"舆论"概念的出现比我国要晚。

十七世纪的英国哲学家洛克(John Locke,1632—1704)曾提出"舆论法则",与"神法""民法"相提并论。他提出:"人们判断行为的邪正时所常依据的那些法律,可分为三种:一为神法,二为民法,三为舆论法(the law of opinion or reputation)。"②但原文只有"opinion",而没有定语"public"这个很关键的词。但是洛克的论述中,已经开始把舆论视为一种人民主权表现的思想。

1762年,法国启蒙学者卢梭(J. Rousseau,1812—1867)在《社会契约论》中首次将拉丁文字体系中的"公众"与"意见"两个词汇联系起来,创造了一个新词"Opinino Publique"(法语),用来表达人们对于社会性的或者公共事务方面的意见,即"舆论"。英文"舆论"(public opinion)概念的出现还要晚几年。

---

① 胡钰:《新闻与舆论》,中国广播电视出版社2001年版,第108页。
② 约翰·洛克:《人类理解论》(上),商务印书馆1959年版,第329页。

卢梭在《社会契约论》中只是理论上提到了舆论，没有把它作为核心概念来论证。把舆论作为一个核心概念来论证、比较的一部代表论著，是沃尔特·李普曼（W. Lippmann）1922年出版的《舆论》（*Public Opinion*）。李普曼作为一个新闻记者和一个实践派的学者，在这本书中对舆论现象做了深刻的分析，书里讲到的许多观念在现在看来都是很有意义的。

从中西舆论概念产生的过程来看，胡钰认为，它们存在三方面的差别[①]：

第一，中国的舆论概念形成是一种语言延伸、转化的过程，从最初的指代车子的"舆"到最后的"舆论"，中间经过了"舆人""舆人之论"；西方的舆论概念形成是一种政治理念的深化过程，从早期的公民议政到最后的国家政治中公意至上、公意不可违。第二，中国的舆论概念在形成中突出舆论的表现形式，即舆论是一种群众共同议论的现象；西方的舆论概念在形成中则不断强化舆论的政治功能，公意即法律。第三，中国的舆论概念产生于史学家之手，为无意之记载；西方的舆论概念产生于思想家之口，为有意之鼓吹。

二、舆论的多种解释

舆论作为客观存在的社会现象，每个人都能感觉到它的存在，然而，要给它一个定义，却是众说纷纭，难有权威而稳定的界定。之所以出现这种情况，是因为舆论作为一种在社会生活中发挥重要作用的现象，研究者可以从多种不同角度进行评价与分析，进而得出关于舆论的定义。下面就是一些较为有影响的舆论定义。

1. 国外的定义

凡涉及别人的行为，而那种行为与我们的行为有一定关联的一些现实事件，是依赖于我们或者对我们感兴趣的，我们大致上把它称为公众事务。他们头脑中的想象，包括对于自己、别人、他们的需要、意图和关系等都属于他们的舆论。一些集团的人或者以集团为名义的个人按照这些想象来行动，就成了大写字母的"舆论"。

——李普曼《舆论》

舆论是群众就他们共同关心或感兴趣的问题公开表达出来的意见综合。

——《美利坚百科全书》

舆论是社会上值得注意的相当数量的人对一个特定问题表示的个人意见、态度和信念的汇集。

——《简明不列颠百科全书》

舆论是人们对社会生活中涉及共同利益并需要加以实际解决的问题的一致意见。

——乌列朵夫《苏联社会的舆论》

舆论通常是指人们对社会问题的信念和态度。

——《政治分析辞典》

[①] 胡钰：《新闻与舆论》，中国广播电视出版社2001年版，第110页。

2. 国内的定义

舆论是社会生活中经济政治地位基本接近的人们或社会集团对某一事态大体相近的看法。

——甘惜分《新闻理论基础》

舆论是显示社会整体知觉和集合意识、具有权威性的多数人的共同意见。

——刘建明《基础舆论学》

舆论是公众对其关切的人物、事件、现象、问题和观念的信念、态度和意见的总和，具有一定的一致性、强烈程度和持续性，并对有关事态发展产生影响。

——孟小平《揭示公共关系的奥秘——舆论》

舆论，就是社会集团或大多数公众对共同关心的社会事态所持相近意见。

——李元授《新闻传播学》

舆论是公众对社会事务所持有相近意见的显性传播。

——邵培仁《新闻传播学》

舆论是公众对所关心的任务、事件、问题所持大体一致的社会态度在公开言论中的表现。

——张学洪《舆论传播学》

社会舆论就是大众对某一事物某些人或问题的议论、评价。

——北京大学社会学系《社会学教程》

舆论就是社会中特定群体对特定事件表现出来的特定意见。

——胡钰《新闻与舆论》

舆论指国家、集团或个人对某一事端或社会意识倾向所出现的议论漩涡，是意识思潮的一致性与分歧性的反映。它有着对政治、道德、经济、社会、意识的潜在权威性与评价性。

——《新知识词典》

舆论是多数人对于某一事件有效的公共意见。

——储玉坤《现代新闻学概论》

由此看来，对于"什么是舆论"，国内外没有一个统一的认识。但从学者们的定义来看，可归纳为三种观点。第一种观点认为，舆论单纯地只是一种意见（议论、看法、评价），包括意见综合、共同意见、一致意见等，如《美利坚百科全书》，以及我国大部分学者如甘惜分、刘建明、喻国明等都持此种观点。第二种观点认为，舆论不仅仅是一种意见，它还包含信念、态度、情绪，是意见、信念、态度和情绪的总和或汇集，如《大不列颠百科全书》，以及我国学者孟小平、陈力丹等就持此种观点。第三种观点认为，舆论是信念、态度，如美国《政治分析辞典》以及李普曼等就持该观点。

三、舆论的基本含义

虽然对于"舆论"这个概念,迄今还没有一个公认的定义,但我们从学者们的定义中还是能找到如下基本共识。①

第一,舆论是一种意见。我们所说的"意见"是"人们对事物表明若干观点,阐明其态度的语义手段"②,它是构成舆论的外在因素,是舆论的存在形式。也就是说,舆论通过"意见"的形式来表达,并以"意见"的形式而存在。至于有些学者在舆论定义中提到的"信念、态度、情绪",我们必须清楚的是它们本身不是舆论,但他们可以影响并形成"意见"进而转化为舆论。即只有"用语言和行为等形式表达出来的信念、态度"才是"舆论"。事实上,"意见本身实际上是包含认知、情感和意志行为(判断)三种成分。它不是一种单一的复合体。作为舆论的意见,它既包含一个人的认知因素,也包含着他的情感和理性评价因素,同时,还包含着意志行为,即准备采取某种行动的一种意志、一种状态"③。因此,这种"意见"的表达方式多种多样,它可以是"言论""主张""观点""议论""评价""民谣",甚至可以是"肢体的群体宣示"④,如"掌声""游行示威""群体事件"等。

第二,舆论是多数人的意见。舆论是以单个人的意见或者议论为基础的,但"舆论所表达出来的意见,不是个别人的意见,也不是少部分人的意见,而是相当多的社会成员所表达出来的意见集合"⑤。这个"相当多的社会成员"在定义舆论时一般称之为"公众"。刘建明认为:"没有公众,就没有社会舆论,公众一旦形成,社会舆论就同时形成。"⑥

第三,舆论是多数人的一致性意见。既然舆论是一个多数人意见的集合,它肯定不是一个单一化的意见,而是一个多样化、多元化的声音。就某一社会问题来说,"众多的社会成员纷纷表达了各自的意见和立场,一开始的意见可能是比较散乱和稀落的,但随着意见的互动、整合,舆论也会逐渐趋于稳定、集中,在某方面更多的人会形成较一致的看法"⑦。如果公众意见完全没有重合、一致之处,"呈现几乎无限的多样性,那么便不存在关于这个客体的舆论"⑧。

第四,舆论是针对公共事务(问题)的意见。公众在发出意见时不是凭空而论,而是要针对特定的客观对象来表达各自的看法、主张。从学者们对舆论的定义我们可以看出,舆论针对的客观对象常常是公众"关心""关切""感兴趣"或有"共同利益"的事件或问题,李良荣认为,引发舆论的客体"是某个特定的涉及公共切身利益的社会公共事务"⑨。

以上共识中,实际上包含了舆论的基本构成要素:舆论主体——公众,舆论客体——公共事务,舆论本体——一致性意见。基于此,我们可给"舆论"下一个简单明了的定义:舆论是公众对公共事务的一致性意见。

---

① 刘建明、纪中慧、王莉丽:《舆论学概论》,中国传媒大学出版社2009年版,第27-28页。
② 刘建明、纪中慧、王莉丽:《舆论学概论》,中国传媒大学出版社2009年版,第30页。
③ 韩运荣、喻国明:《舆论学:原理、方法与应用》,中国传媒大学出版社2005年版,第37页。
④ 刘建明、纪中慧、王莉丽:《舆论学概论》,中国传媒大学出版社2009年版,第81页。
⑤ 韩运荣、喻国明:《舆论学:原理、方法与应用》,中国传媒大学出版社2005年版,第37页。
⑥ 刘建明:《当代舆论学》,陕西人民教育出版社1990年版,第43页。
⑦ 韩运荣、喻国明:《舆论学:原理、方法与应用》,中国传媒大学出版社2005年版,第37页。
⑧ 陈力丹:《舆论——感觉周围的精神世界》,上海交通大学出版社2003年版,第13页。
⑨ 李良荣:《新闻学导论》,高等教育出版社1999年版,第64页。

四、舆论相关概念辨析

当前,"舆论""舆情""民意"这三个词的使用频率非常高。由于这三个词的研究和辨析都会溯源到同一个英文词"Public Opinion",因而这三个词的使用较为混淆。大陆学界常见的对于"Public Opinion"的翻译是"舆论""公众舆论",港台学者则用"民意"。对舆论、舆情、民意三个概念进行辨析,不是为了割裂三者的联系,而是为了厘清它们的内涵以及当今使用的语境。

(一)舆论、舆情概念辨析

无论是新闻传播学界,还是政界和企业界,都存在着不能准确把握和使用舆情概念的情况,主要表现在:一是将舆情与舆论混为一谈;二是视舆情为"舆论情况"的简称。其实,舆情和舆论关系密切,有诸多共同和共通之处;但也存在着一些不容忽视的区别。

1. 舆情概念讨论

至于舆情概念,多位学者已就此进行过专门的、颇有价值的探讨。对"舆情"的界定,国内比较有代表的观点有:

"社会政治态度"说。王来华认为,舆情是"在一定的社会空间内,围绕中介性社会事项的发生、发展和变化,作为主体的民众对作为客体的国家管理者产生和持有的社会政治态度"[1]。

"多种情绪、意愿、态度和意见交错的总和"说。刘毅认为,舆情是"由个人以及各种社会群体构成的公众,在一定的历史阶段和社会空间内,对自己关心或与自身利益紧密相关的各种公共事务所持有的多种情绪、意愿、态度和意见交错的总和"[2]。

"舆情即民意"说。丁柏铨认为,舆情"既可以是得到公开表达的民意,也可以是尚未得到公开表达的民意"[3]。孙立明认为,"舆情就是社情民意,至少包括了公众对公共问题的情绪、态度、意见三个方面的内容,而且它们经常一同出现在网民的表达实践之中"[4]。

"群体性情绪、意愿、态度、意见和要求的总和及其表现"说。张元龙认为"舆情是社会民众在一定的历史阶段和社会空间内,对关乎自己切身利益的公共事务或自己关心的特定事件所持有的群体性情绪、意愿、态度、意见和要求的总和及其表现"[5]。

研究者对上述学者关于舆情的见解多有援引,故此处不赘述。有关学者在给舆情下定义时,虽然在取用属概念和就种差进行表述的过程中,看法不尽一致,但在一点上认识是高度统一的,即:舆情具有特定含义,而非"舆论情况"的简称。

---

[1] 王来华:《舆情研究概论》,社会科学院出版社2003年版,第32页。
[2] 刘毅:《网络舆情研究概论》,天津人民出版社2007年版,第51页。
[3] 丁柏铨:《略论舆情——兼及它与舆论、新闻的关系》,《新闻记者》,2007(6)。
[4] 孙立明:《网络舆情的三个世界——社会情绪、民意表达与话语权博弈的三维分析》,《信息化研究》2006(20)。
[5] 张元龙:《关于"舆情"及相关概念的界定与辨析》,《浙江学刊》,2009(5)。

在众多观点中，丁柏铨认为孙立明的观点最应受到重视。因为孙立明清楚地界定了舆情并阐明了其内涵；并指出除意见之外，舆情还包括公众的情绪和态度，且意见、态度和情绪的主体均是公众。孙立明对舆情概念进行界定时，体现出舆情概念与舆论概念的差异性和可区分度。孙立明的观点与张元龙的观点相似，但张元龙关于"舆情"概念的内涵更为丰富、具体一些，本教材采用张元龙给定的定义。

2. 舆论与舆情的区别

舆论与舆情并非等价概念，它们存在着诸多区别。

第一，二者在本体上有区别。舆论本体是公众之"论"、之"议"，是公开表达的"意见"，严格来说，公众的态度和情绪不是舆论的构成成分，虽然它们可以影响特定主体的意见表达并融入舆论之中。而舆情的构成成分则较舆论复杂，不仅包括公众公开表达的"论"和"议"，而且包括公众对社会热点事件和社会问题及现象所持有的态度、情绪。简单来说，舆情包含"论"，但重在"情"（情状、情绪）的表达，且是各种"情"的总和；而舆论则重在"论"（广义的议论），且是一致性的优势意见。

第二，二者在主体上有区别。舆论的主体是多元的，公众、新闻媒体乃至官方机构，都可以是舆论的主体，不同的舆论场阈是以不同主体为主导的舆论形成的。舆情的主体只能是民众，是一元化的，官方不可能是舆情的主体，没有"官方舆情"之说。

第三，在主体的意见是否得到公开表达上也有区别。舆论是公开表达之"论"、之"议"，是"某种共同性的社会心理和社会思潮的公开表露"。而舆情则并不一定公开表露，由于种种原因，一部分人心里虽有意见、有情绪但并不明显表露出来，而是将意见和情绪深藏于心底。在这种情况下，很难说已经形成了舆论；但是面对同一社会问题腹诽者多了，腹诽构成了舆情。

第四，两者在存续时间方面有差别。一方面，舆情的存续时间多长于舆论，这是因为，作为由众议构成的舆论，一旦无人言说和提起，舆论自然而然也就消减甚至消失了；而舆情的构成成分中的态度和情绪，则往往可以在特定主体的心理世界和精神世界中自然留存很长一段时间。另一方面，舆情形成在先而舆论形成在后，舆论在相应舆情的基础上形成。即特定舆论是特定舆情的反映，现实中有未形成舆论的舆情，但是无未形成舆情的舆论。某种舆论总是与一定的舆情相对应，一定的舆情不一定表现为相应的舆论。

3. 舆论与舆情的联系

不可否认的是，舆情与舆论不仅相关而且相近、相通，两者之间存在着密切联系。

第一，二者客体相同。舆论、舆情的客体都是公共事务或公共问题，它们都围绕同一话题而生、而存、而起、而落。在同一话题范围内，往往是既有舆论，也有舆情。两者之间以同一话题为共同基础和连接纽带，因而往往能形成谐振和共鸣之势。

第二，舆情可转化为舆论。舆情向舆论转化，主要表现在两方面：一是将舆情层面的公众未公开表达之"论"，经由外化的过程而转为舆论。二是将舆情中的优势意见转化为舆论。舆情是"多种情绪、意愿、态度和意见交错的总和"，可以说是众声喧哗，是民众不同意见与情绪的集合，但这个集合体不是舆论，只有其中的主流意见或优势意见才可转化为公众的"共同意见"而成为舆论。从这个角度来看，舆情的范围比舆论要宽泛。

(二) 舆论、民意概念辨析

1. "民意"概念

"民意"一词在各类词典中出现频率极低，定义较为笼统。

较为典型的是 1986 年出版的《政治学辞典》。该词典对"民意"的解释如下："指社会大多数人对于某一事件或某项政策表现出的带有共同倾向性的态度和愿望。它是一种自发的、不系统的、不定型的社会意识。"① 1993 年刘建明主编的《宣传舆论学大辞典》将民意定义为："公意、公言、民心。人民整体意志的象征，全体人民的追求所凝成的力量。一种笼罩整个社会的表层意识。是人民意识、精神、愿望和意志的总括，是社会舆论这一意识现象的主导部分。"② 另外，一些学者把民意、舆论与公共关系联系在一起，比如：1992 年孔祥军《公共关系大辞典》中收录有"民意"词条，并从公共关系视角将"民意"定义为："社会成员对其关心的政治、经济、社会问题所持有的态度和意见。是国家实行的大政方针和政策在一定社会成员中的悉知、理解、影响的反映，既是国家调整政策的基础，也是国家作出新的决策的前提和根据。"③

总之，从以往研究来看，将民意作为独立词条的极少。字典和已有的词条定义比较偏重用"大多数人的意见""全体人民的意志"这样的概念。但是有学者认为民意应该按照"民"所代表的群体不同而分不同层次，未必是大多数人的意见，可以是少数民意、个别民意。

王来华等人认为界定"民意"概念，应抓住以下三个特点④：第一，民意指来自民间或非政府机构的个人、团体和公众的意见，含公开和非公开的；第二，阐发意见的对象通常是与提出意见者相关的社会事物、事件和问题等；第三，在意见的阐发方式上具有多种形式。

2. 舆论与民意的关系

舆论与民意的客体都是公共事务，从本体来看，都是一种"共同意见"或"一致性意见"，在这两方面它们二者相似、相近，因此在具体使用上也容易混淆。

事实上，舆论与民意的区别还是比较明显的，王来华等学者从以下三方面进行了区分⑤：

第一，民意包括了公开和不公开的部分，只要是民众所想的，不管他说与不说，都是民意。而舆论则从了解公开言论或意见的角度出发，对各种媒体中的思想或意见等方面的信息更加看重或倚重，而在研究方法方面，则更依靠或直接取自各种媒体的信息，也更强调大众传播媒介与舆论之间的关系。

第二，民意作为民众的意见有自身的社会心理构造，而舆论一般不强调它的社会心理特征及其心理构成特点。此外，民意还强调研究民众的意见等所包含的行为倾向和行为后果，而舆论研究则不强调这一方面。

---

① 丘晓：《政治学辞典》，四川人民出版社 1986 年版，第 168 页。
② 刘建明：《宣传舆论学大辞典》，经济日报出版社 1993 年版，第 336 页。
③ 孔祥军：《公共关系大辞典》，希望出版社 1992 年版，第 74 页。
④ 王来华：《对舆情、民意和舆论三概念异同的初步辨析》，《新视野》，2004（5）。
⑤ 王来华：《对舆情、民意和舆论三概念异同的初步辨析》，《新视野》，2004（5）。

第三,民意侧重于民众对社会各种具体事务的情绪、意见、价值判断和愿望等,是直接来自民众的"心声"。而舆论则可以被区分为国家和公众等不同的舆论,其中既有民众的声音,也有国家管理者(如执政党和政府等)的声音等。在这一点上,民意与舆论之间的区别就更加明显一些。

学者唐远清综合各方面关于"民意"的观点,提出对"民意"的几点认识①:第一,民意是舆论的一种类型,是人民意识、精神、愿望和意志的总和,也是一种一致性的意见;第二,民意是任何个人或小集团凭借宣言无法自我标榜的,只能靠量化的数据结构来认定;第三,民意是公正和正确的,因为它反映了人们在社会发展过程中必然的历史要求;第四,民意是判断社会问题真理的尺度,是推动社会前进和历史发展的根本性和决定性力量,民意不可违;第五,民意的重要性就在于民意是执政者正确决策的依据。

(三)舆论、舆情与民意概念的关系讨论

唐远清在考察了舆论、舆情、民意的概念关系后,进行了如下总结(图 1-1):

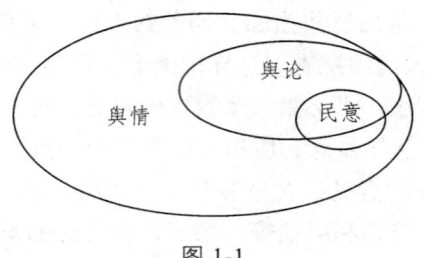

图 1-1

第一,舆情的范围最宽,而民意的范围最窄。舆情是多种情绪、意愿、态度和意见交错的总和,其中包含着多数人的一致意见,即舆论。而民意是舆论的一个类型,它仅仅是那部分正确和公正的、且能反映人们在社会发展过程中必然的历史要求的多数人的共同意见。

第二,民意是正确和公正的,代表着历史发展的必然趋势。而舆论有可能是人为制造的,错误的舆论误导群众的例子并不罕见。舆情也有对错之分,情绪化是舆情的重要特征之一,所以,舆情有时难免缺乏理性成分。因此,舆论和舆情都不能自称为民意。

第三,一般情况下,舆论是需要经过公开表达的,而舆情和民意可以是内隐的。舆情产生和变化是一个复杂的心理过程,人们可能受到来自个人和环境等因素的影响,不便表达情绪。而民意在被压制时,也可能暂时隐藏起来。

第四,舆情和民意可能是内隐的,故需要借助调查手段来了解真实的舆情。舆论或民意在调查结果中显现,就是那部分绝大多数的一致意见。

第五,舆论强调"共同意见",而舆情强调"不同意见的集合",侧重调查各种意见的分布、倾向、强度和发展趋势,提供在某一问题上意见的总体态势。②

---

① 王灿发:《新闻舆论学基础教程》,中国广播电视出版社 2018 年版,第 56 页。
② 王灿发:《新闻舆论学基础教程》,中国广播电视出版社 2018 年版,第 57 页。

第二节 舆论的构成要素

关于舆论的构成要素，韩运荣、喻国明认为有三大要素：舆论的主体——公众；舆论的客体——问题；以及舆论的存在形式——意见。①刘建明在《舆论传播》中也认为舆论的构成分三个要素：（1）意见与见解：舆论本体；（2）舆论主体与集合意识；（3）舆论内核：社会知觉。②《大不列颠百科全书》对此阐释为："几乎所有的学者和公众意见的操纵者，都同意舆论的含义至少包括四个要素：（1）必须有一个问题；（2）必须有多数个人对这个问题发表意见；（3）在这些意见中至少有某种一致性；（4）这种一致的意见会直接间接地产生影响。"③

刘建明未提到舆论客体，事实是公众没有议论的对象，是不可能产生舆论的。《大不列颠百科全书》提到的四个要素中的第四项"这种一致的意见会直接间接地产生影响"谈的是舆论的功能，我们认为，这是舆论形成后的事，不能归入构成要素。因此，本书采纳韩运荣、喻国明"三要素"的说法，并据此给舆论下一个最为简单的定义：舆论是公众对公共问题的一致性意见。

一、舆论的主体——公众

1. 谁是公众

舆论主体指的是参与舆论活动的人，他们可以是社会中任何地方任何职业任何年龄的人，即任何人都可以参与到舆论活动中来。但需注意的是，作为舆论主体，它不是简单的少数人、个别人，而是一个数量相对比较多的社会成员的集合体——公众。公众在英文中为"public"，和我们通常所说的大众"mass"有所区别。一般而言，"公众"是众多社会成员的集合体，他们分散在社会各个地方，没有统一的组织。把他们联系起来的，是针对某一具体公共事务而产生的共同或相近的情绪或意见。而"大众"则一般各自为政，对社会公共事务缺乏共同的兴趣，也没有共同利益维系，缺少自己的意见和主张，更容易随大流和盲从，更类似于"乌合之众"。简单说来，公众是不经过组织而有一致意向的大众；而大众是未经组织化的社会群体，是个别的个人的集合体。法国社会学家加布里埃尔·塔尔德认为，公众则是"纯精神的集体，由身体分离且分散的个体组成""他们之间的纽带在于同步的信念或热情，在于和许多人共享同样的思想和意愿"。④因此，现实生活中我们每个人对"公众"的感知既是实在的，又是模糊的。

---

① 韩运荣、喻国明：《舆论学：原理、方法与应用》，中国传媒大学出版社2005年版，第3页。
② 刘建明：《舆论传播》，清华大学出版社2001年版，第41-44页。
③ 美国不列颠百科全书公司编著、中国大百科全书出版社不列颠百科全书编辑部编译：《不列颠百科全书（国际中文版）》第14卷，第2页。
④ 加布里埃尔·塔尔德著，何道宽译：《传播与社会影响》，中国人民大学出版社2005年版，第37页。

没有公众便无法产生舆论，如果按照公众在舆论形成中的地位来区分的话，公众可分为两种类型。一种是在舆论形成过程中占据主导地位，对舆论的形成产生重大影响的意见领袖；另一种则是普通的公众，他们也发表自己的意见，更多的是附和他人意见，对舆论的形成好像影响不大，但一旦社会上多数人取得一致意见，就能对社会事务产生主导性的作用，而且意见领袖提出的意见必须符合他们的利益诉求，否则意见领袖的意见就不能发挥作用，最终也会失去自己意见领袖的地位。

2. 成为舆论主体的条件

作为舆论主体的公众需要具备两方面的规定性。

第一，具有问题的相关性。所谓问题的相关性，是指这些社会成员就某一舆论问题有着目标取向的共同性，具体来说，共同的利益、兴趣和某种偏好将他们彼此集合在一起。①也就是说，跟某一舆论问题相关的这些社会成员才可以成为该舆论的表达主体——公众。在日常生活中，一旦社会成员对某个社会现象、某个社会问题产生了兴趣，并不约而同地发表意见、相互讨论，最终达成了大致相同的意见，就标志着社会成员集合体——公众的形成。这个过程中，联系他们的是他们共同关注的问题或社会事务，不管他们的身份、地位如何。而如果没有共同关心的问题，社会成员之间是不会彼此讨论、互通信息的，也就不会产生舆论。

第二，具有意见表达的主体性。不是每个社会中的人都是舆论主体，只有具有意见表达的主体性而且参加舆论活动的人才是其主体。社会成员的主体性，是指有自主意识，同时又有完全的行使社会行为能力、自我表达能力的人。②具体来讲，要成为舆论主体，一方面，对意见的表达必须具有自主意识，即要能独立自由地按照自己的想法进行表达，而不是被迫参与或发表意见，比如政府发言人不是按照自己意志发言，所以不是舆论主体，但是政府发言人发表个人意见就是独立的舆论主体；另一方面，还必须拥有自由发表意见的权利和能力。自由表达意见的权利，是一种客观条件，比如，一个被剥脱政治权利的在押犯，即使某个问题和他相关，他也不能表决、不能参与讨论，因为他丧失了这方面的客观条件，他就不能成为舆论主体中的一员。事实上，公民的意见表达都受社会环境的制约，越民主宽松的外部环境，公民意见的表达就越自由，其主体性也越能得到充分发挥。自由表达意见的能力，则是一种主观条件，如智障人士或文盲，某个问题和他相关，他也能产生自己的想法，但由于表达能力所限，其主体性也不能得到充分发挥，并进而丧失一些成为"公众"的机会。因此，意见表达的主体性要求公民要具有较好的民主素养和文化素质，并能够理解社会事务的相应方面，能够独立思考。

二、舆论的客体——社会公共事务

1. 什么是舆论客体

客体，相对于主体而言，是主体的认识对象和活动对象。舆论的客体指公众讨论和议论

---

① 韩运荣、喻国明：《舆论学：原理、方法与应用》，中国传媒大学出版社2005年版，第32页。
② 韩运荣、喻国明：《舆论学：原理、方法与应用》，中国传媒大学出版社2005年版，第33页。

的对象,也就是公共事务。舆论依托于客体而存在。事实上,现实社会的任何人物、事件、问题、现象(包括自然现象、社会现象、意识现象)等都可以成为人们议论的对象,从而形成舆论,我们可以将其统称为客体。正如陈力丹所认为的那样,"公众能够感知的任何对象"都可以成为舆论客体,"宏观的如社会的变动,微观的如社会活动家的活动、新近发生的重大事件、流行的现象和观念、社会热点问题等"[1],无所不包。

2. 舆论客体的特征

舆论客体可以无所不包,但不是包罗万象的事物都可以成为舆论客体。舆论客体一般具有以下特征:

第一,公共性。舆论客体应该是公共事务,它具有公共性特征。公共性是指超越个人和特定私人组织的特殊利益而追求社会共同利益。公共性是公共利益的集中表现。[2]所谓公共性事务,就是和人们社会利益相关,和人们社会关系相关,和人们社会观念相关的那些事务。也就是说,某一事务之所以能构成舆论关注的对象,其原因在于它或涉及人们的社会公共利益,或涉及人们的社会关系,或涉及人们的社会观念的更新等。所以公共事务具体包括:① 与社会公共利益相关的事物,如关系到国计民生的一些规划,与人们生活密切相关的物价、医疗、入学等问题,以及如瘟疫、地震、台风等一些自然灾害等,都属于这一类。② 与社会关系、社会观念相关的事务,如农民工、富二代、丁克族等就属于这一类。

需要注意的是,一些私人问题或专业问题也会转化为公共问题而成为舆论的客体。如父母教育自己的小孩,每个家庭都可以有不同的方法,这是私人问题,但如果某位父母虐待小孩,它就不是私人问题了,而成为一个公共问题,因为小孩不是父母的私有财产,他们是一个社会共有的财富,公众就要关注并干预。又如发生在2018年的"昆山反杀案",关于当事人于海明是不是正当防卫的问题,是属于法律界的专业性问题,但由于这个问题与老百姓的日常生活有密切的关系,所以它也演化为公共问题,成为全社会关注和讨论的对象。

第二,非常规性。舆论关注的对象往往不是一个常规性的问题,而是一个打破常态的问题。如果一项公共事务具有冲突性和反常性,并以一种戏剧化的形式出现,该事务就能引起更多人的广泛注意,并对此发表各种各样的见解,进而成为舆论关注的对象。另外,一些奇异、惊悚的事情,包括明星逸事,也能满足人们的好奇心和娱乐休闲的需要,而成为茶余饭后的谈资。同时,舆论关注的对象,它常常是一个新问题,显然不能完全按照既有社会机制、社会规则、社会观念来解决,即新的问题和旧的规矩之间产生了矛盾和冲突。

第三,争议性。舆论总是围绕着某个涉及人们共同利益,但又有所争议的问题形成的,具有争议性的事件往往是舆论的对象。这是因为舆论是在众声喧哗的议论中形成的,而在现实生活中,事情一经达成共识,议论就显得没那么必要了,相反对于认识还不一致的问题,则极易产生广泛而纷繁的议论。当然,有一些没有争议的事情也会引起社会舆论,这一般是多数人共同期盼的事情,如扫黑除恶、惩治腐败等大快人心的事,也会成为公众议题。我们说的争议性事件,是指由社会生活中一个具体的新闻事件或社会现象触发,引起社会参与,

---

[1] 陈力丹:《舆论——感觉周围的精神世界》,上海交通大学出版社2003年版,第10页。
[2] 张刚:《公共管理学刊》,浙江大学出版社2003年版,第16页。

牵出广泛争议或质疑，形成"争议场"的热点事件和问题。[①]社会中的争议性事件涉及的领域非常广泛，涵盖政治、经济、文化、军事等多个方面。纵观近年来出现的影响较大的争议性事件，主要分两种类型：一是公共事件类，议题较为严肃，关系到社会公众的切身利益，着重于指导性和知识性；二是涉及私人事件的争议议题，通常呈现出娱乐化、私人化特点。总之，争议有大有小，大的是有待解决又尚未解决的社会矛盾，小的是社会生活中的点点滴滴。争议性事件背后触及的是公共利益、传统道德、伦理抑或社会的基本价值和行为准则以及法律、法规等隐性本质，不同利益主体据此各自进行解读和评论，是造成争议和冲突的根源。

　　第四，现实性。社会事务要成为舆论客体，还需具有现实性。也就是说，该社会事务需要和社会公众的现实利益相关，反映现实的观念、关系的变迁。甚至有学者认为，舆论是针对现实中的事件、人物、问题所发的议论，它是活在人们口头的"新闻"及其评论，是现实社会的监测器，时代的晴雨表。[②]我们所说的现实性，不仅包含眼前的现实，也包含与历史相关的现实和与未来相关的现实。指向当前的现实性比较好理解，就是指针对当前现实展开的、对目前社会公共事务发表的意见；指向历史的现实性主要指舆论讨论的客体可以是历史人物或事件，但必须是对现实生活发生直接影响的人物或事件，对它们的评价也需关涉当前的社会生活；指向未来的现实性则是说舆论的客体尽管是未来发生的，但却和现实存在着密切的联系，如社会发展规划、科学技术的发展等。[③]总之，舆论客体的现实性，不是单一的，而是复杂的，不应被眼前的"现实"所束缚，而应在动态中不断超越昨天、今天和明天。

　　当然，就舆论所关注的客体来说，公共性、非常规性、争议性以及现实性这些特征对于每一个舆论问题来说都是蕴涵其中的，但每一个具体的舆论问题又都是千变万化的，问题本身的特点也会使每一种规定性有不同程度、不同面目的显现，有的舆论问题是凸显其公共性或现实性，有的可能是凸显其非常规性和争议性。因此，具体的舆论问题尚需具体分辨、区别对待。

三、舆论的本体——意见

　　舆论是以意见的形式存在的，但不是任何意见都可以叫作舆论，只有具备一定条件的意见才能成为舆论。陈力丹在《舆论学：舆论导向研究》中提出了评判舆论的八个要素，它们是：舆论的主体——公众；舆论的客体——现实社会以及各种社会现象、问题；舆论自身——信念、态度、意见和情绪表现的总和；舆论的数量，即一致性程度；舆论的强烈程度；舆论的持续性（存在时间）；舆论的功能表现——影响舆论客体；舆论的质量——理智与非理智等。[④]有学者认为，陈力丹的"八要素"，就是舆论的构成要素。本书认为这样的说法欠妥。仔细分析陈力丹的"八要素"，我们认为舆论的"主体""客体""自身"三者的确是构成舆论不可或缺的因素，但后五个因素则是对舆论"自身"的限制，是意见转化为舆论的条件。即不是所

---

① 郭丹茹：《新视域下争议性事件的媒体再现》，《新闻战线》，2011（10）。
② 秦志希：《舆论学教程》，武汉大学出版社1994年版，第35页。
③ 宋晖等：《舆论学实务教程》，中国传媒大学出版社2015年版，第11页。
④ 陈力丹：《舆论学：舆论导向研究》，上海交通大学出版社2012年版，第33-40页。

有意见都是舆论，只有在数量、质量、强度、影响力、持续时间上满足相关规定性的意见才能成为舆论。据此，本书认为，意见转化为舆论需具备以下五方面的条件。

1. 具有一定数量的意见

舆论需要一定数量的支持，不达到一定的数量，舆论就不是舆论，而是少数人的意见。一般来说，如果持某种意见的舆论主体数量达到三分之一，便认为产生了一致性意见，舆论也就形成了。三分之一的数量是舆论形成的临界点，"如果持某种意见的主体数量达到三分之一，那么这种意见就不是个别人的意见，而变成舆论了；如果达到三分之二，就不是一般的舆论，而是占统治地位的舆论了。如果持某种意见的主体低于三分之一，只能说是少数人或某些人的意见，而不能说它是舆论"。陈力丹认为这个问题的理论依据是"运筹学的黄金分割比例 0.618，如果一定范围内持某种意见的人数达到总体的 61.8%（三分之二），这种可以说已经统领全局了；如果达到这个比例的另一头，即 38.2%（三分之一），这种意见开始影响全局，应该视为舆论形成的起点，这种意见已经从少数人的意见转变为舆论了"。①

2. 具有一定强度的意见

强烈程度是测量舆论存在与否的量度之一。如果只是有少数人持某种意见，表现强度又很微弱，一般无法将它视为舆论。舆论的强烈程度有两种表现方式，一种是用行为舆论来表达，通常行为舆论比言语舆论的强烈程度大些，例如静坐、游行示威和其他更激烈的行为；另一种除了部分通过言语表达外，相当程度上表现为没有用言语表达的内在态度，其强烈程度需要通过舆论调查来测量其量级。前者的强烈程度，一般通过实际的观察、访谈和体验进行估量；后者需要根据舆论调查中常用的各种意见量表分析得来。②

3. 持续一定时长的意见

舆论的持续性，指的是从舆论产生到消失的时间，也称为舆论的韧性，是衡量舆论存在的另一标准。③人们每天接收到数不清的信息，绝大多数也很快被淡忘。只有不多的话题或传来的信息能给公众留下深刻印象，从而形成舆论。而舆论一旦形成，总要存在一段时间，即使舆论客体消失了，人们还会有所议论，因为舆论的发生总是滞后于舆论客体的。舆论的存在时间或持续性是舆论存在的另一标志，短则几小时，长则多少年。人们对舆论的感觉，一定程度上是由于舆论通过它的持续性存在，给人不断刺激造成的。④

4. 具有一定影响力的意见

意见要转化为舆论，还要看该意见是否对意见客体产生影响，如果说一种意见在它存在的范围内没有对客体产生任何影响，那么这种意见便谈不上是舆论，而是一种一般的无足轻重的议论。人们之所以能够感觉到周围存在着各种相近的或相对立的意见，就是由于各种意

---

① 陈力丹：《新闻理论十讲》，复旦大学出版社 2011 年版，第 307-308 页。
② 陈力丹：《舆论学：舆论导向研究》，上海交通大学出版社 2012 年版，第 38-39 页。
③ 韩立新、甄巍然：《网络环境下释义"热舆论"与"强舆论"——舆论"聚能"与监督"释能"两大能量转换定律》，《河北大学学报》，2008（1）。
④ 陈力丹：《舆论学：舆论导向研究》，上海交通大学出版社 2012 年版，第 39 页。

见在相互交织中时时影响着舆论客体，促使客体朝着主导性舆论的方向发展或转变。所以，这种影响表现为各种意见相互作用的过程。[1]舆论对客体既可产生正向影响，也可产生负向影响。

5. 具有一定质量的意见

舆论不同于自为组织的纲领政策，可以对各种问题表现得十分理智，它的自在形态决定了它在总体上是一种理智与非理智的混合体。舆论的质量是指舆论所表达的价值观、具体观念及情绪的理智程度。[2]舆论的质量不是形成舆论的必要因素，但那些理智程度较高的意见最容易转化成舆论。

第三节 舆论的特征

舆论以意见的形式存在，但不是所有的意见都是舆论，作为舆论的意见具有其他社会意识形态所不具备的一些显著特征。

一、公开性

通常来说，只有公开表达的意见才能构成舆论。也就是说，舆论是一种公开表达的意见，它不是"心议"，也不是"腹诽"。秦志希等人认为：有意见而不公开表达，那只是心理活动。意见只有公开表达，才得以传播和交流，进而吸引更多的人参与，形成讨论与争辩的局面，个人、个别意见才有可能转化成为群体、普遍意见。[3]同时，舆论只有通过公开的表达和传播，在公开化的过程中增强意见的传播与交流，取得更广泛的社会认同，才能扩大声势和影响，才能取得力量和权威。[4]

舆论的公开性主要包含个人与社会的双向公开。一是个人向社会公开，即个人将私见向社会公开表达；二是社会向公众公开，即社会赋予人们以知情权、言论权。[5]我国政府越来越重视扩大权利决策的透明度，而新闻媒介历来都把传播政党、政府方面的公共信息作为首要任务。舆论公开的前提是言论的自由和信息的公开性。言论越自由，舆论的公开程度就越大。因此，社会需要建立适当的舆论表达机制，允许公众合法地进行意见的表达和交流，使民意得到适当的宣泄和疏导。否则，轻者可能导致舆论以谣言的形式出现，重者则可能会造成对抗性的集体行动，从而影响社会稳定，甚至引发社会危机。

---

[1] 陈力丹：《舆论学：舆论导向研究》，上海交通大学出版社2012年版，第40页。
[2] 陈力丹：《舆论学：舆论导向研究》，上海交通大学出版社2012年版，第40-41页。
[3] 秦志希：《舆论学教程》，武汉大学出版社1994年版，第29页。
[4] 宋晖：《舆论学实务教程》，中国传媒大学出版社2015年版，第25页。
[5] 王灿发：《新闻舆论学基础教程》，中国广播影视出版社2018年版，第59页。

二、倾向性

舆论事实上是一种评价活动，即公众依据一定的尺度衡量公共事务的认知活动。①也就是说，舆论形态往往由一系列的评价和判断组成，诸如肯定还是否定，赞成还是反对，颂扬还是谴责，拥护还是抗议等，舆论是公众的评判和裁决，它来自群众的价值判断。②而评价某个事物不可避免地会带有倾向性。这是因为，一方面，公众在评价某个事物时，往往根据自己的生活体验、以往的知识储备、既定的价值观念以及个人的利益需求等，对所掌握的信息进行判断和意见表达。另一方面，在舆论活动中，公众从来不打算把自己置身于利害关系之外，去作纯客观的观察和评价。恰恰相反，舆论的所有评价都带有公众的主观色彩，唯有如此，才能反映出他们特殊的利益、立场和观点。③由是观之，舆论往往是多数人一致的集体倾向性意见。舆论的倾向性在阶级社会里就表现为强烈的阶级性和党性。

有两点需要强调：一是舆论评价并不一定是合理的，随着主体的认知水平、价值系统、评价动机以及评价标准的不同，兼之客体本身复杂易变，评价本身可能会存在不同程度的偏差。二是舆论的倾向性对社会实践有很强的导向作用，一般来说舆论支持的都会在社会中流行，而舆论反对的则会被人们所鄙弃。④

三、指向性

相较于其他意识形态，舆论往往具有特殊和具体的指向，有时指向一个人或一个组织、一个集团，有时指向一件事或一个具体问题。如关于网络诈骗、贩毒吸毒、种族歧视、环境污染、就医难、人口膨胀等问题的舆论，其具体指向则为一类社会问题。舆论具有指向性的特点，一是因为舆论总是针对现实中的具体事务有感而发，是对社会实践或社会问题的种种细节，包括来龙去脉和利弊得失的密切关注，是对舆论活动中遇到的各种各样具体道理的阐释和发挥；二是因为舆论总是有的放矢，以解决具体问题为导向，舆论有着解决问题的迫切要求，并直接或间接地向有关方面和人士施加压力，呼吁他们引起重视，希望采取切实有力的措施加以解决。

四、表层性

舆论作为一种具体意见，它是比较浅层次的意识形态，处于社会心理的表层，纽曼将其称为"社会的皮肤"。舆论反映社会心理，但社会心理未必都表现为明确可感的舆论。具体来说，社会心理有三个层次：具体意见、社会态度和深层的价值观，只有具体意见才是舆论。通过下面表格的比较（表1-1）可说明问题：⑤

---

① 宋晖：《舆论学实务教程》，中国传媒大学出版社2015年版，第25页。
② 王灿发：《新闻舆论学基础教程》，中国广播影视出版社2018年版，第61页。
③ 王灿发：《新闻舆论学基础教程》，中国广播影视出版社2018年版，第61页。
④ 侯东阳：《舆论传播学教程》，暨南大学出版社2009年版，第38页。
⑤ 宋晖等：《舆论学实务教程》，中国传媒大学出版社2015年版，第15页。

表 1-1

社会心理的构成	所处层次	活跃程度	特点
具体意见	表层	活跃	主要是公开的言语表达，针对具体对象，具备相对独立性，受社会态度和价值观的影响。
社会态度	中层	一般活跃	具备明确的取向性，有别于个人对环境刺激做出的简单条件反射；明确的对象性有别于价值观。
价值观	深层	不活跃	包括人生观、审美观等，平时比较隐蔽，但可以通过社会态度和具体意见感知。

舆论之所以具有表层性特征，胡钰认为有以下三方面的原因：①

第一，舆论的形成缺乏理性，重视情绪。舆论中的事件涉及的或是公众人物，或是与自身相关的事物发展，公众在接触关于这些事件的各种意见时，常常以情绪的起伏作为评价依据。

第二，舆论的形成缺乏系统性，重视偶然性。涉及大的社会事件的舆论常常受到突发事件的激发，其形成过程迅速而缺乏系统性，而涉及反常自然现象的舆论也与一些偶然性自然现象相连，是某种征兆的结果。

第三，舆论的形成缺乏内容分析，重视数量对比。外界在确定、评价一个群体的舆论时，习惯以意见持有者的数量、力量对比作为依据，忽视意见内容之间的联系，忽视不同意见者之间的联系以及有可能出现的各种转化。这使得许多突发事件的舆论的持续时间并不长，容易出现频繁的变动。

居于社会心理的表层，舆论表现得比较活跃和容易变化。这一特性，一方面使舆论在形成过程中的意见互动和整合成为可能；另一方面也为舆论的引导和控制提供了发挥影响力的空间；同时，它还为社会管理决策的效果提供了可检视的依据。②

五、集合性

舆论不是个人的意见，而是集体的意见，是各种意见的集合，或者说是意见形式的群体集合意识。舆论的集合性特性主要表现在：一方面，它不是个别人的意见，也不是少部分人的意见，而是相当多的社会成员所表达出来的意见的集合；但这种集合，不是孤立个体意见简单、机械地相加，而是有机地"集合"，它往往是意见交锋或者妥协的结果，当冲突强烈时，就只能以数量、力量的对比来决定哪种意见能够成为代表舆论的意见。③另一方面，作为舆论存在形式的意见，其本身包含了认知、情感和意志行为（判断）三种成分，是三种成分的复合体。也就是说，作为舆论的意见，它既包含一个人的认知因素，也包含着他的情感和理性评价因素，同时，还包含着意志行为，即准备采取某种行动的一种意志、一种状态。④所以从意见内涵的角度来看，作为舆论的意见也具有集合性。

---

① 胡钰：《新闻与舆论》，中国广播电视出版社 2001 年版，第 120-121 页。
② 韩运荣、喻国明：《舆论学：原理、方法与应用》，中国传媒大学出版社 2005 年版，第 40 页。
③ 胡钰：《新闻与舆论》，中国广播电视出版社 2001 年版，第 120 页。
④ 韩运荣、喻国明：《舆论学：原理、方法与应用》，中国传媒大学出版社 2005 年版，第 37 页。

第四节 舆论的功能

一般而言，功能是事物内部固有的效能，由事物内部的要素结构所决定。舆论的功能是指舆论的内在效应，它以舆论的本质特性为出发点，取决于舆论自身的性质与结构。[①]就其性质上来分，舆论可以分为正向舆论和负向舆论。正向的舆论是社会发展的动力，产生正效应；负向的舆论阻碍社会进步，产生负效应。因此，舆论的社会功能是多方面的，学者们的看法也不尽相同，但是有一些是大家共同认可的。

一、舆论的基本功能

舆论的功能是舆论本质特性的外在延伸和展示。舆论的基本功能是通过意见评价方式，以特定的理想及意愿来反映、干预、改造现实。[②]分解这一基本功能，综合已有相关论述，舆论的具体功能大致有下列四项：咨询功能、调控功能、监督功能和整合功能。

1. 咨询功能

舆论是公众智慧的结晶，是一个丰富的信息资源库，它不仅包括知识性的，也包含情感愿望性的信息。这些信息能为个体、团体以及政府在做重大决策时提供参考，具有"顾问""参谋""外脑"的作用。个体通过舆论或舆论活动，可以了解某一问题的具体内容、影响力，以及他人对此所持有的态度等有效信息，并进而为自己的行动决策提供参考。政府部门的决策者在做重大决策之前，也总是要先了解群众对相关问题看法、意见以及提出的主张、方案，其目的就是要集思广益、顺乎民意，少犯错误，充分发挥舆论的咨询功能。因此，专门调查舆情的舆论机构和咨询机构应运而生。

2. 调控功能

舆论是社会控制不可缺少的手段之一。舆论对社会进行调控，主要是调节人与人之间的社会关系，包括政治、经济、伦理关系等，其中最重要的是调节民意与政府决策的关系。舆论具有社会调控功能，是因为舆论是一种群体的集合意识，它能够对个体产生心理上的压力——顺应舆论而动，可获得认同感和归属感；逆舆论而行，则有可能陷入孤立的境地。因而，舆论会影响个体的态度，使之和其所代表的群体意见保持一致。由此，舆论可以实现社会意识整合，即通过意识的互动，对原有社会价值观念和社会规范体系进行调控，从而形成相对一致的意见、心理乃至意识形态。

统治阶级一般会通过意识形态领导权来控制市民社会，使民众心甘情愿地遵循由统治者认定的道德观念、价值体系，认同统治者的审美趣味、行为规则和思维习惯。在现实社会中，舆论是调控价值观念的主要工具，对社会道德有巨大的规范作用，把社会风俗转化为个人习

---

① 宋晖：《舆论学实务教程》，中国传媒大学出版社 2015 年版，第 32 页。
② 宋晖：《舆论学实务教程》，中国传媒大学出版社 2015 年版，第 32 页。

惯，潜移默化地起作用，使人的行为受到根深蒂固的约束。道德不仅是舆论的主要内容，而且道德的维系也主要依靠舆论活动。通过舆论评价活动，对公众人生观、价值观、信念都会造成很大影响，从而形成新的道德，久而久之，沉淀为新的社会风俗。①

3. 监督功能

舆论是社会的耳目和感应的神经。社会有机体中哪里发生病变，社会运动过程中哪里出现问题和矛盾，那里的舆论就会必然地给予警示和反应。因此，舆论监督的具体功能就表现在对社会环境的监测、对社会行为的约束、对不良社会现象的警示等方面。舆论监督有多种方式，如批评检举、揭发控告、游行示威等，其中最主要的是通过大众传媒实施监督。

从舆论监督的内容来看，具体来说可以概括为：（1）监督特定的群体和个人。群体包括正式的组织如政府机构、企事业单位、社会团体；非正式组织指的是一定的人群。而每个人随时都处在舆论的监督之下，会考虑别人对自己的看法，议论别人和被人议论都是很正常的现象。（2）监督指向某种社会现象和行为，如贪污腐败、随地吐痰、商品质量、食品安全等，特别是对一些有害的社会行为；而对一些有益于精神文明、物质文明建设的行为则加以赞扬。（3）监督决策机构和决策活动。聚焦于决策机构、活动，从而促使其执行公开化，提高透明度。包括对决策过程的监督和决策效果的监督。②

4. 整合功能

舆论能够通过传播过程中的意见互动，对原有的社会价值观和社会规范体系进行调整、综合，从而使社会不同的体系形成一种新的力量。通过舆论传播，使观点自由流通，又能够提高公众讨论社会问题的水平，促使社会共识的形成与和谐关系的建立。③也就是说，舆论过程一方面根植于共识，另一方面也制造共识，它能整合社会成员的不同意见，使其在共同的核心价值和目标上持有共同的看法。侯东阳认为，舆论的整合功能具体表现在以下几方面④：

舆论的整合作用首先表现为意见的整合。意见整合是指由特定的社会事件或社会问题所引发的，无数个人意见相互交流、相互作用、相互融合的过程。在舆论形成过程中，最初的个人经验将会逐步得到提升，意见在社会群体的互动中趋同，个人意见汇聚、交织，人们逐渐向正确的、符合真理的意见靠拢，最终形成多数人的优势意见。

舆论的整合作用最终是文化的整合，是对社会价值体系的整合。舆论对社会心理和社会意识形态等精神因素有着直接的影响，同时它本身也是社会心理和意识形态的外在表现。从心理因素上来说，在社会中多数人会有一种从众心理，为了安全需要，害怕被孤立而服从多数人的意见。舆论还能够控制集体的注意力，把人们的意见引向特定的主题。

舆论对意识形态的整合作用主要也是统一人们的思想意识，在社会变革时期、价值系统更新时期表现得非常突出。舆论对社会行为、国家机器也都有整合作用，这也是舆论的最终目的。通过舆论鼓动使人们在行动上达成一致，就能够集个人力量为集体力量，对社会产生极大的推动作用。

---

① 侯东阳：《舆论传播学教程》，暨南大学出版社2009年版，第46页。
② 侯东阳：《舆论传播学教程》，暨南大学出版社2009年版，第47页。
③ 侯东阳：《舆论传播学教程》，暨南大学出版社2009年版，第49页。
④ 侯东阳：《舆论传播学教程》，暨南大学出版社2009年版，第49-50页。

二、舆论的正向功能

舆论对社会与人的影响，表现为推动社会发展或把社会拉向倒退，这两种作用的正反方向形成了舆论的正向功能和负向功能。一般来说，正向的舆论是社会发展的动力，产生正效应，具有正向功能。刘建明等学者认为，诤言、社会褒扬、舆论监督等属正向舆论。[①]

1. 规范社会道德

道德是人们共同生活及其行为的准则和规范，道德通过社会的或一定阶级的舆论对社会生活起约束作用。舆论之所以能够发挥巨大的道德规范作用，原因在于：

第一，舆论对个人言行具有约束力。舆论是公众意见，一经形成往往就成为人们关于某一事件或问题、言论和行为的不成文的准则和规范，对个人言论和行为具有一种无形的控制和约束力。因而舆论能够将偏离社会规范和公共道德的行为公之于众，能够唤起普遍的社会谴责，将违反者置于强大的社会压力之下，从而起到强制遵守社会规范的作用。[②]

第二，从舆论的本质特征来看，舆论是公众整体意识的外化，可用以评价现实生活。公众潜藏的道德观念与现实情况发生碰撞时，人们就要议论，就要评价，说的人多了，就形成了关于这件事或这个问题最初的舆论。所以舆论活动总是与道德评价紧密地联系在一起的。

第三，舆论活动能够形成某种道德氛围，实现道德由"现有"向"应有"转化。这是因为舆论是一种社会公论，这种公论所形成的道德氛围，其势能总是高于社会个人的道德水平，从而形成一种"势差"。这种势差具有强大的裹挟力、强制力，无形中迫使公众向较高的道德水平转化。这个转化过程就是社会心理学家凯尔曼所说的"服从—同化—内化"的过程。[③]

2. 维护社会稳定

舆论在维护社会稳定方面能发挥重要作用。具体表现在：

首先，舆论是社会稳定的安全阀。"社会安全阀"是社会冲突理论中用以表示社会冲突积极作用的概念，指各个社会都存在着这样一类制度或习俗：它作为解决社会冲突的手段，能为社会或群体的成员提供某些正当渠道，将平时蓄积的敌对、不满情绪及个人间的怨恨予以宣泄和消除，从而在维护社会和群体的生存、维持既定的社会关系中，发挥"安全阀"一样的功能。事实上，若社会压抑批评，那么积累的不满就会日益增多，最后有可能导致不满爆发，引起社会动荡。相反，根据政治公开原则，自由讨论并不会使社会分裂，反而会成为社会稳定的力量。因为人发泄怨气后不满就会减少，这对政治的统一和稳定是有利的。因此，舆论有利于造就一个和谐的政治社会，这是其社会稳定作用的基本表现。

其次，舆论能自发协调社会各种关系，进而促进社会的稳定。在社会中，各阶级以及各成员之间常常存在利害冲突，若以自我为中心，不了解、不关心其他成员的利益，社会冲突就会逐渐加剧；政策的制定会出现失误，政策的执行得不到各界人士的配合而实行困难。而

---

① 刘建明、纪中慧、王莉丽：《舆论学概论》，中国传媒大学出版社2009年版，第91-97页。
② 吕文凯：《舆论学简明教程》，郑州大学出版社2008年版，第43页。
③ 程世寿：《公共舆论学》，华中科技大学出版社2003年版，第99-101页。

舆论能保障各阶层成员为自己利益发表意见，促使社会成员相互沟通、彼此理解，进而做出有利于社会稳定的利益调整。①

最后，正向舆论对意见的整合，有利于形成保持社会稳定的主导性舆论。舆论是将公众分散的意见加以集中、整合、提高，使之成为相对一致的群体意见。从这个角度来看，舆论的形成经历了一个将众多的个人意见交流汇集，最终趋于一致性的过程。在这个过程中，舆论必然要经历由表及里、由浅入深、去粗取精、去伪存真的思辨和争论。众多意见的交锋，价值权威部门的引导，最终形成占据主导地位的正向舆论。简单说来，正向舆论的形成过程，就是对个人意见的修正过程，就是去伪存真、正本清源的过程，就是促动人们思考、选择正确意见的过程。因此，正向舆论一旦形成，便具有权威性，对广大群众产生导向、约束、压力等心理作用，进而使纷繁复杂的扰攘之音渐趋一致，形成舆论的主旋律。②

3. 促进民主政治建设

第一，舆论是社会制衡国家权力的重要方式之一。政府的权力虽然强大，但国家是由社会构成的，代表社会公共意见的舆论在制衡国家权力方面能发挥重要作用。这是因为：民主的实质是人民有权使政府以及他们的代表们同意接受公众的意志和意见。作为汇聚、集合公众意志和意见的公共舆论，能够使分散的和非理性的个人意见和意志在公开争辩和讨论的过程中形成集体理性力量，而集体理性力量能够对政治系统施加更加有效的压力来实现社会成员具有广度和深度的普遍参与，并在很大程度上矫正代表制中由代表个人或集团所产生的问题和弊端，从而增强民主政治对公众诉求的回应性。③

第二，舆论能为民主政治的发展创造公正的社会环境。民主政治以政治平等作为核心价值和目标取向。政治平等不仅意味着每个社会成员具有影响社会政策和方针的平等机会，而且也意味着对每项具体的公共政策具有平等的发言权，并且这些发言权对公共政策所产生的后果是等同的。民主政治的本质是人皆平等，人皆平等在现代社会体现为每个人在利益上的平等，体现为对每个人的好处或利益应给予平等的考虑、尊重和保护。

第三，舆论有利于培育公民精神。公民精神对民主政治的推动具有重要意义，而舆论在公民精神的培育上能发挥重要作用。这是因为：通过公共舆论，社会成员对公共政策的意见和建议往往更容易被政治系统关注、回应和采纳，有利于调动社会成员参与民主政治的积极性；同时，在舆论的形成过程中，也逐渐培养起了公众对公共事务进行讨论、辩论、批评甚至反对的能力，提高了民主政治的智力条件。

三、舆论的负向功能

过度倚重舆论或恣意放大舆论中的非理性成分，都会产生负向效应，尤其是负向舆论，它会影响社会稳定，阻碍社会进步，对社会造成极大的危害。

---

① 吕文凯：《舆论学简明教程》，郑州大学出版社 2008 年版，第 42 页。
② 吕文凯：《舆论学简明教程》，郑州大学出版社 2008 年版，第 42 页。
③ 丁建彪：《公共舆论：提升民主政治回应性的有效路径》，《天府新论》，2012（3）。

1. 舆论暴力

舆论是把双刃剑，如果发言者缺乏对事件的清醒认识，甚至仅凭感觉和感情行事，便往往会导致"众暴寡"的局面出现——以公众之强势欺压个体。①过度的舆论带来的"多数人的暴政"，就是一种"舆论暴力"现象，互联网时代这种现象尤为突出。网络舆论暴力指的是在特定的时间和空间内大量网民对特定的网络事件达成基本一致的意见，并通过网络言语和线上行为以非理性的态度表达对当事人的意见，并对当事人造成人格和声誉上的侵犯。②《人民日报》曾发文总结出了网络舆论暴力的三个特点：一是以道德的名义对当事人进行恶意制裁，以寻求在现实中解决网络问题；二是通过人肉搜索公开当事人的隐私，煽动人群对当事人进行语言暴力，产生群体极化行为；三是对现实生活中的当事人进行实质性的威胁、恐吓，并造成严重伤害。网络暴力的主要表现方式有：（1）在聊天室、论坛、微博等网络社交平台对网络事件当事人的谩骂、侮辱、诽谤、围攻、网络审判等行为；（2）利用现代信息技术搜索出事件当事人的信息然后在网上公开其个人隐私的行为，即"人肉搜索"；（3）网民在现实生活中对事件当事人及其亲属进行谴责，使其在现实社会生活中遭受身心压力，甚至是生命和财产安全的威胁，即"网络追杀"。③网络舆论暴力的发生及其扩大对国家、社会、个人都会造成极大的危害。对国家而言，影响国家的稳定与和谐，对国家的法律造成冲击；对社会而言，挑战道德标准，造成网络环境的混乱；对个人而言，损害个人的权利，容易出现信任危机。为了净化网络环境，使网络行为有序化，我们必须从组织、法律和伦理道德等方面对网络舆论暴力进行社会控制。

2. 舆论审判

舆论的又一负向功能，是通过舆论压力干预司法的独立性，我们把这负效应称为"舆论审判"。所谓"舆论审判"，是指舆论走在司法程序之前或伴随司法审判过程中，对涉案人员做出定性、定罪、定刑等结论，从而干预和影响司法独立和公正的现象。④现实中，人们常把舆论审判等同于舆论监督，其实二者有本质区别。舆论监督是指社会各界通过报纸、广播、电视和网络等传播媒介发表自己的意见和看法，从而对社会不良现象进行批评，对权力组织与决策人物进行监督和制约。舆论监督强调把握好舆论的质和度，使舆论产生监督作用而不越权。而舆论审判则是舆论监督中非理性的舆论过度干扰司法产生的现象。过度的和非理性的舆论审判则会产生消极的监督效果，其对人们思想和社会发展产生的影响也是极为不利的，主要表现在：一方面，舆论审判会干涉司法独立、影响司法公正、妨碍司法程序，极易产生"未判先果"的后果；另一方面，舆论审判会使司法独立和舆论监督失去应有的平衡，形成舆论对司法独立的干扰，其实质是对法治精神的背离；再者，舆论审判的过程对受众的非理性行为的激化，不利于管理网络秩序。

3. 负向舆论蛊惑人心

负向舆论属于不良舆论。彭菊华认为，凡歪曲客观事物的真相与本质，背离社会历史前

---

① 吕文凯：《舆论学简明教程》，郑州大学出版社2008年版，第45页。
② 管雅乐：《网络舆论暴力的形成机制与治理研究》，《现代商业工业》，2019（7）。
③ 秦晓惠：《网络舆论暴力的社会控制》，《传播与版权》，2015（8）。
④ 王芳：《"江歌案"中的舆论审判及其影响》，《视听》，2018（7）。

进的方向，违背广大人民群众的根本利益，败坏正确路线方针政策的舆论，即为负向舆论。①负向舆论多种多样，包括浮言、流言、谎言、谣言、谬理，等等。概言之，不外乎两大类：一类为偏见，它以错误的立场和观点为出发点，歪曲事实，颠倒黑白；另一类为谎言，毫无根据地捏造事实。负向舆论，离经叛道，异端性很强，经常采用欺骗引诱等手段迷惑人，混淆人的思想，甚至不惜采用诬蔑、挑拨和中伤等手段来蛊惑人心。负向舆论的广泛传播，在很大程度上是群众情绪鼓噪的反应，大众不依靠理性的判断，而是以情绪上的反应为基础，去相信和传播谣言等负向舆论，也助推了负向效应的发挥。

【思 考 题】

1. 什么是舆论？谈谈舆论与舆情、民意之间的区别与联系。
2. 作为舆论的主体，有哪些具体规定性？
3. 作为舆论的客体，其具有什么特征？
4. 以某一具体案例，分析说明舆论的构成要素。
5. 简析舆论的特征。
6. 简述你对舆论正负功能的理解。

---

① 彭菊华：《论负向舆论的成因及对策》，《益阳师专学报》，2002（1）。

第 二 章

舆论的形成

舆论是如何形成的？这是一个比较复杂的问题，也是舆论学必须要回答的一个重要问题。全面了解舆论形成的环境、过程、标志及模式，有利于我们对舆论实施有效的调控并使它为社会的健康发展服务。

第一节　舆论产生的社会环境

舆论是社会和个人综合因素的结果，因此，舆论的产生需要一定的社会环境。舆论的社会环境是一种客观存在，公众无时无刻不处于其中，它看似无影无形，但也具体可感。那么，影响舆论形成的环境有哪些呢？

一、舆论发生的公众环境

公众是舆论的主体，但现实中我们遇到的舆论一般都是具体的，因而它的主体也是较为具体的。那么，如何从整体上把握公众的状况呢？孟小平在总结前人的论述后，提出了"公众总体"的概念。①这个概念比较抽象，但通过统计材料和科学的调查，是可以把握的。公众总体是多种类、多层次公众的有机整合，在一个国家内部，公众总体具有某些共同的文化传统和记忆，绝大部分使用共同的文字体系进行交往，具有大致相同的生活条件和生活经历的舆论环境，在信念系统存在着共同的文化积淀。

刘建明把公众总体称为公众环境，认为舆论会受到社会背景和群体成员身份的严重影响，同一社会阶级和具有同样民族背景的人在许多问题上都会有同样的观点。而不同的文化背景熏陶下的公众心理结构、思维方式、道德观念等方面都存在着差异。每个人生活在公众关系中，在社会关系网中找到依托，同时也就生活在不同的公众环境中。②

一般来说，公众总体的状况是现代舆论环境的质量和特征的决定性因素。这是因为，一方面，只有了解了公众总体的变化和基本特征，才可能深刻地理解具体公众在具体问题上的情绪或意见的变化；另一方面，公众总体既是舆论的发出者，又是舆论的达到者和传播者，

---

① 孟小平：《揭示公共关系的奥秘——舆论学》，中国新闻出版社1989年版，第60页。
② 刘建明：《社会舆论原理》，华夏出版社2002年版，第32-34页。

他们决定了舆论传播环境的质量和特征。因此，在研究舆论导向时，我们需要了解我国公众总体的历史与现实的基本状况和特征；了解我国公众总体内的联系、协调，利益的融合、分化等因素，以有效地影响舆论的形成和走向。

公众环境的变化较为直接地影响舆论环境，例如我国公众的总体受教育程度，近十几年的变化较大，文盲人数逐年减少，已经不能对整体的精神发展产生很大影响；同时，九年义务制教育的普及，使具有中学受教育程度的公众在总人口中占据着最大比例，他们对舆论环境的质量有着重大影响。又如，随着我国城市化进程的不断推进，农村人口与城市人口的比例发生重大变化，也会直接促使舆论显现出某些特征。

二、舆论发生的意识环境

舆论始终存活在各种意识之中，舆论的发生离不开社会意识环境。刘建明认为，意识环境是无形的精神文化的交错状态，包括知识、道德、法律、信仰、艺术、风俗等各种形式。①舆论与其他意识形式在实际生活中是紧密联系的，一方面，舆论在特定意识形态中形成，它是在其他意识形式滋补下生长出来的，并日益从意识环境中吸取养分而逐步完善，可以说意识形态是舆论的母体；另一方面，舆论也反作用于意识形态，舆论作为表层意识，是其他意识生产的原材料，甚至有时它会突破原有的意识形态，开辟新的认识领域。二者相互渗透，作用于社会的发展进程，从根本上讲，正是舆论不断改变和形成新的意识形态，社会发展的辉煌蓝图才能显现出来。

舆论在一定的意识环境中形成，它自然地受到社会意识形态的制约。这种制约表现在两个方面，一是利用前人的意识创造新的舆论，二是遵从现存社会的规范形成特定的思想方式。当某种社会意识形态一旦占据统治地位，势必强有力地影响整个舆论，造成一种特定的舆论环境，一般来说，正确的意识形态会把人们的思考提高到完美的境界，不断推动人们对周围事物做出科学的评价，支配人们正确表达自己的意见。如果某种舆论背离某种意识形态目标，就会受到限制，甚至压制。在这种情况下，意识形态的拥护者将宣传与舆论目标相反的观点，批驳舆论的导向，对舆论发挥规范、导向、控制、整合、改造的作用。②

大众传播媒介是社会意识的载体，是社会意识的生产机构，所以舆论很难离开它。但媒体提供的"拟态环境"有时是虚假的，而人们通常意识不到这一点，完全把拟态环境看成客观真实环境，不假思考地以大众媒介的意见作为舆论，此时公众意见就有可能变成舆论错觉。所以，大众传媒有责任真实客观地反映社会现象和社会问题，引导公民正确认识社会真相和社会整体利益，使公民意识保持理性。③

三、舆论发生的具体环境

舆论都是在具体环境中产生的，起始于某一具体环境，这种围观环境被称为舆论场。所

---

① 刘建明、纪中慧、王莉丽：《舆论学概论》，中国传媒大学出版社2009年版，第48页。
② 刘建明：《社会舆论原理》，华夏出版社2002年版，第35页。
③ 王灿发：《新闻舆论学基础教程》，中国广播影视出版社2015年版，第84页。

谓"场",它包括自然场、社会场两种形态,自然的"场"指的是特定物质相互作用的空间;社会的"场"指的是相互作用的物质或观念上的空间(有时包括时间)。舆论场是社会场的一种。

刘建明认为,舆论场是指包含若干相互刺激因素、使许多人形成共同意见的时空环境。人的舆论行为是人和环境相互作用的函数,包含多人的体验、现实需要及相互反射和对应的量。[①]项德生认为舆论场是特定的舆论主客体相互作用而形成的具有一定强度和能量的时空范围。[②]关于"舆论场"目前尚无统一的定义,但综合学者们的论述,有两点共识可帮助我们理解这一概念。一是舆论场是特定的群居群集的空间,是舆论场的外观或物质性的形态,这是舆论场的首要条件;二是舆论场是人们借助意见相互依存、相互作用并由此形成的能量交换过程,即需要无数人在人群高度密集的地方进行信息交流,产生强烈的意见互动。看来,仅有群居空间,而无意见的能量交换,是不能形成舆论场的。因此,舆论喜欢喧闹的市区城街,流播于群居群集之地,如集市庙会、茶楼酒肆、商店广场、集体宿舍等。这表明,舆论场作为具体的舆论环境,不同于普通的社会环境,普通的社会环境是人们生活、生产的社会空间,它不一定生发舆论,而舆论场则是人们相互作用、刺激并由此产生、发展舆论的特殊环境。[③]

刘建明在《社会舆论原理》中指出,构成舆论场有三个要素。[④]

1. 同一空间的人群密度与交往频率

一方面,同一空间人员密集度越大,就越能构成人们交流意见的条件,在多向交往中自由倾诉各自的观点,众多意见交融、碰撞,极容易形成一种或多种共同意见。另一方面,同一空间各种意见的交流越频繁,互动性越强,关注度越高,舆论场的吸引力也就越大,大家一致认同的意见越容易出现。舆论场的这种吸引力,我们称之为舆论场的强度。舆论场的强度从根本上讲是由意见交流与互动的频率所决定的,人们议论得越多、越频繁,舆论场的强度也就越大,即各种意见的交流越频繁,争论也就越激烈,舆论场的吸引力就越强。广义的舆论强度是指经过激烈的意见讨论,某种具有影响力和号召力的意见逐渐被认同,成为吸附、同化分散意见的核心,即形成舆论。[⑤]舆论强度对事件发展能起到或正面或负面的作用,即舆论场的强度决定了舆论的性质和强度。

2. 舆论场的开放度

舆论场开放与否,不仅关系到舆论的形成,而且在一定程度上决定着舆论的质量,甚至在一定程度上制约着舆论的正负方向——产生正确的舆论还是错误的舆论?舆论场与整个社会的关系是局部与全局的关系,社会建立起来的纵横畅达的意见通道,在一定场所内形成的舆论往往是整个社会动向的反映。舆论场的开放度还包含着这样一种含义,即社会环境有宽松的言论自由,人们的思想和议论对个人不构成危险,舆论越容易形成,也越有可能采集到正确的样本,除此之外,局部社会环境的开放,必须具有各种信息畅通的渠道,和外界的各

---

① 刘建明:《社会舆论原理》,华夏出版社2002年版,第35页。
② 项德生:《舆论与信息》,河南人民出版社1992年版,第128页。
③ 秦志希:《舆论学教程》,武汉大学出版社1994年版,第111页。
④ 刘建明:《社会舆论原理》,华夏出版社2002年版,第36-37页。
⑤ 侯东阳:《舆论传播学》,暨南大学出版社2009年版,第66页。

种意见经常处于一种交流状态。① 总之,社会环境的开放度决定了舆论场的开放度,舆论场存在于社会的大环境中,二者相互影响、相互作用,但之间的界限并不是绝对的。

相反,在一个闭塞的社会环境中,意见要么萧条,要么变得单一。由于公众不知晓外界情况,无法正确判断而难以形成正确的舆论,表现出思想的随意性和谬误;媒体不能相对自由地报道,因而也不能形成新闻舆论;政府对事实真相遮遮掩掩,无法得到外界信任,这样很难形成舆论或形成健康的舆论,对事件的解决有害而无益。② 可见,舆论场的封闭性如果和人员的密度相耦合,往往促成错误舆论的产生,而舆论开放的同时又具备人员的密度,则有助于正确舆论的形成。

3. 舆论场的渲染物或渲染气氛

一定环境的诱惑力、气氛能增强某种意见的感染力,使舆论提前形成或气势增强。舆论场的渲染力由许多具体物象组成,如一定场合飘扬的旗帜、彩色气球、口号声、标语、战歌、鼓乐、掌声等,具有激发情绪的作用。这些因素相互作用,不断产生激发社会情绪的氛围和压力,使舆论呈现波澜壮阔的声势。

依据舆论场内涵,一个城市、一个国家因具有特定的文化、价值观等,可构成大大小小的舆论场。如果将舆论场的概念用于指较为宏观的时空环境,那么可以将整个改革开放的中国视为一个巨大的舆论场——"中国舆论场"。③ 随着社会时代背景的变化,我国舆论传播环境发生了很大的变革,新华社原总编南振中提出了"两个舆论场"的概念,认为在当下中国客观存在两个舆论场,一个是党刊党报、国家通讯社、国家电视台等传统媒体组成的"官方舆论场",另一个是以都市报和互联网为主导的"民间舆论场"。2007年,有研究者提出了社会舆论的"三元结构说",即能够体现党和政府意志的政府舆论场,以媒体新闻实践构成的媒体舆论场和以民众从自身利益、情感和意愿出发而形成的民间舆论场。④ 王灿发等学者从舆论载体角度出发,将目前存在的舆论场划分为民间纯口头舆论场、传统媒体舆论场和网络舆论场。⑤ 网络舆论场是一个开放的复杂系统,值得我们认真研究。

第二节 舆论生成的过程

由于舆论的形成是一个过程,因此可以划分为不同的阶段,有些学者试图用分段法来描述舆论形成的过程。关于舆论的形成过程有诸多说法,国内比较有代表性的观点是:

刘建明的四阶段论:① 个人意见的多样化和相互靠拢;② 无数意志的融合;③ 舆论领袖的评价指导;④ 获得权威性。

韩运荣、喻国明的六阶段论:① 问题的发生;② 舆论领袖的发现;③ 意见的发生;④ 事

---

① 刘建明:《社会舆论原理》,华夏出版社2002年版,第36页。
② 侯东阳:《舆论传播学》,暨南大学出版社2009年版,第66页。
③ 陈力丹:《舆论学:舆论导向研究》,上海交通大学出版社2012年版,第57页。
④ 刘九州:《以媒体为支点的三个舆论场整合探讨》,《新闻界》,2007(1)。
⑤ 王灿发:《新闻舆论学基础教程》,中国广播影视出版社2015年版,第134-140页。

实与意见信息的传播；⑤意见的互动与整合；⑥舆论的形成。

李元授的四阶段论：①意见酝酿；②意见表达；③形成多数；④舆论形成。

郑旷的四阶段论：①意见酝酿；②意见表达；③获得多数；④形成舆论。

林秉贤的三阶段论：①问题的发生；②议论的引起；③意见的归纳与综合。

从上面的研究成果我们看出，学者在舆论的形成阶段上是有分歧的，尤其有两点区别较大，值得辨析。

一是舆论的初始阶段应该从哪儿算起？喻国明、林秉贤等学者认为起于"问题的发生"，刘建民、李元授等学者认为起于"个人意见"。本书认为，舆论是一种"意见"，它的生成过程就是探寻"个别意见"发展成为"一致性意见"的过程，"个人意见"的产生应该是初始阶段，但任何意见的产生都必须具有意见客体，没有意见客体的刺激就无法产生意见，因此，"问题"与"意见"又是相伴而生的。所以本书认为，公共问题引发众论是舆论形成的初始阶段。

二是"舆论的形成"算不算一个独立的阶段？有学者（如刘建明）认为某种意见"获得权威性"的认可，就是终点；还有学者认为"意见的归纳和综合"是最后阶段；还有学者认为"舆论的形成"应该是独立的阶段。本书认为，"舆论的形成"应是一个独立的阶段，这是因为，虽然我们在现实中的确很难找到舆论是在何时何地形成的，但从理论上来讲，舆论的形成需要经过意见的理性提升和多数人认可的过程，它有自己的特点和标志。

因此，本书在综合众多研究成果的基础上，把舆论的生成过程分为公共问题引发众论、个人意见扩张、公众意见整合以及共同意见形成四个阶段。

一、公共问题引发众论

一种意见的产生，直接来源于外界的信息刺激，这种刺激可以是社会的变动，可以是较大的突发事件，可以是与多数人持有的信念相矛盾或与他们的心理期待相契合的事件，以及一些长期困扰公众的社会问题。我们把和人们社会利益相关、和人们社会关系相关、和人们社会观念相关的那些事务称为公共事务。上一章已有所论述，公共事务是舆论的对象，是舆论的客体。

公共事务如果利益分配不当或内部结构失衡，就会产生社会矛盾，社会矛盾得不到及时有效的解决，便会产生社会问题。由社会矛盾引发的社会问题会阻碍社会的发展，因此，一切社会问题都不可避免地会引起连绵不绝的议论，尤其是那些急迫而突出的社会问题，那些长期得不到解决的社会痼疾。这是因为，为促进社会的健康发展，一些症结化、突出化的社会问题总是会引起人们的关注，不断有人为此发出强烈呼声，而呼声得到具有相同态度的人的附和、响应，愈演愈烈，局部呼声便演变为普遍的社会要求，波及整个社会。在社会问题没有得到恰当解决之前，它所引起的舆论效应通常是"众说纷纭"。①

由此我们可以看出，舆论的起点来源于公共事务引发的信息刺激，这种刺激可能是大的社会变动、社会变革，可能是抽象的社会问题，也可能是爆发力强的突发事件。这些信息刺激一旦发生，就迅速地与公众头脑中的固定成见、知识结构等发生信息的"化合作用"。这种化合作用产生的能量继续推动信息的扩张并不断转化为动力，使对此发表意见、见解、看法

---

① 刘建明：《社会舆论原理》，华夏出版社2002年版，第41页。

成为公众的一种即时需要,在此过程中,伴随着各种各样的情绪和情感。①

众说纷纭是舆论处于初级阶段时的特点。秦志希认为有以下原因:②首先,当公共事务经心理中介刺激舆论主体并引发评价意见时,在最初,这种评价活动主要表现为主体意志和观念的独立活动,很少顾及、参考其他人的意见,使得不同意见彼此没有发生或很少发生有意识的交叉联系,不同意见呈散在形态,并表现出不同的向量,处于无序混沌的状态。其次,舆论离不开个人意见,没有众多的个体参与,也就没有舆论的出现,然而各个个体(甚至社会组织或大众媒体也介入其中)的具体情形又是千差万别的,他们对社会问题的反应程度与方向各不相同,并且分别选择恰当的方式和场合表达自己的见解,从而使无数个人意见以众说纷纭的状态展现出来,因此,十分复杂的舆论主体源也使各种意见呈现出众说纷纭的特点。最后,公共事务本身一般也具有多因性、复杂性、流变性的特点,特别是重大的社会事变、社会事件更呈现多种特性,表现出更复杂的内容。在开始时,人们难于立刻对这些客观事物形成全面正确的整体把握,更多的是从某一侧面、某一角度、某一层次来看待问题,发表意见,做片面的理解,从而也就使意见难于统一。

"众说纷纭"阶段是舆论的潜在状态,其意见形态具有以下的特点:(1)以自发形式出现,是个人意志和观念的呈现,因此学者把"这种个人意见又称作'私见',是个人意志自发行为的结果"③;(2)意见变幻莫测,意识的发生及演变完全处于不规则状态,意见虽多但莫衷一是,尚未形成优势意见;(3)是分散的、彼此没有联系或很少联系的个人意见,即便"个体与个体之间在某一场合互相沟通与交流,表达彼此相同或不同的观点"④,但也仅仅属于人际传播阶段。

二、个人意见的扩展

个人意见的多样化,必然导致个人意见的交融,分散的个人最终要选择适当的场合表达自己的见解,扩散自己的意见,从而出现某种意见赞同人数骤增的趋势,原来孤立的看法,有的会变成一些人的共同立场。如果个人意见在一开始就发现了真理,符合社会绝大多数人的意志和利益,就会逐渐演变成多数人或绝大多数人的意见。因此,充分利用已有传播渠道和各种舆论场把个人意见扩散开去,是形成舆论的一个不可或缺的阶段。

个人意见的扩展是通过传播和沟通来实现的。表达欲和求知欲一样,是人的基本欲望,当人们对某一社会问题有自己的意见、见解、看法时,便会产生将其传播出去的冲动。个人意见的传播主要运用公共论坛,如茶楼、酒吧、影院、广场、公园、会议厅、虚拟论坛等,甚至利用大众传媒的扩张作用,并通过信息的可复制功能最大限度地实现信息共享,为公共意见的最终形成创造必要的条件。除了通过自发传播来扩展个人意见外,人们在共同活动中彼此交流观念、思想、兴趣、情绪、感情等的沟通行为,也能促使个人意见的扩展。刘建明认为,沟通不仅仅是意见的传递,更主要是为了获得沟通者和接受者对社会问题的共同认识。

---

① 程世寿:《公共舆论学》,华中科技大学出版社2003年版,第158页。
② 秦志希:《舆论学教程》,武汉大学出版社1994年版,第118-120页。
③ 刘建明:《基础舆论学》,中国人民大学出版社1988年版,第98页。
④ 李元授、陈扬明:《新闻传播学》,新华出版社2001年版,第255页。

之所以能达成共识，是因为在交往条件下意见不仅是在传递，而且也在形成、补充和发展，即在意见交流中能"增加东西"，形成一种新的意见。① 因此，在每一次沟通过程中，个人意见便有可能找到知音，使交往和认识有了统一。这样，大多数人持有的意见便不断粘附具有相同固定成见、相近情绪倾向的公众个体，形成所谓"雪球效应"，② 出现一个个包含某种共识的"议论圈"。在个人意见扩展阶段，往往会呈现出无数个议论圈，各个小的议论圈不断地吸收社会成员加入，逐渐组合成几个大的议论圈，极端的时候就成为两大议论圈。

在舆论场里，若干人对议论的话题表现出共同的兴趣，由于同处于一个空间，他们兴致勃勃地在一起交谈，便形成议论圈。"议论圈是指少至几个人，多至十几个人聚合在一起相互交谈，并取得初步一致意见的沟通状态。"③ 它是自发形成的，是舆论在社会中传播的最小单位。在一致性意见未出现以前，针对公共问题往往会"呈现出无数个舆论圈，各个舆论圈又以辐射的方式向四周扩展，使个人意见讨论的范围不断扩大"④。议论圈所以不断呈现出扩大的趋势，一方面取决于舆论人交往范围的扩大，另一方面还取决于舆论人社会角色的多面性，舆论人在其社会生活中往往充当几个不同角色，在不同舆论圈内把个人知道的事件和意见向其他人转达，使意见传播的范围不断外延，引起更多人的关心和讨论。⑤ 总之，议论圈是个人意见向社会共同意见转化的起点，是部分个人意志融合的过程。"舆论圈的出现，标志着进入讨论的个人意见已经转变为社会意见。"⑥

三、公众意见的整合

舆论形成是从个人意见的扩张开始的，但个人意见不是舆论。要克服舆论初级阶段的众说纷纭现象，消除公众意见的个别性、分散性，最终达到群体一致性意见，还必须经过一个各种意见相互作用、相互影响、分离聚合、消解蜕变的过程，这个过程就是意见的整合阶段，它是舆论形成的关键阶段。秦志希认为，意见整合过程是社会过程和心理过程的统一，社会过程主要表现为社会讨论与引导，心理过程则包含认识整合与意向整合。⑦

（一）意见整合的社会过程：讨论与引导

意见整合的社会过程主要是通过讨论与引导来实现的。

1. 意见由众说纷纭达成一致，讨论是必不可少的中间环节

为了说服他人，舆论主体总是尽力借助各种渠道和传播手段，使自己的意见向更广的范围推进，从而使各种意见迅速膨胀、扩展，并相互交叉、重叠，于是，众说纷纭的意见就不

---

① 刘建明：《社会舆论原理》，华夏出版社 2002 年版，第 43 页。
② 程世寿：《公共舆论学》，华中科技大学出版社 2003 年版，第 162 页。
③ 刘建明、纪中慧、王莉丽：《舆论学概论》，中国传媒大学出版社 2009 年版，第 53 页。
④ 刘建明：《基础舆论学》，中国人民大学出版社 1988 年版，第 102 页。
⑤ 刘建明：《社会舆论原理》，华夏出版社 2002 年版，第 44 页。
⑥ 刘建明：《基础舆论学》，中国人民大学出版社 1988 年版，第 102 页。
⑦ 秦志希：《舆论学教程》，武汉大学出版社 1994 年版，第 120 页。

可避免地会发生碰撞和争论。所谓讨论，是围绕争论所进行的符号交换，是公众之间相互对立、相互修正、相互影响、相互适应（或不适应）的互动过程。在这一互动过程中，舆论个体既是传者又是受者。作为传者，他发表意见，影响别人；作为受者，既听取别人意见，接受信息，又对所接受的信息有所择取，有所扬弃，并在此基础上形成自己的意见。①所以，公众间的讨论是一个主体修正他人，同时又被他人所修正的过程，其结果既使他人与自己相适应，也使自己与他人相适应，在求同存异中达成一致性意见。需要说明的是，舆论的形成过程中的讨论，最重要的方式是争论，即社会人群持有意见，在互动中不断进行争论、妥协，不断地进行求大同存小异，它既是一个交换过程，也是一个意见整合过程。

2. 意见由众说纷纭达成一致，离不开社会对公众意见的引导

整合过程中的意见引导可分为两种类型，一是强制性引导，一是自然性引导。所谓强制性引导，是指引导者不顾公众意愿，而按自己的意志操纵、影响舆论运行的方向。这种"引导"存在于现实之中，但我们不提倡，因为它违背舆论自身的运行规律。所谓自然性引导，主要是指引导者根据舆论自身运动的规律，按照公众的意志将分散的意见加以整合并纳入正确的轨道。②意见引导主要由意见领袖、权力组织及大众媒介承担。

第一，意见领袖对意见的引导。活跃在人际传播网络中，经常为他人提供信息、观点或建议并对他人施加个人影响的人物，被称为意见领袖，也叫舆论领袖。意见领袖大都是社会名流，包括政治家、掌权者、学者、专家、艺术家、劳动模范、战斗英雄、政党领袖、著名新闻记者等，他们博学多识、富有感召力，在意见整合的关键时刻，能体察民意，审时度势，于众说纷纭中发掘、概括、提炼出合理的观点来，其真知灼见令公众信服，能产生一呼百应的群体效应。意见领袖具有以下特点：（1）消息灵通，是群体中的"小广播"和"大喇叭"，信息掌握得多，影响力大；（2）分析能力强，是群体里的"评介员"，他们善于从表象信息透析到比较深层的价值内涵和意义，能够进行相关分析和价值判断；（3）具有人格魅力，拥有众多追随者和模仿者。③

如果社会讨论就局限在各类舆论圈或局部范围内，那么，就无法形成社会大范围内的整体认识。意见领袖"善于考察各种不同意见，又善于集中群众的智慧，正是他们把各类舆论圈的差异逐步消除掉，提出一种更尽情理的意见，使各舆论圈的人统一在共同的认识下，形成共同的意志"。因此，"舆论的最后形成，必须借助舆论领袖的评价指导，把不同层次、不同社会环境的舆论圈连成一个整体，使局部意见转化为大多数人的共同意见"④。具体说来，舆论领袖在舆论形成过程中的作用是：① 集中群众的智慧，把各类议论圈的差异逐步消除，促进意志合力加速形成；② 运用科学的思维方式分析、评价社会问题，把群众的不同认识和分散的意见集中起来，唤醒人们的知觉；③ 纠正公众中某些错误的观念，公众在社会讨论中一旦接触他们的意见，就会被真诚的信念和浓烈的热情所感染，成为忠诚的追随者。⑤舆论领

---

① 秦志希：《舆论学教程》，武汉大学出版社1994年版，第120页。
② 秦志希：《舆论学教程》，武汉大学出版社1994年版，第122页。
③ 韩运荣、喻国明：《舆论学：原理、方法与应用》，中国传媒大学出版社2005年版，第68-71页。
④ 刘建明：《基础舆论学》，中国人民大学出版社1988年版，第106页。
⑤ 侯东阳：《舆论传播学教程》，暨南大学出版社2009年版，第74页。

袖最终呈现出来的作用就是把社会局部意见聚合为多数人的整体意见。

第二，权力组织对意见的引导。个人的情绪和意见，除了受所在群体的影响外，同时还受到各权力组织及其领导人的影响。原因在于，权力组织及其领导人可以通过各级组织和大众媒介迅速地把对某个问题的意见传达贯彻下去。权力组织主要是通过媒介来引导舆论朝着有利于自己的方向发展，这是因为大众媒介往往是某种权力的传声筒，会自觉地宣传其政策和观念。权力机构的舆论行为是贯彻国家意志的重要精神活动，在社会舆论中一般占有支配地位。因此，政府意见的全面公开化，是政府引导公众舆论沿着正确方向传播的关键。

第三，大众媒介对意见的引导。大众媒介可通过信息的传递、交流为意见主体提供可供议论、评价的信息，公众经过心理感受和相互交流，可形成一致性意见。同时，大众媒介也以其信息量大、覆盖面广、传播迅速等特点为意见的扩散发挥着重要作用。现代社会，大众传播是舆论形成的重要途径。

（二）意见整合的心理过程：认识整合与意向整合

社会讨论与引导是意见整合的社会过程，其实质性内容乃是公众的心理整合，表现为公众的心理活动过程。意见的心理整合同样包括认识整合和意向整合两部分内容。

1. 认识整合

认识整合指"统一思想认识、统一价值尺度和评价，使各自散在的事实认识、价值认识互相协调、补充，从而形成相对一致的舆论观点或舆论评价"。[1]认识整合说到底就是统一人们的看法、思想。认识整合作为公众群体的认识活动，作为公众见解、观念的生产、加工过程，也就是将公众分散的、粗浅的意见，加以综合、提炼，使之能全面、深刻地反映公共事务的本质和公众的共同利益。

2. 意向整合

意向活动是人们对客观事物的心理体验和心理趋向形成的过程。意识整合指"统一情感偏好和意志要求，形成相对一致的倾向性和意向性"[2]。简言之，意向整合就是统一人们的情感和意志倾向，由心理趋向的一致使意见得以整合，并导向有序。

四、共同意见的形成

在舆论形成的过程中，必然经过一段所谓"结晶过程"，即本来是散漫无绪的广泛群众意见，逐渐具体化、特殊化，最后形成完整的能被大多数人接受的意见，我们称之为共同意见，这一过程被称为"结晶过程"。这是一个意见的理性升华过程，同时又是意见得到公认的过程。

共同意见的形成具有一些明显的标志，如意见核的形成、权威意见的形成，同时还可从意见的量度、意见的强度加以判断。相关内容，我们在下一节"舆论形成的标志"加以阐释。

---

[1] 徐向红：《现代舆论学》，中国国际广播出版社1991年版，第171页。
[2] 徐向红：《现代舆论学》，中国国际广播出版社1991年版，第171页。

最后，需要提醒的是，舆论形成的过程，并非顺理成章，一步接一步地发展下去。有时一个步骤可能拖延很久，或者搁置下去，直到该件事重新出现为止。而且，每个阶段的界限也不是那么泾渭分明，每个阶段的时间也可长可短。

第三节　舆论形成的标志

作为公共意见的舆论是极其复杂的社会意识，它的形成具有以下标志。

一、形成意见核

所谓意见核是指那些或反映公共事务的某些本质，或代表相当多人利益的公众意见。[1]韩运荣、喻国明认为，"意见核"是舆论形成的一个特点和标志。他们认为这个大的"意见核"具有以下特点：（1）争取了相当规模数量的社会成员认同；（2）形成了相对稳定的意见结构；（3）确立了有序的状态。[2]

初级阶段的公众意见，往往鱼龙混杂，合理的意见内核与各种杂质、水分混在一起，呈混沌状态。在认识整合过程中，意见核因其自身的固有特性（反映事物本质或代表群体利益），具有一定的吸聚力与排他力。表现在：对立的意见遭到批判，少数人的意见层被瓦解、分离，相近或相似的意见被吸附、同化。意见核的吸聚与排他两种反向力量，不仅使混沌的意见发生分化，界限渐趋分明，而且在这两种反向力量的作用下，它还不断地丰富自己、完善自己、升华自己，从而产生更大的磁力场，像滚动的雪球，愈滚愈大，逐渐形成众多人的一致意见。

二、意见具有权威性

刘建明把"权威性"作为舆论形成的最后标志。他认为："多数人的意见一旦具有一定权威性，也就成为社会公认的一种舆论。"[3]他的解释是，当舆论领袖把完善的、理想化的意见传播到公众中去以后，许多舆论又被加以理解，再度传播，逐渐在公众中广为传播并产生影响力。每个人根据自己的利益和兴趣心悦诚服地接受这些意见，并运用这些意见去思索社会问题。当公众从这些意见中找到对社会问题的圆满答案时，他们的心目中立即确立一种信念：这种意见反映了真理。随之公众便体验到一种信服、鼓舞、遵从的心理，并对意见心悦诚服。舆论有了权威性，也就有了强制性，便具有了统治多数人心理的强制力。当然，舆论权威所产生的强制性不同于司法机关的强制性，它使人们不由自主地选择这种强力使自己就范，自觉接受舆论的支配。"当整体意见获得权威性，这就标志着舆论已经完全形成，因为权威性来

---

[1] 秦志希：《舆论学教程》，武汉大学出版社1994年版，第124页。
[2] 韩运荣、喻国明：《舆论学：原理、方法与应用》，中国传媒大学出版社2005年版，第80页。
[3] 刘建明：《基础舆论学》，中国人民大学出版社1988年版，第109页。

自广大群众内心的承认和拥护，始终被人们追随和信任，直到舆论目标的完全实现。"①

三、具有一定的量度

当然，舆论形成的最明显标志是意见的量度标准，即在一定范围内有多大比例的人持有同一种意见。前面我们曾谈了陈力丹依据"黄金比例"法则确定三分之一为舆论形成的最低量度（此处不赘述）。对此，刘建明有不同的看法，他认为按照感知事物比例的思维习惯，四分之一的比例通常被认为是"较多"的底数。也就是说，一定范围内有四分之一的人议论某一事务或持有一种意见，标志着舆论已经形成；反之，参与议论的人少于四分之一，只能是议论而不是舆论。因此，他认为应该"把一定范围内四分之一左右的人数（25%）赞成的意见确定为舆论的最低量度标准"②。当然，四分之一是个近似值，较此多一点或少一点都不影响舆论静态的稳定性。如果寻求一个准确的表达方式把议论和舆论划分开来，这就是：它的适度边际量为25%左右，即一定范围内约有25%的人持有一种意见是舆论形成的临界点。刘建明还认为，在局部社会环境（如单位）出现的议论达到25%的人数，只能属于群体舆论，即使是达到了90%以上的人数，也只能叫整体舆论，而不能叫社会舆论。冲破社会的局部环境，表达意见的人数达到25%左右，则属于社会舆论。其中，30%以上至60%以下的社会舆论称作公众意见（众意）；而60%以上的议论量则称为民意。成熟的民意量化指标为70%以上，60%至70%的议论量是民意的边际量。③

四、具有一定强度

舆论形成还有一个重要标志那就是意见的强度标准，即意见主体诉诸意志的指向及其信念的轻重。意见的强度一般可通过意见主体的态度、表达意见的力度，以及意见传播的广度等因素来测量。态度一般用特有词汇来反映不同公众立场的差级，如：同意、反对、坚决反对；赞成、坚决赞成、不赞成、极不赞成等；表达意见的力度，与表达方式有关，如行为意见（静坐、示威游行）比言语意见的力度要大，而在语言表达中语义差异也能显示出不同的力度；意见传播的广度与上面提到的量度成正比，持相同意见的人越多，该意见传播的范围越广，影响越大，强烈程度也越大。态度与力度可根据舆论调查中的各种意见量表，如"语义差异量表""社会距离量表""等线间隔量表"来分析。

需要特别注意的是，舆论强度离不开舆论量度，二者相互递进、相互作用。没有一定量的支持，即个人或少数人的意见，即使态度非常坚决也是微弱的；公众意见的气势以及意见强度是由意见的从众人数和态度的坚定程度两方面决定的，舆论量度和舆论强度两个相关量之积显示出它们的共同意志，二者相互结合得出舆论的指数。

舆论形成之后，如何把握舆论，则需要分析舆论的分布状态。韩运荣、喻国明等学者认

---

① 刘建明：《基础舆论学》，中国人民大学出版社1988年版，第110页。
② 刘建明、纪中慧、王莉丽：《舆论学概论》，中国传媒大学出版社2009年版，第57页。
③ 刘建明、纪中慧、王莉丽：《舆论学概论》，中国传媒大学出版社2009年版，第58-59页。

为，舆论分布主要是从数量角度把握舆论，通常具有三种类型：[①]（1）"J"形分布——多数人持一致意见；持不同意见者只占较小一部分。（2）双众数分布——持肯定意见者和持否定意见者都拥有相当多的人群，双方势均力敌；持中立意见、态度者相对较少。（3）正态分布——持肯定意见者和持否定意见者都占少数，大多数人持中立或者保守意见。对于公共决策而言，舆论呈"J"形分布最为方便与理想，顺应舆论即能获得认同。因为在意见的传播、互动及整合过程之中，一种意见占据主流地位时就已经形成较强势的舆论。当舆论呈双众数分布时，公共决策则会比较困难，可以推迟决策，给予舆论一段自我整合的时间，以形成一种相对而言较为成熟的意见。如果此路不通，即现实利益格局无法通过时间方式予以整合时，可以进行兼容性的模糊决策。当舆论呈正态分布时，则无须对现行政策进行根本性、结构性的变动，因为大多数人是满意的，只要尽可能根据赞成者或反对者的观点，进行细节的磨合与改良即可。

第四节　舆论形成的模式

模式是指对客观事物的内外部机制的直观而简洁的描述，它是理论的简化形式，可以向人们提供客观事物的整体信息。模式具有组织、解释、启发和预测诸功能：组织功能上，模式能将各系统排序并连接起来，还能使我们看到一个很难从其他方法中获得的整体形象；解释功能上，模式能用简洁的方式来提供此信息，而改用其他方法则可能相当复杂；启发功能上，模式能引导人们关注某一过程或系统的核心环节；预测功能上，模式有可能对事件的结局或过程进行预测。[②]舆论形成的模式是对舆论形成过程的一种简单化、形象化的描述。现代舆论形成的过程十分复杂、多变且专业，很难用一两种模式来描述清楚。本书仅就舆论场中常见的几种模式加以阐释。

一、"爆米花"模式

"爆米花"模式也称爆发模式或积聚突发模式。它是指某种大规模的社会意见突然形成舆论，带有突然爆发的意味，给人一种措手不及的感觉，很像"爆玉米花"的过程。简言之，"爆米花"模式，是突发事件引起的舆论大哗。"爆米花"是一个形象的比喻，从前，崩玉米花是在特制的铁容器里进行，容器封闭得不透一丝空气，装着一些玉米，将其放在火上加热，随着火烤的时间，容器里的温度不断上升，当温度达到一定临界点，发出砰的一声轰响，玉米在高温压力下变成了"米花"。

"爆米花"模式舆论的出现是突发事件的产物，在事件发生之前就存在某种强烈情绪，一旦发生了某一重要事件，意见迅速高涨而形成舆论热潮，瞬间形成巨大的舆论声浪，引起整个社会的强烈响应，有时还可能发生暴力表达意见，这是社会突变的表征。从根本上说，它是社会矛盾发展的结果，以偶然性社会事件表现出来。社会事件具有冲突性，是因为涉及许

[①] 韩运荣、喻国明：《舆论学：原理、方法与应用》，中国传媒大学出版社2005年版，第83-99页。
[②] [英]丹尼斯·麦奎尔等：《大众传播模式论》，祝建华译，上海译文出版社2008年版，第2-3页。

多人的切身利益，重大社会事件直接关系到国家、民族、社会的命运，触及人们的传统观念与道德，因而也深刻地冲击人们的灵魂。

引发"爆米花"模式舆论的因素主要有：（1）具有引爆功能的事件，涉及人们的利益或人们的情感，激起人们的愤慨和不平；（2）某个舆论领袖在公众场合发表激烈的演说，鼓动人们发出强烈的舆论行为；（3）管理部门突然宣布一项决定、政策或具体措施，刺激了人们的情绪，激起强烈的舆论。①

"爆米花"式舆论的爆发，首先是在一个舆论场出现的，然后才走向社会。舆论场内的人受到事件的刺激，舆论人和舆论领袖加紧活动，等于给群众的情绪加温，局部环境中的意见压力增大，势必冲破议论圈走向社会。

二、"飘雪"模式

"飘雪"模式也称平稳模式，是舆论形成的一般模式。它是指个人意见相互交流、传播，甚至经过舆论领袖的长时间引导，最后逐渐形成舆论的过程。就像下雪一样，意见在公众中悄悄地"飘落在地上，不久大地一片银装"。这种模式的前提是，社会矛盾虽得不到解决，但并没有发展到不可调和的地步，矛盾渐渐演化为人们的意见，无数个人意见的交流形成表意群体，加上舆论领袖的引导，最后舆论便形成了。②例如人民赞成政府提出的建设小康社会的舆论，人民拥护政府制定的汶川抗震救灾、重建家园的舆论，人民支持国家改善大气环境、限制使用大排量汽车的舆论等，都属于飘雪模式。

"飘雪"模式舆论的形成需要漫长的过程，消失也比较慢，这是因为社会矛盾不是那么尖锐、急迫，并没有发展到不可调和的地步，这样的舆论一般不会高涨，也不会形成疾风暴雨式的冲击，正确意见在社会中平稳传播，被大众逐渐接受。但若这种舆论涉及的公共问题长期得不到解决，经由某个事件的刺激，也有可能转化为"爆米花"模式。

三、"沉默的螺旋"模式

德国学者伊丽莎白·诺尔-诺依曼提出了"沉默的螺旋"模式。诺依曼认为，人们是否愿意对议题发表意见，主要取决于对意见气候的理解，如果意见气候与个人的意见相左，因为害怕被孤立，会继续保持沉默。由于大多数人力图避免因持有某种态度和信念而被孤立，因而在表达支配意见和不表达意见的个人数量增加的时候会放弃原有的想法和态度，实现与主导意见的趋同。即"在具有争议性的议题上，人们试图判断，自己的意见是否属于大多数，如果他们发觉公众意见背离自己的态度，他们就会倾向于对该议题保持沉默"。③这样的结果便是："劣势意见的沉默"和"优势意见的大声疾呼"的螺旋式扩展，进而导致社会生活中占压倒优势的"多数意见"产生——舆论形成。舆论的这一形成过程，便是"沉默的螺旋"模式。

---

① 侯东阳：《舆论传播学教程》，暨南大学出版社2009年版，第79页。
② 刘建明、纪中慧、王莉丽：《舆论学概论》，中国传媒大学出版社2009年版，第61页。
③ 刘建明、纪中慧、王莉丽：《舆论学概论》，中国传媒大学出版社2009年版，第63页。

由此看来,"沉默的螺旋"模式舆论的形成主要取决于意见气候。在《沉默的螺旋:舆论——我们社会的皮肤》一书中,诺依曼认为大众媒体和人际网络是塑造意见气候的两个重要因素。即大众媒体对主流观点的反映,加上人际网络对异常观点的支持不断减少,必会导致出现一个"沉默的螺旋"。这是因为:其一,人作为一种社会动物,在表明自己的观点之时首先会对周围的"意见环境"进行观察,当他们发现自己属于"多数"或"优势"意见时,便会倾向于积极大胆地表明自己的观点;当他们发现自己属于"少数"或"劣势"意见时,一般就会屈从于环境压力而转向沉默或附和。其二,一方的"沉默"造成另一方意见的增势,使"优势"意见显得更强大,此种强大反过来又迫使更多的持不同意见的人转向"沉默",这便形成了一个一方越来越大声疾呼、一方越来越沉默的螺旋式过程。其三,大众传播通过营造"意见气候"来影响和制约舆论。因此,这一模式下,舆论的形成不是社会公众"理性讨论"的结果,而是人们迫于"意见气候"压力而对"优势意见"采取趋同行动的不合理产物。①

四、"瀑布倾泻"模式

"瀑布倾泻"模式主要指的是政府、精英自上而下进行鼓动,信息从高位往低位流动,就如同多级瀑布一样,往往会经历一个一个的水潭,每一个水潭代表着一个阶层的舆论体系。最上面的水潭由政府主导,次级是由精英组成的水潭,下一级是媒介的水潭,然后是意见领袖的水潭,最后是大众的水潭。水潭之内会形成回流,进一步影响下一个水潭的结构和流向。来自最高一层——政府的舆论在逐级受到精英们的修正、大众传播媒体和舆论领袖的影响之后,到达广大的民众层面。如果它符合了公众利益,必然受到人民的认可和支持,成为大范围的公众舆论的核心。②

【思考题】

1. 什么是舆论环境?影响舆论形成的环境有哪些?
2. 什么是舆论场?构成舆论场的要素有哪些?
3. 一般来说,舆论的形成可分为哪几个阶段?
4. 以某一突发公共事件为例,分析舆论的形成过程。
5. 舆论形成的标志有哪些?
6. 舆论形成的常见模式有哪几种?

---

① [英]丹尼斯·麦奎尔等:《大众传播模式论》,祝建华译,上海译文出版社2008年版,第101-106页。
② 侯东阳:《舆论传播学教程》,暨南大学出版社2009年版,第80页。

第三章

舆论的形态

舆论的表现形态是多元的，分类标准不同，舆论形态的类别也不一样。喻国明根据舆论表现的强烈程度，认为其有三种基本的存在形态：潜舆论、显舆论和行为舆论。[1]陈力丹从舆论的社会信息表现形态角度，将其分为三类：讯息形态的舆论、观念形态的舆论和艺术形态的舆论。[2]刘建明则从舆论的行为主体方式角度，分析了舆论的六种传播形态：当代论坛、社会传闻、民歌民谣、会议讨论、肢体行为、理论争鸣等。[3]本书参照目前国内学界有影响力的观点，从舆论的存在形态、信息形态、畸变形态三个方面来阐释舆论的形态。

第一节 舆论的存在形态

关于舆论的基础形态，目前公认的一种分类方法是，按照喻国明的观点，将其分为潜舆论、显舆论和行为舆论。这样分类的依据在于，舆论是"公众的信念、态度、意见和情绪的总和"[4]，它的表达需通过言语、情绪和行为等形式。以言语的形式表达，构成显舆论；以情绪的形式表达，构成潜舆论；以规模行为的形式来表达，则构成行为舆论。[5]

一、潜舆论

简单来说，潜舆论是指公众没有公开表达的意见和观点，是潜在或萌芽状态的舆论。公开与否，是判定潜舆论与显舆论的标准。

1. 潜舆论的两种类型

潜舆论包括两种类型：一是信念型潜舆论——未公开表达的信念；二是情绪型潜舆论——感觉到而又不易准确捕捉到的公众情绪。[6]

---

[1] 喻国明、刘夏阳：《中国民意研究》，中国人民大学出版社1993年版，第278页。
[2] 陈力丹：《舆论学——舆论导向研究》，中国广播电视出版社2012年版，第91-94页。
[3] 李建明、纪忠慧、王莉丽：《舆论学概论》，中国传媒大学出版社2009年版，第65-90页。
[4] 陈力丹：《舆论学——舆论导向研究》，中国广播电视出版社2012年版，第86页。
[5] 宋晖、吴麟：《舆论学实务教程》，中国传媒大学出版社2015年版，第17页。
[6] 陈力丹：《舆论学——舆论导向研究》，中国广播电视出版社2012年版，第86-88页。

舆论的深层次内容信念，是一种潜在的舆论。每个人都有意或无意地有着预存立场，即以往所积累的生活经验和较为牢固的判断事物的标准，它决定着个人意见的基本倾向，是预先存在于人们头脑里的观念，这不是一般的对具体问题的看法，而是人在社会化过程中习得的相对固定的价值观、道德信条、最基本的好恶等带有所在群体特有传统、现实政治经济体制印记、个人性格特征的信念。信念是人们既有的关于现实世界的准则，包括立场、价值观和道德信条等，往往左右着人们对具体问题的看法。预存立场相近的公众，其信念构成舆论的深层内容，需要接触具体舆论客体才会显露出来。由于生活于不同社会群体之中，公众的信念差异亦会很大；即使生活于同一个群体中，个人间的信念也存在着差异。因而，我们不易对信念型潜舆论进行准确的把握和测量。

公众能够知觉到的一定范围内较为一致的公众情绪，也是一种潜舆论。情绪是公众对事物的估量，这种估量通常是直觉式的，同时又依赖于记忆，一般较为含糊地表达了公众对舆论客体的态度。当社会发生较大变动时，人们会习惯性地调动既有记忆，不经意地运用信念进行对比判断，并以兴奋、愉快、敬慕、悲怆、焦虑、厌烦、冷漠、恐惧、愤怒等形式表现出来。不少舆论客体最初引发的是公众情绪，而非直接的较为清晰的意见，因而，能够觉察到的一定范围内较为一致的公众情绪也是一种潜舆论。对此，刘建明的论述较为全面："公共情绪是一种集合社会心理，它的外在形态一般表现为对某一事物的普遍情绪，并通过只言片语透露出来。""潜在舆论是意见的萌芽或潜伏形式，情绪是这种舆论的唯外部形态。"[1]

情绪型潜舆论是公众意见倾向的征兆，尽管缺少理性和清晰度，但它却是舆论较为真切的形态；加之，各种社会规范很难直接干预情绪型潜舆论的表达，在较少约束的情况下，无形中使得它反而拥有了几分纯真。因此，我们也应对情绪型潜舆论予以高度重视。如果对非理性的情绪型舆论引导不力或出现引导失误，可能导致不利于社会稳定的显舆论和行为舆论。

2. 潜舆论的特征

潜舆论具有隐匿性强、负面声音多、引导难度大等特点。[2]

第一，潜舆论的隐匿性强。一方面，潜舆论往往围绕着一个不宜公开议题的话题展开，这种话题有可能是法律法规中明文禁止的内容，也有可能是存在现实利益纠纷但无法公然进行声讨的对象。这种情况下，一些潜舆论的主体通常会选择隐蔽的方式进行私下讨论，避开言论风头。另一方面，潜在舆论主体所关心的对象，往往在官方舆论场中欠缺声音，大众媒体不关心或不便关心这些话题，这种潜在的舆论多通过民间渠道来纾解自己的情绪。而在一般的民间舆论中，这种低调的声音也往往十分小众，只能在亲朋好友、邻里师生之间进行分散化、碎片化的传播，无法形成更大的规模和更完善的舆论体系。

第二，负面声音居多。除了讨论对象的敏感性外，现实生活中，人们都愿接受正面肯定意见，而排斥负面批评意见，于是负面意见就很难公开表达出来，这些不便表达的负面意见更多地便成为潜舆论。所以，潜舆论本身以批判、抱怨、讽刺的意见居多。随着网络传播的兴盛，人们越来越倾向通过互联网尤其是通过社交媒体来表达自己的想法。虚拟的网络平台在很大程度上突破了现实生活中的规范和限制，给了人们一种看似真实的安全感，潜在舆论

---

[1] 刘建明：《基础舆论学》，中国人民大学出版社1988年版，第350页。
[2] 王灿发：《新闻舆论学基础教程》，中国广播影视出版社2018年版，第104-105页。

的公众通过私人聊天等更为隐匿的方式加深了这层保护,因此,那些负面意见更容易在私下得到非公开的表达,而使负面声音越来越多。

第三,引导难度较大。潜舆论的引导难度,就在于它在社会中通常进行的是"地下活动",与能够在公开场合或公共平台"振臂疾呼"的显舆论不同,潜舆论的动向与强度难以捉摸,但又无法因此而忽视它的存在。作为一种社会情绪的真实表达,潜舆论对党和政府以及广大领导干部来说无疑是一种具有压力的"舆论阴影"。尤其是极具消极倾向的潜舆论,如果不及时引导,在时间的积累与其他因素的影响下,潜舆论会朝着显在的状态发展,并且在社会情绪的挤压下,一旦达到一定的临界点,这种潜舆论就会迅速变质,形成舆论爆发乃至于酿成舆情事件。因此,如何在隐性的舆论场中捕捉到舆论主体的消极观念,并对症下药及时予以疏导,也是舆论引导领域中亟待解决的一个难题。

二、显舆论

所谓显舆论,是指在一定范围内相当数量的公众,以各种公开的形式表达的对舆论客体的态度。[①]显舆论或是由外界刺激直接引起,或者是由情绪型潜舆论经过一段时间的酝酿,转化而来。它在意见倾向方面相对清晰,是一种成型的,已经全面具备了舆论的基本要素,并形成了一定规模的舆论,也是最为常见的一种舆论形态。

1. 影响显舆论形成的因素

显舆论的形成既受内在因素的影响,也受外在因素的影响。从内在因素来看,显舆论是对外界刺激的认知、意向和情感的综合反应,它受个人具有的内在信念、期望或目标,以及偏好等心理因素的影响——决定其意见倾向。因此,显舆论是公众对于外界信息刺激的一种本能反应,真实地表达了公众的意见倾向。从外在因素来看,由于"公开表达"是其必要的构成条件,因而显舆论有时可能会受到外在因素的影响,从而表现出它的工具性机能。具体可从以下三个方面进行理解:

其一,受现实环境的影响。"在什么山上唱什么歌",为了适应现实环境,以求获得社会认同,人们所公开表达的舆论,至少在语言词汇上会与流行同步,并且多少也要顺应主流观念。舆论学上的"沉默的螺旋"理论、文化规范论等,都对此现象有所研究。如"沉默的螺旋"理论认为,所谓公众舆论,就是"对有争议的问题,在没有孤立危险的前提下可以公开表明的意见"或者"为使自己不陷于孤立而必须公开表明的意见"。[②]

其二,受自我表现的影响。在社会心理学中,自我表现(self-presentation)被界定为"为了获得权力赞许等而给别人留下好印象的动机",[③]是人格的特质之一。许多人都会有自我表现欲望,而公开表达意见就是一种展示自我的机会。于是,不少显舆论中会含有一些为突出自身而形成的夸大、虚假成分,并会影响到其他公众的意见表达。

其三,受自我防卫的影响。由于社会生活中充满了矛盾冲突和利益分殊,公众出于自我

---

① 陈力丹:《舆论学——舆论导向研究》,中国广播电视出版社2012年版,第88页。
② 郭庆光:《传播学教程》,中国人民大学出版社1999年版,第220页。
③ 沙莲香:《社会心理学》,中国人民大学出版社2002年版,第94页。

防卫的目的，有不少公开表达的意见或者是含糊的，或者干脆回避关键问题，尤其当群体内外出现某种威胁时，人们可能会隐瞒自己真实的想法，于是，此时的某些显舆论会很暧昧。

2. 显舆论的特征

显舆论具有表达方式直接、意见清晰度高和从众性等特点。[①]

第一，表达方式直接。显舆论是舆论主体在公共场合或传播媒介上公开表达的意见，它通过简单直接的方式向意见接收方明确表达意见和想法。正是意见的公开直接表达，才实现了意见的传播与共鸣，从而形成更大的意见群。因此，从一定程度来看，显舆论的意见群体规模往往比潜舆论和行为舆论的群体规模更大。在显舆论的场域中，大家围绕同一话题通过不同的渠道直接展开意见的沟通和交流，参与意见形成的舆论主体大多具有较为强烈的自我表现欲望和能力，这种积极的表达态度是造成显舆论表达的直接性的一个重要原因。

第二，意见清晰度高。显舆论的主体通常会针对舆论客体表达出清晰的意见和明确的态度，即立场鲜明地持有或肯定或否定，或理由充足的中立意见。只有少数会站在一个暧昧笼统的立场摇摆不定，而这一部分舆论很有可能在意见发酵过程中淡化出意见群或者出于其他因素转化为潜舆论。显舆论所表达出的意见清晰度，往往取决于两个因素：一是舆论客体（问题）的争议程度；二是意见群体之间的利益冲突。[②]前者属于客观的影响因素，本身就具有争议性的社会事件或社会议题，会在意见形成的初期就对公众意见的多样化产生影响。而意见群体之间的利益冲突因素则表明，舆论场中彼此针锋相对的意见阵营往往都代表着背后各自群体的利益，各个群体之间的意见越清晰、越对立，那么群际之间的利益冲突就越明显。

第三，带有从众特性。显舆论的主体之所以敢于甚至乐意直接而清晰地表达出自己的意见，是因为这个"意见"代表的是大多数人的意见，他们没有被孤立的压力。也就是说，显舆论带有一定的"从众"特征。陈力丹认为，人们为适应自己的生活环境，必须观察他人、群体、已有的舆论、社会意识形态等现实状况和相互的力量对比，以便获得较好的人际关系、社会承认，即获得基本的生存条件，并顺利从事自己的工作。公开表达的意见，这时至少在语言词汇上会与流行同步，多少要顺从现实的主流观念，适应的程度依个人的自主性强度、社会精神压力的强度而呈现不同的级差。于是，相当多的显舆论，带有从众的特征。[③]

三、行为舆论

行为舆论是指主要以行为的方式表达的舆论，这种情形中通常还会夹杂着语言和文字的意见表达，严格说是一种综合型舆论，在行为中既有情绪的表达，也有公开的言语。

1. 行为舆论的类型

陈力丹依据"集合行为理论"将行为舆论分为五类：（1）旨在实现价值志向的行为舆论，诸如环境保护、捐助难民的宣传展示活动等；（2）旨在实现规范志向的行为舆论，诸如我国

[①] 王灿发：《新闻舆论学基础教程》，中国广播影视出版社2018年版，第100-103页。
[②] 王灿发：《新闻舆论学基础教程》，中国广播影视出版社2018年版，第101页。
[③] 陈力丹：《舆论学——舆论导向研究》，中国广播电视出版社2012年版，第88-89页。

公众展开的学习雷锋运动、文明窗口活动等；（3）敌意暴露行为，诸如出于示威目的的游行集会、罢工罢课等；（4）恐慌和疯狂行为，诸如盲目的群体逃亡、赛场骚乱等；（5）各种相对短时的围观。[1]王灿发将行为舆论分为四类：（1）盲目的从众跟风行为；（2）会议活动、自由结社、群体集合等初级行为舆论；（3）游行示威活动；（4）集体破坏性活动。[2]在任何社会制度下，群体的破坏性活动都是违法行为，它的性质已超出舆论的讨论范围，因此，本书参照王灿发的观点，以情绪的强度为标准，将行为舆论大致分为以下三类：

其一，盲目跟风行为。跟风是一种从众行为。从众是指个体受到群体的影响而怀疑、改变自己的观点、判断和行为等，以和他人保持一致。从众跟风行为，是行为舆论中最为温和的一类。日常生活中常见的如抢购、围观、起哄等行为都可算作这类行为舆论。如，2011年日本核辐射事件发生时，我国坊间盛传"吃碘盐可以防核辐射"的传言，于是便出现了"抢盐风波"；2020年新冠肺炎刚在我国爆发时，坊间也盛传"吃双黄连可预防新冠病毒"的流言，于是便出现了抢购双黄连的闹剧。抢购、围观、起哄等行为既是一种从众行为，同时又表达出了群体行为人的立场、态度和意见倾向，因此也是一种行为舆论。

其二，群体聚集活动。群体聚集也是常见的舆论现象，以聚众行为表示一致意见，显示集体意志，构成社会压力因素。在群体聚集行为中，每个成员对群体稍有偏离的做法，就产生潜意识的压抑感，把他们对群体的怀疑和不同意见降到最低限度，产生了完全一致的追随举动。群体聚集行为往往是集体自卫意识的表达。当感到外部威胁时，群体有组织地集中起来相互表达态度，在互相鼓励下采取行动。[3]因此，群体聚集行为与盲目跟风行为相比，参与者的目的性强了许多，参与者大多数是自愿集合在一起采取一致行动，使人们的意见带有不可抗拒性。常见的群体聚集活动有会议、结社、集会等活动。

其三，游行示威活动。游行是一种流动的、综合的、大规模的舆论行为和手段。参加游行的人群因为有着矛盾冲突，总想要寻求一个情绪与理论的出口，因而情绪激昂，行为冲动，具有很强的社会震动性。因此，游行具有示威性。游行通常会综合运用文字手段、图像手段、语言手段来制造舆论，不同的方式相互补充，相互协调，具有风助火势的潜在推动力，能使舆论生成的速度快、范围广、声势大。因此，游行示威行为无论是从舆论波及的范围还是舆论的激烈程度上看，都属于行为舆论中程度最高的表达方式。常见的游行示威活动有静坐、罢工、罢课、游行等。

需要说明的是，游行示威具有两种对立的舆论性质，一种是与社会整体行为、社会价值观同构的，如欢庆胜利、祝捷性的游行，可叫作正向的舆论活动；另一种是与社会整体行为、社会价值观念不同构的，如声讨、抗议等游行，可称为负向的舆论活动。[4]无论在哪种社会制度下，无理取闹、非合理性的游行示威，不仅不能造成舆论，还会有上述的负向影响，最后要受到社会公共舆论的谴责。

---

[1] 陈力丹：《舆论学——舆论导向研究》，中国广播电视出版社2012年版，第90页。
[2] 王灿发：《新闻舆论学基础教程》，中国广播影视出版社2018年版，第106-110页。
[3] 刘建明：《舆论传播》，清华大学出版社2001年版，第144页。
[4] 程世寿：《公共舆论学》，华中科技大学出版社2003年版，第299页。

2. 行为舆论的特征

王灿发认为，行为舆论具有目的性更强、感染力度更强和调控难度更大的特点。①

第一，行为舆论表达的目的性更强。行为舆论的发生通常是带有一定的目标导向的，即为了促成某一事件的发生或者为了某种既得利益的实现。这种目的性的强弱与行为舆论内在情绪激烈程度成正比。群体内在情绪较为温和的行为舆论，其目的性相对较弱，如在礼堂中随着演讲者话音落下而随即响起的掌声。群体内在情绪激烈的行为舆论，则会伴随着极为强烈的行为目的性，如静坐、游行等。

第二，行为舆论的感染力度更强。人们以行为表达意见一般带有强烈的情绪，或出于把明确的意见隐蔽起来，或舆论主体亢奋异常，用行为痛快地显示意志。群众聚集起来，以剧烈的行为把舆论推向极端，是舆论激化的主要形式。加之，行为舆论一般是同时运用两种以上表达意见的方式造成舆论，如游行，人们在游行中边走边呼口号，挥舞标语旗帜，歌唱，演讲，散发传单等，有时运用愤怒或激愤、喜悦的表情向道旁观众显示自己的态度，所以极具感染力。

第三，舆论的调控难度更大。行为舆论易受群体情绪的感染和煽动，情绪高饱和的行为舆论的特征表现为有意识的人格消失，无意识的人格占据主导地位。情绪和观念的感染、暗示影响集群心理朝着某一方向发展，并将暗示的观念立即转变为行动的倾向。在集体的行为中，个人的理智思考力和自我控制力被大大降低，取而代之的是非理性的冲动行为。在此情况下，人们会倾向于将自我控制的行动权转交给集群中的领导者，但是会十分排斥集群之外的人对他们的控制。加之，行为舆论的状态并不固定，它会随着内部煽动和外部刺激的影响而发生舆论层级的转换，如比较温和的行为舆论——静坐，可能会转化为社会情绪激烈的高级行为舆论——肢体冲突。这种难以预测到的状态流动使得对行为舆论的控制难上加难。

第二节 舆论的信息形态

信息泛指人类社会传播的一切内容。舆论作为一种意见，从主观上来看，它隶属于人的意识。但从客观来看，舆论是以一种信息的形式呈现在大家的眼前的，也可以被当作一种社会信息来把握。陈力丹认为，把舆论当作一种自在的社会信息形态来考察的话，"那么有多少种社会信息的表现形态，就有多少种舆论的表现形态"。②并将信息形态的舆论划分为三个主要组成部分：讯息形态的舆论、观念形态的舆论和艺术形态的舆论。③

一、讯息形态的舆论

在日常学习和生活中，我们经常混淆信息和讯息的概念，事实上信息的涵盖范围相当广

---

① 王灿发：《新闻舆论学基础教程》，中国广播影视出版社2018年版，第105-106页。
② 陈力丹：《舆论学——舆论导向研究》，上海交通大学出版社2012年版，第91页。
③ 陈力丹：《舆论学——舆论导向研究》，上海交通大学出版社2012年版，第91-94页。

泛，而讯息的含义则更为具体。即讯息是指具体的可接触和把握的信息。讯息形态的舆论指的是人们通过对讯息的接收情况而体现出来的意见倾向。① 现代人的生活离不开各种讯息的交流，其中就包括不少与公共事务相关的讯息。如果这种讯息在相当多的公众中流动，则其就是一种舆论的表现形态。当兴趣、利益等外部刺激引发人们相互传播或是回避封锁某些讯息时，只要形成一定规模，就是舆论的讯息形态的表达。

讯息形态的舆论有两个特点：② 其一，构成一种特殊的意见倾向——关注。人们在交流时，往往会倾向于将自己印象深刻或感兴趣的内容分享给他人。人们在短时间内相互转告某一讯息，这种共同传播的高度兴趣会构成对该讯息的关注。在当前网络技术飞速发展、海量资讯即时涌现、社会生活日益多元的背景下，公众在信息接受方面往往会出现"信息疲劳"的现象。因此，能够认真关注某一讯息，这一行为本身便显现了间接的意见倾向。也就是说，当具有相同意见倾向的人聚集在一起，分享这一信息时会发现彼此传播的内容是相同的，此时这种倾向就间接表达了一种舆论。其二，形成一种特殊的舆论效应——制造共同话题。讯息中所包含的意见倾向或许连当事人自己也未觉察到，他们只是想把自己所知道的事实告诉认识的人。由于大家在短时间内都在传播相同的讯息，于是便会形成共同话题。此时，讯息形态的舆论就有可能向观念形态的舆论转化。需要强调的是，当舆论尚且处于讯息形态时，舆论强度较弱，发展方向也不是十分明确，大众媒介若能适时地、恰当地进行引导，将会取得较好成效。

二、观念形态的舆论

"观念"一词最早源自古希腊的"观看"和"理解"，简单地说，它是指"人用某一个或几个关键词所表达的思想"。③ 人们通过观念来表达某种意义，进行思考、会话和写作，并与他人沟通以使自身社会化，来形成普遍的公认意义。当代人不仅生活在信息时代，同时也生活在"意义"的世界里，舆论的最常见的信息表现形态，就是一种"意义"，即直接以不同程度的赞同（同情）、反对（憎恶）、无所谓（中立）等形式表现公众的意见倾向。④

在很多情况下，公众传播某些讯息的同时，可能会根据自己的信念和积累的经验，立即赋予该讯息以个人观念。因舆论的自发性质，通常大众舆论所表达的观念是简单的或情绪化的。不过，如果某些简单的价值判断、道德选择、刻板成见等被公众接受，那么它们不仅会成为流行的观念，而且有可能进一步内化为舆论的深层结构——信念，这对社会发展的影响可能是巨大的。因为，一旦观念实现社会化，就可以和社会行动联系起来。在某种意义上，社会行动可以被视为观念的实现。⑤

然而，对于不独立的个体和无组织的群体来说，他们的观念实际上是由社会提供和设定的。因此，在公众难以对舆论客体进行判断并确切表达时，大众媒介如能及时提供简单、明

---

① 王灿发：《新闻舆论学基础》，中国广播电视出版社2018年版，第111页。
② 宋晖、吴麟：《舆论学实务教程》，中国传媒大学出版社2015年版，第20-21页。
③ 金观涛、刘青峰：《观念史研究》，法律出版社2009年版，第3页。
④ 陈力丹：《舆论学——舆论导向研究》，上海交通大学出版社2012年版，第92页。
⑤ 宋晖、吴麟：《舆论学实务教程》，中国传媒大学出版社2015年版，第21页。

确、能被公众接受的观念,将能自然而然地为舆论框定发展方向。

三、艺术形态的舆论

艺术形态的舆论是指,在某一时期,某类人群通过特定的艺术表达方式,如文学、音乐、美术、舞蹈、电影等,来表达内心的思想状态和意见倾向。艺术形态的舆论是一个比较宏观的概念,具有很强的情感特征,表达方式也比较间接,通常以一种固定的艺术形式为基准,通过艺术内容的变更来体现人们在意识领域中表现出来的潜移默化。一般来说,不同时期表现出来的不同艺术内容,就是这一时期公众整体舆论状况的白描。从宏观上来看是时代特征的缩写,从微观上看是每个历史节点中公众思想与心理的画像。另外,在同一时期,不同人群对艺术形式与内容的偏好,同样也勾勒出某个阶层或某个群体舆论的大致轮廓,这也是艺术舆论形态的另一个展现维度。[1]公众对广播电视的文化娱乐节目、电影、多媒体中的文艺内容的议论,亦可归到这类舆论内。[2]

陈力丹认为,来自普通公众的较为原生态的文学和艺术,以及能够贴近日常生活的作家和艺术家的作品,由于通常以形象化的文艺典型来集中反映生活和表达情感,因而在很大程度上是一种舆论的表现形态。从"文化大革命"时期的地下手抄本到改革开放以来接连出现的伤痕文学、反思文学、改革文学、知青文学、寻根文学、先锋文学、消遣文学等,都不同程度地以文学信息的形态表达了某一时期的舆论特征和倾向。

陈力丹还以音乐为例,阐述了艺术信息作为公众情绪晴雨表的含义。他认为,各种艺术形式中,音乐是最能为一般公众以通俗的形式掌握的娱乐艺术,因而它能够成为当代公众情绪的晴雨表。从"文化大革命"初期大批不成章法的群众造反歌曲,到"文化大革命"中、后期流行的知青歌曲,从改革开放初期的当代牧歌到 20 世纪 80 年代中期流行音乐的登陆,再到 90 年代初的 MTV 及舞蹈音乐,每种新型的大众音乐形式都是一个时期的公众心态,特别是青年一代心态和意见倾向的鲜明表露。[3]这些来自普通民众的艺术作品,集中反映了民众的日常生活并表达出了民众的现实情感。

艺术形态的舆论,往往是现实与心理相互作用的结果,组成更为复杂。相较于讯息形态的舆论和观念形态的舆论,艺术形态的舆论显然有浓重的心理性内容,更多地涉及公众内心深处的表达或需求,显得较含蓄而复杂,因而,需要细致剖析,方能把握其所反映的社会心理。

第三节　舆论的畸变形态

谣言、流言、传闻等是一种普遍的社会舆论现象,与讯息、观念、艺术这些常态信息形态的舆论相比,他们是一种特殊信息形态的舆论。由于这类舆论的效果大多是负向的,会给

---

[1] 王灿发:《新闻舆论学基础》,中国广播电视出版社 2018 年版,第 112 页。
[2] 陈力丹:《舆论学——舆论导向研究》,上海交通大学出版社 2012 年版,第 93 页。
[3] 陈力丹:《舆论学——舆论导向研究》,上海交通大学出版社 2012 年版,第 112 页。

社会带来一定的危害，因此，我们把它们看成是舆论的畸变形态。"谣言""流言""传闻"在奥尔波特和波斯特曼1947年的著作《流言心理学》里，其实是同一个概念"rumor"，只是我国学者在翻译时用了谣言、流言、传闻等不同词汇来对应这一概念。由此，我国也就出现了谣言、流言、传闻等不同的概念。如刘建明认为："流言和谣言是两个截然不同的概念，谣言是不实之词，流言是谣言以讹传讹的扩散状态。"①郭庆光也指出：谣言不同于流言，流言是"一种信源不明、无法得到确认的消息或言论"，而"谣言则是有意凭空捏造的消息或信息"。②但陈力丹认为，无论谣言还是流言，其实它们所对应的原文概念都是同一个；并且除了极少的流言能够查找到故意造谣的根源外，绝大多数的流言是无名的，公众在传播中无形地增添了流言的虚假成分和倾向成分，无法判断信源。因此，流言、谣言很难划分。从舆论学来看，无论流言是否有个别人故意造谣，重要的是它得到了公众的广泛传布，一旦形成这种态势，流言就成为一种特殊的信息形态的舆论。③

由于学界对谣言、流言、传闻概念已有所区分，尤其重要的是社会实践已赋予了三者不同的内涵，并在生活用语中有所区分，因此，本书将三者区别开来阐述。根据社会心理学的解释，传闻是提不出确切的依据，而人们相互之间传播的一种特定的消息。传闻中的信息可能是正确或不正确的，有依据或无依据的。内容不真实的传闻又称流言。传闻不同于流言，根本区别在于所传播信息的真实性。谣言是流言的一种，谣言是恶意的攻击，是谣言制造者刻意捏造、散布的假消息。由此可看出，传闻、流言、谣言虽然相互间存在一定差别，但事实上他们有许多共同之处，联系也非常紧密，甚至在一定条件下可以相互转化。

一、传　闻

传闻，也称社会传闻、传言、小道消息，目前学界对其仍然没有一个确切定义。《韦伯斯特英文大字典》指出，传言（闻）是一种缺乏真实根据，或未经证实、公众一时难以辨别真伪的闲话、传闻或舆论。我国学者时蓉华在其著作《社会心理学》中指出："传言是指提不出任何信得过的依据，而人们相互传播的一种特定的信息。"从舆论学视角来看传闻，本书采用刘建明的观点。他认为，社会传闻"大多针对社会状况或刚刚发生的事件，传播带有一定情节的故事，反映人们对事件的看法"。传闻是"未经证实的半真半假的消息"，在一定意义上是公众愿望和要求的反射，由于大量公众参与传播，隐晦地表达某种态度，因此它是一种舆论形态。④

传闻是一种社会现象，对人们的政治生活和精神生活起着特殊的作用。传闻作为一种社会现象是不可能被禁止、更不可能被消灭的；但作为一个具体的传闻，其影响是可以被扩大或消除的，或者说是可以控制的。刘玉梅认为传闻具有以下几方面的特点：⑤

其一，自由性。传闻不受组织机构的监督和限制，直接沟通，灵活方便，传递迅速。一

---

① 刘建明：《当代舆论学》，山西人民教育出版社1990年版，第179页。
② 郭庆光：《传播学教程》，中国人民大学出版社1999年版，第99页。
③ 陈力丹：《舆论学——舆论导向研究》，上海交通大学出版社2012年版，第94-95页。
④ 刘建明、纪忠慧、王莉丽：《舆论学概论》，中国传媒大学出版社2009年版，第69页。
⑤ 刘玉梅：《论传言、流言与谣言心理》，《内蒙古农业大学学报（社科版）》，2009（4）。

般在社会的下层流动，有时也会波及中上层。

其二，突发性。传闻与人们的心理危机状态密切相关，每一次较大的社会动荡，都伴随着大量传闻。

其三，变形性。传闻过程的每一环节中，传闻者会根据自己的理解、自身兴趣及经验体会，或多或少地对传闻进行一定程度的夸张加工。传播的距离越远，则与初始传闻相比的失真度越大，甚至面目全非。

其四，多样性。传闻的内容多为政治、经济、政策、人事等与传闻者利益有关的、正式沟通网络中尚未出现的消息，以及名人动态、他人私生活等与传言者情绪有关的、正式沟通网络中不可能出现的消息，此外也有一些科普、文化、宗教等与传闻者兴趣有关的、正式沟通网络已经出现的消息。

其五，周期性。传闻从发生期开始，传递速度由慢而快地达到高峰期，然后急速转入衰退期，这为一个周期。多数传闻只存活一个周期。但有些传闻会出现多个周期，即几次衰退，又几次兴起，称为反复性传闻。反复性传闻有多次强化的效果，所以造成的影响比单周期传闻要大得多。

其六，指向性。名人、权威人士、领导干部最容易遭受流闻袭扰，在特定的范围内这种指向性尤为突出。这既与他们的地位和工作特点有关，也与平时活动中他们的优点和长处过于突出、而缺点和短处被掩盖的情况有关。当然，也不排除某些人因职务、荣誉与自身实际不相称而成为众矢之的的可能性。

二、流　言

流言，《辞海》中解释为"散布没有根据的话"。这说明，流言是一种信源不明、无法得到确认的消息或言论。再从构词上来看，"流言"强调的是"流动、流散"的状态，表示信息具有广泛流传性。因此，"未经证实性"和"流传性"是流言的显著特点。[①]据此，本书采用王润的定义：流言是指未经核实而在私下广泛传播的信息。[②]一旦信息的叙述变成流言，群体的情感和意见就会借此表达出来，便形成一种畸变的舆论。

流言在传播过程中，其内容常常会发生改变或歪曲。在现实生活中，我们常常遇到这种情况：一种传闻，传来传去，越传越走样，以致最后面目全非。这主要有三个原因：[③]

其一，略化。流言在接收者再传播过程中，其内容不断地被重新编排，所用词汇越来越少，遗漏许多具体细节，流失掉许多信息，因此，流言越传越简略。流言内容略化使其变得更加简明扼要、通俗易懂，便于理解和接受。

其二，强化。强化指被强调化。流言接受者，由于兴趣、爱好、信仰、价值观念的不同，对流言的某些内容格外关心，成为兴趣中心，留下深刻印象。当他再向他人传播时，往往强调自己最感兴趣、印象最深的内容，经过强调过的流言，是个人根据自己的需要有选择地传

[①] 蔡静：《流言：阴影中的社会传播》，中国广播电视出版社2008年版，第10页。
[②] 王润：《互联网环境下流言与谣言概念刍议》，《社会科学论坛》，2015（3）。
[③] 刘玉梅：《论传言、流言与谣言心理》，《内蒙古农业大学学报（社科版）》，2009（4）。

播流言的某些内容，这反映了传播者的动机倾向，带有较为明显的个人色彩。

其三，同化。在流言传播过程中，传播者往往把自己的知识、经验、需要、情绪等主观因素渗透到流言的内容中，依据自己主观上的好恶来理解流言的内容，并加以传播。

据此，从流言内容的不断转换中，我们可以看到群体成员是如何利用自己的经验以及手头的各种资料为当前处于的模糊状态的信息进行解释的。从这个角度来看，流言是集体的产物。

三、谣　言

对谣言的定义争议较多，在此不一一赘述。本书采用刘建明的观点。他认为：谣言是一种通过公开或私下渠道传播的、公众感兴趣的、没有事实根据的虚构事件，它不是中性的消息，而是带有欺诈、诽谤或攻击性的负向舆论。①

1. 谣言的特点

许静认为，谣言具有三方面的特点：一是谣言中包含着某种新闻性，容易引起人们的广泛关注；二是谣言以人际传播为主要形式，带有很强的人际说服特征；三是谣言具有很强的非官方性。②刘建明也从不同角度对谣言的特征进行了分析。③本书综合学者们的观点，从谣言的对象、内容、传播、动机等四个方面概括出谣言的如下特征。

其一，谣言的对象具有敏感性和新闻性，能引起社会的广泛关注。美国学者彼得森和盖斯特在《谣言和舆论》一文中指出：谣言是"人们私下传播的，对公众感兴趣的事物、事件或问题的未经证实的阐述或诠释"。从这个定义我们可以看出，造谣的对象一般都是"公众感兴趣"的，都是公众愿意关注的敏感事务。也就是说，谣言的对象（客体）与舆论客体一样都是公共事务，但它们更具敏感性。这种敏感性主要表现在：一是谣言的对象具有重要性，它与公众利益密切相关，极易引起公众的关注；二是谣言的对象本身具有新奇性，能引起人们的好奇、惊异和猜测，满足公众求新好奇的心理需求。所以造谣者经常会借战争、重大事故、突发事件、地震瘟疫等重大事件来编造谣言，也会借自然异象、新生事物、明星私密等新奇事件来编造谣言。选择这些造谣对象，其目的就是要刺激公众敏感的神经，引起社会的广泛关注，并产生轰动效应。

谣言的形成和传播都需要借助事实。我们知道新闻价值越高的事实传播力越强，因此，谣言常常伪装成"新闻"，使其具备新闻的构成要素，凸显其重要性、显著性和新奇性等新闻价值。这种比新闻更具新闻性的谣言对象，更容易引发人们的兴趣，引起人们的广泛关注，加速了谣言的传播。谣言对象中包含的"新闻性"，给辨别谣言、治理谣言带来了相当大的困难。

其二，谣言的内容是虚假信息，是主观杜撰的产物。将谣言传播内容限定为不实之事是非常普遍的认识，国内不少学者都倾向于将谣言定性为"虚构""捏造""毁谤"，本书采用的定义也将其定性为"没有事实根据的虚构事件"。所以，从谣言的内容来看，凡是谣言都是虚假的，真实的或有事实根据的都不能称之为谣言。失真、虚假、毫无事实根据是谣言的重要

---

① 刘建明、纪忠慧、王莉丽：《舆论学概论》，中国传媒大学出版社2009年版，第103页。
② 许静：《舆论学概论》，北京大学出版社2009年版，第180-181页。
③ 刘建明、纪忠慧、王莉丽：《舆论学概论》，中国传媒大学出版社2009年版，第104-105页。

标志和特点。谣言的虚假性主要通过无中生有、故意捏造、信口开河、以假充真、以偏概全等形式炮制出来,其内容都是主观杜撰的产物。谣言故意捏造、歪曲事实,传播虚假信息,会给社会带来严重的危害,因此,对恶意造谣的行为,我国有明确的定罪量刑裁定。

现实生活中,公众要辨别"虚假信息",很多时候是有难度的。因此,有学者认为,凡是称为"谣言"的,要有足够的证据表明其为虚假,或官方通过辟谣等方式认定其为假。当出现真假难辨的情况时,可认定为"流言",若事后认定为虚假,则可再次追加此流言为"谣言"。这样一来,可避免用词的混乱,也不至于因为无法短时间内判别真假而错误定性。①

其三,谣言的传播具有速度快、变异性大、劝服性强的特点。谣言通常以人际多向顺延的模式传播,美国传播学者用"葡萄藤"来形容。他们发现,"葡萄藤"式传播具有速度快、信息量大、反馈性强等特点,其早期呈链状结构,继而呈现树状结构。谣言从一个人传到几个人,再从几个人分别传到一定数量的人,出现几何倍数的顺延增长,形成"病毒式""裂变式"的传播态势。加之,传谣者通过口头、手机、固定电话、网络和其他媒介向多方向提速,向跨地域的广大空间推进,出现多维接力的传播方式。如此一来,尤其在互联网、自媒体时代,谣言便会以超常速度蔓延开来,短时间内便可到达全国、全世界。

裂变式传播,使谣言增加了许多传播环节。而传播环节越多,谣言内容的"增生"也会越大。这是因为口语传播本身容易造成信息的扭曲或增量,受传者在猜测中不断补充内容,把模糊的内容具体化,把具体内容更加细化。再加之,公众传播谣言与传播流言一样,也会经历"略化—同化—强化"的心理过程,使传播内容发生改变或歪曲,但谣言内容在传播中的改变,往往是谣言信息的遗漏小于增加,这是由于人们常注意印象深刻的东西,并在转述中加以强调、渲染,甚至根据想象增加一些关键的细节和公众感兴趣的内容。由此看来,变异性是谣言传播的重要特征。

在现实生活中,谣言的传播既包括传统的口耳相传,也包括借助电话、手机以及自媒体等私人媒介的传播方式,即谣言以人际传播为主要形式。人际传播,可以使传者与受者直接沟通,及时反馈信息,并共聚一堂,促膝交流,产生亲切感,从而增强传播的效果。较之其他传播形式,人际传播带有很强的意义共享和情感传播特征,因此,在谣言的传播中具有很强的劝服性。

其四,谣言的动机在于欺诈、诽谤或攻击,是负向舆论。周晓虹认为,根据传言制造者的动机的不同,传言可以细分为流言和谣言,前者在很大程度上属于无意识传播,后者则是有目地捏造,一般怀有恶意,为的是造谣生事。②刘建明认为,从造谣者和传谣者的动机看,谣言大都具有攻击性或诽谤性,表现出明显的倾向性和目的性。③谣言的制造者受政治目的或切身利益支配,以特定的立场造谣,表现出某种个人欲望。在伦理谣言上,诽谤他人的人格,是造谣者惯用的伎俩,往往采取"攻心术"造成某人声名狼藉,从精神上摧毁对方。制造此类谣言的人多是嫉妒别人的声誉、威望、地位或权力,企图通过谣言"杀人",传播者成了帮凶。在政治谣言上,诬陷他人"图谋叛乱",捏造他人的历史瑕疵,诸如腐败或桃色事件之类,

---

① 王润:《互联网环境下流言与谣言概念刍议》,《社会科学论坛》,2015(3)。
② 周晓虹:《社会心理学》,高等教育出版社2008年版,第236页。
③ 刘建明、纪忠慧、王莉丽:《舆论学概论》,中国传媒大学出版社2009年版,第105页。

陷他人的政治生命于绝境。政治谣言通常与阴谋结缘，从一开始扮演的就是不光彩的角色。在经济谣言上，编造他人产品或管理上的劣迹，或制造某种虚假的消费需求，坑害消费者。在军事谣言上，捏造情报迷惑对方，转移对方的注意力，让对方战斗人员丧失斗志，达到击毁对方的军事图谋。

从动机上就可看出，谣言不仅充满虚假和丑恶，而且极端残忍和恶毒。就个人而言，谣言可以"杀"人，而且让人防不胜防；就社会而言，谣言会严重破坏社会秩序，影响社会的和谐与稳定；政治、经济、军事方面的谣言，会扰乱政治、经济、军事的正常运行，严重的将导致国家灭亡、民族沉沦，以致整个社会的倒退。因此，谣言是一种危害极大的负向舆论。

2. 谣言的产生

关于谣言的产生和传播条件，奥尔波特和波茨曼在《谣言心理学》里提出了一个经典公式：R=i×a，其中 R=rumor（谣言），i=importance（重要性），a=ambiguity（模糊性）。其含义是：一个事件、议题、人物或者机构的重要性越强，传递出的信息越模糊，产生谣言的可能性就越大。随后，克罗斯又引入"批判力"的变量来解析谣言。认为，谣言产生的可能性及其影响力与人们对特定信息的认识和辨识能力密切相关。据此，他将公式修订为：$R=\dfrac{i \times a}{c}$，其中，R=rumor（谣言），i=importance（重要性），a=ambiguity（模糊性），c=critical（批判力）。在克罗斯看来，如果一个人对特定的信息具有较高的认知和辨识力，那么他将不会继续传谣，所以人们的批判力与谣言的影响力成反比关系。

之后，学界对谣言公式不断进行修正和发展，美国谣言研究专家罗斯诺的修正值得我们重视和参考。他在系统总结影响谣言产生和传播的普遍不确定性（General Uncertainty）、与事件结果相关的涉入感（Outcome-Relevant Involvement）、个体的焦虑（Personal Anxiety）和轻信（Credulity）的四大因素之后，将谣言公式修正为：

$$R= \dfrac{\text{Uncertainty} \times \text{Involvement} \times \text{Anxiety} \times \text{Credulity}}{\text{Critical}}$$

当然，谣言公式并不是要用来计算谣言的强度，而是要通过这些变量来了解谣言产生和传播的条件。现在学者们添加的变量越来越多，这说明了谣言产生及传播的复杂性。我国学者将社会情绪作为一个重要的变量来研究，这值得重视，如王亮认为，谣言的生成与传播不仅传递信息，也在交流观念、态度情绪。当谣言与人群中的某种社会心理、社会情绪相吻合并对公众的生活产生影响时，公众会积极传播谣言，并更加信任谣言。[①]总的来说，影响谣言产生及传播的因素众多，在治理谣言时需要周密分析。

3. 谣言的治理

从上文的分析我们知道，影响谣言产生和传播的变量越来越多，而每一个具体的谣言的产生和传播原因又各不相同。因此，治理谣言的方法也应该因事、因时而不同。但我们也看到，在不同的变量中也有一些共性的变量，如信息的模糊性、公众的批判力素养、公众的情

[①] 王亮：《新媒体环境下的谣言传播及防范研究》，《编辑之友》，2013（4）。

绪以及社会的规制等，若对这些因素加以调控，便可得到治理谣言的基本措施。基于此，本书综合一些学者的观点，提出以下一些基本的治理方法供参考。

其一，公开透明发布权威信息，让谣言止于真相。根据谣言公式我们可知，谣言的产生、传播及其流通的强度与事件的重要性及信息的模糊性成正比。因此，信息的模糊性是谣言产生和传播的重要因素，消除公众对所关心事物的不确定性，是治理谣言最基本的方法。消除信息的模糊性，就是要给公众以更公开、透明、权威的信息。信息的公开透明，就是要将谣言对象所包含的相关信息不加掩饰且完全清晰地进行公布或告知，充分满足公众的知晓权。公共问题发生时，如果相关信息不公开、不透明、不及时，公众就会被蒙在鼓里，就难免谣言四起，最终会给社会的和谐稳定带来危害。众多事件表明，执政党及其所领导的政权组织只要善于及时回应和满足广大党员和人民群众的知情权需求，就能够有效地减少、平息各种政治谣言，不断促进政治稳定，增进社会和谐。"公开"是消除谣言的重要动力。

信息的权威性，更能有效地阻止谣言的产生和蔓延，政府部门和主流媒体要担当起第一时间发布权威信息的重任。在网络时代和信息时代，隐瞒信息已经是不可能的事情。而阻断谣言传播路径的有效办法就是政府部门及时发布权威、可靠的信息。公开信息会使谣言不攻自破，是粉碎谣言的有力武器，这样既可以满足公众的知情权，又可以疏通公众获取信息的渠道。同样，主流媒体也有责任为公众提供全面、真实、庄重、严谨、权威的信息，消解公众眼前的信息迷雾，使其辨清信息面目。如果政府部门和主流媒体不及时发布相关信息，信息渠道必然被谣言所充斥、占领。总之，坚持信息的公开透明原则，并在第一时间发布权威信息，就能用事实的真相有效地阻止谣言的产生和蔓延。

其二，全面提升公众综合素养，让谣言止于智者。谣言公式还告诉我们，谣言的产生、传播及其流通的强度与公众的判断力成反比，公众的批判力越强，越能阻止谣言的产生和传播，公众的判断力越低则谣言越容易产生，其传播的速度也更快，强度也更大。而公众批判力的强弱，取决于公众人文素养、科学素养、媒介素养等综合素养的高低。因此，只要大力提升公众综合素养，让公众变得更加智慧，就能使谣言止于智者。这是因为，公众在谣言的传播过程中，既充当了信谣者，也扮演了传谣者的角色。谣言的确认，就是信息真假的辨别，公众中的智者，由于其理智的态度和善于分析求证的精神，很多时候能更轻易辨别信息的真假，因此也就不会去充当信谣者和传谣者的角色，信息传播过程中的传播主体中断，整个信息传播自然难以继续。

当前科学类、常识类谣言在网络空间愈演愈烈，如喝绿豆汤治高血压，生吃茄子降血脂，指甲上月牙是健康"晴雨表"，吃香蕉、苹果、葡萄等水果致癌等，这些谣言尽管漏洞百出，但总是屡禁不止，从一个侧面折射出中国科技普及不力和公众科学素养不高的现实，因此，应不断提高公众的科学理性，用科学知识来粉碎谣言。在网络信息时代，互联网信息传播内容海量化、影响泛在化，人们也迫切需要提升与这个时代相适应的"新媒介素养"，以更全面精准地评估网络信息的质量和价值。因此，将培育公众媒介素养当作公众素质提升的重要一环，能有效阻止谣言的产生和传播。

其三，精心培育正向社会情绪，让谣言止于理性。从罗斯诺修正的谣言公式中我们也可看出，个体的焦虑引发的群体焦虑，也是谣言产生和传播的一个重要因素，社会情绪会促进或消减谣言的产生和传播。社会情绪是在情绪概念基础上提出的概念。情绪是主观因素、环境因素、神经过程和内分泌过程相互作用的结果。①当前社会的情绪表达分为正面（正向）情绪和负面（负向）情绪，正向情绪包括爱、自豪、幸福、满足、感恩、希望、信任、欣慰、同情等；负向情绪包括不满、内疚、害怕、焦虑、惊恐、怨恨、悲伤、愤怒、嫉妒、厌恶等。谣言的生成、传播离不开社会情绪的作用。当社会情绪呈正向时，人们不会有那么多牢骚、埋怨和患得患失，谣言不易产生；当这种情绪呈负向时，人们就迫切需要消解心中的块垒，谣言的生成传播也就不足为奇了。②

当前，国家日益富强、社会日渐进步，但经济发展、财富积累、阶层分化的不平衡、不协调也使人们变得多疑、焦躁，一些人开始自觉或不自觉地凭空捏造虚假信息，以宣泄对社会的负面情绪，博求外界的关注。一定意义上说，谣言的产生不在于信息真假，而在于社会信任与共识的缺失。因此，要有效阻止谣言的产生和传播，需要培育理性健康的国民心态，让民众的情绪变得正面、积极、阳光，充满正能量。就个体来说，当个体认识到自己的价值和意义之后，他们的情绪才会变得正面、积极。一旦个体的情绪积极向上了，个体与个体之间、个体与组织之间、个体与环境之间积极正向的互动就会增多，强劲的积极的社会情绪就会产生。就国家层面来说，要坚持用社会主义核心价值观引领社会思潮、凝聚社会共识，树立和提倡有利于社会发展进步、和谐稳定的价值观念，让社会主义核心价值观所蕴含的理想信念、价值标准、社会情绪占据社会意识主体地位；推动社会主义先进文化建设，增强社会成员的文化素养和人文精神，激发社会成员的良知善念，培育理性健康的国民心态；注重社会成员共同的思想意识凝聚和文化聚合，增强文化自信，推动社会情绪的正向表达。

其四，建立健全预警惩罚机制，让谣言止于法律。谣言严重扰乱了信息的正常传播，影响了良好的信息传播环境，给人们了解真实信息带来了很大困难，给一些人的正常生活带来了很大的负面影响，必须以法律的力量来有效遏止谣言的传播。从谣言制造者角度看，经济效益和政治诉求是普遍的原因，基于这两种动机产生的谣言，要么对社会经济产生损害，要么破坏社会稳定、干扰民心，不论哪种情况，都不为法律道德所容忍，都必须予以严惩。让谣言止于法律，就是强调社会规范、制度约束对谣言的事先警告和事后惩治，惩罚造谣和传谣行为，从而避免谣言。通过规范立法、司法解释以及司法机关的介入，可以对不规范的信息传播秩序起到警示作用，提高造谣和传谣的违法成本，从而最大限度地打击造谣行为和造谣现象。③

我国治理谣言已有法可依。2015年新修订的《中华人民共和国刑法修正案（九）》在第二百九十一条增加一款：编造虚假的险情、疫情、灾情、警情，在信息网络或者其他媒体上传播，或者明知是上述虚假信息，故意在信息网络或者其他媒体上传播，严重扰乱社会秩序的，处三年以下有期徒刑、拘役或管制；造成严重后果的，处三年以上七年以下有期徒刑。第二百四十六条增加一款：通过信息网络实施第一款规定的行为（即以暴力或者其他方法公然侮辱他人或者捏造事实诽谤他人，情节严重的），被害人向人民法院申诉，但提供证据确有困难的，人民法院可以要求公安机关提供协助。《中华人民共和国治安管理处罚法》第二十五条第一款规定，"散布谣言，谎报险情、疫情、警情或者以其他方法故意扰乱公共秩序的""扬言

---

① Robefi E. Franken：《人类动机》（第五版），陕西师范大学出版社2005年版，第221页。
② 张林涛：《谣言传播公式的修正及启示》，《新闻研究导刊》，2016（2）。
③ 郭同峰：《网络时代思想政治教育研究》，九州出版社2018年版，第200页。

实施放火、爆炸、投放危险物质扰乱公共秩序的",以及公然捏造事实诽谤他人的,捏造事实诬告陷害他人的,需承担法律责任。从这些可以看出,传播谣言的行为危害自然人或法人的权利,故意扰乱社会秩序,需接受法律制裁。

【思考题】

1. 为什么要把潜舆论视为舆论的一种基本形态?
2. 行为舆论有哪些特征?常见的行为舆论有哪些?
3. 如何理解艺术形态的舆论?
4. 分析传闻与谣言之间的区别与联系。
5. 产生谣言的影响因素有哪些?如何预防谣言?
6. 结合某一案例,分析谣言的传播特征。

第四章

舆论的传播

第一节 舆论的传播手段

舆论纷繁多样，变化万千，但归根到底，不过是社会意识中群众性的意见。意见是无形的，要把它表达出来并传播开去，必须借助于一定的媒介与载体。因此，从某种意义上来说，舆论的传播手段就是指舆论传播所依靠的媒介与载体。早期的舆论都是口耳相传，其传播意见的媒介是口语及肢体行为（如手势），后随着文字的诞生，文字成为人们表达、传播意见的最佳工具。如今，基于语言文字、肢体行为的舆论传播手段与方式更是多种多样，大众媒体是人们最常用的方式之一。为此，本书以表达、传播舆论的媒介与载体为划分依据，将舆论的传播手段分为：口语传播手段、文字传播手段、行为传播手段以及大众媒介传播四大类型来阐释（其中，"大众媒介传播"手段在本章第三节进行专题阐述）。

一、口语传播手段

舆论传播大都借助语言，以口头语言表达意见是公众天然的舆论工具，也是舆论传播的基本形式。它包括议论、游说、演讲、民歌、民谣、顺口溜、流行语等主要形式。

（一）街谈巷议

议论是人类交流思想最有活力、最简洁的方式，是最常见的口头舆论表达手段。议论不受场合和人员数量的限制，分布在社会各个层面，是每个人无师自通的舆论本能。街谈巷议就是舆论最原始的表达手段。街谈巷议，简单来说就是民间松散的议论，它通过小范围的人际传播来表达和传播某种社会舆论。中华民族自古议论盛行，汉末叫"清议"，魏晋时称"清谈"，明清两朝又称"清议"。如今在不同地方，街谈巷议也有各种各样的称谓，如北京人叫"侃"，东北人叫"唠嗑"，川渝地区的人叫"摆龙门阵"等，全国比较流行的说法就是"聊天"。叫法不一，实质都是大众评价现实的一种舆论行为。

街谈巷议与一般的谈话稍有不同，它主要是针对当前的焦点问题进行议论，议题应有尽有，议论国事，针砭时弊，传播社会轶闻，间或夹杂家事、私事。街谈巷议采用"自由谈"的形式，由几个人交互发表见解，没有时间限制，也没有组织者约束，能充分交流、争辩与切磋，人人畅所欲言，多种意见相互依存，极尽喧嚣。可以说，街谈巷议是舆论最自由、多元的一种表现方式。

（二）游说、演讲

游说、演讲都是运用口头语言面对面地向听众表达、传播某种意见，它们是形成舆论和传播舆论的常用手段。这种手段与听众进行直接交流，能使意见的传播更具有针对性和说服力，在舆论表达和传播中能够产生明显的效果。

1. 游 说

游说有向四面八方游动说教的意思，是为了传播意见并最终形成舆论。所以，学者认为，游说是指以谈话的方式有目的地四处扩散某种意见的社会行为，它具有目的性、范围广和谈话式三个显著特征。[①]游说是人们表达主观意愿、取得他人同意的最简单的方式。在我国古代就有很多著名的游说行为，如孔子周游列国，战国时期纵横家们的"合纵连横"等；直到今天，人们仍然运用游说的方式扩散意见，如"宣讲""串联""走访""对话""意见沟通"等，其真实目的都是向他人宣传自己的意见，并希望对方接受。

游说是人际传播，它的特点就在于富有人情味，是充满情感的对话。因此，游说成功者需要具有高度的语言表达能力，声音动听，谈吐流利，要善于有理有据地叙说事件以期吸引游说对象的全部注意力，在对话的过程中要声情并茂，用情绪感染别人，具有一定的鼓动性。不仅如此，还需要具备一定的心理知识，会察言观色，有洞察力和应变能力，能够根据对方的不同知识水平和倾听态度，及时调整自己话题的方向和表达技巧，将意见含蓄自然地表达出来。

2. 演 讲

演讲又叫演说，是在人员高度密集的场合发表激动人心的讲话而造成社会舆论的方法。[②]它是以语言作为工具而造成舆论，也是一种谈话，它与游说不同之处有三点。一是演讲是在人员高度密集的场合下进行，而游说则是与少数人甚至是个别人谈话。二是演讲带有表演的成分，演讲人往往通过某些姿态、情绪来进行陈述，因而演讲更能够让受传播者产生共鸣。而游说的表演成分则较少。第三，正因为有了前两个不同，演讲造成舆论的效率要高于游说。

演讲是一种非常古老而至今仍然充满无限活力的造成舆论的手段，历来革命家都要运用演讲传播新思想、新观念，激起社会思潮，形成革命舆论。如1963年8月28日，黑人民权运动的领袖马丁·路德·金在华盛顿向20万示威游行者发表的《我有一个梦想》的演讲，至今仍是脍炙人口的名作。无产阶级革命家马克思、恩格斯、列宁、毛泽东等都是演讲的高手，其中恩格斯在马克思墓前的讲话，以简练雄厚的语言概括了马克思伟大的一生及其革命学说的全部精髓，把悲痛与鼓舞完美地熔于一炉，字字句句激起人们对马克思学说的敬仰与追随。

演讲之所以具有如此巨大的舆论效力，在于它通过综合的口头表演产生振奋人心的鼓动力。演讲是联系现实问题，运用情绪表演使受众产生共鸣的一种语言鼓动方式。演讲者是舆

---

① 程世寿：《公共舆论学》，华中科技大学出版社2003年版，第277页。
② 程世寿：《公共舆论学》，华中科技大学出版社2003年版，第280页。

论参与者或舆论领袖,是演讲的主体;听众是演讲的客体,它往往由庞大的群体构成。演讲能否造成舆论,造成多大的舆论,和演讲的场合有一定的联系。

(三)民谣、顺口溜

民谣、顺口溜属口头韵文,它们句子长短不等,但比较合辙押韵,读起来朗朗上口,是舆论表达与传播的语言艺术化。人们"感于哀乐,缘事而发",将丰富深沉的要求和对现实的评说以艺术手段表达出来并传播开去,使舆论的表达与传播提升到了美学层次,表现了人民大众的智慧,也是一种巧妙的斗争手段。

1. 民 谣

民谣即民间歌谣,是劳动人民的口头诗歌,是能歌唱或能吟诵的韵文,朗朗上口,易于流传。民谣是民众用通俗而易于流传的形式表达他们的意愿,反映民间的疾苦,是民意的外化,属于典型的舆论行为。所以历代统治阶级都很重视,均定时或不定时地派人到民间采集歌谣以观民风,了解下情,借以"观风俗,知得失,自考正"。《诗经》中的"国风"部分,就是采集十五个诸侯国老百姓的口头歌谣汇集而成的。

民谣有自己的特点。在艺术上,它简洁精炼、合辙押韵、幽默风趣、通俗易懂、朗朗上口、生动形象,常运用到比喻、夸张、借代、双关、排比、对偶、顶针、回环、反语等修辞格,因此,它易传易记,传播起来快速而广泛。在内容上,它劝勉、警世、针砭时事、臧否人物,既是民意的外化,表达出了民心的向背,同时因其鞭挞邪恶与错误,又展示出了舆论的爱憎分明。

民谣具有极高的舆论价值。一方面,民谣是当时社会矛盾的体现,是民众疾苦的反映,而且也包含着相当重要的政治和社会知识,因此,民谣不仅是写实主义文学,更是政治宣言和主张,它从民间角度评论社会现象,是民间话语的代表,从这个角度来说,民谣实现了草根话语的舆论功能。另一方面,民谣通过对社会现象的讽刺、挖苦和戏谑来发泄内心的不平和焦虑,使群众的情绪在蓄积、奔突中找到宣泄口,不满和抗争转而得到缓解,因此,民谣也具有社会"安全阀"的作用。但从另一个方面我们也必须看到,民谣虽反映了社会的某种真实,但它以偏概全,夸大其词,也会扭曲社会现实。

2. 顺口溜

按照《现代汉语词典》的解释,顺口溜是指"民间流行的一种口头韵文,句子长短不等,纯用口语,说起来很顺口"。顺口溜其实就是现代形式的民间歌谣,但在表达方式上也有其独特性——人们只是口头说讲,而不以音乐的形式唱诵,因此,我们谓之"新民谣",以区别于传统民谣。新民谣的特点是易于上口,悦耳响亮,好念好记,且幽默诙谐,生动形象。新民谣的内容多是对社会不良现象的讽刺。如讽刺有的大学生学习态度的,"每到考试前,复印忙翻天。小抄多又多,生怕不充足。等到考试后,书本到处丢。女生去逛街,男生去泡妞"。又如讽刺官僚作风的,"狠抓就是开会,管理就是收费,重视就是标语,落实就是动嘴,验收就是喝醉,检查就是宴会,研究就是扯皮,政绩就是神吹,汇报就是掺水,涨价就是接轨"。这些语言具有神奇的感染力,抨击了社会不良倾向,虽然有夸张的成分,但可从侧面预感社会危机的存在，发现社会运行机制的缺陷，从而进行有效的预防和弥补。

（四）流行语

流行语是在某个时间段内流行的民间语言，具有显著的时代特征。一个时代有一个时代的流行语，以表达该时代人的思绪。社会生活的深刻变化，首先在社会意识中出现细微的反应，即涌现出大量新语汇，表达人们对社会问题的态度。所以，流行语既是舆论的萌芽，又是舆论的前沿信息，作为特定社会环境中人们惯用的一套新语汇，标志新舆论开始扩展。

流行语的本质特性是"流行"，即在一段时期内，流行语的使用频率比一般词语要高，是一段时间内群众所喜闻乐用的。除此以外，流行语必然都是新词新语或老词新意，如"酷毙了""给力""套路""尬聊""巨婴"等，后来也都被多数人所认可。流行语还有的一个特点就是现实性，即它是现实生活状态或观念形态的即时反映，从中可以看出当时的重大历史事件、社会热点与焦点所在。如，近年来，从"我爸是李刚""至于你信不信，反正我信了"，到"主要看气质""洪荒之力""先定一个小目标""贫穷限制了我的想象力"等年度流行语中，总是少不了与新闻事件相关的流行语。

流行语具有重要的舆论价值。一方面，流行语是显性舆论，是社会舆论的表征。另一方面，流行语具有警示意义，有适时提醒的作用。再一方面，流行语具有监督作用，可对不良现象进行嘲讽和监督。

二、文字传播手段

相对于口语这种直接的符号而言，文字所表达的公众意见或情绪是间接的，但是因为文字可以使不同时间不同空间的人看到，所以传播范围更大一些，造成的舆论也更持久。用文字进行舆论传播的方式主要有以下几种形式。

（一）著书立说

随着印刷术的发展进步和出版自由逐步实现，著书立说已成为人类除了口语之外最常见、最典型的舆论传播活动。在舆论的表达上，有的书籍是直接发表观点和评论，有些书籍是借文学、哲学等艺术手法间接表达对现实的看法。因此，书籍是以文字符号作为载体，就某一个问题或事件做系统阐述的舆论成果。它在传播舆论方面具有系统性、深刻性、稳定性、持久性、广泛性等明显特征。它既是一种舆论行为，同时又是舆论成果。正因为如此，在历代的舆论斗争中，书籍都是一个焦点。中国古代的焚书坑儒、独尊儒术、罢黜百家，西方的罗马教廷三次颁发的禁书令，都是震惊世人的重要的舆论事件。

由书籍传播的舆论往往涉及深层的观念和理论纷争，因而舆论规模比较大，影响比较深刻，如西方社会关于哥白尼的"日心说"、达尔文的"进化论"，关于大陆漂移理论的论争；中国近代以来关于中西文化的"学""用"之争，以及从"五四"开始关于如何走中国道路之争等，都曾是社会舆论长期关注的焦点。

（二）标语口号

凡是集中表达强烈意念，为实现某种目标而提出的鼓动性短句，都叫作口号。口号最初产生于劳动生产过程中的呼号，是人们用来协调行动的简短话语，属口头语言。如今口号已广泛运用于政治、经济、社会管理等各个领域，其内涵更加宽泛。出现文字以后，人们先后把口号书写在竹帛、纸张或布上，高悬于城门、街衢、交通要道，有时干脆把口号写在墙上，这些写在一定物质载体上的口号就叫作标语，人们也因此把标语与口号相提并论。

标语口号的优点就在于简短明了、言简意赅，在任何场合都能表达最紧要的观点。在口号中，没有一丝暗示的内容，没有无关痛痒、模棱两可的字句，它如同子弹与飓风那样凌厉、尖锐、透彻，它以明确的指令要求人们做什么，怎么做，因此，标语口号是舆论最简要的表达方式。加之，标语口号精粹的思想常伴随果断、坚决的语势，又能产生使人信服的力量，因此它也经常被用来激起舆论。可以说每一次舆论活动都离不开标语口号，它已成为人类历史上最简单的舆论传播手段。

标语口号一般都是思想与情感的融合，它能使公众在接触口号时感受到剧烈的冲击力与感染力，因此，几乎所有的标语都以惊叹号结尾，来加强思想中所包含的果断、坚决、热烈和兴奋的情绪。同时，也借此表达出舆论主体的强烈愿望，显示出实现舆论目标的迫切性。大多数情况下，一则口号就是一种行动纲领，一旦形成就会相对比较稳固。一个阶级、一个团体为了表达自身行为的宗旨或目标，往往运用口号组织舆论，动员群众为之奋斗，这些口号就要深入人们的灵魂深处，留下永不磨灭的痕迹。

（三）传单和小册子

近代社会，出现了传单、小册子，并被广泛用来制造舆论和传播舆论。传单和小册子是由古代的"露布""匿名帖""揭帖"演化而来的，它具有近代檄文的意味。传单是单页印刷品，文字简短扼要，一般在一千字以下。小册子是多页传单，装订在一起，以三页以上篇幅组成的单篇短论的印刷品。传单的内容大部分是口号，或以事实为主向人们表明对社会问题的态度，并以简要的、鼓动性的语言，号召人们采取一定的社会行为。而小册子以简明、深刻的理论性论述为主干，以事实为补充，启迪人们认识某种现实问题的必然性，表达舆论人的鲜明、坚定的立场。

传单、小册子多表达号召性、煽动性的意见，刊载揭露性的内容；同时，它们一般在大庭广众中散发，或秘密地在人际间传阅，因此极易引起普通群众的兴趣。在这种情况下，一份传单或小册子中的意见，就可通过人际接力式的多向延续传播，一传十、十传百、百传千千万，在社会中迅速蔓延，使人们在传单内容的诱导下形成共同意见。不过，传单、小册子造成舆论的规模，取决于内容是否代表人民的要求，散发传单的数量和范围是否可观。

三、行为传播手段

除了语言、文字外，舆论主体有时还采取肢体动作来表述和传播意见，从而使舆论转化为具体行动，这是一种非语言符号的传播手段。人们以行为表达意见一般带有强烈的情绪，或出于把明确的意见隐蔽起来，或舆论主体处于异常亢奋状态，必须用行为痛快地显示意志。[①]一般来说，用肢体动作表达意见，极容易形成强大的舆论声势或强烈的舆论氛围。运用行为表达舆论是极其复杂的，在不同场合，不同行为方式可表达不同的强烈意向。舆论的行为表达手段很多，如鼓掌、眼神、表情、集会、串联、静坐、请愿、怠工、罢工、罢课、罢市、投票、游行等都是。本书仅介绍几种常见的手段。

（一）鼓　掌

鼓掌并不是毫无意识的随意行为，为谁鼓掌，在什么场合，鼓多长时间，掌声多么响亮，都是行为主体对客观情况做出的评价，因此，鼓掌是意见、立场、情绪的行为表达。鼓掌行为在各国都是通用的，是内心激动、热烈赞成某种意见的表示。鼓掌代表"欢迎""赞同"的意思，在一定场合，若许多人产生共同"鼓掌"行为，便构成行为舆论。因此，鼓掌是最简单、最常见的肢体舆论行为，可以用于表达集体意志，表述一致意见，甚至在掌声雷鸣中可以看到一种有形的舆论力量。鼓掌在今天广泛应用于不同场合，表达人们的舆论意见。

以鼓掌表达舆论多出现在聚众场合，既是情感呼应的结果，也是集合意识最生动的形式，带有不约而同的共时性。因此，鼓掌从来都是集体行为，单独一个人无论怎样赞赏一种意见或一个人，是不会用鼓掌表示的。以鼓掌表达意见用于三种不同情况：[②]第一，表示对某人的欢迎，对某人在公众心中受到尊重的程度表达肯定的意向，掌声响亮的程度和时间的长短，表明某人受舆论欢迎的程度。第二，掌声常常表明听众在会议（包括集会）对某种意见赞成的程度。当演说者提出的观点深刻、生动并符合听会者的意志，听众会立刻鼓起掌来。一场演说（报告），被热烈掌声打断的次数越多，越表明演说者的意见变成了听会者的舆论。第三，掌声是对演讲内容的一种礼仪性评价。演讲者传授某种知识，在讲演（报告）完毕，听众以掌声表示谢意，通常形成一种礼节。

（二）集会与游行示威

根据2009年修订的《中华人民共和国集会游行示威法》，集会是指聚集于露天公共场所、发表意见、表达意愿的活动；游行是指在公共道路、露天公共场所列队行进、表达共同意愿的活动。集会和游行都是示威活动，所谓示威，是指在露天公共场所或者公共道路上以集会、游行、静坐等方式，表达要求、抗议或者支持、声援等共同意愿的活动。集会与游行示威一般是在特殊的场合和社会矛盾激化的时候发生的，往往会形成较大型的舆论场合。

1. 集　会

集会本质上是一定数量的社会公众聚集到一起以表达某种共同意志的舆论行为，一般是属于抗议性或宣示性的舆论活动。一定的人群聚集在一起，可能是有组织的固定的舆论群体，也可以是随机产生的舆论群体。大家自愿集合起来采取一致行动，声张集体的意见，显示集体的意志，从而构成社会压力，人们的意见带有不可抗拒性。在集体行为中，每个成员对群

---

① 刘建明：《舆论传播》，清华大学出版社2001年版，第138页。
② 刘建明：《舆论传播》，清华大学出版社2001年版，第143页。

体稍有偏离的做法，就产生潜意识的压抑感，把他们对群体的怀疑和不同意见降到最低限度，产生了完全一致的追随举动。聚众行为往往是集体自卫意识的表达，当感到外部威胁时，群体有组织地集中起来互相表达态度，互相鼓励，采取行动。

2. 游行示威

游行是一种剧烈的舆论行为，是一种综合的舆论传播手段。游行示威具有以下特点：

第一，游行示威同时运用两种以上表达意见的方式造成舆论。几种不同方式相互补充、相互协调，具有风助火势的潜在推动力，舆论生成的速度快，范围广，声势大。人们在游行中，边走边呼口号，挥舞标语旗帜，歌唱，演讲，散发传单等，有时运用愤怒或激愤、喜悦的表情向道旁观众显示自己的态度。这种立体、交叉的舆论行为结构，对一定社会空间的冲击远远超过其他舆论手段。

第二，游行示威是舆论人在舆论领袖的带领下公开从事舆论活动，舆论人的数量之多，聚集在一起互相激励的声势之大，是其他任何舆论手段所无法比拟的。在许多舆论活动中，领袖人物并不经常露面，舆论人往往在少数人面前活动或孤身出现。而游行示威则是一场舆论人、舆论领袖与舆论从众的大集会，他们从社会各个角落走到一起来，铸成打不破的战斗整体，甚至在流血牺牲面前也互相救援，毫不退缩，使舆论信念特别坚定。所以游行示威是舆论行为的最高形式。

第三，游行示威是一种流动性的大规模的舆论活动，它的影响具有直接的煽惑性。由于成千上万舆论人活动空间的不断变换，舆论圈就可能沿着游行示威的路线相继出现，在短时间内形成大面积的舆论鼎沸态势。当一支游行队伍过后，街道两旁围观的群众迟迟不肯离去或者加入游行队伍中来。这是流动性舆论行为所产生的舆论效果，它的流动性规模远远超过其他流动性的舆论行为，是造成大范围、震慑人心的舆论的重要原因。

所以，游行示威是一种流动的、综合的、大规模的舆论行为和手段，组织或从事游行示威的目的在于表达舆论、巩固舆论、扩大舆论的影响，从而进一步造成舆论。

游行示威具有两种对立的舆论性质，一种是与社会整体行为、社会价值观同构的，如欢庆胜利、祝捷性的游行，可叫作正向的舆论活动；另一种是与社会整体行为、社会价值观念不同构的，可称为负向的舆论活动。①无论在哪种社会制度下，无理取闹、非合理性的，对社会绝大多数人的共同生活有害的游行示威，都会带来负向效应，最后都会受到社会公共舆论的谴责。因此，游行示威必须合理合法。我国《宪法》及《集会游行示威法》规定，各级政府应依法保障"公民行使集会、游行、示威的权利"，但"公民在行使集会、游行、示威的权利的时候，必须遵守宪法和法律，不得反对宪法所确定的基本原则，不得损害国家的、社会的、集体的利益和其他公民的合法的自由和权利"，而且"集会、游行、示威应当和平地进行，不得携带武器、管制刀具和爆炸物，不得使用暴力或者煽动使用暴力"，并且举行集会、游行、示威，必须依法向主管机关提出申请并获得许可，方可实施。

（三）票决行为

票决是指以公民投票表决的方式决定某一公共事务的行为。投票这种形式实质上是民意

---

① 程世寿：《公共舆论学》，华中科技大学出版社2003年版，第299页。

或公意的无声表达。投票的结果就造成了关于某一公共事务或某个公共人物的公共舆论，它是社会舆论的坐标。票决有以下几个特点：①

第一，票决是一种有组织的舆论形式。任何票决行为，大至国家领导人的全民投票，小到一个具体组织、具体单位对某一公共事务的投票，无一不是在某个社会组织机构的组织下进行的。这个组织对于投票人的资格、投票的程序、投票结果的计算等，都有严格规定。所有参加投票的人都必须遵守。

第二，舆论表达具有真实性。现代社会在一些重大问题上，一般采取无记名投票方式。这种情况使得舆论人得以摆脱舆论环境的压力，自由、自主地表达自己的意愿。因此，投票的结果一般来说，反映了民心、民意，是人民意愿的真实表达。

第三，舆论结果具有强制性。舆论不是法律，因此，一般舆论只是一种道德裁决，只是在人们的思想、道德、情感上具有强制性作用，而对人们的行为不具有法律意义上的约束力。通过票决行为而反映出来的公共舆论与一般舆论则有很大不同，它不仅具有思想、道德、情感上的强制性，而且对于人们的行为也具有强制性，具有法律意义上的强制作用。任何票决行为的结果都是要执行的，任何人也不能改变这个结果。

第二节 舆论的传播规律

舆论的传播属于群体行为，表现为对共同意见的相互言说，和其他社会现象一样，其运行也有自身的规律。对于舆论传播的规律，学者看法各异，但也有一些得到了大家的公认。本书基于学者们的论述归纳出舆论传播的四个基本规律：涨落规律、惯性规律、波动规律以及冲突规律。

一、舆论传播的涨落规律

舆论在传播中会发生消涨，出现起伏不定的增减状态，舆论传播的这种弹性运动就是舆论传播的涨落规律。侯东阳认为，舆论高涨主要是指人们的言语活动达到影响或改变社会正常秩序的程度，社会中可以明显地感觉到大家都在议论并且采取相应的行动，激烈的还会发生游行示威、罢工罢市，甚至发生暴动和革命。而舆论低落则是指人们的议论逐渐减少甚至消失的状态。②

舆论的传播犹如飘浮的气流，总是由一地向另一地、由今天至明天不断周而复始地流动。因此，刘建明认为，舆论传播的涨落规律，可通过舆论流布量的变化来加以考察。舆论的流量是指单位时间内传播意见的量，通常以一定时间内议论者的人数来统计；舆论的布量是指意见分布的空间，由意见覆盖的地区或部门的数据体现出来。③也就是说，判断舆论的涨落，

---

① 程世寿：《公共舆论学》，华中科技大学出版社 2003 年版，第 301 页。
② 侯东阳：《舆论传播学教程》，暨南大学出版社 2009 年版，第 195-196 页。
③ 刘建明：《社会舆论原理》，华夏出版社 2002 年版，第 142 页。

我们一方面要看舆论传播空间的大小,另一方面要看单位时间内议论人员的多少。即,舆论的高涨一是指舆论空间的扩展,二是指单位时间内议论人员的急剧增长;反之,则是舆论的消落。所以,舆论流布量的变化,是舆论增减的标志。

舆论的涨落取决于利益、兴趣和相关度波及的范围。利益既是推动公众参与议论、发表意见的动力,也是加速整个舆论强势的根本原因。公共事务触动了公众的利益,与之形成价值关系,才能激发公众参与的热情,引发大规模的舆论。触动了一群人的利益,引起群体舆论;触动了整个阶级的利益,引起阶级舆论;触动了整个民族的利益,引起民族舆论;涉及全国人民的利益,要形成民意。意见的分歧根植于利益的差异,意见的融合来自利益的统一。舆论的起伏涨落,还和兴趣、相关度联系在一起。人们被共同兴趣所吸引,便会形成公开交谈、窃窃私语、集会讨论等言论行为,进而在大范围内泛起意见波澜。千差万别的个体关注点相同,则会形成共同的利益追求,意见自然会剪去枝蔓,显露出主导意识的同一性。

总体上来说,舆论的涨落,一方面取决于意见控制程度,另一方面取决于舆论变化的社会动因。一般来说,社会矛盾尖锐激烈、趋于白热化时,往往也是舆论的高峰期。矛盾得到解决或者矛盾较小时,舆论也将趋于平息或弱化。这个规律可以使我们了解到舆论在什么情况下会高涨、什么情况下会低落,从而努力解决社会矛盾,控制事态的发展。

二、舆论传播的惯性规律

惯性是物理学中的概念,指物体保持自身原有的运动或静止状态的性质。舆论的惯性规律是指舆论受到传统道德、信仰、价值观等方面的影响,表现出某种程度的固定倾向。我们知道,舆论是公众对现实事务的一种评价,而公众评价事务的标准则源自传统的思想、道德和文化。因此,在舆论活动中,评价事务的标准实质上是连接着过去、现在和未来的,它在一定时期内固定不变,从而便使舆论产生某种惯性。

促使舆论产生惯性运动,主要有以下三个因素:

第一,定势心理。所谓定势心理,是指人在认识特定对象及认识过程中的一种固有的心理准备状态,亦称心向作用。①这种心理准备状态是由于受到以前经验的影响,对当前的认知对象产生作用而形成的。刘建明认为定势心理是产生舆论惯性的心理因素,又是集合意识显示认识力量的动力。舆论是社会意识,虽然客观存在决定社会意识,但某种社会意识一旦形成,又能保持相对的独立性和稳定性,并在历史进程中的一定时间与空间里延续,就会导致一些观念虽然陈旧了,但人们却始终无法摆脱它的束缚;一切新事物、新观念几乎在开始阶段都遭到旧的思维方式的纠缠,人们总是用旧的印象、信念来衡量、评价新的事物。舆论惯性运动是旧理念的冲动,它无时无刻不表现出一种集体心理与集合意识的冲击力,并以社会定势心理和传统观念的形态维系旧的舆论,表达旧的舆论。

第二,刻板成见。李普曼在《舆论》一书中认为,所有舆论都充满了固定成见或刻板成见。所谓刻板成见,是指人们对特定事物所持有的固定化、简单化的观念和印象,它通常伴随着对该事物的价值评价和好恶的感情。②持有刻板成见的舆论主体常常将过去的印象或经验

---

① 李长喜等:《中国大学生百科全书》,辽宁教育出版社1996年版,第1421页。
② 成振珂:《传播学十二讲》,新世界出版社2016年版,第286页。

绝对化，总是用僵化的、静态的观念评判事物，将事物看作是一成不变或者永远绝对的。刻板成见是过去的长期不易改变的文化经验，是人们议论标准中核心的因素，而且这种代表旧习惯的势力非常大，往往影响整个社会的意见倾向。李普曼的"固定成见论"指的正是舆论的惯性传播。舆论惯性不断重复旧的观念并维护这种观念，在现实生活中占有很大的比例，成为社会和谐的巨大障碍。

第三，传统观念。传统观念是产生舆论惯性的社会因素。传统观念是一种巨大的力量，它牢牢地控制着一部分人的思想、愿望、立场，向新的历史使命和新舆论发起攻击，有时竟把新生事物白白地埋葬掉，因而由传统观念引起的舆论惯性的冲击波也就不可低估。但是传统的舆论不一定都是错误的或者糟粕，历经时代变迁保留下来的风俗性的传统观念，有许多都值得后人继承、发扬，这种舆论惯性并不会对社会的新意识、新生活造成冲击。当然，传统观念在一定程度上也会受社会定势心理的制约。即定势心理能促使传统观念复活、再现，并在外界事物的刺激下表达出来，显露出舆论的惯性运动。

舆论惯性规律常以以下几种方式出现：一是"轮回复现"的方式。某些舆论高潮过去后，不久就消散了，但在适当时机它又会重现于世，每一次的出现并不是简单地重复前一次，而是螺旋式运动；还有一些舆论因为问题解决得不彻底，还会多次重复出现，当然每次都是在前一次的基础上向前发展。二是"托古改制"的方式。一种是守旧势力打着复古卫道的旗号，一种是以历史的口号为人类社会进程中的某些进步要求制造变革舆论。三是"先入为主"的方式。就是以成见或传统的眼光评价人和事，坚持过去的长期不易改变的文化经验，来影响整个公众的意见倾向。

舆论的惯性规律并不是说人们始终固守定势心理和成见，不需要形成新的舆论。作为富有理性与改造社会能动性的公众，为求得物质生活与精神生活的进步，时刻都在冲破过去定势和成见心态的羁绊，不断从新的现实中获取新的认识，形成新的观念。具有新观念的人一多，就会逐渐酝酿出新的舆论。

三、舆论传播的波动规律

舆论的传播，其本质是信息的传播。司马云杰在《文化社会学》一书中认为："信息传播模式我们谓之波传播，就如水中掷了一块石头激起波纹一样，一层一层地向四周扩散。"因此，我们把以汹涌起伏状态由舆论中心向外扩展的动势叫作舆论波。[①]由于舆论是一种表层意识的传播，所以舆论波是民心波动的再现。舆论波通常以由近及远、一浪高过一浪的冲击方式蔓延，当它在一定社会环境中回旋，产生一种震荡力，就会使社会意识沿着舆论目标的方向发生急剧变化，出现忽高忽低的意识热流。舆论波包括意见波和行为波两种，表现为集合意识高涨的不同程度和不同方式。在通常情况下，人们表达舆论运用语言，通过议论、讲演、游说、新闻报道表达意见，这便是意见舆论波。但当人们无法或不愿用语言表达意志，或由于强烈的愤恨或过度兴奋，便采取各种行为表达强烈意向，构成行为舆论波。[②]

[①] 刘建明：《舆论传播》，清华大学出版社2001年版，第216页。
[②] 刘建明：《社会舆论原理》，华夏出版社2002年版，第161页。

由舆论中心向外围空间传播意见所表现出来的法则,简称舆论波动律。[1]舆论波动律的出现,是舆论传播范围的扩张法则。依据舆论产生后引起的舆论波动方向,可把舆论波动律划分为中心辐射律、遍地涌动律、两点呼应律等三种类型。

1. 舆论传播的中心辐射律

以舆论中心为轴,形成由近及远的波涌连天的气势,称作舆论辐射传播律。[2]舆论波的辐射是通过社会心理互动来扩展舆论空间的,具有一定的天然性。当舆论中心发出意见,引起人们的关注和兴趣,相邻各地的群体立即产生反应,议论以强弱不等的程度向四周扩散,这出自公众自发传递意见的本能。

舆论波的辐射律,打破了信息传递的线性模式,是舆论传播的普遍规律。但如果没有舆论中心,或舆论中心还没有形成,就不会出现舆论波。舆论中心究竟出现在何处?人们难以预料。就一般规则而言,哪里社会矛盾突出地表现出来,并受到意见领袖的有力评说,哪里就成为舆论中心。

2. 舆论传播的遍地涌动律

某种意见在四面八方同时出现,或对某一事件的反响在各地同时发生,促成遍地开花的舆论态势,这便构成舆论传播的遍地涌动律。[3]遍地涌动律不像辐射律那样使意见从舆论中心向四处扩散,而是在各个社会环境同时形成多中心的舆论状态。各地公众不受某个中心地带的意见刺激,由同一种诱因形成相同的见解,是遍地涌动律产生的主要原因。当某一事物或现象在各地同时发生,就会同时在各地产生相似或相近的意见。社会问题具有普遍性,引发的舆论也就受遍地涌动律的支配。

3. 舆论传播的两点呼应律

某种舆论在另一地得到呼应,形成另一个舆论中心,构成两点呼应律的舆论波动。[4]一种意见一旦和某个地区、某个国家有关,那些与此有利害关系的公众不可能不作出强烈反应。在这种情况下,某个社会共同体的意见,可能在另一个地域引起舆论波动,出现两个舆论中心。之所以会形成两点呼应的舆论波动,是因为意见作为认识、评价社会现象最有力的方式,涉及某个国家、社会组织、群体观念时,必然引起与这一社会组织或群体相似或相反的舆论。这种波动呈现点式突起状态,构成呼应或对立的舆论态势。

四、舆论传播的冲突规律

舆论的传播不是只传播一种意见,而是多种意见流并行流淌。也就是说,在舆论传播过程中既存在着一致性的意见,也存在着众说纷纭的争议性意见。舆论传播的争议性和一致性是对立统一的关系,两者互相依存、相互包含,又在一定的条件下互相转化,表现出舆论传

---

[1] 刘建明:《社会舆论原理》,华夏出版社2002年版,第162页。
[2] 刘建明:《舆论传播》,清华大学出版社2001年版,第235页。
[3] 刘建明:《舆论传播》,清华大学出版社2001年版,第235页。
[4] 刘建明:《舆论传播》,清华大学出版社2001年版,第235页。

播的冲突规律。这一冲突规律具体体现在舆论的非一律与一律的辩证统一上。

1. 舆论非一律

舆论非一律是指意见的差异性、多样性和争议性,它是舆论活动普遍存在的特性。侯东阳认为舆论非一律主要表现在三个方面:[①]第一,社会舆论环境的复杂性和多样性决定了舆论的多样性和差异性,受到当时的政治、经济、文化、宗教,尤其是利益等方面因素的影响,整个社会形成铁板一块的舆论几乎是不可能的,相反,在现实生活中常见的是尖锐、激烈的舆论纷争。第二,同一个公共事务所引发的舆论,往往存在着意见方向的多级性,有多数人的一致性意见,也有少数人的反对意见,同时可能还存在某些中立意见。第三,多数人的优势意见虽然能够形成压力,使多数人"沉默",但仍存在着一些中坚分子,他们不害怕孤立或至少能够忍受孤立,他们在群体压力面前不会选择"沉默",而是勇敢发表自己的观点,甚至最终导致民意的改变,历代的创新者和改革者都具有这样的精神。

造成舆论非一律的原因是多种多样的,最主要的有两方面原因。一是个体差异。个体差异导致舆论主体的差异性,从而产生舆论的不一致。"个人差异论"认为:每个人不仅有来自先天和后天的个体特征,如年龄、性别、兴趣、智力、经历、价值观等不可能完全一致,而且由此形成的心理(认知、动机)结构和行动结构也不尽相同。因此,面对同一信息,他们会反应各异,乃至千差万别。如:个体会因文化水平的不同,而对事物的认识和理解产生偏差进而形成不同意见;也会因审美情趣的不同,在评判事物、欣赏事物的过程中持不同的态度和倾向;还会因价值观的不同,而对周围事物的意义、重要性产生不一样的评价和看法。二是利益冲突。舆论客体是与公众利益相关的事务,舆论主体总是站在有利于自身利益的立场来发表看法和意见,而公众中各自利益不尽相同,与此相关的利害关系也不尽相同,因此,所表达的意见也不尽相同。而在阶级社会中,阶级利益不同则是造成舆论非一律的又一主要原因。舆论主体的个体差异是客观存在的,利益冲突也时时发生,因此,舆论非一律是永久的,是舆论的常态。

2. 舆论一律

舆论一律是指意见的一致性,在特定条件下,几乎听不到不同的声音,或者不允许有不同言论的出现。舆论一律可以在自然情况下出现,也可以在非自然状态下形成。正常情况下自然出现的舆论一律说明人们对舆论对象的认识达成了共识,这种共识对于社会的团结和统一是非常有利的;但是也有非自然状态下出现的舆论一律,它是高压政策的结果,不利于社会的长治久安。

形成自然状态下的舆论一律是有必要的,因为如果没有相对统一的意见,没有社会的共识,人类就无法共同生活在一个地球上,更谈不上社会的进步与发展。并且舆论一律也是可能的,其原因在于:[②]第一,即便是敌对阶级,在一定时期,在某些问题上,为了共同的生存利益,也可以达到某种程度上的意见趋同。第二,随着全球化的不断发展,各国、各民族之间交往更加频繁多样化,相互影响、相互渗透,面临的共同问题也越来越多,如环境污染、贩毒吸毒、恐怖主义、自然灾害等,因此,不同政治制度的国家之间在这些问题上仍可能形

---

① 侯东阳:《舆论传播学教程》,暨南大学出版社2009年版,第184页。
② 侯东阳:《舆论传播学教程》,暨南大学出版社2009年版,第189-190页。

成共同意见。第三，同一阶级、政党内部，虽然舆论的争议不可避免，但牵涉到根本的利益和共同的目标时，往往都能求同存异，使分散的意见得以集中，由差异对立趋向一致。第四，对于某些类型的问题公众意见可能高度一致，如爱国情感、公共道德方面的舆论，大家出于对国家的热爱和公共利益的维护，会不约而同地站在同一立场上。

需要特别指出的是，舆论一律是有条件的，具有相对性。秦志希等认为这种相对性包含以下三层意思：[①]第一，人们的意见一致并不表明他们的动机和目的也是一致的，怀有不同的动机和目的的舆论主体随时可以导致原来意见共同体的分裂，这使一致性缺乏坚实的基础。第二，一致性意见是以具体的时空条件为转移的，而当这种条件发生变化时，一致性就可能瓦解。第三，所谓的舆论一律并不是绝对的一致，而只是说有一个主流的、多数人赞同的意见存在，其中也存在少数不同的意见或反对性意见，只是他们的声音在社会中比较低，很多人没有听到或者忽略了，但并不能说明它们不存在。

综上所述，舆论的一律是暂时的、相对的，而非一律才是正常的。一律与非一律互相依存、互相转换，是辩证的统一。这构成了舆论传播的又一规律。

第三节 舆论的大众传播

舆论与新闻媒介关系密切。新闻媒介要依靠舆论获得力量，舆论传播要通过新闻传播媒介来表现自己和发挥自己的影响；新闻传播媒介要依靠舆论主体——公众的支持来保证自身的生存和发展，舆论主体则要利用新闻媒介发表自己对问题的看法和主张。

一、新闻媒介的舆论功能

新闻传播媒介出现之后，信息传播发生了质的飞跃，也使社会舆论的形成与发展步入了新的阶段，具体特点表现为：形成时间短、波及范围广、影响力强等。那么，新闻传播媒介在社会舆论活动中到底发挥了怎样的功能呢？本书认为有如下三种。

（一）新闻媒介是舆论活动的工具

长期以来，我们把新闻事业称为舆论工具。但在界定这个"工具"的性质上却有不同理解，有的认为它具有阶级性，有的认为它具有社会性，还有的认为它具有多样性。

工具，从某种意义上来说是不分阶级性的。我们之所以在理解舆论工具的性质上有分歧，主要是因为我们运用了广义的"舆论工具"这个概念。广义的舆论工具包含两方面的内容，"既是指舆论传播、舆论发布、舆论汇成的媒介与载体，同时又指包括人、机关团体在内的一切为舆论传播服务的手段、方法，它包括有形和无形的两个方面"。[②]由于这内涵更丰富的概

---

① 秦志希：《舆论学教程》，武汉大学出版社1994年版，第147-148页。
② 马乾乐、程谓：《舆论学概论》，山西人民出版社1991年版，第207页。

念关涉到了"机关团体",因此其阶级性、倾向性的属性就会十分凸显。狭义的舆论工具,就是"指舆论赖以形成的依托,它是舆论意见传递的手段和媒介"①,一般指报刊、广播、电视、新闻网站等传播工具。也就是说,从狭义角度来理解舆论工具,指的就是新闻传播媒介,本书运用的正是狭义的"舆论工具"概念。

新闻传播媒介作为舆论工具,它既可以是公众发表意见、交换意见的场所,也可以是媒介汇集公众意见、发表自己看法并影响公众态度的阵地,并且可成为阶级统治的一种工具,哪一个阶级掌握了它,就反映哪一个阶级的利益并为该阶级的统治服务。总的来说,新闻媒介是传播舆论意见的渠道、载体,是反映舆论、引发舆论、影响舆论、形成新舆论的工具。

在我国,我们常用"舆论工具"来指社会主义新闻事业。我国的宪法规定,中国共产党是领导我们事业的核心力量。社会主义新闻事业是党领导下的宣传群众、教育群众和组织群众的重要舆论工具,社会主义新闻事业同时也是具有中国特色社会主义大机器的齿轮和螺丝钉,是人民政府组织工作和指导工作的重要舆论机关。党和政府除了全心全意为人民服务,始终不渝地为实现人民的根本利益而奋斗外并没有自己的私利,党、政府和人民的根本利益的一致性决定了社会主义新闻事业必然是党、政府和人民的耳目喉舌,是党、政府和人民群众相互紧密联系的桥梁和纽带。党和政府通过社会主义新闻事业宣传、贯彻党和政府的路线、方针、政策,引导人民群众为实现自己的根本利益而奋斗,人民群众同时也通过社会主义新闻事业向党和政府反映自己的意见、要求和呼声。②

(二)新闻媒介是舆论活动的中介

中介性是新闻传播媒介的突出特点之一。新闻媒介作为反映和引导舆论的渠道与载体,能发挥社会中介的作用。"中介"的概念只是一种比喻,它暗示出媒介将我们与其他事物联系起来的不同作用。从不带色彩的单向告知到符号互动和关系协调,直至有意的操纵和控制,所有这些活动都通过不同的媒介活动过程得以实现,反映出媒介的不同功能。

因此,在舆论活动中,媒介的中介特性一方面意味着人类认知体验的改变,即,借助于媒介,我们对那些过去无法直接亲自观察的事物和情况有了一定的理解,媒介在很大程度上构建了我们对社会的认知和定义,也告知我们社会生活的标准和规范,借助于媒介所进行的间接认知方式,已经成为现下人们最主要的认知方式。另一方面意味着某种关系的建立,新闻媒介与个人建立的关系表现为两种,一种是"中介式互动",另一种"中介式准互动"。中介式互动是借助于媒介而进行的人际沟通,"中介式准互动"是指并非面对特定个人,而是为范围不定的潜在接受者生产制作,带有单向流动性质,难有即时反馈的大众传播。③新闻媒介在舆论活动中与受众个体所建立的关系主要表现为"中介式准互动"。

中国新闻界提出报刊要做党、政府和人民的喉舌,使上情下达,下情上达,在一定程度上揭示了新闻媒介的中介作用。也就是说,新闻媒介在国家权力和人民集合体之间充当着意见沟通的中介、相互批评和相互影响的中介,具有社会第三者的地位。

① 郑力:《中国监督学大辞典(上册)》,中国财政经济出版社1996年版,第214页。
② 何梓华:《新闻理论教程(修订版)》,高等教育出版社2008年版,第95页。
③ 许静:《舆论学概论》,北京大学出版社2009年版,第200-201页。

(三)新闻媒介是舆论活动的策动者

新闻媒介与舆论活动有着非常密切的联系。主要表现在：一方面，在媒介建构论看来，"现实不是客观的，而是行动者之间的互动行为主动建构的"①，而媒介现实与个体现实之间的互动是一种意义的生产与分享过程，而不是反映与被反映的过程。因此，媒介舆论的产生实质上是媒介与公众个体之间互动共同形成的"新意义"或彼此间分享了某种"意义"，这种"新意义"或被广泛分享的"意义"，就是我们说的"一致性意见"（舆论）或"倾向性意见"（舆论引导的结果）。另一方面，媒介传播活动中的信息接收者，他们不是处在被摆布、被说服的被动位置，甚至"他们不再是受众，而是积极行动的、解释的、建构意义的行动者"②。因此，舆论引导的过程不是媒介劝服公众的过程，而是媒介与公众个体互动共同建构"新意义"的过程，这一点在新媒体时代表现得更为突出。

由此可以看出，新闻媒介在舆论活动中有两方面的作用：一是建构"拟态环境"，与公众分享"意义"，二是"设置议程"，与公众互动共建"新意义"。也就是说它在舆论活动中起一个引发舆论及形成新舆论的作用，所以说它是舆论活动的策动者。

二、新闻媒介的舆论作用

新闻媒介的报道和信息传播的活动，深刻地影响着社会舆论的形成、发展和变化，在很大程度上决定着社会舆论发展的方向和社会舆论的性质。现在，新闻媒介凭借其自身的特性，在反映舆论、引发舆论、形成舆论、引导舆论、舆论监督等环节中，都发挥着重要作用。③

(一)反映舆论

舆论是公众对公共问题的一致性意见。反映舆论，就是反映公众的意见、愿望、呼声和要求。社会每天都有许多公共事务、公共问题会引起人们的议论，围绕不同话题形成许多舆论点；每天都会有新的舆论苗头出现，旧的社会舆论也每天都会发展、变化。而新闻媒介的主要功能就是报道新闻和传播信息，它有着受众广泛、信息传递快速、发表观点直接而且强烈等特征，这有利于它快速、准确、系统地将各种社会舆论反映给受众。可以说，"新闻媒介传播舆论的功能是得天独厚的"④。加之，新闻媒介作为广大受众的"喉舌"，反映公共舆论是其天然的职责。正如马克思所言："报纸是作为社会舆论的纸币流通的。"⑤

同时，我们知道，舆论的最初形态是分散、零乱的个人意见，而"分散的个人意见要公开表达才能参与大范围的社会讨论，最终形成的一致意见也要公开表达才能作用于社会，成为具有实际意义的公众意见"⑥。也就是说，舆论只有向社会公开表达并且作用于社会，才能

---

① 江根源：《媒介建构观：区别于媒介工具观的传播认识论》，《当代传播》，2012（3）。
② 江根源：《媒介建构观：区别于媒介工具观的传播认识论》，《当代传播》，2012（3）。
③ 邓海荣：《新闻媒介舆论引导力研究》，吉林出版集团有限公司2013年版，第6-11页。
④ 王武录：《十四大以来〈人民日报〉评论研究》，同心出版社2007年版，第66页。
⑤《马克思恩格斯全集》第七卷，人民出版社1985年版，第523页。
⑥ 李良荣：《新闻学概论》，复旦大学出版社，2006年版，第56页。

成为真正的"舆论"。新闻媒介履行的正是面向全体社会成员的大众传播，它理所当然地应肩负起反映舆论的重任。

（二）引发舆论

舆论不是公众头脑中凭空产生的，它需要一个客观对象来引发，我们把引发舆论的对象称为舆论客体。舆论客体就是引发意见的现象和问题，它是产生舆论的必要条件，没有足以形成公众意见的现象和问题，就没有舆论。换句话说，公众必须首先了解与自身利益相关的事务的信息，才有可能就此发表意见。而新闻媒体的任何一条真正的新闻，都能在相关的社会范围内引发舆论，这是其内在价值对社会意识激发的结果，"新闻在哪里传播，哪里就产生舆论并向四方扩散，新闻事实被媒体报道出来，就在它出现的社会空间引起议论，新闻与舆论的回应是新闻媒体作用于社会的显著特点"①。当然，新闻引起受众的反响有大有小，那些重大的政治、经济、司法新闻刺激舆论的效果更为明显，更容易引发社会舆论的形成。

报道新闻是新闻传播媒介最基本的功能，新闻必须传播信息，报道最新的事实。在现代社会里，人们生活在由新闻媒介提供的源源不断的信息流中。新闻媒介传播的新闻信息，往往不能决定人们对某一事件或意见的具体看法，但至少它能在很大程度上决定人们思考什么、关心什么。这就是马克斯韦尔·麦库姆斯和唐纳德·肖在20世纪六七十年代提出的"议程设置"理论。可见，新闻媒介设置的议题常常衍生为舆论的源头——公众关注的公共问题或事务，它能更加有效地引发舆论。

（三）引导舆论

引发舆论的公共问题（事务）是纷繁复杂的，对相同的问题也存在不同的意见和看法，因此，在社会生活中，许许多多的舆论会同时存在，既有体现人民大众根本利益、愿望和要求的舆论，也有反映少数人特殊利益的舆论，甚至还有许多错误的乃至反动的舆论。面对纷繁复杂的社会舆论，新闻媒介往往会根据自己的基本立场和宗旨，对与己相符的社会舆论，则加以传播、扩散、发挥，对与己相悖的社会舆论或隐而不报，或通过报道客观事实，评述客观事实进行说明、解释、开导，使其向相反方向转化。

新闻媒介之所以能有效地引导舆论，是因为新闻媒介所传播的新闻会引起公众的关注，新闻内容会成为人们议论的话题，并影响人们的思想和情绪，尤其是新闻媒介的倾向性会影响受众的倾向性。新闻媒介的倾向性往往寓于对客观事实的客观叙述之中。即新闻报道者在叙述客观事实、反映客观事实的过程中，不可避免地要将自己的立场、思想、观点渗透其中，使新闻报道带有一定的主观色彩。

另外，新闻媒介常以公众代言人姿态出现，它的意见传播具有公开、广泛、持续时间长、声势浩大等特点，在社会意见中具有独特的权威性，这是媒体意见独有的、很难被超越的优势，也因此很容易成为主流意见。由于在舆论形成过程中，分散的公众成员在发表意见时会受到从众心理的很大制约，为了避免被孤立，会自觉不自觉地受到占优势地位的多数意见的

---

① 刘建明：《媒介批评通论》，中国人民大学出版社2001年版，第163页。

影响或左右。[①]因此，新闻媒介的意见自然而然会对公众意见产生影响，甚至改变公众的一些认识，从而起到舆论引导的作用。

（四）形成新闻舆论

新闻媒介都会根据自己的基本立场和宗旨，对最新的事态发表意见和看法，这便形成新闻舆论。新闻舆论是指新闻媒介组织通过新闻传播媒介对最新事态的意见反映和表达。换句话说，新闻媒介根据舆论形成的客观规律，向公众传播新近发生的情况和信息，或就情况和信息发表意见，引起公众的关心，成为公众一时议论的中心话题，从而形成某种社会舆论。其实，任何新闻媒介都想把自己的看法变成舆论，以占领舆论的制高点。

新闻媒介形成新闻舆论有两种途径：一是媒介对最新事态直接发表自己的意见，二是改变已有的社会舆论，使之符合自己的立场和看法。后者就是我们前面谈论的舆论引导问题，此不赘述。至于新闻媒介对最新事态直接发表自己的意见而形成的舆论，又主要是通过传播事实和发表评论来表现的。我们知道，事实是舆论的建筑材料，它决定着人们对事实掌握的程度和对外界的感知，是意见态度形成的基础。因此，新闻媒介可以通过事实报道来"暗示"自己的观点和看法。严格地说，"新闻媒介仅仅借助事实并不能完美地塑造舆论，事实只是发挥暗示的作用，诱导受众产生意见还需要及时阐发明确的观点，需要不断刊发表现意识倾向的各种新闻评论"[②]。因此，新闻媒介一般是通过事件和言论并举的方式，来潜移默化地促成舆论的形成。

新闻媒介形成舆论的功能，体现了新闻媒介对舆论影响的主动性。需要强调的是，这种主动性绝不意味着新闻媒介可以不顾舆论形成的客观规律去一厢情愿地形成舆论。

（五）舆论监督

"舆论监督"是中国特有的一个概念。我们说新闻舆论监督是一种狭义的舆论监督，"它指的是人民群众通过新闻媒体对国家和社会事务进行监督的行为"[③]。新闻舆论监督是一种借助新闻媒体的传播优势，反映公众对社会现象、社会问题的普遍意见，实际上是代表公众对社会现实做出的主动回应和监督，因此，具有很强的影响力和权威性。

新闻传播媒介之所以能在舆论监督中占有优势，原因在于：一方面，新闻媒介可以广泛地、及时地反映社会公众的意见，形成社会舆论。现代社会的舆论形成、功能运作及其效果都无法离开新闻媒介这个"起爆器""放大器""助推器"。另一方面，新闻媒介为社会公众行使舆论监督权利提供了公开的论坛。社会公众最关心的莫过于当前现实生活中的重大事件、政府的重大决策以及涉及人民利益的重大变动。通过新闻媒介他们能了解事态发展的最新情况并表达自己的意见。再一方面，新闻媒介能够对社会舆论进行正确的引导和适当的控制。新闻媒介作为舆论信息的"把关人"，控制着对舆论信息性质的判断和舆论信息在社会生活中的流量和流向，传播什么、重点在哪里、强调到何种程度、对信息做何解释等一系列问题，

---

① 李良荣：《新闻学概论》，复旦大学出版社2006年版，第57页。
② 刘建明：《媒介批评通论》，中国人民大学出版社，2001年版，第163页。
③ 何梓华、尹韵公：《新闻学概论教学参考书》，高等教育出版社2011年版，第36页。

在很大程度上都是由"把关人"决定的。

三、新闻媒介的舆论力量

新闻媒介在舆论宣传上具有许多优势，充分发挥这些优势，就会形成强大的舆论威力。

（一）生杀舆论：不可小觑的新闻媒介话语支配权

新闻媒介拥有话语支配权，源于其自身独特的运作模式和资源优势。我们知道，新闻媒介既是新闻信息传播的物质载体，也是促使传播者与受众得以交流的中介和纽带，更是形成、复制、扩散和放大社会舆论的社会工具。因此，从某种意义上讲，新闻传播媒介不仅仅是一种客观物质形态，也是大众传播者与传播载体紧密结合后的产物，更是反映社会内在要求、引领社会变化发展的利器，它具有强大的社会召集和鼓动功能，能有效地引发、形成、引导舆论。

新闻媒介拥有的话语支配权对舆论有着重要影响，可以说，新闻媒介的话语权就是控制舆论的权力，是"一种信息传播主体的潜在的现实影响力"①。话语权掌握在谁手里，决定着社会舆论的走向。这是因为：舆论受到新闻话语的刺激而发生或发展，媒介控制着事件，让人们意识到它是否发生，同时也控制了人们对其发表意见。媒体报道什么，不报道什么，用多大的篇幅，在什么版面或频道报道，都隐藏一种话语，成为事件存在和重要性的标准。如果媒体对某件事在性质、规模、影响力上解释了它的重要性，那么这件事在许多受众心中就是最重要的。随着现代传媒的极大发展，人们获得的信息几乎都来自媒体，那些没有被媒体选择的事实几乎就不再存在，即使有人道听途说它的发生，但没有被媒体报道，人们就会怀疑它是否真的发生了。这种话语支配权决定了人们能否对事件发表意见，舆论是否出现，犹如堵住人们的嘴巴一样，媒体生杀舆论的大权控制着人们的头脑。②

（二）形成舆论合力：促成一致性意见的快速形成

针对某一公共问题或事务，新闻媒介通过媒介联合或调动媒介自身可支配因素共同作用于舆论所形成的力量，就是舆论合力。新闻媒介舆论合力的形成来自两方面：一方面，是同一媒介运用多种新闻手段促成舆论合力的形成；另一方面，是多媒介联合互补形成舆论合力。

同一新闻媒介在舆论合力的形成中，主要是运用多种新闻手段来促成舆论合力的形成，如在报道重大新闻时，不仅仅是单纯地传播信息，为了给公众提供对事件的更多理解，还常常运用到解释性报道、调查性报道、连续报道、专题报道、专版、专栏以及社论、时评、互动讨论等多种手段。多种新闻手段的运用，尤其是深度报道、连续报道、专题报道的运用，能为公众提供更丰富的信息量，有利于公众多角度、多侧面、多层次地了解事件，进而引起社会的共鸣，形成一股强大的意见合流。新闻媒介发表大量"言论"，则有利于表达媒介自身

---

① 谢明香：《出版传媒视角下的〈新青年〉》，巴蜀书社2010年版，第95页。
② 刘建明、纪忠慧、王莉丽：《舆论学概论》，中国传媒大学出版社2009年版，第160页。

的看法，加深公众对事件的深刻理解，能更有效地影响舆论，促成公众一致性意见的形成。总之，同一新闻媒介通过运用多种新闻手段的方式，在潜移默化中营造出更浓厚的舆论氛围，促成了舆论合力的形成。

在新闻媒介的传播实践中，多媒介联合互补才是舆论合力形成的主要方式。在新闻媒介种类及数量不断增多的情况下，为了更好地担负起舆论导向职责，以免"各吹各的号，各唱各的调"，加强新闻媒介间的联动，协调合作，形成一定的舆论强势就十分必要。新闻媒介的联动，"既能发挥各媒体的特长，又交叉互补，弥补各自的不足和局限性，从而扩大了传播的深度和广度，形成立体报道的舆论合力"①。诸多新闻媒介每天发表丰富的深刻见解，多角度、多侧面地对社会生活做出解释，形成一股强大的意见合流。每一种新闻媒体都有自己的受众群，覆盖一定的空间，使新闻界表达的意见充斥社会各个角落。

一种意见一旦被多家新闻传播机构持续地扩散，就能被相当多的人接受，在人们的思想深处形成观念合力，观念合力必然转变为舆论合力。在广阔的社会空间，多家媒介的舆论引导使广大公众形成巨大的凝聚力，表现出强烈的一致态度、一致立场和一致行为，出现万众一心、投身于解决公共问题的社会运动。

总之，舆论合力有利于营造浓厚的舆论氛围，能促成一致性意见的快速形成。

（三）造成舆论冲击：一言兴邦，一言丧邦

1996年9月26日，江泽民在视察《人民日报》时指出："历史经验反复证明，舆论导向正确与否，对于我们党的成长和壮大，对于人民政权的建立和巩固，对于人民的团结和国家的繁荣富强，具有重要作用。舆论导向正确，是党和人民之福；舆论导向错误，是党和人民之祸。"② 2016年2月19日，习近平总书记在党的新闻舆论工作座谈会上强调指出："党的新闻舆论工作是党的一项重要工作，是治国理政、定国安邦的大事。"可见，新闻媒介主导的舆论的确可以决定国家的兴亡，确有"一言兴邦，一言丧邦"的威力。

舆论威力是指舆论在传播中改变人们的信念，造成众志成城或动摇军心的后果，能摧毁一种政治制度，推翻一届政府，搞乱整个社会。在经济生活中，舆论搞垮或哄抬一家企业、一种产品，使市场竞争态势发生逆转，表现为左右市场销售和民众消费的巨大作用。新闻界每天发表丰富而深刻的见解，多角度、多侧面地对社会生活做出解释，形成一股强大的意见。当多家媒体反映共同意见，形成巨大的舆论声浪，不只是一种强大的思想，而且是数千种媒介一拥而上的舆论冲击。从表面看，多数新闻似乎像轻风吹动，潜移默化地影响着人们，使人们渐渐产生一定的观念。媒体对普通人来说是一个活动着的头脑，这个头脑确实变幻莫测，可能赢来喝彩，也可能招来骂声。媒体的正确报道占领人们的大脑，每天向着一个方向影响人们，把人们的意志调动起来。媒体幻想创造精神奴隶，在短时间内可以办到，这时媒体作为舆论的制造者或创造舆论的手段，不仅能煽动社会思潮，而且能够捣毁一个国家。③

---

① 吴飞：《传媒影响力》，中国传媒大学出版社2005年版，第44页。
② 江泽民：《视察人民日报时的讲话》，《江泽民论有特色社会主义》，中央文献出版社2002年版，第409页。
③ 刘建明、纪忠慧、王莉丽：《舆论学概论》，中国传媒大学出版社2009年版，第161页。

【思考题】

1. 简述民谣的特点及舆论功能。
2. 以去年网络流行语排行榜为例,分析网络流行语的舆论价值。
3. 为什么说舆论的一律是暂时的、相对的,而非一律才是永久的、常态的?
4. 舆论传播的惯性规律受哪些因素的影响?
5. 简述新闻媒介的舆论功能。

第五章

舆论的调控

"舆论调控"一词是近年来我国新闻舆论界的常用术语。从词义上分析，它有两层基本含义：一是对舆论进行调控，舆论是被执政者调控的对象。此时，舆论是受控者，执政者是施控者。二是执政者以舆论作为调控的手段，对舆论接受者加以影响，即受众是舆论所调控的对象。此时，舆论是施控者，公众是受控者；舆论是联系执政者和公众的中介。[1]不难看出，学者对于舆论调控内涵的这一理解，是基于执政者对舆论工作的宏观管理视角下的一种诠释。如果我们从舆论本身的生成与发展这一微观管理视角来看的话，本书认为，舆论调控是指在舆论形成的过程中通过对舆论的导向和控制，使其发展成调控者所认可的舆论的动态管理过程。

在舆论的形成、变化过程中，舆论调控十分必要。其必要性主要表现在以下两方面：[2]

第一，舆论在形成、变化过程中，虽然会集中社会的理智，但也不可避免地存在大量非理性的成分。这是因为，作为舆论主体的公众具有针对某一问题的群体心理，而群体心理支配下的个人往往表现出与理性经济人不同的特点。即，孤立的个体可能是理性的，以自我利益为导向的，也可能是有教养的，谨言慎行的；但在这种"组织化的群体"中，个人的理性消失了，表现得身不由己，要么狂热，要么残暴，要么英雄主义；同时，舆论的形成不单纯是社会公众的"理性讨论"的结果，而是"意见环境"诸如人对孤独的恐惧、个人对强势意见的知觉、公开表达的外部压力，所导致的从众结果。因此，舆论在互动和整合的过程中需通过调控来扩大理性成分。

第二，舆论调控的必要性源于舆论自身的无机与有机性的对立。一方面，社会群体内的公众总是从各自的需要、利益出发对众多个体共同感兴趣的"普遍事务"发表意见，从表面上看，各种意见林林总总，有很大的杂乱性；另一方面，在任何一个现代民主社会里，任何一个看似孤立的个体意见总会与社会公众主体的需要、利益发生一定程度的联系，从而也就在一定程度上表达着社会群体主体的意志和意见，具有了明确的指向性或者某种倾向性，而不再是杂乱无章的。

总之，无论舆论的非理性—理性特征，还是无机—有机特征，都显示了舆论作为一种评价性意见的变动不居的特性，也显示了舆论之于社会问题影响的不确定性，那么，为了增强社会问题解决的预见性，对舆论的了解、把握和调控就成为社会公共管理的必要内容。

---

[1] 廖永亮：《关于舆论调控的理论思考》，《中国广播电视学刊》，2014（02）。
[2] 韩运荣、喻国明：《舆论学原理、方法与应用》，中国传媒大学出版社2013年版，第86-87页。

第一节 舆论调控的目的

舆论调控都是为了使舆论向调控者所希望的方向发展，因此，具有强烈的目的性。在我国，舆论调控就是要从党和国家的工作大局出发，以事实为根据，积极扶持、发展正确健康的舆论，坚决制止、消除消极有害的舆论，使舆论调控的目的符合党的路线方针政策，符合人民群众的根本利益。具体来说，舆论调控以追求正向舆论，形成良好舆论生态，以正确的舆论引导人为目的。

一、追求正向舆论

舆论本身是个中性的概念，而舆论的作用则有正负之别。正向舆论是全面反映客观事物真实情况，反映客观规律，维护绝大多数人利益的社会意见。而负向舆论则是片面、怪诞、过激、虚妄的社会意见，是对客观事物真相的歪曲，是以偏见、谣言、诽谤、流言等为主要形式，以实现自主欲望为目的舆论形态。①通常而言，正向舆论有助于社会稳定，有助于促进民主政治。具体来说，正向舆论还具有提高政府执政能力、推动社会变革、提供决策参考、增强社会凝聚力、加强道德建设、预测社会动向等积极作用。②而负向舆论往往会产生破坏安定团结、涣散意志、动摇民心、腐蚀群众的不良影响。我们知道，舆论调控就是为了维护国家的稳定和社会和谐，通过多种形式，充分发挥正向舆论的积极作用，克服负向舆论的消极影响，使舆论活动向着良性方向发展的有目的地对舆论实行的干预活动。③由此可以看出，舆论调控的目的就是要追求正向舆论，抑制负向舆论，本质上是一项"趋利避害"的舆论管理活动。

之所以要把追求正向舆论作为舆论调控的目的，原因在于：首先，正向舆论按照公众事务的内在联系解释客观世界，体现出对客观事物内在本质的认识与追求，是认识真理、坚持真理的意识活动。其次，正向舆论的情感基调具有庄严肃穆的特色，充满爱憎、褒贬、热忱与激情，但不浮夸、冲动、放肆。正向舆论对正义、先进的事业和思想总是给予支持、歌颂、肯定和赞许；反之则给予尖锐的批判、否定和谴责。④这有利于形成良好的舆论氛围，促进社会健康有序发展。再者，正向舆论是维护绝大多数人根本利益的以人为本的舆论，具有庞大的主体群，被一定范围内的大多数人所承认，是主流舆论。它反映了社会的发展趋向，并对社会发展进步产生决定性影响。

2013年习近平在全国宣传思想工作会议讲话中指出："必须坚持巩固壮大主流思想舆论，弘扬主旋律、传播正能量，激发全社会团结奋进的强大力量。"⑤因此，我们应牢记党对新闻

---

① 唐光怀：《舆论监督法治化研究》，湖南大学出版社2007年版，第33页。
② 韩运荣、喻国明：《舆论学：原理、方法与应用》，中国传媒大学出版社2005年版，第42-57页。
③ 杨长林：《当代军官百科辞典》，解放军出版社1997年版，第802页。
④ 廖永亮：《舆论调控学：引导舆论与舆论引导的艺术》，新华出版社2003年版，第60页。
⑤ 《学习习近平总书记8·19重要讲话》，人民出版社2013年版，第12页。

舆论工作的要求，自觉承担起举旗帜、聚民心、育新人、兴文化、展形象的使命任务，把弘扬主旋律、传播正能量、宣传社会主义核心价值观作为舆论调控的主要任务。

二、形成和谐的舆论生态

不少学者对舆论生态进行了研究并给出了定义。郑力认为，舆论生态是舆论与自然环境之间的关系及二者相互作用的过程，舆论的形成取决于自然环境，并对自然环境产生影响。[①]刘建明则把"舆论生态"看作舆论形成的一种环境和舆论各种要素相互作用的状态，并将舆论的整个运行分为民意、众意和群意，当三者之间形成相互有序的运转状态时，舆论生态才能得以和谐。[②]本书对舆论生态内涵的理解，来自廖永亮的观点。即，舆论生态是指各种舆论形成的人际环境和促进舆论有序发展的各种因素相互作用的状态。[③]

整体来看，舆论生态是一个庞大、冗杂的系统，涉及公众、社会、环境、资源、科技等机理各异的子系统，各子系统之间通过信息交互反馈实现系统的有效调节。如果系统内部任一子系统的发展出了问题，舆论生态就会失衡。单从意见环境子系统来看，舆论生态的失调，会造成各种意见尖锐对峙，互相声讨，安定的环境就要遭到破坏。尤其在新媒体时代，网络舆论会出现话语权失衡、起哄与非理性"迁怒"、网络虚假信息、网络谩骂、"人肉搜索"、"舆论审判"等失衡问题。[④]舆论生态失调会对整个社会产生刺激和影响，如果人们非常熟悉、非常赞同的意见突然在短时间内被另外一种相反的意见所冲击，就会人心浮动，议论不休。人们面对各种相反的议论会无所适从，随之就会出现风潮变幻，动荡不安。相反，如果运用一定方式把舆论的多样态与不稳定态纳入舆论平衡态的轨道，就能使社会舆论出现有序、平缓的发展趋势。[⑤]社会舆论状态趋于平稳、和谐，人们就容易在一个共同体内相安无事地生活、工作。舆论生态的失调是可以经过调控而达到和谐、平衡的。因为社会舆论的平衡，是社会信息流动的方向与比重趋于合理的结果，因此，只要正确意见信息流动得越充分、广泛并占据社会的主导地位，错误舆论就越能受到有效的控制。

互联网时代，网络舆论形势依然严峻复杂。2016年4月举行的网络安全和信息化工作座谈会上，习近平秉持生态发展观，强调要"建设网络良好生态，发挥网络引导舆论、反映民意的作用"。从目前的情况来看，社会舆论混乱、没有章法，一些虚假的、负能量的信息传播对社会的发展非常不利，因此，打造良好的舆论生态环境迫在眉睫。基于此，可以通过引导公众有序、理性、合法地表达自己，唤醒媒体传播责任和社会义务，推动媒体融合发展，做大做强主流媒体等多种手段，建设良好的舆论生态，提高公众的综合素质，进而推动社会健康发展。

---

① 郑力：《中国监督学大辞典》，中国财政经济出版社1996年版，第207页。
② 刘建明：《舆论传播》，清华大学出版社2001年版，第92—119页。
③ 廖永亮：《舆论调控学 引导舆论与舆论引导的艺术》，新华出版社2003年版，第61页。
④ 殷俊、李月起：《网络舆论生态失衡矫正途径探析》，《新闻与写作》，2019（5）。
⑤ 廖永亮：《舆论调控学 引导舆论与舆论引导的艺术》，新华出版社2003年版，第61页。

三、以正确的舆论引导人

舆论体现和表达的是人们对某种事物的看法。因此，舆论是一种客观存在，不能人为控制。但由于人们所持的阶级立场和观点不同，分析事物的方法和角度各异，加之人们思想道德素质、科学文化素质、生活阅历、风俗习惯、兴趣爱好有很大的差别，因而对事物本身的认识也就多种多样，舆论本身也就有正确和错误、全面和偏颇的区别。在这种情况下，舆论的调控作用就显得十分突出，其目的就是要摒弃错误舆论，以正确的舆论来引导人。因此，舆论调控的又一目标就是，以正确的舆论来引导公众在社会问题上达成社会共识，并帮助公众形成正确认识评价现实社会的社会信念、社会情感和社会价值观，进而壮大社会主流思想舆论。

以正确的舆论引导人，首先要形成正确的舆论。如何形成呢？就新闻媒体而言，一方面，要推出正确的新闻舆论。即新闻媒体要自己发言立论，直接推出正确的新闻舆论，从而引发正确的社会舆论。引导社会舆论朝向正确的方向发生和发展，使新闻媒体成为正确舆论的策源地。另一方面，要传播正确的社会舆论。传播舆论必须区分舆论，这种区分要准确无误，要真正弄清楚某种社会舆论的性质和实质，从而选择正确的社会舆论付诸新闻传播，把不正确的社会舆论排斥在新闻领域之外。判断某种社会舆论正确与否，根本的标准是符合不符合国家和人民的根本利益，合乎这种利益的社会舆论，才是正确的，反之就是不正确的。

在社会主义新时代，以正确的舆论引导人，就是将凝聚人心、振奋精神、促进改革、推动发展、维护稳定，服务全党的工作大局，坚定不移地在政治上同党中央保持一致作为舆论工作的准则和目标。具体地讲，就是宣传党的基本理论、基本路线和方针政策要全面准确；在事关人民利益、党的原则、国家安全、民族团结、对外关系等重大问题上，宣传报道一定要符合中央精神，一切宣传都要有利于激励人们奋发向上。

第二节　舆论调控的方法

舆论调控有别于法律、制度等刚性控制，它是对社会加以弹性控制的一种方法。究其实质，舆论调控是指在舆论形成的过程中对舆论进行引导和控制，将其纳入合理的渠道中，以形成调控者所认可的舆论，进而有效影响公众思想。简单来说，舆论调控就是引导和控制舆论的形成，因此，要找到舆论调控的基本方法，需从影响舆论形成的要素中去寻找。现代社会，舆论调控主要通过大众传播途径来实现，因此其调控方法也值得研究。基于此，本书主要从舆论的构成要素和大众传播两方面来阐释舆论调控的方法。

一、基于舆论构成要素的调控方法

本书第一章介绍了舆论的三个基本构成要素，它们是：舆论主体、舆论客体和舆论本体。任何舆论都需具备这三个基本要素，否则舆论便无法形成。在具体的舆论形成过程中，三要素间可产生复杂的联系，但抽象概括地来看，舆论的形成过程也十分简单，即：舆论主体作用于舆论客体，其结果便是舆论本体。因此，舆论调控者如果想要形成自己所认可的舆论，控制好舆论主体、舆论客体以及二者的联系，就是最基本的方法。我们知道，舆论主体与舆论客体的联系依赖的是信息的传播。因此，韩运荣、喻国明等认为，传播的控制、对象（舆论主体）的控制、问题（舆论客体）的控制，是舆论调控的基本手段。①

（一）信息传播的控制

从对舆论形成的影响角度来看，信息的传播可分为事实信息和意见信息，信息传播的控制就是对事实信息的传播控制和对意见信息的引导。

1. 事实信息的传播控制

舆论是公众针对某一事实或现象而产生的一致性意见。因此，事实是舆论形成的基础，不同的事实信息会产生不同的舆论。在传播中对事实信息真假、有无、多少等内容方面的控制，会直接影响舆论的形成，对舆论起到调控作用。

如毛泽东就新闻报道提出了"新闻、旧闻、不闻"的六字方针。所谓"新闻"，是指一旦新近发生的事件，对于中国的社会主义建设是有利的、是鼓舞人心的，能让大家更加清晰地认识我们党的路线、方针、政策，就应该作为"新闻"及时地加以报道；所谓"旧闻"，是指有些情况如果一旦发生，还无法对其社会后果、社会效应准确地做出价值判断，或该事件还处在发展中，如果传播出信息，有可能引发更大的社会骚动，那么，就不要及时报道，要把它压后处理，等事件相对平息，对其有了正确认识，再加以报道；所谓"不闻"，是指一些信息是不能加以报道的，应当把它永远尘封在历史档案馆里。②

"六字方针"实际上是当时新闻管理政策有关内容管理、内容控制的一项基本管理方针，在当时社会情况下具有必要性和可能性。中华人民共和国成立初期，国际上有强大的反华势力的压力，而且"敌我"力量悬殊，我们不占优势；另外，中国共产党还处在各种矛盾交集点中，政权的掌控能力比较弱。因此，采取"压"新闻的方式具有必要性，它可以降低信息传播带来的不可预测的舆论聚集，减少不必要的风波。不仅如此，这一时期也具有控制事实信息的可能性。韩运荣、喻国明等通过分析这一时期新闻舆论控制系统的要素特点后认为，环境的封闭性、控制主体的一元性、控制客体的简单性以及控制渠道的单一性，给事实信息的传播控制带来了可能性。③

现代社会信息环境已发生了巨大的变化，依靠"压"新闻来控制舆论已经不合时宜。韩运荣、喻国明认为有两方面的原因：一是随着社会的日益开放和信息技术的发展，人们获得信息的渠道有很多，除了官方的大众传媒渠道，还有很多非官方的渠道，比如境外传媒、手

---

① 韩运荣、喻国明：《舆论学：原理、方法与运用（第2版）》，中国传媒大学出版社2013年版，第94-99页。

② 韩运荣、喻国明：《舆论学：原理、方法与运用（第2版）》，中国传媒大学出版社2013年版，第91页。

③ 韩运荣、喻国明：《舆论学：原理、方法与运用（第2版）》，中国传媒大学出版社2013年版，第92-93页。

机短信、微博微信、网络论坛，还有人员流动形成的人际传播，等等，所以，通过封闭手段从整体上控制事实信息已不太可能。二是随着社会的转型，市场经济塑造了有自主意识、平等意识和自由竞争意识的个人与团体，从而逐步形成并不断强化着市民社会的自主性品格，老百姓的自觉意识得到了很大的提升，公众会希望在社会生活当中有更多的知情权，希望有效占有社会信息。因此，在事实性信息的供给方面，用信息屏蔽的方式来进行相关的政治回避已经显得十分落后和不合时宜。[1]

在信息开放的新环境下，在形式上进行简单的封闭、"围堵"，很难达到对舆论引导与控制之实。因此，在事实信息的传播上，应有新的举措。对此，韩运荣、喻国明提出了两点新主张：其一，提高信息透明度是传媒的必然选择。提高信息透明度可以表明传媒对社会需求的尊重和满足，也是社会发展进程中，我们党"立党为公，执政为民"的方针在信息政策上的一种体现，同时，它还可以使传媒对舆论的引导与控制处于更主动的状态。其二，提高传媒的公信力，树立信息传播、信息发布的权威性。传媒对社会信息的传播实质上是一种以信息为主的社会交换，而社会交换的前提和基础是信任，从这个角度上来看，消息来源的可信性比消息本身更重要。因此，要想使传媒通过事实信息的传播在实现社会信息交换的同时达到引导和控制舆论的效果，关键是要打造传媒的公信力，在社会公众中树立信息传播、发布的权威性，这才会达到标本兼治的目的。[2]

2. 意见信息的引导

控制意见信息的传播时，要依据受众的实际情况来决定是运用"一面说"，还是"两面说"或者"多面说"。

"一面说"是指针对某一社会问题或新闻事件，传媒只报道单方面的意见信息，而对其他或反面意见信息不予披露。[3]通过提示自己一方的观点或于己有利的判断材料来影响舆论，这也是舆论控制的常用方法之一。但随着社会的不断发展，信息获取越来越便捷，老百姓的自我主体意识也越来越强，"一面说"就会有相对大的局限性。因此，以"一面说"的方式来传播意见信息并进而调控舆论，需具备一定的条件。

第一，"一面说"适于那些跟宣传的观点看法一致的对象，即宣传者和被宣传者在意见观点方面是一致的。在这种情况之下，就没有必要用反面信息来增加他们的困扰，而是应该强化这种意见信息。当然现在也有"防御论"，即在强化"一面说"的同时，适度地展示可能的反面信息，增强对负面信息的抵抗能力，这本质上跟"一面说"并没有冲突。

第二，"一面说"适于启蒙程度相对比较低，自身的辨识能力不够强的宣传对象。在文化程度相对较低的地区，文化的现代化程度也比较低，人和人之间的关系还依赖比较传统的纽带维系，如血缘、地缘，人的价值观比较趋同，社会规范在这样的人群中还显示出比较强的社会约束力，人们进行社会选择时，更习惯于将选择的权利让渡给习俗和规范。以此可用"一

---

[1] 韩运荣、喻国明：《舆论学：原理、方法与运用（第2版）》，中国传媒大学出版社2013年版，第95页。

[2] 韩运荣、喻国明：《舆论学：原理、方法与运用（第2版）》，中国传媒大学出版社2013年版，第95-96页。

[3] 韩运荣、喻国明：《舆论学：原理、方法与运用（第2版）》，中国传媒大学出版社2013年版，第96页。

面说"的方式斩钉截铁地告诉对方唯一的选择。当选择者选择能力、自觉意识没有提升到一定阶段的时候，给他一个比较大的选择空间，反而会增加其选择的困扰和混乱。①比如我们常见的"典型报道"就是"一面说"，它树立一个榜样，确立一个可以效仿的对象，就是告诉受众一个选择。

总之，"一面说"能够对己方观点作集中阐释，简洁易懂，的确有利于舆论的调控。但"一面说"能否奏效，很大程度上是跟文化本身的发展和启蒙阶段联系在一起的。

所谓"两面说"和"多面说"，是指在进行意见传播时，不但要强调传播者自己的主张和观点，同时还要有意识、有计划地安排一些反对意见。②之所以提出"两面说"和"多面说"，是因为人们越来越意识到"一面说"的局限性。1940年拉扎斯费尔德和贝雷尔森等人考察了大众传播的竞选宣传对选举结果的影响，这次实证调查结果也发现，一时的政治宣传和大众传播并不能轻易改变受众的原有态度，大众传媒的社会影响极其有限，倒是既有的政治倾向决定着人们的政治选择，而且也制约着人们对大众传媒内容的接触。认知心理学一反行为主义心理学强调的"刺激—反应"模式，更强调人们头脑中的世界的表象及表象的塑造，受众不再是被轻易塑造的被动客体，而是具有主动参与意识的认知主体。因此，无论是从传播效果的角度来说，还是从心理学的角度来说，当人们有了自我主体意识，那么，这群人的选择意识就加强了，企图通过"一面说"的方式使他们进行"态度改变"就具有局限性，而从"认知"角度进行"两面说"和"多面说"的引导，则成为一种必要的选择。

总体来说，意见信息的传播究竟是一面说还是两面说，这要从实际出发。从内容上来看，对新鲜的内容，受众并未建立自己固定的看法，可以采用一面说；而受众已了解的内容，或者已有自己固定的看法，或者在群众中议论纷纷，受众已听到过不同的见解，这要求采用两面说。从环境上来看，在封闭的条件下，多采用一面说；在开放的条件下，多采用两面说。从受众情况来看，面对的受众如果受过较高的教育，他们习惯于听取不同的见解，多采用两面说，受过较少教育的受众，多采用一面说；如果受众对于对立的观点持有十分明显的倾向性，不反驳对立的观点就难以接受宣传者的观点，那无论面对任何受众，都必须坚持两面说。从宣传动机来看，凡要求受众马上采取行动的宣传多采用一面说，凡旨在受众提高认识、改变态度的宣传多采用两面说。③

（二）舆论主体的控制

舆论调控所面对的对象，实际上就是舆论的主体，即参与舆论活动的人。参与舆论活动的人，他们可以是社会中任何地方任何职业任何年龄的人，但作为舆论主体，它不是简单的少数人、个别人，而是一个数量相对比较多的社会成员的集合体——公众。公众中，既有社会普通成员，也有意见领袖。

从李普曼的舆论思想来看，公众舆论的形成与个体的意识、价值观、立场、利益等相关

---

① 韩运荣、喻国明：《舆论学：原理、方法与运用（第2版）》，中国传媒大学出版社2013年版，第96页。
② 韩运荣、喻国明：《舆论学：原理、方法与运用（第2版）》，中国传媒大学出版社2013年版，第97页。
③ 李良荣：《宣传学导论》，福建人民出版社1989年版，第262-263页。

联。因此，对普通社会成员的引导，除公正维护他们的相关利益，满足其知情权外，还要注重他们的综合素养的提高，以帮助他们正确认识评价现实社会的社会信念、社会情感和社会价值观，从而避免舆论的偏见性和情绪化。

除了要加强对社会普通成员的引导外，实际上，对舆论主体的控制关键在于对意见领袖的引导和控制，因为意见领袖集中地反映了他所代表的社会群体的认识以及价值判断，如果能够引导意见领袖，就能够通过他们的影响力去说服一个社会群体。

"意见领袖"概念最早由拉扎斯菲尔德等人于20世纪40年代在《人民的选择》一书中正式提出，是指在人际传播网络中经常为他人提供信息、意见评论，并对他人施加影响的活跃分子，是大众传播效果形成过程的中介或过滤环节。①意见领袖必须具备两个条件：一是具有广泛的影响力；二是具有公信力和权威性，在社会中享有较高的声誉。②意见领袖常常是追随者心目中价值的化身，他的一言一行、所作所为受到追随者们的格外重视，是追随者所愿意追随和模仿的。意见领袖要对追随者产生影响力，不仅要信源广阔，还要有较强的读码、释码的能力，在某些专业问题上要有较多的研究。他们富有同情心和责任感，能带头为群体和成员个人利益讲话，因而容易获得群体成员的好感和信赖。意见领袖一般颇具人格魅力，具有较强综合能力和较高的社会地位、被认同感，吸引了一批追随者。

从信息传播角度看，意见领袖是信息的最先发现者、最先传播者，离危机信源最近，处于信源上端，具有某种背景专长，能够提供真知灼见，媒介接触度或兴趣更高，善于利用社会资源。因此，意见领袖具有集聚信息和扩散信息的功能。意见领袖对先期接收到的信息进行加工与阐释、扩散与传播，正是为了支配、引导其对追随者或被影响者的态度和行为。意见领袖最主要的效能就是引导和指点那些面临信息轰炸、思想灌输的无主见、易依赖的受传者，帮助他们表明态度、采取行动、解决矛盾。有时，意见领袖不仅能影响这些人说什么、看什么、做什么和想什么，而且还支配着他们怎么说、怎么看、怎么做和怎么想。除此以外，意见领袖还能协调或干扰传播。如果传播者传递的是符合意见领袖及其团体成员需要的或可以为其接受的观点和主张，那么意见领袖就会俯首听命、协调操作，成为大众传播的动力。相反，如果传播者输出的信息违背或损害了意见领袖及其团体的利益，观点不能为其所接受，那么他就可能设障阻滞或故意干扰传播过程，也可能对传播信息做出符合自身利益的加工和解释，或者干脆进行指责和攻击。③

所以，从意见领袖的特点及功能来看，对于舆论主体的控制，首先要实现对意见领袖的引导和控制，舆论宣传也要讲究抓住关键人，抓住关键问题。

（三）舆论客体的控制

舆论的客体指公众讨论和议论的对象，也就是公共事务。舆论的产生是建立在问题发生的基础之上的，也就是说，舆论依托于客体而存在。如果公共事务的发展合情、合理、合法，符合规律，那么就有可能不会出现舆论，即便出现舆论也是正向的舆论，就没有必要进行舆论调控。如果公共问题没有得到妥善解决，就会出现舆论的喧嚣，甚至负向舆论，此时就需

---

① 任福兵：《网络社会危机传播原理》，华东理工大学出版社2017年版，第63页。
② 刘路：《风险社会的政府话语：问题与对策》，中国国际广播出版社2017年版，第92页。
③ 刘路：《风险社会的政府话语：问题与对策》，中国国际广播出版社2017年版，第93页。

要进行舆论引导。如何引导呢？解决问题——控制舆论客体就是最根本的手段。所以，韩运荣、喻国明认为，舆论引导并不是解决问题的唯一的手段，甚至不是第一手段。舆论这种力量永远是派生的力量，而对问题本身的解决机制才是第一位的。[①]当舆论问题发生时，一般有两种解决办法。

1. 解决问题

把问题解决了，舆论问题还会产生吗？舆论的意见还能够发挥它的作用吗？解决了问题，等于是"釜底抽薪"，舆论也就无从发生了，消费者对于生产厂商的某些意见也就自然没有了。不仅如此，公众形成舆论的目的往往也是为了让问题得到解决，让事件的进展能尽量、尽快顺乎公众的共同现实意愿，合乎公众的利益，也就是说，解决问题也是舆论的现实功利性表现，公众的目的一旦达到，舆论也就没有了。舆论监督以及新闻媒介的批评性报道的目的就是为了发现问题，报道问题，解决问题，以更好地推动经济发展和社会进步。从舆论形成角度来看，舆论监督就是通过解决问题来实现控制舆论的目的。

但有一种情况是出现了问题，不去解决这个问题，却去"揪"对问题进行报道的人。还有一种情况就是掩盖问题，认为只要不曝光问题，问题就不存在，舆论也不会产生。"有偿不闻"的做法，虽能在短时期内掩盖问题，使大量损害社会公共利益、负面的信息无法及时被揭露和曝光，但这种对待"问题"的错误做法，甚至违法行为，最终会因问题久拖不决而产生汹汹舆情，给社会的和谐与稳定带来更大危害。

2. 转移热点

有些问题确实非常复杂，历史上盘根错节的利益关系等原因，使问题不可能马上被解决。既然这个问题不能解决，舆论引导上应该怎么做呢？这就需要转移热点。转移热点的方式就是设置一个更能够得到大家关注的议题，让大家的注意力集中在该议题上。这也算是一种策略性的方式。

社会热点问题是指在某一时期内，某一地区中众多社会成员所关注的与自身利益密切相关的社会问题。[②]社会热点问题涉及社会生活的各个领域，在同时间同一地点的条件下可能存在不同的热点问题。社会热点问题具有的"多样性"特点，使"转移热点"的方法成为可能。不仅如此，社会热点问题本身具有的以下特点，[③]也极大地吸引着公众的关注。

第一，社会热点问题是社会利益的聚焦点。社会热点问题往往和社会成员的自身利益紧密相关，比如物价、就业、住房、社会治安等问题很容易成为社会热点问题，利益相关度与人们对热点的关心度呈正相关关系。

第二，社会热点问题是社会成员的疑虑点。群众十分关心社会热点问题，但对它的情况又不十分清楚，有许多疑问希望得到解答，需要从理论上、政策上、方法上释疑解惑。社会热点一般与重大的社会事件有关，往往是社会改革中遇到的难点、关节点，理论又有一定程度的滞后期，原有的理论不能解释新产生的问题，社会热点问题恰恰是理论的空白点或难点，

[①] 韩运荣、喻国明：《舆论学：原理、方法与运用（第2版）》，中国传媒大学出版社2013年版，第98页。

[②] 尹保华：《社会学概论》，知识产权出版社2018年版，第343页。

[③] 东波、方伟明：《当代社会问题研究》，哈尔滨工程大学出版社2016年版，第13页。

一时没有现成的或成熟的理论予以解答，所以经常是议论纷纷，却又无法得到正确的答案。这种能够感觉到又无法从理性上得到解决的热点问题经常牵动着众多人的心。

第三，社会热点问题具有社会评价的多义性。不同的社会阶层、利益集团和职业群体会从不同的角度对同一事物做出不同的判断，并持有不同的议论、不同的心态和不同的看法，常常会褒贬不一，出现观点相异甚至相反的情况。不仅热点问题本身，社会对热点问题的不同评价，也极容易吸引公众关注。

总的来说，对舆论客体（问题）的控制，转移热点是权宜之策，解决问题才是最根本、最有效的方法。

二、基于大众传播的舆论调控方法

从宏观的政府管理角度观察，舆论调控主要有媒体控制、方针引导和内容督察三种方法。[1]鉴于大众传媒在当前社会与政治发展中的显著功能，学者们认为：进行舆论调控，关键在于调控大众传媒，以促使其积极、充分地发挥功能，进而影响乃至建构公众的认知和态度。[2]

（一）政府和社会调控媒体

大众传播在舆论调控中发挥着重要作用。观察分析近些年来诸多公共事件和公共议题可以发现：若无大众传媒以一定的框架报道和持续密集的评论介入，某一偶发"事件"难以成为地区性乃至全国性的公共"事件"；若无大众传媒的关注、呈现、传播及加温，某一"话题"将难以成为地区性乃至全国性的公共"议题"。[3]因而，对媒体的调控是舆论调控的根本。

政府和社会力量可构成对媒体的调控，主要包括对媒体的创办程序、经营规范和发展方向等进行控制，其中关键在于设定传播体制。

所谓传播体制，是指一国或地区的大众传播事业的总体结构及其经营方式。它包括了：国家、政府或政党与大众传播事业的关系；国家政权机构与大众传播媒介的关系；大众传播媒介的所有制；政府或政党控制、管理大众传播活动的途径和手段。通常认为世界范围内大致存在三种传播体制：其一，以美国为代表的以私有制为主体的完全商业化的运作模式。政府主要通过法律法规调控，而非采取行政手段。其二，以欧洲、日本为代表的公私并举的双轨制的运作模式。其三，以中国为代表的完全国有的有限商业运作模式。从媒体所具有的政治和经济双重属性出发，当前中国媒体是在坚持党性原则的前提之下实行商业运作。

基于现行传播体制，当前中国对媒体的调控通常以党的决定、决议、指示、文件以及行政法规、部门规章等来实现。2015年12月25日，习近平视察《解放军报》社时指出："要坚持党管媒体原则，严格落实政治家办报要求，确保新闻宣传工作的领导权始终掌握在对党忠诚可靠的人手中。"

除设定传播体制之外，对媒体的调控还可以从经济和人事方面展开。譬如：2002年1月，

---

[1] 廖永亮：《舆论调控学：引导舆论与舆论引导的艺术》，新华出版社2003年版，第219-282页。
[2] 宋晖、吴麟等：《舆论学实务教程》，中国传媒大学出版社2015年版，第92页。
[3] 吴麟：《公众参与的"媒体驱动型"特征》，《学术界》，2010（02）。

有关部门的负责人强调:"中国的新闻媒体由国家经营,不吸收外资和私人资本。根据发展需要,报业集团、出版集团、广电集团的新闻宣传部门经批准,可在新闻出版广播影视部门融资,其经营部门经批准可以有限责任公司或股份有限公司的形式,由集团控股,吸收国有大型企事业单位的资金,投资方不参与宣传业务和经营管理。"①这一"只吸收国有资本,不吸收非国有资本"的融资政策从经济上对新闻媒体进行了根本调控。

通过法治对媒体进行调控是政治文明建设的大趋势。其一,应当尽力保障新闻自由,这对舆论系统的运作和功能实现至关重要。具体言之,"信息自由使舆论系统保持信息结构性均衡与信息流动双向畅通";"新闻自由使舆论系统各控制环节保持相对稳定性与开放理性";"言论自由是提升公众意见质量的必要条件"。其二,应当加强新闻法制建设。为了保证舆论系统能在可控的范围内健康运行,新闻法制体系有必要对一些具体问题加以限定,以避免舆论阶段性发展中可能存在的风险造成实际损失。

需要强调的是,社会力量也构成了对媒体的调控。这包括了两个方面:一是各种社会组织对媒体的要求;二是既有社会规范对媒体的要求。前者主要包括新闻评议会、各种媒体行业协会和一些富有影响力的民间组织。后者主要是指社会公序良俗即公共秩序与善良风俗,会对媒体形成一种弹性制约。通过社会力量的督促和规范,有利于促使媒体自我监督、约束、提升与完善,从而达到管理和调控的基本目标。

(二)媒体影响或建构舆论②

陈力丹强调道:"没有现代大众传播媒介,就谈不上现代舆论及其不息的流动。"因为大众传媒"迫使人们超越自身狭隘的经验,学会更多地凭借大众媒介提供的间接信息和话题去认识世界,勾勒、修改头脑里的关于现实世界的图像"。③的确如此,较大范围内舆论的产生和消失,往往是大众传媒信息传播和引导公众的结果。

大众传媒一般通过议程设置来影响或建构舆论。大众传媒的议程设置功能有三个层次:第一,媒体报道或不报道哪些议题,会影响公众对这些议题的"感知"。第二,媒体是否突出强调某些议题,会影响公众对这些议题的"重视"。第三,媒体如何对强调的"议题"进行排序,会影响公众对这些议题重要性的"判断"。这是一个影响和效果依次累积的过程。公众议题在本质上会受到传媒议题的影响。不同性质媒体的议程设置具有不同特点。研究发现,报纸的议程设置对较长期议题的"重要性顺序排列"影响较大,而电视的"热点化效果"比较突出;报纸的新闻报道形成"议程"的基本框架,而电视新闻报道则挑选出"议程"中若干最主要的议题加以突出强调;电视的主要影响是提供"谈话议题",而报纸则可以进一步对"个人议题"产生较深刻的影响。④此外,议程设置不仅存在于媒体与公众之间,而且也存在于不同媒介之间。精英媒体或全国性的媒体扮演着"意见领袖媒体"的角色,它们的报道或观点经常被其他媒体所引用,从而可以影响整个媒介体系,引导不同媒体的报道方式和内容,形

---

① 《中宣部、广电总局、新闻出版总署负责人谈进一步深化新闻出版广播影视业改革》,《中华新闻报》2002年1月17日。
② 本部分内容参见宋晖、吴麟等:《舆论学实务教程》,中国传媒大学出版社2015年版,第94-97页。
③ 陈力丹:《舆论学——舆论导向研究》,中国广播电视出版社1999年版,第59页。
④ 郭庆光:《舆论学教程》,中国人民大学出版社1999年版,第216-217页。

成一种"媒体共鸣"的景观。

虽然议程设置的主观性有限，公众对议题的经验程度、对媒介信息的接触量以及公众原有信念、态度、兴趣、水平等因素，都会对其功能发挥形成制约，但在较广阔的范围之内，媒体根据目标需要以及自身特征，充分、积极、睿智地进行议程的设置，在影响或建构舆论方面往往效果显著。

需要强调的是，由于现实中存在"沉默的螺旋"现象，对于媒体影响或建构舆论的效果要保持清醒和审慎。因为很可能会出现公众"公开的意见"与"自己的意见"不一致的情形。如果出现此种状况，即使表面上舆论显得相当一致和平稳，但是公众情绪和社会意识往往暗流汹涌和危机潜伏。因而，利用媒体对舆论进行调控时首先必须尊重公众，深刻理解已有舆论；然后媒体在进行议程设置时应当注意主观性和客观性的统一，努力使"公开意见"真正内化为公众"自己的意见"。唯此，才能实现社会的长远稳定，切实达成舆论调控目的。

第三节 舆论调控的原则

原则是观察、分析、解决问题的法则和准绳。舆论调控的目的决定了舆论调控的原则。从根本上来看，舆论调控的目的就是为了使舆论发展成调控者所希望的舆论，它在舆论形成的动态过程中对公众意见的导向和控制。为达到这一目的，本书认为，舆论调控应遵循信息原则、柔性原则和系统性原则。

一、信息原则

"信息原则"是指主要运用信息手段对舆论进行调控，这意味着：不仅要提供全方位的信息，通过扩充信息总量使公众尽可能了解舆论客体，而且应当优化信息结构，即采取富有创意的方式，将信息予以有机整合后，通过调整信息的供给结构来突出关注重点、提供解读思路，从而影响公众的感受和认知。[①]

运用信息手段对舆论进行调控，是杜俊伟博士基于系统论的视角对舆论进行研究后得出的一个观点。他认为：舆论可以且必须被看作一个动态系统，舆论的发生、发展过程就是一个公众对信息进行持续化加工和处理的过程，因此，舆论控制（引导）也必须以基于信息的方式进行。为此，他还具体阐释了如下两方面的理由：[②]

其一，从舆论系统各要素的协同作用来看，舆论的产生和发展是这样的一个过程：外部环境变动产生信息，关于舆论客体的信息呈现作用于舆论主体的认识，认识决定着舆论主体的意见和态度，舆论主体的意见和态度的汇集外在地表现为社会舆论。如果倒过来看的话，那么舆论走势发生改变的关键，是舆论主体的认识发生改变；舆论主体认识发生改变的关键，

[①] 宋晖、吴麟等：《舆论学实务教程》，中国传媒大学出版社2015年版，第89页。
[②] 杜俊伟：《论舆论的自组自稳——基于系统论视角的舆论研究》，华中科技大学博士论文，2009年。具体论述可参见该论文的第二、三、八章。

是舆论客体呈现面貌的改变；舆论客体呈现面貌发生改变的关键，是信息呈现状态的改变。因此，追根溯源，舆论改变的根源是信息的呈现。所以在对舆论进行引导时，我们的出发点和着力点当然就应该是信息提供环节。

其二，由于舆论系统的运作出现阶段性偏差的根本性原因都是基于信息的，比如信息提供的阶段性匮乏，信息呈现的阶段性结构失衡，信息来源的暂时性偏狭，所以，消除和调整舆论运作的阶段性偏差的途径应该是对这种信息呈现偏差的消除和调整。换一句话说，对于舆论引导而言，如果通过消除信息呈现的偏差来实现，则是"治本"；不顾信息偏差而希望施以"策略化"的操作来实现，则是"治标"。因此，真正有效的舆论引导手段都应是基于信息的，以信息的提供、信息结构的调整和信息的全面反馈为前提。

遵循信息原则来调控舆论，最基本的要求就是在舆论的发生、发展过程中，要及时、准确、全面地提供信息。

及时提供信息产生的"首因效应"，有利于掌握舆论调控的主动权。心理学研究表明，人们对事物的"第一印象"在认知中占据着绝对主导地位，"先入为主"是人类认识事物过程中普遍存在的心理现象。如果不能在第一时间有效影响民众认识，那么就要付出数倍，甚至数十倍的努力才能改变人们的认识。因此，舆论调控必须强调先声夺人，率先发布信息，率先解读宣传，积极回应社会和人民群众的关切，搞好政策宣传和解读，让正面信息首先在受众中生根发酵，及时就有关问题说明情况，借助先发的"势能"，用较少的力量获得较大效果。

准确、全面提供信息产生的"负熵效应"，有利于消除不确定性。从信息传播角度来看，舆论引导是通过消除信息呈现的偏差来实现的。由于舆论过程是一个信息处理过程，舆论的改变过程也就是公众依据信息变化调整自身认知的过程，因此，尽可能准确、全面提供信息，帮助公众消除认知误区，才是舆论引导应该采取的根本手段。消除信息呈现的偏差和不确定性，申农（C. E. Shannon）提出了"信息熵"的概念，他认为信息熵通常用来衡量一个系统中随机变量的不确定性，系统的信息熵越大，则说明该系统所包含的信息越混乱。而在舆论调控这个系统中，如果我们及时地、全面地、准确地、不断地提供信息，其信息熵值就会越来越小，甚至出现"负熵"，产生"负熵效应"。"负熵效应"能使公众认知的"不确定性"变得越来越小，达成共识的可能性越来越大，而舆论系统的运行则更有序，舆论的调控更有效。

二、柔性原则

舆论调控可分为硬性与柔性两类。舆论的硬性调控是指运用法律形式、行政手段、经济措施、暴力行为等方式来调控社会舆论，强制性、惩罚性是其基本特征。舆论的柔性调控则是指从改变舆论主体的态度和观念着手，通过运用鼓动、诱导、批评等方式来调控社会舆论，攻心为主、征服人心是其基本特征。舆论调控应以硬性调控为辅，软性调控为主。[1]据此，宋晖、吴麟等人认为，柔性原则是舆论调控的基本原则。[2]本书认同这一观点。

柔性原则是以舆论的"自在"属性为逻辑起点来看待舆论调控。通常认为，舆论作为一

---

[1] 秦志希、饶德江：《舆论学教程》，武汉大学出版社1994年版，第232-236页。
[2] 宋晖、吴麟等：《舆论学实务教程》，中国传媒大学出版社2015年版，第90-92页。

种"自在"形态的共同意见，经由公众的自由讨论和理性批判而自发形成。[①]任何一种社会共同意见如果在公众的自由讨论和批判之前就被某个结论所预设或被某种强力所硬性指定，那么，这种所谓的共同意见基本上可以被排除在舆论这一概念的范畴之外。在这个意义上，舆论的首要属性就是摆脱任何外来权威的干预而追求彻底的自生自发秩序。因此，从舆论形成的"自在"形态来看，"柔性原则"是指主要采取劝导说服的方法对舆论进行调控。[②]也就是说，舆论调控不仅应当慎用具有强制性、惩罚性的外部力量，而且应研究并重视舆论主体的特征和需求，根据具体情境相应地采取适当的方式，通过转换公众的认知和立场，从而影响他们的态度和行为。劝导说服过程需要交互作用才能奏效，应努力激发公众参与传播的意识，努力以交流的形式实现调控目标。

三、系统性原则

按照系统论的观点，系统是由一些相互联系、相互制约的若干要素结合而成的、具有特定功能的一个有机整体。它具有整体性、关联性、等级结构性、动态平衡性、时序性等基本特征。系统论创始人贝塔朗菲强调，任何系统都是一个有机的整体，它不是各个部分的机械组合或简单相加，系统的整体功能是各要素在孤立状态下所没有的新质。只有当各个部分充分发挥作用时，事物才能发挥作为整体的最佳效能。就舆论的调控而言，按控制论的观点，成功的调控应该建立在一系列行之有效的运行机制之上，这些机制不但各自自成体系，而且环环相扣，形成一个完整的系统，全面发生作用。也就是说，对舆论的调控，其组织和实施也是一个系统的动态发展过程，它要体现出上下协同一体，结构整体优化，层次简明有效，适时自我调整的要求，以最大限度地发挥舆论调控的效应。

舆论调控作为一个系统，它既是社会调控体系的有机组成部分，也是相对独立的调控体系。因此，不但内部各子系统之间和要素之间存在着相互作用、相互制约的关系，系统与外部各种环境因素之间也存在相互作用和相互制约的关系。在系统舆论观之下，舆论的调控其实是一个对信息的持续化处理和加工过程，而从舆论系统各要素的协同作用来看，舆论的真正改变取决于舆论产生的相关要素与条件的改变，因而对舆论的调控也须从这些要素和条件开始。如新闻传播在对舆论进行调控时，就要妥善协调新闻传播的舆论调控系统内部各层次、各环节间的相互关系。新闻传播的舆论调控具有不同的层次：从时机上分，有平时也有非常时节；从领域来看，涉及政治、经济、军事、外交、思想文化和宗教艺术等各个方面；从方法、策略上看，有动员、示范、预警、预后、缓释等各种手段；从对象上看，则涉及社会中各个层次、各个阶层的人员。新闻传播对舆论的调控过程中，只有将这些层次、环节之间的功能协调好了，才能避免层次重叠、相互制掣，也才能减少系统信息能量的耗损，以发挥调控的最大效应。[③]

就舆论本身的调控系统而言，它反映的是调控者、被调控者与作用对象在一定环境下相互联系、相互作用的综合体。调控者的职能具体表现为决策、指挥、组织和负责。被调控者

[①] 纪忠慧：《美国舆论管理研究》，新华出版社2016年版，第4页。
[②] 宋晖、吴麟等：《舆论学实务教程》，中国传媒大学出版社2015年版，第91页。
[③] 王援：《新闻学概论》，电子科技大学出版社2017年版，第121页。

是调控系统运行力量的要素。作用对象是调控者、被调控者共同认识和改造的对象，包括人、物、信息。对作用对象的认识和改造水平是评价调控系统功能的标准。[①]一般来说，舆论的调控系统是按一定关系组合而成的一个完整的整体，具有整体性；同时，调控系统在改造对象的过程中改造自己，使组织不断优化，具有自我创造性；并且，调控系统通过与外界的联系，以保持自己的动态平衡，具有开放性。

舆论调控体系是实现舆论调控目的的执行系统，也是保障系统。舆论调控可以把握舆论生成变化的自身规律，利用规律，服务社会。舆论的动态可以把握，趋势可以预测。舆论调控体系的建立是社会舆论自身健康发展的内在要求，是正确引导舆论必不可少的依托。舆论调控的事实证明，可以在对舆论客观实际做出科学分析、预测的基础上进行舆论的宏观调控，取得舆论引导的主动权。从我国现实情况看，新闻传播的舆论调控在概念上尚未进入社会调控体系之中，相关研究尚处于民间或半官方状态，其实施尚未形成统一的组织协调系统，面对突发性事件的新闻舆论调控尚缺乏思想、组织、方法和策略上的足够准备等。为此，应该积极适应新形势的要求，尽快将新闻传播的舆论调控纳入社会调控体系之中，积极谋划新闻传播的舆论调控策略，加强新闻传播的舆论调控的理论研究和力量建设，努力创造和发展新闻传播的舆论调控手段和方法，不断提高和优化新闻传播的舆论调控效果。[②]

【思考题】

1. 舆论调控要达到什么目的？
2. 舆论调控的基本原则是什么？
3. 政府和社会应该如何对媒体进行调控？
4. 媒体该如何通过议程设置来影响或建构舆论？
5. 举例说明在社会转型期舆论调控的策略和方法。

---

① 聂武：《广播电视广告播放管理办法实施手册（第3卷）》，国家行政学院音像出版社2003年版，第126页。

② 王援：《新闻学概论》，电子科技大学出版社2017年版，第120页。

第六章

新闻舆论引导

第一节 新闻舆论的内涵及特点

一、新闻舆论的内涵

很多学者都对"舆论"概念的内涵做了严谨而周密的论述，但对"新闻舆论"概念的界定却很少，其原因在于"新闻舆论"是一个偏正词组，"舆论"是中心词，"新闻"只不过起一个修饰限制作用而已，大家理解了"舆论"也就理解了"新闻舆论"，因此疏于或觉得没必要明确界定这一概念。其实不然，笔者梳理了部分学者关于"新闻舆论"的定义，发现被大家认为极易理解的"新闻舆论"，其实存在着纷纭的内涵甚至歧义。究其根源，主要是学者们对"新闻舆论"中的"新闻"有着各自不同的理解造成的。

如程世寿等学者认为"新闻舆论"中的"新闻"指的是"新闻传播活动"，于是他在《现代新闻传播学》中将"新闻舆论"定义为"新闻舆论是通过新闻传播活动而表现出来的舆论"[1]。丁柏铨教授则认为"新闻舆论"中的"新闻"是指"新闻传媒的力量"，因此他在《中国当代理论新闻学》将"新闻舆论"定义为"新闻舆论是借助于新闻传媒的力量而形成的舆论"[2]。高等教育出版社与人民出版社联合出版的权威教材《新闻学概论》又认为"新闻舆论"中的"新闻"是指"新闻手段"，并把"新闻舆论"定义为"新闻舆论是通过新闻手段反映公众意见而形成的舆论"[3]。刘九洲教授也有类似看法，他认为是指"新闻传播方式"，因此他在《新闻理论基础》一书中把"新闻舆论"定义为"舆论主体借助于新闻传播媒介和方式对舆论对象所表明的共同意见"[4]。

当然，较多的学者认为"新闻舆论"中的"新闻"是指"新闻媒体（媒介）"。如王雄在《新闻舆论研究》一书中认为新闻舆论是指"通过或经由媒体表达的社会意见"[5]；方延明在《新闻实务方法论》一书中认为"新闻舆论就是通过新闻媒介所引发或发生的公共舆论"[6]；雷跃捷在《新闻舆论特征浅析》一文中认为"新闻舆论就是社会公众通过新闻传播媒介对最

---

[1] 程世寿、刘洁：《现代新闻传播学》，华中理工大学出版社 2000 年版，第 208 页。
[2] 丁柏铨：《中国当代理论新闻学》，复旦大学出版社 2002 年版，第 211 页。
[3] 本书编写组：《新闻学概论》，高等教育出版社、人民出版社 2010 年版，第 135 页。
[4] 刘九洲：《新闻理论基础》，武汉大学出版社 2006 年版，第 143 页。
[5] 王雄：《新闻舆论研究》，新华出版社 2002 年版，第 14 页。
[6] 方延明：《新闻实务方法论》，南方日报出版社 2005 年版，第 49 页

新事态的意见表达"①等。虽然三位学者都认为"新闻舆论"中的"新闻"是指"新闻媒体（媒介）"，但他们又认为"新闻媒介"在新闻舆论中的作用是不一样的，方延明认为它是"引发或发生"公共舆论的，王雄和雷跃捷认为它是"表达"意见的。而王雄和雷跃捷在表达什么意见上又有分歧，王雄认为新闻媒体表达的是"社会意见"，而雷跃捷认为新闻媒体是"对最新事态的意见"的表达。

综上看来，各位学者在界定"新闻舆论"时，意见分歧还是比较大的，尚未达成一致意见。之所以产生分歧，原因在于对新闻舆论的构成要素及其内涵尚未厘清。要给新闻舆论下一个比较准确的定义，必须要先弄清新闻舆论产生的"主体是谁""客体是什么""本体是什么样的意见""载体及生存环境是什么"等问题。我们认为，新闻舆论是指新闻媒介组织通过新闻传播媒介对最新事态的意见反映和表达。下面我们就从新闻舆论的构成要素上来分析这一定义的丰富内涵。

二、新闻舆论的构成要素

一般认为，舆论的构成有三大要素：舆论的主体——公众；舆论的存在形式（本体）——意见；舆论的客体——问题。我们在本书第一节中谈到舆论的构成要素时认为，舆论必须具备四大要素，舆论才会产生和存在，它们是：舆论的主体——公众；舆论的客体——公共问题；舆论的本体——意见；意见的数量——一致性。至于新闻舆论的构成要素，也有学者论及，比较有代表性的是雷跃捷的观点，他认为"社会公众—最新事态—意见表达"②是新闻舆论构成的三个要素。笔者认为新闻舆论的构成应具备四大要素：主体——新闻媒介组织，客体——新闻事态，本体——媒介意见，载体——新闻传播媒介。

1. 新闻舆论的主体——新闻媒介组织

从上面一些学者对新闻舆论的界定来看，有的（如雷跃捷）认为新闻舆论的主体是"社会公众"；有的（如刘九洲）则直呼"舆论主体"，具体指什么很难知晓；而绝大多数是将"主体"省略掉、模糊掉，终不知道其所指。虽然从他们对新闻舆论的定义上，我们很难判断"主体"指的谁，但联系学者们相关著述中的上下文语意，我们能看出，他们大都认为新闻舆论的主体和社会舆论的主体一样都指的是"公众"。法国社会学家加布里埃尔·塔尔德认为，公众是"纯精神的集体，由身体分离且分散的个体组成"③。也就是说，作为舆论主体的公众，是对具体的社会现象和问题有相同或相似意见的一群人（构成"纯精神的集体"），但这群人在社会中是分散的并且以个体而非组织的形式存在。而我们知道，新闻传播媒介是以"媒介组织"的名义来反映或表达意见的，这个组织它不仅是"纯精神的集体"，而且是实实在在的集体，并且，组织中的成员既不是分散的，也不代表个体发表意见。所以，"新闻舆论"与"社

---

① 雷跃捷：《雷跃捷自选集：新闻理论·媒介批评·传媒教育》，北京广播学院出版社2004年版，第58页。
② 雷跃捷：《雷跃捷自选集：新闻理论·媒介批评·传媒教育》，北京广播学院出版社2004年版，第58页。
③ 加布里埃尔·塔尔德著，何道宽译：《传播与社会影响》，中国人民大学出版社2005年版，第37页。

会舆论（舆论）"在形成共同意见的主体上有很大区别。我们认为，新闻舆论产生的主体是新闻媒介组织，而不是公众，但它与公众又有着极为密切的关系。理由如下：

第一，新闻媒介的传播活动是组织行为，而不是个体行为。

我们知道，新闻媒介是大众传播媒介的重要组成部分，新闻传播属于大众传播。而"大众传播中的传播者是从事信息产业生产和传播的专业化媒介组织"①，所谓媒介组织，"是指专门从事大众传播活动以满足社会需要的社会单位或机构"②。这表明新闻传播是有组织的传播活动，是在特定的组织目标和方针指导下的传播活动，而不是简单的个人行为。也就说，新闻从业人员虽然是社会大众中的一员，但是，他一旦从事职业的新闻传播，便具有一定的代表性，即"代表一定的传播部门、传播组织、政党和阶级进行新闻传播活动"③。比如《人民日报》社论、"特约评论员"的时评，它代表的是《人民日报》社这个媒介组织的立场和观点，而不能看成是作者个人观点。并且，我们常说的"新闻事业"也明确界定了新闻传播活动的主体，由高等教育出版社和人民出版社联合出版的权威教材《新闻学概论》中指出："新闻事业是一切新闻机构及其全部业务活动的总称。现代新闻事业包括报社、广播电台、电视台、新闻通讯社、新闻图片社、新闻杂志社、新闻纪录电影制片厂、互联网新闻网站等新闻机构及其业务活动。"④由此可明白无误地看出，新闻传播的主体是新闻机构（组织）。当然，对于大众传播的主体究竟是谁，也有不同的看法，郭庆光分析认为，"将大众传播看作是职业工作者（记者、编辑）的信息活动过于狭窄，也不能反映大众传播的本质，而把它看作是社会集团的活动又过于宽泛，相比较而言将大众传播的主体表述为'媒介组织'更为确切"⑤。

第二，新闻媒介组织是部分公众或社会集团甚至阶级的代表。

作为新闻舆论主体的新闻媒介组织与作为（社会）舆论主体的公众，它们之间存在着千丝万缕的联系，这种紧密联系源自新闻事业的基本属性：社会性和阶级性。我们知道，任何新闻媒介如果不能满足受众的需求，那它就没有存在的必要，因此，它总是将传播新闻信息作为主要活动内容，以满足人们获得新闻信息的社会需要作为主要活动形式，力图向社会上尽可能多的人传播涉及社会生活各方面的新闻信息，并希望自己所传播的新闻信息能被尽可能多的人接受，能产生尽可能大的社会影响，"这种以传播新闻信息为主要手段，满足人们新闻需要的基本特征决定了它的社会性"⑥。新闻事业的社会性决定了新闻媒介组织必须反映公众的意见，甚至代表公众表达它们希望表达的意见。因此，有的学者误认为新闻舆论的主体就是"公众"，而笔者认为真正的主体应是新闻媒介组织，是它们代表了受众。另一方面，在阶级社会里，新闻媒介总是被一定的阶级、政党或社会集团掌握和控制，并"运用它们在报道新闻、发表评论的同时，不间断地传播自己的思想，表达自己的政治主张"⑦，从而使新闻事业具有强烈阶级性。新闻事业的阶级性决定了新闻媒介组织必须反映或代表阶级、政党、社会集团发表倾向性意见。因此，笔者认为作为新闻舆论主体的新闻媒介组织是阶级、政党

---

① 郭庆光：《传播学教程》，中国人民大学出版社1999年版，第111页。
② 邵培仁：《传播学》，高等教育出版社2000年版，第117页。
③ 邵培仁：《传播学》，高等教育出版社2000年版，第106页。
④ 本书编写组：《新闻学概论》，高等教育出版社、人民出版社2010年版，第66页。
⑤ 郭庆光：《传播学教程》，中国人民大学出版社1999年版，第111页。
⑥ 本书编写组：《新闻学概论》，高等教育出版社、人民出版社2010年版，第73页。
⑦ 何梓华：《新闻理论教程》，高等教育出版社，1999年版第75页。

或社会集团的代言人,而阶级、政党或社会集团实质是个典型的"纯精神的集体",因此它们也是典型的公众。所以笔者认为,新闻媒介组织就是"公众"的代表,只是这个"公众"可表现为受众、阶级、政党或社会集团。

2. 新闻舆论的客体——新闻事态

如果没有关注、议论的对象,就不可能诱发新闻舆论的产生,新闻舆论也就成了"无本之木,无源之水"那样虚无缥缈的东西。因此,新闻舆论的客体是形成新闻舆论不可或缺的基本要素。那么,新闻舆论缘何而发?新闻舆论的客体究竟是什么呢?对此,有两种较为普遍的理解:一是在定义中把客体模糊掉,变相地等同于"舆论"的客体——公共问题;二是把新闻舆论的客体界定为"最新事态"①。这是雷跃捷最早提出来的,也得到了较为普遍的认同。但我们必须看到,公共问题在时效上可以不是"最新的",且被公众关注的公共问题,也不一定被新闻媒体关注;"最新事态"虽具时效性,但不是所有的最新事态都能诱发新闻舆论。因此,笔者认为是"新闻事态"诱发了新闻舆论,它是新闻舆论的客体。我们所说的"新闻事态"具有两方面的特点:

第一,它是最新的,是处在"现在进行时"状态的事实。新闻媒介的功能决定了新闻舆论客体的时效性,必须是对最新事实的报道,而且是对正在发生的事实进行报道,因此,我们用"新闻事态"而不用"新闻事实"来表达新闻舆论的客体,就是为了凸显其"现在进行时"的状态,而现实中"舆论确实大都是对正在发生的事件的评价"②。

第二,它是具有新闻价值的,并以新闻报道的形式传播的媒介事实。事实上,社会生活中不是所有"公共问题"和"最新事态"都能诱发新闻舆论,或者成为新闻舆论的反映对象。因此,必须从纷纭复杂的最新事态中选择最具新闻价值的事实,并以新闻报道的方式通过新闻媒介予以传播,从而形成媒介事实。

所以,关于新闻舆论的客体——新闻事态,我们可以这样界定:新闻事态是正在发生的、具有新闻价值的,并被大众新闻媒体报道出来的事实。新闻事态所具备的两个显著特点,能将新闻舆论的客体与舆论的客体"公共问题"有效地区别开来。

3. 新闻舆论的本体——媒介意见

舆论的本体指的是"公众意见",而新闻舆论的本体与舆论的本体的不同之处在于,它是新闻媒介组织通过新闻媒介反映和表达的意见,因此,笔者称它为"媒介意见"。作为新闻舆论本体的"媒介意见",它具有两个显著特点:

第一,它是集体意见的个人表达。在新闻媒体上我们见到的"新闻报道""评论员文章""编者的话"或是来信、讨论、对话等,仿佛都是以个人的名义在对事态表达意见,发表言论。其实不然,在大众传媒语境下,个人都是在代表集体说话,这个"集体"就是新闻媒介组织,它是最具权威的意见"把关人","让谁说,说什么,怎么说"都由它决定,因此,媒介意见是借个人来表达的集体意见。第二,它借新闻媒介来公开表达、广泛传播意见。新闻媒介组织反映或表达意见都是通过新闻媒介,新闻媒介是新闻舆论的载体。因此,新闻舆论的传播

---

① 雷跃捷:《雷跃捷自选集:新闻理论·媒介批评·传媒教育》,北京广播学院出版社2004年版,第59页。
② 秦志希、饶德江:《舆论学教程》,武汉大学出版社1994年版,第26页。

具有大众传播的特点。

作为新闻舆论本体的"媒介意见",其表现方式多样,主要有以下几种:

第一,通过报道新闻事实表达意见。传播新闻信息是新闻媒介的主要活动内容,而新闻舆论则通过依附或潜藏于新闻事实报道之中来表达。这是因为,任何一则新闻信息,它都会经过一个去粗取精,去伪存真,分析综合的"选择"过程,这是一个由感性到理性的加工过程。而新闻工作者对报道事实的理性认识,都会受到自己的立场、观点、方法的支配和影响,因此,新闻事实中自然而然包含了某种意见。具体来讲,就是通过对新闻事实的或取或舍、或抢或压、或详或略,甚至报道的或真或假,以及新闻标题字号的大小、新闻位置的摆放等方法反映或表意见。

第二,针对新闻事态直接发表意见。这是新闻舆论最显性的表达。在新闻媒介中,具体表现为"社论""评论员文章""特约评论员文章""编者按""编者的话""新闻评论""记者观察"之类的文字或栏目。

第三,转述公众对新闻事态的意见。新闻媒介也是公众交换意见的平台,因此反映公众意见也是它的一项重要职能。新闻媒介主要转述的是"社情民意"以及"意见领袖"的言论,通常通过"来信""专访""讨论""对话"等方式来转述。但我们必须认识到,即便是转述的是公众意见,但也是媒介组织自己"意见"的一个表达,因为转述谁的意见是由新闻媒介组织决定的。

4. 新闻舆论的载体——新闻媒介

新闻舆论有别于舆论的一个重要因素,在于它有一个特别而影响力巨大的载体——新闻媒介,如果不是通过新闻媒体反映或表达的意见,即便持有这个"意见"的人再多,也不能称为新闻舆论,因此,新闻媒介作为新闻舆论的载体,是构成新闻舆论不可或缺的要素。我们知道,舆论必须经过公开表达的形式向社会传播,而公开表达必须经过一定的渠道,当然,这种公开传播的渠道是多种多样的,如集会游行、开会表决、街谈巷议等都可算在内,"而在现代社会中,最主要、最重要、最具影响力的公开传播是日臻发达的大众传播,它面向全社会,具备了充分的公开性、广泛性、连续性和大规模集中传播的特点"[①]。新闻媒介作为新闻舆论的载体,使新闻舆论从舆论中脱颖而出更受人们关注,也给新闻舆论带来了与生俱来的权威性和影响力。

三、新闻舆论的特征

对于新闻舆论的特征的确说法众多,学术界尚未达成共识。众所周知,新闻舆论是一种特殊的舆论(学者认为"舆论"就是指的"社会舆论"或"公众舆论"),"公众舆论和新闻舆论关系密切,可谓同根而生"[②]。因此,要了解新闻舆论的特征就必须找到它有别于社会舆论的"个性",而不是去寻求他们间的"共性"。从上文对新闻舆论的构成要素分析,我们可以看出,新闻舆论与社会舆论在以下几个方面具有自己的个性。

[①] 李良荣:《新闻学导论》,高等教育出版社1999年版,第47页。
[②] 王雄:《新闻舆论研究》,新华出版社2002年版,第17页。

一是从形成新闻舆论的主体来看，是广大公众的代表——新闻媒介组织形成了新闻舆论，因此，新闻舆论是媒介组织的意见，它是一种集体意见，而舆论是公众个体意见的汇集和整合。

二是从新闻舆论的载体和传播方式来看，新闻媒介是新闻舆论的唯一载体，而且所形成的"意见"通过大众传播的方式广泛传播，因此，新闻舆论是一种"媒介意见"，而社会舆论的载体和传播方式多样而不固定，更易形成的是"人际舆论""会议舆论"等。

三是从新闻舆论的社会影响来看，由于新闻舆论是一种更具有"自为性"的集体意见，是一种借助更具公信力、及时性、广泛性的大众传播媒介作为载体加以传播的"媒介意见"，因此，新闻舆论较社会舆论更具影响力和权威性，它是一种权威意见。

这三方面充分表现了新闻舆论的独特个性。

1. 新闻舆论是集体意见

新闻传播媒介是以"媒介组织"的名义来反映或表达意见的，也就是说，新闻舆论产生的主体是新闻媒介组织而不是个人，因此，所形成的意见是集体意见而非个人意见，只不过这个"集体意见"主要是通过个人来表达而已，从这个意义上来说，新闻舆论是集体意见的个人表达。这方面的内容上文我们已有所论述，于此不再赘述。除此以外，笔者还认为，"新闻舆论是集体意见"还基于如下两方面原因。

第一，作为社会舆论的"意见领袖"，其意见需超越个别立场和视野，形成具有广泛共识和自我立场的集体意见。我们知道，社会舆论的形成需要经历一个意见整合的过程，在这个过程中"意见领袖"具有举足轻重的地位。由于新闻媒介"是社会公众的'耳目'和'喉舌'，能够迅速传播社会中新近发生的事实，也能够在极大的范围内传播某种意见和观点，它在客观上已经具有为公众'立言'的功能"，还由于"新闻机关是党和国家及社会的集体发言人，它所发表的意见在意见整合中尤为重要"[1]，因此，新闻媒介是当然的社会"舆论领袖"。它需要依靠集体的力量来超越个体的视野和立场，消除个体意见的偏狭性和情绪性，从而达成具有共识性的"共同意见"。

第二，形成具有较高理论化、系统化的新闻舆论，需要以自觉的、理性的和目标明确的集体意见来超越自发的、随意的、盲目的个体意见。许多学者都认为，与自发性的公众舆论相比，新闻舆论是一种自为性意见，它"摆脱了公众舆论通常具有的不确定性、混乱性、盲目性、偏狭性和情绪性，而达到一种确定的、有序的、条理化的、自我负责的认识层次"[2]。这种认识层次的提升，是一个消除和改造社会舆论自在性的过程，它需要理性思考，更需要集体智慧，而"新闻媒体作为特殊的社会组织，由于拥有思想基础、知识平台和人才结构上的优势地位"，这就有利于它借助媒介组织的集体智慧和力量来"摆脱公众舆论的自发性和粗糙性，形成一种高度自觉的意见话语系统和评价系统"[3]。

2. 新闻舆论是媒介意见

我们所说的"媒介意见"，是指新闻媒介组织针对媒介事实通过新闻媒介载体以大众传播

---

[1] 王雄：《新闻舆论研究》，新华出版社2002年版，第22页。
[2] 王雄：《新闻舆论研究》，新华出版社2002年版，第20页。
[3] 王雄：《新闻舆论研究》，新华出版社2002年版，第23页。

方式表达和传播的意见。它是新闻舆论最显性的特征，与其他公共意见相比，"新闻媒介组织""媒介事实""新闻媒介""大众传播"四个要素是其显著标识，所以我们称其为"媒介意见"。除此以外，我们之所以认为新闻舆论是媒介意见，还因为产生新闻舆论的舆论场也与众不同。新华通讯社原总编辑南振中认为，在当下中国，客观存在两个舆论场[①]：一个是党报、国家电视台、国家通讯社等"主流媒体舆论场"；一个是依托于口口相传特别是互联网的"民间舆论场"，人们在微博、BBS、QQ、博客上议论时事，针砭社会，品评政府的公共管理。新闻舆论产生于"主流媒体舆论场"而不是"民间舆论场"，它表达和传播的是"主流媒体"意见。"民间舆论场"形成的是个人意见，通常具有不确定性、混乱性、盲目性、偏狭性和情绪性；而"主流媒体舆论场"形成的是组织意见，它能达到一种确定的、有序的、条理化的、自我负责的认识层次，是一种高度自觉的、理性的、趋于平衡的自为意见表达体系。

3. 新闻舆论是权威意见

意见的权威性是新闻舆论的又一特征。这一特征是基于前面"集体意见""媒介意见"两个特征而形成的。作为"集体意见"，一方面，它是集体智慧的结晶，它可以凭借集体的思想基础、知识平台和人才结构上的优势，形成更为自觉的、理性的、目标明确的且优于公众舆论的意见；另一方面，它是代表所属阶级、集团或群体的利益而发表的意见，是国家或阶级意识形态的反映，属更高层级的意见。作为"媒介意见"，由于新闻媒介一直秉持客观、公正、真实、及时、求是的原则来传播新闻事实和意见，从而使它表达和传播的意见具备了毋庸置疑的公信力。意见的公信力和优质性，铸就了新闻舆论的权威性。

新闻舆论的权威性主要表现在它的影响力和强制性两个方面。影响力源自新闻媒介具有的公信力和大众传播的方式，新闻媒介不断地向社会公众传播值得信赖的信息和意见，潜移默化地不断影响着社会公众，从而产生强大的影响力。强制性源自新闻的价值性判断，即"是舆论主体对新闻事实与自己的价值关系所做的判断，也就是舆论主体对新闻事实是否符合自己的利益、满足自己的需要所做出的或是或非、或善或恶、或美或丑的判断"[②]，也就是说，新闻舆论因道德的力量而具有了强制性。

第二节　舆论引导与新闻舆论引导

一、三种历时的引导类型

不同文化传统下的社会形态很不相同，但是每一种社会形态都会有相应的引导公众形成观念和性格特征的方式，通过这种引导作用而使得自身的文化形态代代相承。1950年美国社会学家理斯曼和他的两位助手在其著作《孤独的人群》里提出的三种历时的引导类型：传统引导型、内部引导型和他人引导型，现已成为经典之说。三种历时的引导类型对于理解当代

[①] 南振中：《把密切联系群众作为改进新闻报道的着力点》，《中国记者》，2003（3）。
[②] 刘九洲：《新闻理论基础》，武汉大学出版社2006年版，第146页。

大众传播媒介引导舆论作用的由来和发展具有启发性意义。

（一）传统引导类型

在传统社会中，人们的社会态度和价值观念是通过小范围的、狭窄的人际传播渠道获得的，社会传统的口耳相传是文化传承的主要方式。传统的引导通常是在冬日家庭的火炉旁、夏日庭院的大树下由老人们通过讲故事的形式进行的，所以理斯曼将传统引导又称为"火炉旁的媒介作用"。传统引导的社会利用讲家史、神话、传说、唱歌等形式传播其相对稳定的社会价值观。在这里，媒介就是一个个讲述的故事，它是讲述者与听众的中介，也是现代大众传播媒介的前身。故事如同现代大众传媒一样具有教化作用，塑造着人们的社会态度和生活观念。当然，所谓"火炉旁"仅仅是一种地点的借用，这种引导具有全社会特征，讲故事的人可以是酋长、族长、元老和自己的祖父祖母等，这种传播活动浸渍着每个人的一生，并代代承袭。对老人所讲述的故事的尊崇、信奉，本身就是传统社会的一种舆论。因而传统引导型下的舆论，变化是极为缓慢的。

传统类型的引导具有明显的既成性，"故事"无论是虚构的还是真实的，总是将"过去时"的、既成的东西当作学习、效法的楷模，从古老的史诗到当代的儿童教育故事，都带有这一相似的特征。另外，这种引导还具有直接影响的性质，因为它是面对面的"讲"，直接传达并带有亲情色彩。[1]当然，传统引导的局限性也是十分明显的，它不仅传播渠道单一，作用范围有限，而且传播的观念缺乏自由、宽容的现代精神，传播过程也缺乏引导者和受众的双向互动，不允许被引导者质疑、争辩和抗拒。[2]

（二）内部引导类型

当传统社会走向现代社会之时，书刊作为人们产生新观念并形成新舆论的主要媒介，听故事的方式让位于阅读书刊的日常活动。书刊是一种文字对人思想的影响，它不同于听老人讲述故事，读者需要自己思考之后才能接受，于是这种引导被称为"内部引导"。书刊的出现意义巨大，使人完全摆脱了狭隘的地域观念，并为人们态度的形成提供新的范式和强大的说服力。在这一时代，文字对人们的态度的形成起了决定作用，因为阅读报刊已成为人们获取社会信息的主要渠道，面对那些静默的文字，读者需要自己做出独立的思考和判断。

传统引导类型中接受者是被动的听众，而书籍传播中接受者是主动的。在后者的情况下，任何书刊如果接受者没有能力或不愿意读它们，就不会产生传播效果，因而双方形成一种"偶合"关系，即一方是以书刊为媒介的传播者群，另一方是潜在的读者群，这是一种"面"对"面"的传播关系。书刊对公众的引导是通过读者的选择、阅读、理解、认同而产生的心灵内部的引导方式，有助于形成具有自主倾向的内部引导性人格。当代以电子媒介为代表的大众传播，已经不同于那时的书刊，即使是文字传播形式的报纸和通俗杂志，由于带有明显的流行特征而不同于那些需要人思考的哲理、科学、文学世界名著和启蒙刊物。适当地通过大众

---

[1] 陈力丹：《舆论学——舆论导向研究》，上海交通大学出版社2012年版，第154页。
[2] 王灿发、邵全红等：《新闻舆论学基础教程》，中国广播电视出版社2018年版，第159页。

媒介引导公众体验读书的内部引导形式，是当前舆论引导中需要提倡的一种提高舆论质量的方式。

（三）他人引导类型

随着大众传播媒介的普及，公众与外界及其与自身的关系都要以大众传播为媒介。公众不仅借助传媒来获取关于外界的知识，而且在很大的程度上完全依赖传媒来形成关于世界的看法。换言之，原先存在于读者心中的内部引导方式逐渐被掏空，作为受众的公众越来越被媒体所左右。[1]人的观念和行为变化的主要依据不再是自己的长辈而是外界的"他人"，由于能够直接接触的"他人"毕竟很有限，因而大众媒介相当程度上成为人们需要得到的广义"他人"，于是一种新的更为广泛的引导方式——他人引导类型便形成了。即，公众被媒体所代表和联系的"他人"所左右——这种社会引导方式被理斯曼称为"他人引导"。

人们在摆脱了传统的、地域型的精神领袖对自身思想观念的控制后，更加倾向于从他人那儿获得确立和验证自身思想观念的参照系，因为个人的工作、社会地位、机遇和发展前景等所有的物质和精神利益都取决于和他人的关系。而媒体能够代表和联系无数的他人，由此，个人就通过媒体来建立个人和他人的想象性关系，借以获得更广泛的社会认同，现代传媒的引导作用因此而凸显出来。[2]

理斯曼所提出的三种社会引导方式是符合社会发展和演化的实际的，具有跨文化的普遍意义。陈力丹归纳了这三种不同引导方式的基本特点：传统引导型的传播特征是"点"对"点"；内部引导型是"面"对"面"；而他人引导型是"点"对"面"。传播媒介是自觉的、主动的，而公众则是不具体、不确定的；高技术媒介造成的传播直感性，使得公众不由自主地变成了被动的信息输入者，选择自由和主动接受是很有限的。[3]

从历时性的发展阶梯与新闻媒体的引导力而言，以新闻舆论为核心的他人引导方式是社会引导的最高形式。因此，新闻舆论引导是社会引导的最强大力量，担负着重要的社会职责。

二、舆论引导的内涵与意义

（一）舆论引导的内涵

舆论是在人们对公共事务的不断讨论争辩、观点碰撞、意见整合中形成和发展的。因此，肯定会有个人或组织力图对舆论的形成和发展施加影响、进行干预。这就是人们常说的舆论引导。"舆论引导"是具有一定中国特色的表述，在当代中国的政治语境中有两层含义：一是可将这一概念当偏正词组理解，意思是对舆论进行正确的引导；二是将它作为主谓词组，意思是用正确的舆论去引导人。据此，喻国明将其定义为：舆论引导实质上是传播控制者通过对有关信息的组织、选择、解释、加工和制作来影响公众舆论的耗散状态，进而促使其向着

---

[1] 王灿发、邵全红等：《新闻舆论学基础教程》，中国广播电视出版社2018年版，第159页。
[2] 王灿发、邵全红等：《新闻舆论学基础教程》，中国广播电视出版社2018年版，第159页。
[3] 陈力丹：《舆论学——舆论导向研究》，上海交通大学出版社2012年版，第190页。

自己希望的方向发展变化的一种社会过程。①

这一定义表明，舆论引导有双重性质，舆论既可以作为舆论引导的主体，也可以作为舆论引导的客体。一是对舆论进行引导，舆论是舆论监控者调控的对象，舆论需要在监管者的认同和许可的范围内传播，此时，舆论是受控者；二是舆论引导作为一种手段，对舆论接受者加以影响，引导人们的观念和意向，从而使社会成员参照共同舆论形成一致的观点认同和行为准则，此时舆论是控制者。

（二）舆论引导的必要性

舆论引导从本质上说是一种社会控制行为，它的主要功能是通过对社会群体意识和个体心理的调节，达到社会意识形态整体的动态平衡。由于舆论引导包含着对舆论进程进行某种"控制"的含义，所以有人就会认为它和现代民主的基本准则相冲突，甚至把它和文化专制联系起来。其实这是对舆论引导的一个极大的误解，舆论引导具有必要性。这是因为：②

第一，舆论本身是在引导中形成的，没有引导就没有舆论。在前面本书已阐释了舆论的形成需经历公共问题引发众论、个人意见的扩张、公众意见的整合、舆论的形成四个阶段。其中的关键阶段——公众意见的整合，主要通过公众间的意见讨论和舆论领袖的意见引导而完成。公众间的讨论，其实质是一个主体修正他人，同时又被他人所修正的过程，其结果既使他人与自己相适应，也使自己与他人相适应，在求同存异中达成一致性意见。这个过程中的意见"修正"，其实就是一个彼此意见"引导"的过程。尤其是意见领袖，把社会局部意见聚合为多数人的整体意见，靠的就是意见引导。而充当"意见领袖"的有时是个人，有时是政党或别的组织，很多的时候是被称作"舆论机关"的媒体。舆论本身不可能在不"导"中形成，问题只是谁"导"了舆论。

第二，需要通过舆论引导克服舆论中的非理性因素。舆论常常具有感性化、情绪化的特点和盲从等社会心理机制。古斯塔夫·勒庞在《乌合之众》一书中对个人在群体中的盲从心理有非常深刻的剖析：个人一旦进入群体中，他的个性便湮没了，群体的思想占据统治地位，而群体的行为表现为无异议、情绪化和低智商。这种现象，在舆论的发生和发展过程当中确实是可能存在的。所以，德国古典哲学大师黑格尔说："在公共舆论中真理和无穷错误直接混杂在一起。"③舆论引导就是要通过理性的声音尽可能减少"公共舆论"中的这种"无穷错误"。

第三，舆论是各种政治力量意识形态较量的一个制高点，各种政治力量不可避免要通过引导舆论实现其政治利益或政治理想。如果说舆论引导必然包含某种意义上的"舆论控制"的话，那么这种"舆论控制"只要不越出其法律和政治伦理的合理边界，就是正当而且必要的。世界上的任何政治力量，不管它是否承认，都会通过形形色色的手段进行这样的"舆论控制"。在任何一个社会，对社会舆论进行引导都是必要的，是对社会进行良性治理的前提之一。我们为了人民的利益，也绝不可能放弃对舆论的引导。

---

① 喻国明：《目标设定的兼容与资源配置的优化：试论舆论引导的选择性操作》，《青年记者》，1997（6）。
② 金君俐：《社会转型背景下的报纸舆论引导研究》，浙江大学出版社2013年版，第5-6页。
③ 黑格尔：《法哲学原理》，商务印书馆1979年版，第333页。

当然，在强调舆论引导必要性的同时，我们也要处理好理性地、正确地引导舆论与尊重民意、保障公民言论自由的关系。

（三）舆论引导的意义

舆论产生之后渗透到社会生活的方方面面，渗透到社会的每一个角落，并反作用于人的思维与行动，无时无刻不在影响着社会运行。因此，舆论引导具有以下重要的意义：[①]

第一，舆论引导能够在社会中树立正确的价值观念，提升道德约束力。价值观是社会的灵魂，从某种角度来说，也是公众舆论长期交流和融合之后的结果，舆论引导对原有社会价值观念和社会规范体系进行调整，从而不断更新价值体系。舆论引导对美好的东西给予赞扬和肯定，使社会中的真善美得到张扬，社会的闪光点得到体现；舆论以先进的观念来影响、感染社会成员，人们在这样的氛围中可以形成正确的、符合社会共同意愿的价值观，对价值判断和价值追求有更加明确的标准。道德规范是人们内心认可或在外界约束下习惯性遵守的规则，它是社会中最重要、最普遍、最基本的一种规范形式。舆论引导能够以道德要求为前提，力求在社会中塑造高尚的精神，培育良好的道德风尚，弘扬优良的道德传统，深化道德对公众的内在约束力。

第二，舆论引导能够统一社会思想，约束社会成员行为。在日常生活中，人们总是能感觉到外界有个"无形的东西"包围着自己，无论我们做什么事，说什么话，都自觉地把这个无形的东西当作标准。也就是说，人们生活在社会环境中，总是遵循一定的舆论方向去观察和分析问题，并根据周围形成的舆论环境去协调各方面的关系，调整自己的思想，决定自己的行动。舆论这种无形的力量给人们一种指引，使人们的言论、行动不至于偏离大众的总体观念和价值判断标准。这就是舆论引导功能的作用，它以其强大的精神力量持续稳定地对社会思想和行为施加积极影响，在社会上形成一种良好的氛围。在无形之中，舆论给人们的行为活动设立了一个边框，引导人们自觉地在整体的意愿中行事，并且积极地向舆论所倡导的、赞扬的方向靠拢。

第三，舆论引导能够促进社会和谐。从一定程度上说，舆论就是社会的晴雨表。舆论往往是社会变动的先兆，代表着人心的向背，对社会和谐具有重大影响。媒体运用舆论引导来疏导社会矛盾，谴责有害行为，消除某些社会弊端和危害，对社会丑恶现象进行心灵的制裁。舆论引导是社会进步的有力杠杆，反映社会发展的主流，传递现实生活中光明、积极、健康的思想和行为，是促进社会和谐、稳定、进步的积极因素，可以使社会生活健康、高效运转，达到社会运行的良性循环。

三、新闻舆论引导的内涵及特征

舆论引导是由理论走向应用的重要转折，是理论与实践相结合的契机与枢纽，是缩小舆论学与实际舆论之间差距的有效手段。舆论引导与舆论监督、舆论传播、舆论宣传、舆论调查这些实际舆论应用学比较，更具有主观色彩，更有益于发挥人的主观能动性，更有利于舆

[①] 张晓峰、孙璐：《传媒与政治》，中国传媒大学出版社2014年版，第108-109页。

论工具作用的发挥，因而也能产生更直接的社会效应。新闻舆论引导，也称"新闻舆论导向"或"舆论导向"，它是我国新闻报道中最重要的工作，习近平总书记指出："舆论导向正确是党和人民之福；舆论导向错误是党和人民之祸。"如何以正确的舆论引导人，成为我国新闻界在理论和实践中着力研究的课题。

（一）新闻舆论引导的内涵

"舆论引导"这一词组经常被人们提及，但这一词组却有两种不同理解。当把它作为偏正词组"舆论的引导"来理解时，它的意思是对舆论进行正确的引导；当把它作为主谓词组"舆论引导"来理解时，它的意思是用正确的舆论去引导人。事实上，舆论引导同时包含了这两层含义，但更侧重于后者。只是在理解这两种含义时，我们必须注意到"舆论的引导"和"引导舆论"中的"舆论"其内涵和外延是不一样的，具体到"新闻舆论引导"这个概念中来，前者指的是"新闻舆论"，后者指的是"公众舆论"。也就是说新闻舆论引导包含了这样两层含义："一是对新闻舆论的正确引导；一是用正确的新闻舆论去引导社会舆论特别是作为社会舆论主体的公众。"[1]在这两层含义中，新闻舆论引导更强调后者，即指"新闻舆论对公众舆论的引导"[2]。而我们知道，新闻舆论的主体是新闻媒介组织，而公众舆论的主体是公众，因此，新闻舆论引导，归根到底是新闻媒介组织对公众（受众）的引导。

至于新闻舆论引导的准确定义，学界尚未定论。有学者认为"是用一种思想来统一、调节众多相同或相近甚至相反的思潮，从而使舆论产生某种直接的社会效应"[3]；大多数学者则是基于上述两层意思对其进行简单描述。本书认为，"新闻舆论引导"概念的界定需包含以下主要因素：（1）它是一种大众传播行为；（2）引导者是新闻媒介（组织）；（3）被引导者是社会舆论（公众）；（4）它具有阶级性和倾向性。[4]因此，我们认为，由高等教育出版社和人民出版社联合出版的重点教材《新闻学概论》中给舆论引导下的定义比较科学，该书认为，"舆论导向（舆论引导）是指新闻媒体依据一定的思想立场，运用新闻手段引导社会舆论的传播行为"[5]。

新闻舆论对社会舆论的引导，它不仅仅是在社会舆论基础上简单的发挥与重复，而是对社会舆论的高度概括、统一与集中，使其上升到一个更高层次、更高境界的状态，同时也更通俗易懂，使更多的人能够接受。这样，才符合绝大多数人的思想，才能产生直接的社会效应，这才具有引导的意义。否则，"我们只停留在业已形成的舆论的基础上进行简单的重复，就不能称为引导。因为，舆论引导具有明显的主观色彩和倾向性，这二者又突出地表现为目的性，其目的就是通过舆论工具的权威作用，使舆论产生旺盛的生命力与号召力"[6]。

在我国现阶段，对新闻舆论引导内涵的理解应有两个指向：一是指新闻媒体自身的舆论导向要正确，作为党和人民的喉舌，新闻媒体要始终不走调、不变音，既要准确、鲜明、生

---

[1] 丁柏铨：《中国新闻理论体系研究》，新华出版社2002年版，第195页。
[2] 王雄：《新闻舆论研究》，新华出版社2002年版，第12页。
[3] 马乾乐、程谓：《舆论学概论》，山西人民出版社1991年版，第177页。
[4] 邓海荣：《新闻媒介舆论引导力研究》，吉林出版集团2013年版，第40页。
[5] 本书编写组：《新闻学概论》，高等教育出版社、人民出版社2009年版，第138-139页。
[6] 马乾乐、程谓：《舆论学概论》，山西人民出版社1991年版，第178页。

动地宣传中央的精神，又要及时、如实、充分地反映人民的意愿；二是指新闻媒体的舆论导向要统率和指导社会舆论，主流媒体一定要有主流声音，形成舆论强势，唱响主旋律，打好主动仗。①尤其要把正确的政治方向放在第一位。2016年2月19日，习近平总书记在党的新闻舆论工作座谈会上的讲话中指出："在新的时代条件下，党的新闻舆论工作的职责和使命是，高举旗帜、引领导向，围绕中心、服务大局，团结人民、鼓舞士气，成风化人、凝心聚力，澄清谬误、明辨是非，联接中外、沟通世界。要承担起这个职责和使命，坚持正确政治方向是第一位的。"习总书记这一重要论述，为新闻媒体做好舆论引导工作指明了方向。

（二）新闻舆论引导的特征

从新闻舆论引导的本质属性来看，它是一项工作，一种行为。这一行为之所以与众不同，在于它具有以下三方面的特征。②

1. 新闻舆论引导是大众传播行为

新闻舆论引导实际上就是新闻媒介组织"劝服"公众（受众）接受某种意见，并影响、改变公众的观点、态度和行为的过程，即一个用新闻舆论引导社会舆论，再由社会舆论影响公众的过程。在这个"劝服"引导过程中，大众传播媒介不停地向人们传播信息，由于它是当今社会里社会信息最重要的传播渠道，也是社会公众发表意见、进行意见交流的最重要的场合，这就决定了大众传播媒介能一刻不停地影响着社会公众，能产生长期的和潜移默化的作用，能有效地说服受传者的态度沿着传播者所希望的方向发展。大众新闻媒介以传播最新的事实信息与意见信息为主，新闻报道是新闻媒介每日每时为社会公众提供各种信息的主要形式，它不仅能有效地设置社会舆论的议题，有效地进行信息交流，而且它的量与质本身就能形成某种社会舆论；同时，它还通过社论、评论、批评、按语等媒介意见来直接说服公众，形成公众舆论。但如果我们切断新闻事实的传播过程，则无法形成意见；切断媒介意见的传播过程，则很难使社会公众产生认识与倾向趋于一致的意见，新闻舆论就不能对社会舆论产生任何作用。因此，我们说新闻舆论引导是大众传播行为，它既是由传者到受传者的意见传播过程，又是由受传者到传者的意见反馈交流过程。

通过大众传播手段，新闻舆论在社会舆论中的导向作用表现在两方面③：一种是对社会舆论的引导，即通过抑制某种社会舆论而扶植另一种社会舆论，引导社会舆论朝着与社会发展目标相一致的方向发展。另一种是对社会舆论的组织，即通过新闻传播手段，造成舆论声势，启发和组织社会公众，形成具有某种社会目的性的舆论。

2. 新闻舆论引导是社会控制行为

新闻舆论引导，它不是依靠行政主体的命令或强力措施来支配人们的思想乃至行为，而是向人们传播众多信息、传输一种思想，用以动员、集合舆论，用舆论凝聚人们的精神力量，

---

① 尹韵公：《舆论导向 至关重要——学习〈江泽民文选〉的体会》，http://cpc.people.com.cn/GB/67481/69242/69246/5087791.html.
② 邓海荣：《新闻媒介舆论引导力研究》，吉林出版集团2013年版，第41-44页。
③ 程世寿、胡继明：《新闻社会学概论》，新华出版社1997年版，第211页。

使之统一到统治阶级希求的范围内和方向上，因此，"任何处于特定社会环境中的传播媒介都担负着社会控制的职能"①，它是国家或政治集团的舆论工具，具有"第四种权力"，在社会控制方面起着积极的作用。

所谓社会控制，从广义上来说，"是指社会通过各种途径、形式、方法建立和维持社会秩序，对社会成员的社会行为及价值观念进行指导和约束，对各类社会关系进行调整和制约的过程"；从狭义上来说，"是指社会或社会组织对偏离和违犯社会规范的越轨行为所采用的各种防范、惩罚和重新教育的过程"②。总的来讲，无论是广义的社会控制还是狭义的社会控制，都是为了通过社会的自身力量保证人们遵守社会规范，以确保和维持社会秩序。

通过新闻舆论引导之所以能达到社会控制的目的，其原因在于新闻舆论引导具有"通过对社会群体意识和个体心理的调节，达到社会意识形态整体的动态平衡"③的功能。其控制过程就是通过新闻舆论来引导社会舆论，然后再由社会舆论来发挥控制作用。社会舆论发挥控制作用的机制是："社会舆论形成之后就在一定范围内占主导地位，它会对人们的行为发生潜移默化的引导作用，会对少数人的、与众不同的言行产生心理压力。人们为了缓解这种压力，不自外于众人，就会使自己的言与众人保持一定程度的一致，于是社会控制作用发生。"④所以，新闻舆论引导，首先是在观念形态的层次上进行的，但其最终结果必然是对社会个体行为的制约。这正是我们把新闻舆论引导看作社会控制行为的根本依据。

新闻舆论引导常常通过传播正向舆论来实现社会控制，这是因为"新闻传播媒介作为国家和社会的舆论工具，它对社会舆论的传播总是有选择的，对于那些消极的舆论，它绝不会纯自然地传播，而是想方设法加以矫正。即使是那些正确的舆论，它也要根据社会需要进行意见整合，使之更科学、更完整、更符合自己的政治目标和社会目标"⑤。同时，"正向舆论最终拥有庞大的主体群，被一定范围内的大多数人所承认，具有十分巨大的力量"⑥。也就是说，先进的人物、先进的事物、先进的思想，有助于改变社会的意识形态，有助于树立一代风尚，有助于把人们的精神面貌提高到一个更高的境界。总之，追求正向舆论，消解负向舆论，推动社会健康发展，这是舆论引导努力的方向，也正是社会控制要达到的目标。

3. 新闻舆论引导是宣传鼓动行为

新闻舆论引导与新闻宣传有着天然的联系。所谓新闻舆论引导（导向）"是指新闻媒体依据一定的思想立场，运用新闻手段引导社会舆论的传播行为"⑦；而新闻宣传"是行为主体借助媒体传播特定内容，旨在影响他人意识和行为的一种社会传播活动"⑧。它们都是借助新闻传播媒介展开的传播活动；它们都是通过传播一定信息来有效地影响他人的意识和行为。甚至在传播方法上也有许多相似之处，如它们都通过报道最新事实的方式，使受众在充分知情、

---

① 李彬：《传播学引论》，新华出版社 2003 年版，第 175 页。
② 庞树奇、范明林：《普通社会学理论》，上海大学出版社 2011 年版，第 65 页。
③ 丁柏铨：《中国新闻理论体系研究》，新华出版社 2002 年版，第 195 页。
④ 王思斌：《社会学教程（简明版）》，北京大学出版社，2012 年版，第 173 页。
⑤ 程世寿、胡继明：《新闻社会学概论》，新华出版社 1997 年版，第 208 页。
⑥ 董广安：《穆青新闻思想与新闻实践》，郑州大学出版社 2008 年版，第 10 页。
⑦ 本书编写组：《新闻学概论》，高等教育出版社、人民出版社 2009 年版，第 138-139 页。
⑧ 本书编写组：《新闻学概论》，高等教育出版社、人民出版社 2009 年版，第 111 页。

明了事实真相的基础上，进而改变原有的看法或进一步坚定已有的观点和信念；他们都主动通过传播和阐释自己的观念、意见，来劝服受众并使他们接受意见；他们都通过传播事实与传播观念相结合的方式，既摆事实又讲道理，影响受众的意识和行为等。所以我们说，舆论引导的过程就是一个新闻宣传的过程，目的在于使自己的意见得到广泛传播并说服、影响公众（受众）。

那么，在新闻舆论引导中，如何"有效地影响"公众，这就需要对所传播的事实信息和意见信息进行渲染，赋予它具体的感情色彩，增添强度，以造成人们对此事物的同情或向往，对彼事物的仇视或厌恶，通过情感的力量使公众产生共鸣，这就是我们所说的"鼓动"。因此，我们说新闻舆论引导就是一种宣传鼓动行为，要做好新闻舆论引导工作，需要努力提高新闻宣传的水平、增强新闻宣传的效果。

新闻舆论引导之所以是一种鼓动宣传的行为，其原因在于新闻舆论引导具有鲜明的目的性和倾向性。任何新闻舆论引导都是从不同阶级、不同集团以及不同利益出发，通过对社会舆论的加工、组织、诱导与控制，来达到有利于自己的意图，这决定了它是一种宣传鼓动行为。而不同的阶级对同一事态有着不同的舆论；同样，也必然会对这一事物有着不同的情感。怎样把这种情感调动起来，使舆论成为一种不可抗拒的力量，这正是舆论引导鼓动性所要求的。"为了使更多的公众参加自己的事业，他们经常把自己的思想、向往、意图与情感交融在一起，对某一事物进行富有生命力的、充满丰富色彩的渲染。对自己所期待的事物给予令人神往的描绘，对自己所厌憎的事物给予入木三分的刻画批判，以引起人们感情上对该事物最大范围的共鸣。"①鼓动宣传在制造舆论、调动舆论、形成舆论方面，即在新闻舆论的引导方面起到了推波助澜的作用。

鼓动宣传是一种感情的激发与宣泄，它能把个人的激情与公众的激情联系起来，使舆论产生最佳效果，但它毕竟是一种艺术渲染。因此，任何舆论的产生和形成，绝不是任何人主观愿望招之即来的东西，它应以客观事实为基础。

（三）相关概念辨析

新闻舆论与新闻舆论引导不能等同。新闻舆论引导是建立在新闻舆论对社会事件反映的基础之上，是新闻舆论的主要功能之一，也是新闻舆论存在的主要意义。这是因为，新闻舆论在反映社会事件时，直接地表现为新闻传播者的观点和意见，在其形成过程中，新闻传播者的主观倾向性起着决定性的作用。而新闻舆论的引导功能，说到底就是新闻传播者以自己对新闻事实的意见为核心去聚集公众的意见。在聚集过程中，一方面对与自己意见相近的观点进行修正，使之与自己的意见完全一致；一方面对那些不同的看法进行引导，使之发生根本性转变，从而与自己的意见完全统一起来。②总体来看，新闻舆论是新闻舆论引导功能得以实现的前提与基础，新闻舆论引导能力的强弱由新闻舆论本身的质量决定。没有无引导功能的新闻舆论，但可以有无新闻舆论的社会引导。③

舆论引导与新闻舆论引导两者也有明显区别。新闻舆论引导是舆论引导中最重要的类别，

---

① 马乾乐、程谓：《舆论学概论》，山西人民出版社1991年版，第183页。
② 刘九洲：《新闻理论基础》，武汉大学出版社2006年版，第149页。
③ 王灿发、邵全红等：《新闻舆论学基础教程》，中国广播电视出版社2018年版，第157页。

以致相当多的人把舆论引导等同于新闻舆论引导，实际上在很多文章中的舆论引导实质上指的是新闻舆论引导。事实上，新闻舆论引导的外延小于舆论引导：从引导主体来看，新闻舆论引导的主体是新闻媒介组织，而舆论引导的主体不仅可以是新闻媒介组织，也可以是政府机关、企事业单位、社团组织，甚至可以是个体（如舆论领袖）等；从舆论的载体来看，新闻舆论引导中的舆论载体是新闻传播媒介[①]，其引导活动是在媒介舆论场中展开，而舆论引导中的舆论载体除新闻媒介外，还有如书籍、影像、标语、传单等多种载体，其引导活动可在不同类型的舆论场中展开。

新闻舆论引导不同于新闻舆论监督。新闻舆论引导与新闻舆论监督都是新闻舆论的功能表现，但一个侧重"引导"，一个侧重"监督"。从功能表现上来看，舆论引导是新闻媒体劝服大众尊重、遵循、实行国家的法规、社会公德及政府的方针、政策，达成社会共识，形成共同行动；而舆论监督则是新闻媒体公开揭露、批评政党、政府、社会团体、公职人员以及社会一切违反法律和社会公德的言行。[②]从一般意义上来讲，舆论监督主要的监督对象是政府和政府的公职人员，舆论引导主要的引导对象是一般的公众，一种是自下对上的行为，另一种是自上对下的行为。看上去，这两者是对立的，但对我们国家来说，却是相辅相成的两个方面。新闻舆论引导也有监督的含义，只是新闻舆论引导的监督是一种柔性的监督；新闻舆论监督也有引导的含义，是一种带有强制力、警示性的引导。[③]简言之，同一新闻舆论可同时具有两种功能，两者难以截然分开，只是各有侧重罢了。

四、舆论引导的相关理论

1. 认知说服理论

美国心理学家、传播学家霍夫兰于1959年提出认知说服理论。他认为态度的改变是一个系统工程，既受劝导者可信度和专业性的影响，又受信息沟通的艺术和方式、方法的影响；同时还受接受者原有的态度和各种人格因素及当时环境状况的制约。霍夫兰主要从信息来源、传播方式、传播对象三个方面进行了广泛的心理实验和研究，由此提出了相应的劝服策略。

从信息来源角度看，要使传播产生理想的劝服效果，就应选择可信度高、知名度大和有公正无私形象的传播者来进行劝服。

从传播方式上看，怎么说才能取得最佳劝服效果，可以归纳为以下五个命题：① 是只说一面之词好，还是正反两面都说好？在表述一个有争议的问题时，只说一面对原来就倾向于赞同此讯息的人非常奏效，两面都说则对原来就倾向于反对此讯息的人更有说服力；只说一面对受教育水平低者最易产生效果，两面都说对受教育水平高者更能产生良好效果。② 是先说为好，还是后说为好？首先说出的观点容易引起受传者注意，是为"首因效应"；最后说出的观点有利于被受传者记住，是为"近因效应"。如果目的在于让人了解自己的观点，那么先说为好；如果想让人记住它，那么后说为佳。③ 结论是明示好还是暗示好？对轻信盲从，不愿多想的人，明示的效果更为理想；但对于通情达理、一点即通的人，还是含蓄的暗示效果

[①] 邓海荣：《新闻舆论的内涵与特征新议》，《新闻界》，2014（2）。
[②] 李良荣：《新闻学概论》（第6版），复旦大学出版社2018年版，第207页。
[③] 王灿发、邵全红等：《新闻舆论学基础教程》，中国广播电视出版社2018年版，第158页。

好。④是理智型劝服好,还是情感型劝服好?动感情的说服较之逻辑的说服更可能导致态度的改变。当然,如果把理智与情感结合在一起,那么劝服的效果将最为理想。⑤何等程度的恐惧诉求更有说服力?有的实验表明,轻微的恐惧诉求最为有效,强烈的恐惧诉求效果最差;但有的实验结果恰好与此相反。这是因为耶鲁学派的研究没有考虑传播内容这个因素,故而难以得出科学的结论。

从传播对象方面看,受传者的个人性格的若干因素对劝服效果也有很大影响:自我评价低的人比自我评价高的人,更容易接受别人的说服;心怀敌意的人比心怀善意的人,更难受他人思想的影响;想象力贫乏的人比想象力丰富的人较难劝服;性格内向的人比性格外向的人更不容易说服;具有社会进步倾向的人比遇事保守的人要容易劝服。

大众传播媒介的舆论引导,就传播者而言是一种主观追求。为达到引导的目的,其基本的方式便是以媒介为主方对公众的说服。也就是说,新闻舆论引导实际上是一个劝服公众接受某种意见,并影响、改变公众的观点、态度和行为的过程,需要掌握一定的劝服技巧。因此,霍夫兰及其耶鲁学派在劝服艺术上的研究成果,在舆论引导方面具有重要的实用价值。

2. "议程设置"理论

"议程设置"理论最初来源于美国政论家沃尔特·李普曼于1922年出版的著作《舆论学》中,该书提出了"新闻媒介影响我们头脑中的世界"的理论假设。经过半个世纪的酝酿发展,1972年,美国传播学家马克斯韦尔·麦库姆斯和唐纳德·肖经过认真的调查分析后,在《舆论季刊》上发表《大众传播的议程设置功能》证实了这一假设,正式提出了"议程设置"理论。其主要含义是:大众传播具有一种为公众设置"议事日程"的功能,传媒的新闻报道和信息传达活动以赋予各种"议题"不同程度的显著性的方式影响着人们对周围世界的"大事"及其重要性的判断。换言之,大众传媒作为"大事"加以报道的问题,同样也作为"大事"反映在公众的意识当中;传媒强调得越多,公众对该问题的重视程度也就越高。虽然大众传媒不能直接决定人们怎样思考,但可以向广大受众指明哪些问题是最重要的。

"议程设置"理论是建立在三个基本论点上的,一是各种传播媒介是报道新闻的必不可少的把关人,面对大量的信息,其传播内容是经过严格挑选的;二是人们经常感到,面对复杂的政治现实,需要大众传播媒介进行方向上的指导,把关人的一个重要使命就是帮助受众考虑和决定哪些是超出他们直接经验之外的事件与问题;三是议程设置理论考察的不是某家媒介的某次报道活动所产生的短期的效果,而是作为整体的大众传播媒介在较长时间跨度中的一系列报道活动所产生的中长期的、综合的、宏观的社会效果。

议程设置具有把公众的注意力和社会关注点引向特定方向的作用,它是舆论引导的第一阶段也是极其重要的阶段。在我国传播史上,曾通过对某事件集中的新闻报道,或组织对某个问题进行大讨论的方式,明辨是非,统一认识,凝聚力量,充分发挥了大众传媒引导舆论的作用。因此,议程设置功能理论对研究我国大众传媒发挥舆论引导功能具有重要的启发意义。

3. "沉默的螺旋"理论

"沉默的螺旋"理论,由德国传播学家伊丽莎白·诺尔-诺依曼首先提出。她在1980年发表的《沉默的螺旋:舆论——我们社会的皮肤》中,对这一理论进行了详尽完整的概括。诺依曼认为，大多数人都有被社会孤立的恐惧，个人总是注意观察哪些观点是占优势的、被人们喜欢的，进而采取相应对策：若属于被人们喜欢的占优势的观点就侃侃而谈；若属于不占优势、不被人们喜欢的则沉默不语。这样就开始了一个沉默螺旋的过程，在这一过程中占优势的舆论被确认为主要意见而越来越强劲，而不占优势的观点则越来越沉默进而消失。在现代社会，人们主要观察媒体所提供的信息，只要媒体充分显示出其积累性、普遍性与和谐性的综合优势就能产生强有力的"形成统一印象"的舆论传播效果。

"沉默的螺旋"理论假说由以下三个命题构成：第一，个人意见的表明是一个社会心理过程。认为社会使背离社会的个人产生孤独感，对孤独的恐惧使得个人不断地估计社会接受的观点是什么；估计的结果影响了个人在公开场合的行为，特别是公开表达观点还是隐藏自己的观点。第二，意见的表明和"沉默"的扩散是一个螺旋式的社会传播过程。也就是说，一方的"沉默"造成另一方意见的增势，使"优势"意见显得更加强大，这种强大反过来又迫使更多的持不同意见者转向"沉默"。第三，大众传播通过营造"意见环境"来影响和制约舆论。根据纽曼的观点，舆论的形成不是社会公众"理性讨论"的结果，而是"意见环境的压力作用于人们惧怕孤立的心理，强制人们对"优势意见"采取趋同行为这一非合理过程的产物。

"沉默的螺旋"理论把对舆论形成过程的考察从现象论的描述引向了社会心理分析的领域，强调社会心理机制在这个过程中的作用。它强调大众传播对舆论的强大影响，并指出这种影响来自大众传播营造意见环境的强大功能。这一理论所揭示的大众传媒具有强大舆论力量的观点，正好能够说明今天的大众传媒引导舆论、控制舆论的作用，这对于评价大众传播的影响和效果具有重要的启发意义。

4. 媒介框架理论

"框架"这一概念源自英国人类学家格里戈里·贝特森，他认为，人们依赖自己的主观认知看待事物，不同的认知框架会唤起受众对同一事物的不同看法。1974年欧文·戈夫曼在其著作《框架分析》中将框架概念引入文化社会学后，得到了学界的广泛关注和研究，其内涵变得越来越丰富。吉特林从框架的概念出发，提出"媒介框架就是关于如何在认知、表达和阐释等问题上进行选择、排除和强调的持续同意的模式"。[1]恩特曼认为，框架包含了选择和凸显两个作用，是把认为需要的部分挑选出来，在报道中特别处理，以体现意义解释、归因推论、道德评估及处理方式的建议。当代美国学者加姆桑是框架理论最重要的研究者。他认为框架的定义大致可分为两类：一类指"界限"之意，可引申为对社会事件的规范，人们借以观察客观现实，凡纳入框架的实景，都成为人们认知世界中的部分；另一类则指人们用以诠释社会现象的"架构"，以此来解释、转述或评议外在世界的活动。一般而言，框架一方面反映了社会事件如何被新闻工作者或媒介组织主观呈现，也就是框架即媒介选择；另一方面也反映了受众如何主观地解读新闻媒介的符号系统，也就是框架即受众认知。因此，金德尔（kinder）和桑德尔斯（Sanders）将框架分为两类：媒介框架和个人框架。

媒介框架理论多基于戈夫曼的思想。在《框架分析》一书中，戈夫曼认为框架就是在某个特定时间用来理解社会境遇的一套特定期望。人们在社会生活中使用特定的诠释框架来理解日常生活，通过对社会角色、社会情境的诠释，了解特定行动场景中自己应有的交往行为

---

[1] 盖伊·塔奇曼著，麻争旗等译：《做新闻》，华夏出版社2008年版，第30页。

和表现，从而协调与他人的行为。媒介框架理论被广泛应用于新闻报道中，比如通过选择不同的议题、信源、报道技巧来强调和凸显想要传达给受众的思想和议程。媒体的框架选择决定了其新闻选择，决定了其价值判断和报道方向，有利于舆论的引导。

5. 两级传播理论

两级传播理论产生于20世纪40年代。它是美国社会学家保尔·拉扎斯菲尔德及其学生在俄亥俄州对美国总统选举投票情况做了较长时间的研究后提出的理论。该理论认为，观念总是先从广播与报纸传到"舆论领袖"，再由"舆论领袖"传到人口中比较欠活动的大众。简而言之，就是大众传媒的影响首先抵达"舆论领袖"，然后舆论领袖把自己获取的信息传递给受其影响的大众，即信息的传递是按照媒介—意见领袖—受众这种两级传播的模式进行的。意见领袖是信息传播的中间站，他们是人群中较活跃的部分，在人群中能得到广泛响应；他们比一般人更多地接触媒介，更多地知道媒介的内容；广大人群把他们看作主要的信息渠道，由他们将信息加载于受众脑海中，影响受众的决策。

尽管这个理论仍有诸多的不完善或者有待验证的地方，但它在舆论引导领域仍具有重要的启发和借鉴意义。实践证明，舆论除了和人们的价值观、社会背景和群体成员的构成有关系外，还会受到某些特殊人物施加的影响。例如，每个社区都有一定数量的舆论领袖，每一个问题也会有一批不同的舆论领袖，他们对公众舆论有着特殊的、深刻的影响。因此，舆论领袖和两级传播理论常被政治家们应用于民意调查之中，政治家们通过寻找相关的舆论领袖，便可以引导民意。

6. 涵化理论

涵化理论，又称"培养理论""教化理论""涵化假设"等，它起源于20世纪60年代末期，是美国传播学者格伯纳等人研究电视效果所形成的研究成果。该理论认为，在现代社会，大众传媒提示的符号现实对人们认识理解客观世界产生着巨大的影响。这种影响不是短期的，而是一个长期的潜移默化的"教养"过程，它在不知不觉中制约着人们的世界观，人们看电视时间越多，其对社会现实的观念就越受到他们所看电视内容的影响。[①]传播内容具有特定的价值和意识形态倾向，这些倾向不是以说教而是以"报道事实""提供娱乐"等形式传达给受众的，它们于潜移默化中形成人们的现实社会观。涵化理论也引起过激烈争论，质疑者认为，形成人们的社会现实态度的因素是多方面的，不能简单地只控制第三变量。为此，格伯纳等人提出了修正性概念"主流化"和补充性概念"共鸣"。格伯纳等人认为，尽管社会上每个人的信念、价值观都呈现出多元化的倾向，但却因为看电视而变得与电视上所呈现的主流意见相近，传播媒介的"涵化效果"主要表现为形成当代社会观和现实观的"主流"。不仅如此，受众从电视中看到的状况与亲身感受的社会环境相吻合，这种媒介信息与直接信息的双重作用产生的"共鸣"可以增强涵化效果。

根据涵化理论的观点，大众媒介通过控制其所传播的内容能对人们世界观的形成产生一种长期的和潜移默化的培养效果。大众媒介培养了人们的世界观，特别是在对整个社会"共识"的形成方面能产生巨大影响，这为新闻媒介发挥舆论引导作用提供了理论依据。

---

① 段鹏：《传播效果研究——起源、发展与应用》，中国传媒大学出版社2008年版，第174页。

第三节　新闻舆论引导的原则

新闻舆论引导工作，一直受到党和政府的高度重视。习近平总书记指出："舆论导向正确是党和人民之福；舆论导向错误是党和人民之祸。"2016年2月19日习近平总书记在党的新闻舆论工作座谈会上指出，做好党的新闻舆论工作，事关旗帜和道路，事关贯彻落实党的理论和路线方针政策，事关顺利推进党和国家各项事业，事关全党全国各族人民凝聚力和向心力，事关党和国家前途命运。我国的新闻媒体是中国共产党领导下的事业单位，具有鲜明的党性，为人民服务、为社会主义服务是其根本目的，新闻舆论引导理应在一定的原则下进行。

关于新闻舆论的引导原则，不同的学者有不同的看法。胡钰在《新闻与舆论》一书中，提出了四个原则：正面引导、事实引导、比较引导和疏散引导。[1]廖永亮认为，应坚持四个原则，分别是国家利益至上原则、党性原则、新闻舆论的内存规律原则以及市场经济原则。[2]侯东阳提出五个原则：党性原则、时效性原则、真实性原则、社会效益至上原则以及正面报道与舆论监督相结合的原则。[3]郑保卫认为应坚持五大原则：一、真正代表和反映民意；二、符合党和国家利益；三、思想正确引导；四、从实际出发；五、主导性与多样性的和谐统一。[4]综合上述学者的观点，本书将新闻舆论引导原则概括为以下四个。

一、人民利益至上原则

符合广大人民群众的利益是新闻舆论引导必须遵循的原则。习近平同志指出："我们任何时候都必须把人民利益放在第一位。"这深刻揭示了中国共产党的根本价值立场和价值取向。在我国，党和国家的利益就是人民利益的集中体现。因此，在新闻舆论工作方面，习近平同志多次强调以人民为中心的工作导向，强调坚持党性和人民性相统一。坚持以人民为中心的工作导向，就是要把实现好、维护好、发展好最广大人民的根本利益作为工作的出发点和落脚点。以人民为中心是马克思主义新闻观的核心和本质，马克思在创办《莱茵报》时写道："它生活在人民中间，与人民同甘苦、共患难、齐爱憎。"党的新闻舆论工作，无论在革命战争年代，还是在社会主义建设时期，都肩负着通过新闻报道宣传群众、组织群众，为维护无产阶级和广大劳动人民的根本利益而奋斗，推动社会进步和发展的神圣使命。因此，为绝大多数人谋利益，坚持人民利益至上，应始终成为我们新闻舆论引导工作中必须遵循的原则。

在新闻舆论引导工作中坚持人民利益至上原则，一方面，需要增强政治家办报意识，在围绕中心、服务大局中找准坐标定位，牢记社会责任，解决好"为了谁、依靠谁、我是谁"

---

[1] 胡钰：《新闻与舆论》，中国广播电视出版社2001年版，第228页。
[2] 廖永亮：《舆论调控学——引导舆论与舆论引导的艺术》，新华出版社2003年版，第113页。
[3] 侯东阳：《中国舆情调控的渐进与优化》，暨南大学出版社2011年版，第156-157页。
[4] 郑保卫：《试论新闻媒介传播和舆论引导的原则》，《中国广播电视学刊》，1991（2）。

这个根本问题。"为了谁"集中体现了党性是人民性的升华;"依靠谁""我是谁"则直接反映了人民性是党性的主要来源和根基。另一方面,需要面向群众,深入群众,了解群众的需要、要求、愿望和呼声,使引导内容与人民群众的愿望相联系。同时,还要求新闻工作者在具体的引导工作中,深入生活、扎根人民、转作风、改文风、察实情、说实话、动真情,努力推出有思想、有温度、有品质的作品,唱响主旋律,传播正能量。

二、党性原则

舆论作为社会意识的一种,无疑也是有党性的。它为哪个阶级服务,就要具有哪个阶级的党性。在我国,新闻事业是中国共产党的事业的一个组成部分,党和政府主办的媒体是党和政府的宣传阵地,必须姓党。由于新闻舆论引导对于人们的思想观念和意识形态具有直接的作用,对于维护党的领导、体现党的意志、反映党的主张、维护党中央权威,以及促进改革开放、民族团结和社会稳定、国家的繁荣昌盛都具有极其重大的意义。因此,党性原则是无产阶级新闻工作的基本原则,也是新闻舆论引导的基本原则。

习近平同志强调,党的新闻舆论工作坚持党性原则,最根本的是坚持党对新闻舆论工作的领导。无论时代如何发展、媒体格局和传播方式如何变化,坚持党管媒体的原则和制度不能变,必须把党管媒体原则贯彻到媒体领域各个环节。所有从事新闻信息服务、具有媒体属性和舆论动员功能的传播平台都要纳入管理范围,所有新闻信息服务和相关业务从业人员都要实行准入管理,做到新闻舆论阵地延伸到哪里,党管媒体的原则和制度就落实到哪里,确保各级各类媒体都置于党的领导之下,决不能有盲区、漏点,决不能有"特殊成员"和"舆论飞地"。

党性与人民性向来都是一致的、统一的。新闻舆论引导坚持党性原则,就是要积极传递党的声音,更好地把党的理论和路线方针政策变成人民群众的自觉行动,及时把人民群众创造的经验和面临的实际情况反映出来,丰富人民精神世界,增强人民精神力量。总之,在新闻舆论引导工作中对党负责、对人民负责,就是党性原则的集中体现。

在新闻传播中遵循党性原则,就是要求社会主义新闻工作必须按照党所规定的行为准则来进行新闻传播活动,这是新闻舆论导向正确的政治保证,在任何时候都必须坚持,并落实到新闻实践活动当中去。否则,就会方向不明,是非不清,会被金钱和名利所干扰,难以做到正确引导舆论,新闻舆论导向就会走偏方向。

三、实事求是原则

新闻是对事实的报道,必须依据事实,符合实际,新闻舆论引导也必须要以事实为依据,坚持实事求是的原则。马克思曾责问"谁是根据事实来描述事实,而谁是根据希望来描述事实"。根据事实来描述事实,这是尊重新闻传播规律、坚持马克思主义新闻观的具体体现。习近平同志指出:"真实性是新闻的生命。要根据事实来描述事实,既准确报道个别事实,又从宏观上把握和反映事件或事物的全貌。"这是对尊重新闻传播规律的深刻阐述,用活了马克思主义新闻观。真实是新闻的生命,新闻媒体在进行舆论引导时并不是纯粹的政治宣传,而要遵循新闻传播的规律,在新闻报道中以事实说话,隐含舆论导向。新闻舆论引导还应客观反映事实,遵循新闻规律,即坚持事实引导的原则,用事实说话。关注新闻事件的核心价值与坚持正确的舆论导向并不矛盾,坚持正确的舆论导向与坚持事实引导原则是相互依存、相互支撑的,新闻媒体通过对新闻事实的客观报道和公正评述,达到正确舆论导向的效果,这也是新闻客观规律的要求。

在实事求是原则要求下,对新闻舆论进行引导,新闻舆论对社会舆论实施引导,都必须严格按照新闻规律办事。丁柏铨认为按照新闻规律进行新闻舆论引导,包含以下几层意思:[①]一是报道事实要做到真实、客观、全面、公正,不得出于引导的考虑而人为地改变既成事实。如果连既成基本事实都可以改变,那还能叫新闻吗?那还能叫以新闻舆论引导社会舆论吗?那只能叫作混淆视听、制造混乱。二是要以具有新闻价值而又蕴含着正确导向的事实说话。新闻作品不能空口说白话,而必须凭借事实说话。离开了事实,新闻就没有任何力量。新闻所依赖的事实,一方面是要有新闻价值,另一方面是要蕴含正确的导向。这实际上就是说,事实的选择至关重要。三是要考虑到受众的新闻需要。人家不想要的东西却硬塞给人家,这往往是吃力不讨好的事情。要充分注意受众的心理状态和心理需求,找到受众感兴趣的话题。四是要确保传播渠道畅通,受众乐于接受。渠道不通或虽通而受众拒绝接受,都会使传者无功而返,引导也就无法落到实处。五是要把对新闻事实做出判断的权力交给受众。这是对传播对象的最起码的尊重,受众感到自己被尊重,才会反过来尊重新闻媒介和传者,才会认可传者所做的引导。

总之,"一切从实际出发,实事求是",是新闻舆论引导令人信服、取得实效必须坚持的基本原则。只有坚持真实性,坚持用事实说话,新闻舆论引导才能使人信服,宣传才能赢得人心,引导效果才能达到最佳。

四、正确导向原则

舆论导向具有积极的舆论导向和消极的舆论导向两种性质。[②]舆论导向正确,能凝聚人心、汇聚力量,推动事业发展;舆论导向错误,则会动摇人心、瓦解斗志,危害党和人民事业发展。因此,坚持正确导向是新时代舆论引导工作的灵魂。坚持正确导向就是要求新闻媒体要牢牢把握正确的政治方向,准确反映党的主张,及时反映群众诉求,全面反映经济社会生活,紧跟时代步伐,主动适应新形势,创新传播方式方法,大力弘扬时代主旋律,积极传播社会正能量,反映人民伟大实践和精神风貌,激发全党全国人民团结奋斗的强大力量。

坚持正确舆论导向是一个全面的要求,各级党报党刊、电台电视台、都市类报刊、新媒体都要讲导向,新闻报道与副刊、专题节目、广告宣传都要讲导向,时政新闻与娱乐类、社会类新闻都要讲导向,国内新闻报道与国际新闻报道都要讲导向。这样的全面要求具有很强的现实针对性。因为任何新闻传播都存在立场的表达、是非的把握,不能为了吸引眼球而抛弃基本的社会道德和行为准则。因此,要把坚持正确的舆论导向覆盖到媒体工作的各方面、

---

① 参见丁柏铨:《新闻舆论引导与新闻规律》,《新闻记者》,1997(9)。
② 胡钰:《新闻与舆论》,中国广播电视出版社2001年版,第227页。

各环节、全流程。同时，新闻媒体还要恪守职业操守和法律法规，主动承担自己的社会责任，把握好新闻报道的时、度、效，向社会传播正能量。不仅如此，坚持正确的舆论导向还要自觉增强舆论斗争意识，与错误的舆论做斗争，舆论引导与批驳错误论调并举，澄清谬误、明辨是非，杜绝片面报道、失实报道、谣言和炒作。

第四节　新闻舆论引导的方法

　　丁柏铨认为，新闻舆论引导方法是引导主体为实现引导目标，在科学方法论的基础上，针对受众的接受心理采用的相应的传播—引导手段。[①]同时，他还提出了因势利导、与舆情紧密结合、讲究艺术性引导、把握分寸、显隐结合等五个舆论引导的方法。关于新闻舆论引导的方法，学者们多有论述。如彭菊华把新闻舆论引导的方法概括为六个：推出正确的新闻舆论；传播正确的社会舆论；制约负向舆论；保持舆论主导性与多样性的统一；妥善处理舆论热点问题；保持舆论常态等。[②]王灿发则从三方面分析了新闻舆论引导的方法：通过信息选择，设置公众议题；通过意见报道，形成某种新闻舆论；通过典型报道，提供社会典范。[③]由于学者所论的侧重点不一样，因此得到的方法也不尽相同。

　　新闻舆论引导是新闻媒介组织通过新闻传播媒介对公众意见的引导。而新闻传播媒介是新闻传播过程中传播者和受众的中介，是新闻信息的物质载体，其最基本的功能是提供信息。韩运荣认为，新闻传播媒介提供的信息可分为事实信息和意见信息两大类，[④]而舆论的引导就是一个信息传播控制的过程。基于此，本书认为，对事实信息—新闻报道与意见信息—新闻评论的传播控制，是新闻舆论引导的两个基本方法。

一、用事实塑造意见：通过新闻报道引导舆论

　　由于事实是舆论的建筑材料，它决定着人们对事实掌握的程度和对外界的感知，是意见态度形成的基础。因此，新闻媒介可以通过事实报道来"暗示"自己的观点和看法。[⑤]加之，新闻媒介报道的事实，它不是"本真"的客观事实，而是"逼真"的媒介事实。媒介事实不同于客观事实，"它是传播主体对客观事实的认识，是传播者主观化的事实"。[⑥]刘建明也认为，媒介事实是媒体对现实事件的反映，加入了媒介的选择或认识。[⑦]这一方面说明，新闻媒介报道的事实蕴涵着媒体意见，它可以成为塑造正确意见的一种手段，并进而形成正确的舆论意识；另一方面，受众经常收到带有传播者主观化的媒介事实，也能内化为受众的见解，进而

[①] 丁柏铨：《新闻舆论引导方法论》，《南京大学学报》，2001（02）。
[②] 彭菊华：《新闻学原理（第2版）》，中国传媒大学出版社2014年版，第132-135页。
[③] 王灿发、邵全红等：《新闻舆论学基础教程》，中国广播影视出版社2018年版，第166-171页。
[④] 韩运荣、喻国明等：《舆论学：原理、方法与运用》，中国传媒大学出版社2005年版，第101页。
[⑤] 邓海荣：《新闻媒介舆论引导力研究》，吉林出版集团2013年版，第9页。
[⑥] 米丽娟：《新闻求真方法论研究》，四川大学出版社2014年版，第110页。
[⑦] 刘建明：《舆论学概论》，中国传媒大学出版社2009年版，第166页。

影响受众看待舆论客体的立场、观点和态度。所以说，新闻媒介通过新闻报道是可以引导舆论的。新闻媒介引导舆论常用以下几种方法。

1. 通过正面报道，促进正向舆论生成

正面报道尚无公认的定义，但有一些大家认可的特点。如管兵认为，正面报道有两个特点，一是以赞许或讴歌的态度进行报道；二是报道的内容是对主流意识形态和主流道德的认定。①张威对正面报道的特征分析则更为详细：从内容上看，它聚焦于社会的光明面，以"好人好事"为切入点弘扬主流价值观中的积极因素；从理念上看，它强调"平衡""和谐""稳定"；从基调上看，它是健康向上的；从功能上看，它旨在传递正能量，强化主流价值观，维持社会秩序和道德水准。②总体来看，正面报道都包含了"认同""赞扬""和谐""典型"等关键元素，其内容和观点大都符合社会的主流意识形态和道德伦理，能够起到弘扬正气、凝聚共识的积极作用。③

从这些特点可以看出，正面报道具有鲜明的倾向性和引导性，能有效促进社会正向舆论的形成。这是因为，正面报道的发布者是从肯定和宣扬的主观角度出发，对报道对象的光明、优秀、美好的言行事迹进行挖掘赞颂，对现实生活中所发生的真、善、美的事实，予以肯定和表扬。这样的报道具有鲜明的主观肯定导向，让人们能够从中看到更多的社会光明面以及乐观的发展前景，能够起到弘扬正气、凝聚共识、鼓舞士气的积极作用，十分有利于社会正向舆论的形成。

以正面报道为主是中国新闻工作的基本原则。我们的正面报道就是要从党和国家的路线、方针、政策出发，唱响主旋律，宣传积极、实在的生活目标和社会风气，要反映和报道成就、经验、先进典型，反映和报道真善美，反映和报道一切积极、健康、向上、有益的东西，弘扬正气，歌颂光明和进步。总之，一切鼓舞和启迪人们为国家的富强、人民的幸福和社会的进步而奋斗的新闻事实，都是我们所说的正面，都应当努力加以报道。新闻工作以正面报道为主，其根本目的就是要在社会中唱响主旋律，在社会中形成有利于社会主义建设的主导舆论。一个社会如果没有主导性舆论，就会失去社会共识，造成社会混乱。

2. 通过批评报道，形成正确舆论导向

对于批评性报道也还没有一个大家公认的定义。简单说来，批评性报道是指对社会中较突出的矛盾、问题、错误或不良现象所做的新闻报道。④它主要针对各级权力机关及其工作人员在履职工作中出现的违法和违纪行为，以及社会生活中存在的丑恶现象和不良风气开展的批评。利用大众媒介进行批评和自我批评历来是中国共产党的优良传统，如果没有新闻批评，大众媒介一味地报喜不报忧，就与现实状况不符，引发舆论的不满，也就失去了舆论引导的功能。

批评性报道的目的在于扶正祛邪、促进社会发展、维护公共利益，它能起到有效引导正确的思想和舆论的作用。这是因为，批评性报道具有"贬抑性"和"取舍性"特点。所谓贬抑性，是指批评性报道对不合理的行为与现象在表达上持一种整体上否定、质疑的意见或态

---

① 徐胜：《什么是正面报道》，《新闻实践》，2005（5）。
② 张威：《中西比较：正面报道和负面报道》，《国际新闻界》，1999（1）。
③ 史安斌：《西方媒体争做"好新闻"的启示》，《青年记者》，2014（12）。
④ 广播影视业务教育培训丛书编写组：《广播电视业务》，中国国际广播出版社2016年版，第102页。

度。①也就是说，新闻记者站在扶正祛邪的立场上，以鲜明坚定的态度，针对现实中存在的缺点、问题、错误、社会不良现象等，直接或间接地予以谴责、否定或质疑；就不合理、违法违规的行为和现象予以呈现、揭露与评判。所谓"取舍性"，是指批评性报道所聚焦的是缺点、短处与不合理一面，对客观发生的事实元素进行了"过滤"，更突出了事件过程中否定属性的事实元素，以此说明问题的严重性和不可忽视。②批评性报道的贬抑性特点，有利于引导公众明辨是非、分清善恶，进而扫除消极因素、调动积极因素，以正确的舆论引导人。批评性报道的取舍性特点，能发挥新闻媒介"放大镜"功能，产生轰动效应，以此引起社会对丑恶现象、社会问题的高度关注，进而促进正向舆论的形成。

我党的宣传思想路线一直坚持"要以正确的舆论引导人"这一原则，这为新时期的新闻宣传工作指出了根本的工作方向和重要的工作目的。在具体的新闻工作中，写正面报道容易遵循这个方向和目标，采发批评报道则需要把握好正确的舆论导向。应该说，批评报道同样是正确舆论导向中的一部分，因为新闻批评是我们党新闻工作中必不可少的手段，正确的新闻批评对于纠正错误做法和不良倾向能起到不可估量的作用。如《人民日报》2013年就三次集中批评报道违反"八项规定"的案例。批评报道成败与否关键看写得是否符合正确舆论导向范畴。

3. 通过主题报道，形成主流舆论

对于"主题报道"的概念解释，业界和学界尚无一致认定。例如："主题报道是指新闻媒介围绕党和政府的基本任务和阶段性中心工作，主动发现与之相关的社会普遍关注的热点和难点问题，尊重新闻传播规律所进行的舆论引导的原创报道。"③"所谓主题报道，通常是指新闻媒体围绕党和政府的中心工作、重要决策、重大活动以及相关社会热点，而专门组织的具有一定规模的重点报道。"④"主题报道是围绕党委政府中心工作组织开展的具有一定规模的重要报道，是媒体发挥引领作用、体现权威性和影响力的重要手段。"⑤"主题报道是目前各类新闻媒体尤其是地方媒体常见的一种报道形式，主要是为了配合党和政府某一阶段的中心工作，宣传解读某项政策，总结展示某方面的成就。"⑥主题报道被引用最多的定义是"重大主题报道主要是指围绕党和政府的重大决策、重大部署、重大活动及相关社会热点所进行的集中而且大规模的战役性报道，是主旋律报道的重中之重，既要求符合政策性，又要求有较强的社会性和新闻性"。⑦

综合以上概念所涉内涵可以看出：在报道内容上，主题报道的事实往往重大，它必须围绕一个鲜明的主题立意，从多角度、多层次来展开事物的方方面面，并反映事物矛盾的起因及结果。在社会功能上，它也不同于常态的报道，主题报道的首要职责在于当好意见领袖、

---

① 参见陈堂发：《批评性报道法律问题研究》，上海交通大学出版社2011年版，第10页。
② 参见陈堂发：《批评性报道法律问题研究》，上海交通大学出版社2011年版，第10页。
③ 叶锡环：《双重维度下的主题报道：媒介融合与舆论引导》，浙江工商大学出版社2018年版，第8页。
④ 葛文静：《主题报道的创新》，《中国地市报人》，2011（5）。
⑤ 吴少华：《贯穿民生主线做实主题报道》，《新闻实践》，2012（8）。
⑥ 秦哲钦：《如何把主题报道做成热点新闻》，《青年记者》，2009（14）。
⑦ 潘知常、邓天颖：《大型新闻行动：以整合传播推进重大主题报道》，《现代传播》，2007（3）。

引导社会主流舆论,推动各项事业建设。

吴丰军等人认为,主流舆论是多数公众对关乎国计民生的重要议题的一种正向舆论,它反映社会发展趋向,并对社会发展产生决定性影响。它有以下几层含义:(1)主流舆论能够代表多数公众的意见,这是主流舆论得以成立的基本前提;(2)主流舆论的议题具有一定的重要性,一般应该是国家的政治经济、文化领域内关乎大政方针、公共决策、内政外交等重要议题的公众意见;(3)主流舆论能反映时代主流与本质,体现社会发展方向;(4)主流舆论是一种建设性的正向舆论而非破坏性的负向舆论;(5)主流舆论具有主流的影响力。①基于主流舆论内涵,我们会发现其与主题报道有非常紧密的联系,借用"议程设置"理论来看,主题报道的"主题"就如同党和政府给媒体设置的"议程",媒体根据这些"议程"挖掘新闻线索,突出亮点和重点,吸引受众注意力,从而达到影响公众舆论的目的。

主流媒体是我党治国理政的重要资源,重大主题报道是主流媒体凝聚社会共识、引导社会舆论的重要手段。面对深刻变化的社会现实和日益活跃的社会舆论,新闻媒体舆论引领的作用显得越来越重要。主题报道通过紧扣群众谋求发展富裕的强烈愿望,聚焦经济社会发展主战场,整合社会各方资源,能够把干部群众的智慧和力量凝聚到发展上来。主题报道不同于常态的新闻报道,它是实现正确舆论导向的重要途径。在社会热点问题层出不穷的转型发展期,媒体借助主题报道有效引导舆论,能够最大限度地增加和谐因素,减少不和谐因素,当好意见领袖,提倡社会"正能量",为实现"两个一百年"奋斗目标营造良好的舆论氛围。②

4. 通过信息选择,设置公众议题

"议程设置理论"由美国传播学者马克斯韦尔·麦考姆斯和唐纳德·肖于1972年提出。该理论认为,大众传播往往不能决定人们对某一事件或意见的具体看法,但可以通过供给信息和安排相关的议题来有效地左右人们关注哪些事实和意见及他们谈论的先后顺序。议题,就是议论的话题。新闻媒介可以根据自己的价值取向和新闻规律,放眼大千世界,有目的地选择新闻素材加以报道,为公众设置议题。新闻媒介有选择地设置议题,引起社会公众议论,使公众的意见核倾向朝媒介预期的方向发展,这是新闻媒介重要的舆论引导职能。

议程设置是新闻传播的常规动作,也是高难度动作。它常常通过策划新闻"战役"式的集中报道和提供社会典范的典型报道来实现。

"战役"集中报道,能使一个时期的新闻传播有方向,有中心,有重点,成系列,具规模,见合力,让新闻传播有声、有色、有力度。如在2020年新冠肺炎肆虐期间,《人民日报》仅在2月份,就用了90多个整版,用了消息、通讯、深度报道、评论等体裁对防疫抗疫进行了"战役"式组合报道,产生了极佳的传播效果。与此相反,如果不组织该打的新闻战役,新闻舆论稀松零散,就不足以影响社会,也就不能很好地引导社会舆论。

典型报道中的"典型"是指那些代表性特别强、内涵特别深的典型事例和典型人物,一个典型就是一大群、一大片、一大类,一经报道,就会有舆论反应。因而,典型报道一出,就能形成舆论引导。报道正面的典型,典型的先进人物具有榜样意义,典型的先进经验具有

---

① 吴丰军、黄基秉:《主流舆论的概念辨析》,《成都大学学报(社科版)》,2007(5)。
② 叶锡环:《双重维度下的主题报道:媒介融合与舆论引导》,浙江工商大学出版社2018年版,第20页。

示范作用。报道反面典型，提供反面教材，能给人以深刻的警示。典型报道应当实事求是，对正面典型要不拔高、不美化、不神化。只有完全真实的典型报道才能发挥舆论引导的作用，假的典型报道只会适得其反。①

二、以道理劝服公众：运用新闻评论引导舆论

新闻舆论引导其实就是一个传播意见和观点的过程，公众能在多大程度上接受媒介所反映或持有的观点，决定着舆论引导效果的好坏。因此，从这个角度来看，新闻舆论引导实际上又是一个劝服公众的过程。劝服，就是指新闻媒介通过传递某种信息，来影响改变受众的观念、态度、行为的活动。最早对劝服理论开展系统研究，并卓有影响的是以传播学四大先驱之一霍夫兰为首的耶鲁学派。耶鲁研究从传播方式上探讨劝服艺术可以归纳为四个命题：一是只说一面之词好，还是正反两面都说好；二是先说为好，还是后说为好；三是结论由传播者明白给出好，还是由受众自己得出好；四是理智型的宣传好，还是情感型的宣传好。②

新闻评论作为理智型劝服方式，主要是通过宣传自己的观点和主张来影响舆论和指导工作，同时，也通过批驳错误观点来纠正错误，来扶正舆论的发展方向。因此，运用"一面说"与"两面说"相结合的劝服方法，是新闻媒介常用的舆论引导方法。具体表现在以下两方面：

1. 提供观点，形成正确的新闻舆论

新闻舆论引导要打新闻"组合拳"，动用新闻的"十八般武艺"，尤其要注重发挥新闻评论的独特作用。新闻评论在新闻传播中，起开路、举旗、定调的作用，是新闻传媒的灵魂和旗帜。新闻媒介自己发言立论，通过新闻阵地经常直接推出正确的新闻舆论，从而引发正确的社会舆论，引导社会舆论朝向正确的方向发生和发展，新闻媒介因此而成为正确舆论的策源地，这是现代新闻传播中实现正确舆论导向的首要一招。

舆论是一种公众的意见，具体来说是在一定社会范围内，消除个人意见差异，反映社会知觉和集合意识，即多数人的共同意见。新闻评论因事立论，更多的就是为人们提供观点信息。社会舆论复杂多元，有正确的，也有错误的，它需要正确的观点作引导。新闻评论作为各类大众传播媒介的旗帜和灵魂，应经常针对国内外的重大事件或重要问题表明态度、声明和主张；应针对国家的大政方针、具体政策做出解释并表明态度与看法；不仅如此，新闻评论，还应把人们对具体事件的了解上升为理性的思考，发掘其蕴含的普遍意义、社会价值和发展规律等。这样做的目的就是要以正确的观点，形成正确的舆论，并以正确的舆论引导人。新闻媒介凭借其独特的传播优势，所提供的观点能给予社会舆论以不同程度的影响和引导，直至形成某种主导性舆论。所以，在引导社会舆论、影响人心所向等方面，新闻评论有着巨大的社会功能。

2. 批驳谬论，抑制负向舆论生长

社会上总会存在着一些具有倾向性、影响较大的不良现象，也有一些或敌视人民或私欲

---

① 彭菊华：《新闻学原理（第2版）》，中国传媒大学出版社2014年版，第136页。
② 李彬：《传播学引论（第三版）》，高等教育出版社2013年版，第215页。

膨胀或认识偏差的人散布的歪理谬论。如果任由这些违背真理，歪曲真相，蛊惑人心，扰乱社会，损害社会主义核心价值观的不良现象和歪理谬论蔓延的话，势必会形成负向舆论，将公众和社会引入歧途。负向舆论横行的世界，真理和正义就会被践踏，法律和秩序就会被破坏，甚至核心价值观和社会意识形态都有可能被颠覆。事实上，负向舆论如果形成一定的"气候"，就会产生一种巨大的冲击波，扰乱人们的正常思维，影响人们的正常行动，侵蚀整个社会的主流舆论，从而使人们情绪产生波动、思想发生变化，给人们的思维造成混乱，甚至使社会失去平衡，出现倾斜，乃至发生严重的骚乱和剧烈的动荡。因此，新闻评论及时针对不良现象展开批评，对歪理邪说进行批驳，是其重要的舆论功能，目的在于讲清道理，分清是非，给人以启发和教育，以遏制负向舆论的生长，引导正向舆论的形成。负向舆论的产生及其实质决定了，坚持和实现正确的舆论导向，必然包含制约负向舆论，坚决有力地抵制负向舆论。否则，正确的舆论就难以生存，即使勉强生存下来，其作用也将大打折扣。

制约负向舆论，包括防止负向舆论产生和对负向舆论予以揭露批判，主要是对负向舆论进行揭露和批判。某种负向舆论一出来，就应立即施以诛伐，不让它生存，更不让它蔓延滋长，最终把它铲除；或者褫其外衣，揭其实质，还之以流言、悖论、偏见的本来面目；或者针锋相对，占领舆论空间和舆论高地，使负向舆论无立足之地。①拿起批判的武器制约负向舆论，必须旗帜鲜明，坚定有力。对于反动舆论，要针锋相对，一针见血地揭露其实质，揭露其卑鄙的手段与目的。对于人民内部的错误认识，一方面要十分严肃地进行分析，辨明是非，另一方面也要采取友善的态度，选择宜于接受的评论方式。制约负向舆论乃是真理与谬误的较量，新闻评论应当讲科学性，有说服力，从思想理论上取胜；但同时也要讲艺术性，不能意气用事，要用道理去说服别人，用严密的论辩逻辑去影响别人。

第五节　新闻舆论引导的艺术

新闻舆论引导，应当是有效的引导。有效的引导是遵循新闻规律的引导，是讲究艺术性的引导。相反，缺乏艺术性的引导，往往也就是无效的引导，和放弃正确的引导其实并没有本质的区别，甚至还会产生副作用。因此，我们应当树立这样一种意识：不应只是一般地强调引导，而应当强调进行有效的引导和富于艺术性的引导。范敬宜认为，讲究艺术的舆论引导，应该做到：讲成就而不引起怀疑，讲缺点而不引起泄气，讲发展而不引起攀比，讲调控而不引起忧虑，讲先进而不引起反感，讲问题而不引起恐惧。②

新闻舆论引导是一门实践性很强的艺术，在长期的新闻工作实践中，我国新闻媒体在舆论引导方面不断创造新的方式，研究新的技巧，积累新的经验，形成了一些特有的做法。本书将其总结为以下三个方面。

---

① 彭菊华：《新闻学原理（第2版）》，中国传媒大学出版社2014年版，第133页。
② 范敬宜：《舆论引导需要宣传艺术》，《中国记者》，1993（09）。

一、明示与暗示相结合

新闻舆论引导实际上是一个劝服公众接受某种意见的过程，因此需要掌握一定的劝服技巧。霍夫兰等人认为，在劝服性传播中，明示优于暗示，即传播者把结论讲得越是明白无误，越能促成更多的态度改变。但在现实生活中，有时暗示即由受传者自己得出结论更能产生理想的劝服效果。于是他们把劝服策略修改为：对轻信盲从、不愿多想的人，明示的效果更为理想；但对于通情达理、一点即通的人，还是含蓄的暗示效果好。[1]新闻舆论引导中的明示，就是指新闻媒体上公开的思想观念的交流，它包括意识形态、价值观念、政治信息等的宣扬与传递。而暗示则是指在无对抗条件下，新闻媒体通过事实报道和言论等对受众的心理和行为产生影响，使其接受暗示者的某一观点、意见。明示结论能使观点鲜明，读者易于理解，但易引起读者反感。暗示结论，寓观点于材料之中，则能给读者一种"结论得自于自己"的感觉。新闻媒介在舆论的引导中，对通情达理、一点即通的人，含蓄暗示效果更好；但对轻信盲从、不愿多想的人，还是直接讲明道理说出结论好。新闻舆论引导是大众传播，所引导的对象和内容都有很大的差异性，因此，需采用明示与暗示相结合的劝服方式。

明示与暗示相结合的引导艺术，在新闻舆论引导的实践中得到了很好的运用和经验总结。丁柏铨就提出了"显隐适切""软硬兼施"的方法。[2]显隐适切，就是指新闻舆论引导有时需要做显性的引导，有时需要做隐性的引导。显性的引导，要有声有色，理直气壮，具有"大弦嘈嘈"之势；隐性的引导，则应不显山不露水，悄无声息，发挥"春风化雨"之效。软硬兼施，是指新闻舆论引导应当是既软又硬的引导。所谓既硬又软，是指事实硬，道理硬，而说理的语言或方式软，或者事实似乎软而隐含的道理硬。软硬结合才能产生好的引导效果。范敬宜提出了"引而不露""引而不发"的策略。[3]他认为当社会出现某种新情况、新问题，一时难以做出明确结论时，新闻媒体不宜直接给出结论，而应交由公众展开群众性讨论，以暗示的方式让公众得出"自己"的意见，然后新闻媒体再发表自己的看法，甚至等到恰当的时机来发表自己的意见。侯东阳还提出了"侧面式引导"的方式来强调"暗示"在新闻舆论引导中的方法和重要性。[4]他认为，侧面式引导就是要顺应民众的心理，不要使用一贯的口号式政治宣传方式，而是从具体的事实出发让民众自己得出结论。大众媒介应当坚持贴近实际、贴近生活、贴近群众，尊重人民主体地位，发挥人民首创精神，保证人民的知情权、参与权、表达权、监督权。同时，要注重在报道新闻事实中体现正确导向，在同群众交流互动中形成社会共识，在加强信息服务中开展思想教育，用事实说话、用典型说话、用数字说话，化解矛盾，理顺情绪，引导各方面群众共同前进。

二、正面宣传与监督批评相结合

以正面宣传为主是中国新闻工作的基本原则。大众媒介要坚持以正面宣传为主，扩大正

---

[1] 邱沛篁等：《新闻传播百科全书》，四川人民出版社1998年版，第82页。
[2] 丁柏铨：《论新闻舆论的引导方式》，《新闻大学》，1997（04）。
[3] 范敬宜：《舆论引导需要宣传艺术》，《中国记者》，1993（09）。
[4] 侯东阳：《中国舆情调控的渐进与优化》，暨南大学出版社2011年版，第179页。

面舆论，宣传积极、实在的生活目标和社会风气，有高度的政治责任感、良好的政治鉴别力和敏锐性。以正面宣传为主不是不要新闻批评，利用大众媒介进行批评和自我批评历来是中国共产党的优良传统，如果没有新闻批评，大众媒介一味地报喜不报忧，就与现实状况不符，引发舆论的不满，也就失去了舆论引导的功能。

新闻舆论引导要坚持正面宣传与监督批评相结合，既报喜又报忧，既讲成绩又讲问题；既表扬先进，以优秀的人物和事迹感动公众，讴歌理想、凝聚人心，又要批评落后、揭发腐败和种种恶行，针砭时弊，涤荡不良的社会风气；既在社会唱响主旋律，在社会中形成有利于社会主义建设的主导舆论，又对群众切齿痛恨的不良现象和不正之风，进行旗帜鲜明、毫不留情的揭露和批判，并对党和政府工作中出现的失误、过错，担负起监督、批评之职。总之，要全面地、立体式地"透视"社会，不避讳问题、困难和缺点、错误。当然，媒体也不应当凡忧必报，而是要有选择、有控制地反映问题，批评缺点，揭露错误。"喜与忧"应当主次分明，控制适度。一般地说，"报忧"是"报喜"的辅助和补充，而且报忧需要掌握"适量"的原则。①如果主次不分或二者并重，特别是如果过于突出问题、困难和缺点、错误，容易造成错觉，容易扰乱人们的情绪和视线，这样不但会造成对舆论引导的冲击，而且也不利于使舆论监督取得预期的效果。

三、"时效度"三者相统一

2013年8月19日，习近平总书记在全国宣传思想工作会议上指出，舆论引导"关键是要提高质量和水平，把握好时、度、效"。②在"8·19"讲话中，"时、度、效"作为舆论引导的"关键"被中央高层正式提出，成为新形势下对舆论引导工作的新概括和新要求。

当前学界、业界对新闻舆论引导"时、度、效"的理解和阐释还不太一致，

除将"效"理解为"效果"较为一致外，对"时"和"度"的理解则差异较大。本书采用张勇锋的观点。③时：指"时势""时效""时机"，在其内涵上是三者的有机统一。时势，指的是舆论引导要有时代大局和社会大势的宏观视野，要有审时度势、总揽全局的把控能力；时效，指的是面对热点舆情，要争分夺秒抢占"第一时间""第一落点"；时机，指的是具有时间性的客观条件和特殊机会。度：指"尺度""程度"。尺度，是"度"的首要含义，即准则、规范、法度，从根本上说，指的是新闻传播规律和行业规范，前者着眼于专业主义的技术层面，后者着眼于职业规范的道德层面；程度，即分寸、火候，是一个量的概念。

新闻媒介要艺术地引导舆论，需掌握好"时、度、效"三者之间的辩证关系。丁柏铨认为，在新闻传播与舆论引导的过程中，对"时、度、效"三者的把握，相互之间存在着紧密的联系、辩证的关系。"时、度、效"，分别涉及时间维度、方法维度和影响维度。新闻报道和舆论引导，在时间维度上存在一个何时作为更为合宜的问题；在方法维度上，存在一个如何作为更为可取的问题；在影响维度上，存在一个作为怎样才能深入人心且产生最大正向效

---

① 郑保卫、王静：《浅谈舆论引导的艺术与技巧》，《新闻界》，2007（5）。
② 《胸怀大局把握大势着眼大事，努力把宣传思想工作做得更好》，《人民日报》，2013年8月21日。
③ 张勇锋：《舆论引导"时、度、效"方法论研究论纲》，《现代传播》，2015（10）。

应的问题。每一个维度都非常重要。将"时、度、效"三者综合起来考虑并付诸实施，方才可能在舆论引导中取得预期的良好结果。①

新闻舆论引导是一门实践性很强的艺术，在舆论引导中做到"时、度、效"三者相统一，尤其需要有艺术。借鉴学者研究成果以及业界的实践经验，有利于我们提升新闻舆论引导的能力和水平。殷陆君总结实践经验认为，新闻舆论引导工作要从时度效出发，从时度效着力，达到时度效目的。要追求时的艺术，讲究先后之序、快慢之用，善于起承转合抓住时机、把握节奏。涉及重大问题的新闻舆论引导，尤需把握好早和快、准和快的关系，努力做到首发引导准确定调；过程引导及时传导；细微之处精准引导。要追求度的艺术，在工作中讲究分寸是新闻舆论引导成功的关键。在新媒体时代数据信息呈井喷式增长，我们要善于运用大数据技术来分析舆情，准确研判舆情走势，进而实现精准推送、重点引导、传达到位。②张勇锋分别从舆论引导的三个主要方面，即正面宣传、社会热点、突发事件，具体探讨时、度、效方法论在舆论引导实践中的运用策略，③值得我们在实践中参考。在新冠肺炎疫情蔓延期间，如何做好重大疫情的舆论引导工作，邓志强从遵循"时度效"角度给我们提供了方法（见"阅读材料"），也值得我们学习和借鉴。

【阅读材料】

重大疫情舆论引导要遵循"时度效"三字诀

邓志强

面对突如其来的新冠肺炎疫情，迫切需要加强舆论引导工作。笔者以为，做好重大疫情舆论引导工作，要遵循"时度效"三字诀。

把握好"时"，赢得舆论主动权。把握时机，才能赢得先机。时效性是赢得舆论主动权的第一位要求，把握好"时"，是做好重大疫情舆论引导的前提。把握好"时"就是遵循疫情舆情的时效性规律，主流媒体选择时势、时期和时机发布信息。一是及时发布权威信息，引导社会舆论。新冠肺炎疫情是新中国成立以来，传播速度最快、感染范围最广、防控难度最大的重大突发公共卫生事件。如果官方疫情信息发布不及时，一些网络谣言则跑在前面，可能引发网络舆情热点，制造恐慌情绪。此时，主流媒体绝不能失语，要第一时间发布权威信息，先声夺人，赢得舆论主动权。2月20日湖北省外确诊数据突然反弹等议题，官方网络媒体第一时间主动回应，以真相破除质疑，有效引导了社会舆论。二是全时公开疫情信息，回应社会关切。新媒体时代，信息传播已步入"随时"和"全时"状态。要组建舆论引导主流矩阵，形成融合媒体，通过传统媒体和网络媒体全时性、全天候、全过程地公开疫情重要信息，回应公众的关切点和质疑点。三是择时报道疫情信息，合理疏导情绪。重大疫情具有周期性，在疫情暴发初始阶段、扩散阶段、攻坚阶段、消退阶段和结束阶段，疫情特点和社会舆论关注点不一样，主流媒体要依"时"而动，审度时宜，择准时机，在不同的疫情阶段和舆情发

---

① 丁柏铨：《在舆论引导中如何把握好"时、度、效"》，《新闻与写作》，2014（5）。
② 殷陆君：《着力提高新闻舆论引导艺术》，《人民日报》，2016年11月23日。
③ 张勇锋：《舆论引导"时、度、效"方法论研究论纲》，《现代传播》，2015（10）。

生时间节点，根据网民在线高峰期，精准报道疫情信息，科学解释疫情应对举措，让广大网民第一时间了解疫情动态和相关政策，合理疏导公众情绪。

把握好"度"，掌控舆论主导权。把握分寸，方能得到认同。把握好"度"，是做好重大疫情舆论引导的关键。把握好"度"就是遵循疫情舆情的结构性规律，主流媒体发声要把握好量度、尺度、力度和法度。一是全方位公开疫情信息。从量度上，疫情信息以及疫情防控信息要立足公众需求，实时更新，持续跟进，滚动发布，多平台传播，保障公众信息接收的完整性和有效性。二是差异化引导疫情舆情。疫情发生后，相关舆情热点频发。从尺度上，深度分析疫情舆情内容，区分政治问题、学术问题、认识问题，根据问题类型，采取不同引导策略与方式。面对疫情舆情中的错误思潮和错误倾向，要提高政治鉴别力和战斗力，敢于亮剑，敢于斗争，坚决抵制和反对错误观点。面对负面舆情，要精准研判客观效果和主观意图，负面舆情可以发现疫情防控中存在的问题与短板，推动疫情防控工作的改进。不能一遇到负面舆情，就采取"一刀切"式的方法，否则，可能导致再生舆情，损害政府公信力和形象。三是弹性化介入舆情议题。引导不同类型疫情议题，要拿捏好报道分寸，合理运用宣传方式。从力度上，疫情舆论引导要掌握好火候。面对舆情反映的合理诉求，要重视和审视合法合理合情民意，通过"政策行动+解释"在网络平台宣传，防止情绪化判断和极端化表达。面对疫情舆情微议题及情绪表达，主流媒体切忌过度介入，而是适度淡化处理，尊重和理解民意，合理设置议题，转移话题。正面宣传也不能过度，否则就会带来"低级红高级黑"现象。四是法治化引导疫情舆论。舆论引导工作要依法开展，纳入法治化和规范化轨道。主流媒体发声内容要体现法治精神，网络管理部门要依法治理和监督网络舆情，网络信息内容生产者、传播者和服务平台要遵循法律法规。

把握好"效"，掌握舆论话语权。追求实效，才能获得掌声。把握好"效"，是做好重大疫情舆论引导的目标。把握好"效"就是遵循疫情舆论引导的出发点和落脚点，达到疫情舆论引导的效果、效益和效率。一是解决实际问题是疫情舆论引导的根本逻辑。切实提高疫情舆论引导效果，最根本逻辑在于解决实际社会问题和矛盾。舆情的源头是疫情防控中存在的实际问题，解决实际问题是平息疫情舆情和掌握舆论话语权的关键一招。疫情防控做得好、细、实，符合公众利益需求，医疗资源、生活资源、疫情信息等供给有效，舆论生态则会朝着积极向好态势发展。二是理解公众立场是疫情舆论引导的基本逻辑。切实提高疫情舆论引导效益，要理解公众立场。疫情舆情反映了公众的立场和民意，做好疫情舆论引导，首先要深刻分析舆情背后的利益、价值、态度，找准思想认识的共同点、情感交流的共鸣点和利益关系的交汇点。只有如此，才能找到疫情舆论引导的切入点。三是创新方式方法是疫情舆论引导的操作逻辑。切实提高疫情舆论引导效率，要创新引导方式方法。站在公众视角，通过抖音、微博、微信等多元平台发布疫情信息，既报喜，也报忧，全面真实客观地发布信息。采取公众易看、易听和易懂的方式，通过权威专家第三方来发声，提高舆论引导效率。通过舆论议程设置和信息综合梳理，将碎片化的疫情信息转化为系统化的系列疫情信息。

（作者系湖南省中国特色社会主义理论体系研究中心省委党校基地特约研究员）

【原文刊发在《中国社会报》2020年3月23日第004版】

【思考题】

1. 简述新闻舆论的含义及特征。
2. 新闻舆论的构成要素有哪些？
3. 简述舆论引导与新闻舆论引导的区别与联系。
4. 分析新闻舆论引导具有的特征。
5. 简述新闻舆论引导应坚持的原则。
6. 你认为当前群体性事件有哪些特点？如何针对这些特点进行舆论引导？
7. 就某一突发公共事件为某新闻媒体拟写一份"舆论引导方案"。

第七章

新闻舆论监督

新闻舆论监督是人民群众通过新闻媒体对国家和社会事务进行监督评议的重要途径，是社会主义民主的重要形式，是我国社会主义监督体系的重要组成部分。新闻舆论监督的本质主体是人民群众，监督的主要对象是公共权力、公共事务和公共人物。新闻舆论监督作为新闻工作的重要内容，应遵循准确监督、科学监督、依法监督、建设性监督的原则。新闻媒体和新闻工作者在履行监督职责时，要把社会责任放在首位，遵守纪律和法律，恪守新闻道德，自觉接受党、政府和人民群众的监督。

第一节　新闻舆论监督的特征与功能

加强新闻舆论监督与发扬社会主义民主密切相关。加强新闻舆论监督是尊重人民群众主体地位、保障人民群众政治权利的体现，是适应人民群众政治参与积极性不断提高、公民意识不断增强的需要，是完善民主监督机制、加强执政党与人民群众联系的重要方式。

一、新闻舆论监督的含义

舆论监督有广义和狭义之分。新闻舆论监督是狭义的舆论监督，指人民群众通过新闻媒体，对国家和社会事务进行监督的行为。[①]通常，新闻舆论监督是通过新闻报道和舆论表达（如新闻评论）来进行舆论监督的，其中新闻报道是产生舆论的事实基础。新闻报道是以客观事实为基础的，舆论则是公众意见的公开表达，新闻媒介通过新闻报道和发表公众舆论，能够更及时、迅速、广泛地传播公众舆论，造成全社会相对一致的舆论气氛，进而对报道对象产生及时的、强大的监督、制约作用。[②]事实上，新闻报道和新闻评论都能够也都在履行舆论监督的功能。新闻报道是通过"披露事实"、公开问题来实施舆论监督，这是新闻舆论监督的常见方式，使用频率高。新闻评论是新闻舆论监督的"重武器"，轻重兼顾，常用于对重大问题的监督，颇有力度。[③]新闻舆论监督如果配合使用新闻报道和新闻评论，则一般属于较为重要

---

① 本书编写组：《新闻学概论》，高等教育出版社、人民出版社2009年版，第157页。
② 韩军：《新媒体时代下的新闻传播与舆论监督研究》，九州出版社2017年版，第72页。
③ 彭菊华：《新闻学原理（第2版）》，中国传媒大学出版社2014年版，第138页。

的了。需要清楚的是，新闻舆论监督是一种特殊的监督形态。它不是一种强制性的社会控制力量，没有国家或社会的强制力或强制措施作为后盾，不具有法律强制力，也不是直接的、可以按规定程序进行的监督，但它借助新闻媒体的传播优势，反映公众对社会现象、社会问题的普遍意见，实际上是代表公众对社会现实作用的主动回应，因此，在实施社会监督方面具有很强的影响力和权威性。

新闻舆论监督不同于广义的舆论监督。就广义的舆论监督而言，它是指公民通过各种公开形式对国家和社会事务进行监督的行为。①这种监督渠道多样，凡事涉监督的社会舆论，即构成舆论监督。很明显，论概念，舆论监督概念大些。在舆论监督实务中，新闻舆论监督之外，还有其他渠道和形式的舆论监督，如集会、游行、上书、上访等群众活动所表达的舆论诉求及其所发挥的监督作用。舆论监督要正常运行，其前提是公众知情，这有赖于新闻媒体。在媒体社会，很多社会舆论上了新闻媒体，实现了由大众舆论向新闻舆论的转化。现实生活中，人们常说的舆论监督，其实就是指的新闻舆论监督，这需要我们根据语境来理解其义。

新闻舆论监督也不同于"负面报道"。"负面报道"大致有两种情形：一种指反映负面新闻信息的报道，另一种是对新闻事实做负面解读的报道。两者之中，主要是前者。②而负面新闻信息指那些具有新闻价值的消极事实所释放出的信息。由此可知，负面报道是基于真实、全面反映当前社会生活的负面新闻信息呈现，其传播诉求首先是为了向人们传达某一新闻信息。因此，负面报道的文本形式和实际效果，经常与新闻舆论监督相重合，许多负面报道具备新闻舆论监督的作用。但新闻舆论监督与负面报道的目的完全不同。新闻舆论监督作为解决人民内部矛盾的方式方法，在于诉诸新闻舆论并形成舆论监督的效果来促进问题的解决。新闻舆论监督第一位的传播诉求，是意见及其表达，而不只是传递某个新闻信息。

新闻舆论监督也不同于批评报道。批评报道或称批评性报道，是专门抓反面典型的，涉及社会生活各个领域、各个行业。批评报道是新闻舆论监督的常用方式。但新闻舆论监督不限于批评报道。在现实生活中，善与恶、清与浊都是同时存在的，正所谓惩恶需扬善，扬善即惩恶，新闻舆论监督也可以左右开弓，反手擒敌。因此，举凡伸张正义的褒扬，诉诸新闻舆论的组织监督、群众监督、法律监督，褒贬鲜明的对比性报道，都具有新闻舆论监督的色彩和作用。

二、新闻舆论监督的特征

新闻舆论监督是社会公众运用新闻媒体所进行的社会监督，具有自觉性、广泛性、公开性、及时性、非强制性等特性。③

1. 自觉性

新闻舆论监督的自觉性主要表现在以下几个方面。

---

① 本书编写组：《新闻学概论》，高等教育出版社、人民出版社2009年版，第157页。
② 彭菊华：《新闻学原理（第2版）》，中国传媒大学出版社2014年版，第139页。
③ 许新芝、罗朋、李清霞：《舆论监督研究》，知识产权出版社2009年版，第67-70页。

第一，新闻舆论监督的监督主体（新闻媒体）是按照一定的组织制度组成的社会舆论机构，其成员媒体人都有着自觉的职业意识和专业知识，与公众舆论的主体社会公众相比，新闻舆论的主体具有明显的自觉性，在进行舆论监督的过程中，新闻媒体或媒体人要受到自身的组织原则、职业准则、操作规程以及法律制度等因素的制约，在享有新闻自由等权利的同时，要自觉地履行自己的社会义务与责任。

第二，新闻舆论作为新闻媒体或媒体人按照一定的价值尺度对社会公众舆论选择的结果，是媒体有意为之的产物，这种有意识的选择使得新闻舆论与公众舆论相比具有了鲜明的自觉性，新闻媒体代表公共利益进行舆论监督，对公众利益的维护也就使得新闻舆论监督具有了明确的指向性，显示了自觉性的特征。

第三，新闻媒体在进行舆论监督时，不仅会为社会公众的舆论监督提供空间，而且媒体自身也会引发公众对特定公共事务的关注，进而引发公众的舆论监督。公众的参与与监督，会对重大的或特定的公共事务提供各利益主体的不同意见和建议，有利于社会的和谐发展，避免失误与错误的发生。新闻媒体这种唤起舆论、引导舆论，进而发挥舆论监督功能的作用，也显示了新闻舆论监督的自觉性特征。

2. 广泛性

新闻舆论监督的广泛性主要表现在以下几个方面。

第一，舆论监督主体具有广泛性。新闻舆论监督是人民授权新闻媒体所进行的民主监督，任何公民都可以通过新闻媒介发表对国家和社会事务的意见和建议，对国家权力机关及其公务人员进行批评和督促，因而新闻舆论监督也是监督主体最广泛的社会监督形式。

第二，新闻舆论监督的广泛性还表现为监督内容的广泛。新闻舆论监督的内容涉及社会公共生活的方方面面，它既可以监督国家大政方针的制定过程，也可以监督具体政策的执行情况；既可以监督国家权力的最高掌管者，也可以监督地方行政官员；既可以监督社会公共生活当中的具体事件，也可以监督具有宽泛性的社会思潮，与法律监督、行政监督等监督形式相比，其监督对象具有广泛性的特征。

第三，由于新闻媒介作为信息和舆论传播载体，拥有广大的受众群，公众舆论经过新闻媒介的传播，可以由小范围的舆论扩大为较大范围的舆论，由地方性的舆论扩展为全国性的舆论，因而从影响力来看，新闻舆论监督比其他社会监督形式也更具广泛性。

3. 公开性

新闻舆论监督的公开性，是由新闻媒体的特性决定的。新闻媒体的信息向公众开放，公民享有获得新闻媒体信息的权利，其公共性、公开性也决定了新闻舆论监督的公开性，因为新闻舆论监督正是通过新闻媒体所具有的公开传播的特性来达到公共监督和社会制约的目标。新闻舆论监督的基本途径就是公开报道和评论：把某件事实或议题公开在阳光下，并给予政治、法律、道德等方面的评价。新闻舆论监督使舆论以新闻的形式传播，将监督的具体内容公开化，即便是内参，也是一种限制范围的公开和对特定对象的传播。在一定意义上，正是由于新闻媒体的公开性特征，才使得新闻舆论监督具有了强大的影响力。可以说，新闻舆论监督的力量，是通过公开性而强化的。

4. 及时性

作为职业的社会信息机构和社会舆论机关，新闻媒体关注社会生活方方面面的变化，密切注视那些新近发生的国家和社会事务当中的重大事件和重要的问题，高度重视社会公众舆论的动态，因而，新闻舆论监督能够及时而迅速地对国家机关及其公务人员的行政行为进行监察和督促，及时而有效地发挥舆论监督的社会作用。加之，由于新闻舆论监督是通过现代传媒进行的，信息传播的电子化、网络化使得这种监督方式具有迅速便捷的特点。具体表现在：一是新闻报道及时。许多事件一经发生就会立即得到传播，迅速形成社会关注的焦点，社会舆论往往能够影响甚至改变事件结果。二是信息反馈及时。新闻报道的影响力使得相关各方面都不能漠然不顾、拖延不理，而是尽快做出反应，采取相应措施，争取事态向积极方面转化。三是塑造形象及时。批评报道、负面新闻会给报道对象的形象带来不利影响，无论是机构还是个人，往往会及时吸取教训、改正错误，以公众认同的行为恢复声誉、修复形象。正是因为新闻舆论监督具有及时性的特征，它可以使某些错误政策或行为得到及时纠正，有利于避免严重的后果。

5. 非强制性

新闻舆论监督是社会公众通过新闻媒体公开表达舆论，对国家机关及其公务人员提出建议、批评、检举、申诉和控告等方式进行的，它依靠舆论的力量对监督对象造成精神或道德上的压力，形成一定的社会影响，督促监督对象依法秉公行政，因而它对监督对象不具有法律上的强制力，也不直接产生相应的法律后果。

新闻舆论监督具有非强制性，这并不意味着可以低估新闻舆论监督的作用。在我国，新闻舆论监督是公民直接参与国家和社会事务管理、行使公民权利、建设社会主义民主政治的具体体现，因而党和国家十分重视发挥新闻舆论监督的作用。我国宪法明确规定："一切国家机关和国家工作人员必须依靠人民的支持，经常保持同人民的密切联系，倾听人民的意见和建议，接受人民的监督，努力为人民服务。"这就表明了人民群众对国家机关和国家公务人员进行舆论监督的权利是受法律保护的，国家机关及国家公务人员有接受人民群众舆论监督的义务。

同时，在一定的条件下，公众舆论如果被有关国家机关接纳或注意，新闻舆论监督也就有可能转化为国家监督，进而产生法律上的强制力，引起相应的法律后果。我国宪法规定："中华人民共和国公民对于任何国家机关和国家工作人员，有提出批评和建议的权利；对于任何国家机关和国家工作人员的违法失职行为，有向有关国家机关提出申诉、控告或者检举的权利，但是不得捏造或者歪曲事实进行诬告陷害。对公民的申诉、控告或者检举，有关国家机关必须查清事实，负责处理。任何人不得压制和打击报复。由于国家机关和国家工作人员侵犯公民权利而受到损失的人，有依照法律规定取得赔偿的权利。"由此我们也看到，新闻舆论监督与国家监督（如立法监督、行政监督、审判监督、检察监督等）之间的关系十分密切，作为监督主体最为广泛的社会监督形式，新闻舆论监督是国家监督的坚实基础，它与国家监督密切配合，共同维护着国家和社会的公平、公正与和谐发展。

三、新闻舆论监督的功能

新闻舆论监督的功能，集中体现了新闻舆论监督的意义和价值。一般来说，新闻舆论监督具有监测、约束、警示、反馈等功能。①

监测功能。主要指新闻舆论监督具有监测社会环境的功能。新闻媒体在舆论监督过程中可以发挥自身信息渠道密集、反应灵敏的行业特长，对社会环境实行全方位的监测，随时发现社会发展过程中出现的新事物、新问题和新动向，起到"社会雷达"的作用，因此被马克思称为"人民精神的洞察一切的慧眼"。

约束功能。新闻舆论监督与法律监督、行政监督和组织监督协同运行，能够在发现政治、经济和社会运行中的异常情况的同时，发挥社会舆论公开性的巨大威力，通过人民群众的批评参与，促进权力部门的自省、自律，对权力部门的官僚主义、腐败现象和各个领域违反法制和社会规范的行为起到制约、规范作用。

警示功能。通过新闻舆论监督报道的典型案例，可以对整个社会，特别是对那些危害严重的以权谋私、滥用职权和渎职等行为起到巨大的震慑作用，提高公民的法律意识和法治观念，增强社会责任感，加强社会预防，使违法违纪者认识过错、自我谴责、将功补过，使其从被监督和被处罚的教训中得到警示，使社会各界认识到合法行为与违法行为的界限，从而不仅自觉守法，而且积极与违法犯罪行为做斗争。

反馈功能。即通过新闻舆论监督，帮助党和政府发现问题和不足，积极关注社情民意推动党和政府科学民主决策，促进制度完善。新闻舆论监督的过程，实际上是关注社会动态，把握社会重大事项和问题的过程，是上通下达，沟通情报，为国家提供宏观信息和决策参考的过程。

四、新闻舆论监督的作用

新闻舆论监督作为社会监督的重要形式，它在社会生活中发挥的重要作用主要包括以下几个方面。②

1. 能够积极推动社会民主法治国家的建设，维护社会生活的和谐有序发展

新闻舆论监督是公民参与国家和社会事务管理、行使民主权利的具体方式，新闻媒体作为公众舆论的传播载体，能够使得分散的甚至是纷乱的公众舆论得以清晰、准确的表达，公众通过新闻媒介，能够更有效地监察和督促国家权力机关及其公务人员的行政情况，对损害公民利益以及违反法律及社会公共道德的行为予以曝光、评判与谴责，不仅能够给监督对象造成强大的精神心理压力和社会压力，还能够由此形成良好的民主监督氛围，督促国家机关及其公务人员依法行政，推动社会生活健康、和谐、有序地发展。

2. 能够积极推动党和国家政治决策的民主化、科学化，推进政治决策的正确执行

新闻媒体作为职业的信息传播机构，十分关注国家和社会生活当中的重大事件和重要问题，对于国家政治决策的制定过程以及执行情况，新闻媒体当然会给予高度的重视。新闻媒介对与国家大政方针的制定情况和执行情况的报道，不仅能够满足人民群众对国家重大问题

---

① 本书编写组：《新闻学概论》，高等教育出版社、人民出版社2009年版，第159-160页。
② 许新芝、罗朋、李清霞：《舆论监督研究》，知识产权出版社2009年版，第70-71页。

的知情权，同时，人民群众对国家大政方针的意见和建议也可以通过新闻媒介及时、准确地表达，使决策者及时了解人民群众的利益要求和愿望，避免决策失误，纠正决策执行过程中的缺失。

3. 能够积极督促国家公务人员依法行政

国家机关公务人员的职务行为和社会行为也是新闻舆论监督的主要对象。新闻媒体常常会运用批评报道或读者来信公开批评的形式，对于公务人员在行政过程中的违法行为、侵害公共利益的行为、危害社会公德的行为、渎职失职行为、行贿受贿的腐败行为等进行曝光，由于新闻媒介有着广泛的读者群和很大的社会影响力，因而新闻舆论监督较之一般的社会监督形式，能够形成广泛的社会影响，给报道对象造成很大的精神压力和社会压力，从而有助于克服工作中的不正之风和腐败行为，因而，新闻舆论监督对于督促公务人员以人民利益为重、依法行政起着积极的推动作用。

4. 能够积极推动社会良好风尚的形成

新闻舆论监督的批评报道除了对批评对象起到督促、制约作用外，还能够通过不法行为、不良行为的曝光和批评，使读者形象地认识到什么是正确的，什么是错误的，进而对读者的思想和行为起到一种约束和规范作用，这对于从根本上形成良好的社会环境，推动社会良好风尚的形成，也能够起到积极的作用。

第二节　新闻舆论监督的主体与客体

谁来实施新闻舆论监督？新闻舆论监督的对象又是什么？要想正确实施新闻舆论监督，正确认定监督主体与客体相当重要。

一、新闻舆论监督的主体

谁是依法实施新闻舆论监督的主体？目前大体上有五种说法，即新闻媒体主体说、人民群众主体说、党和政府主体说、广泛主体说和双重主体说。本书赞同童兵的观点：公众和新闻媒体是新闻舆论监督的复合主体。[①]

（一）新闻舆论监督的实质主体与形式主体

新闻舆论监督的主体是实质主体与形式主体的复合体。新闻媒体是新闻舆论监督的形式主体；社会公众是新闻舆论监督的实质主体。[②]这是因为：

[①] 童兵：《新闻舆论监督的主体解析》，《新闻爱好者》，2008（3）（下半月）。
[②] 许新芝、罗朋、李清霞：《舆论监督研究》，知识产权出版社2009年版，第55页。

我国宪法规定:"中华人民共和国的一切权力属于人民。""一切国家机关和国家工作人员必须依靠人民的支持,经常保持同人民的密切联系,倾听人民的意见和建议,接受人民的监督,努力为人民服务。""中华人民共和国公民对于任何国家机关和国家工作人员,有提出批评和建议的权利;对于任何国家机关和国家工作人员的违法失职行为,有向有关国家机关提出申诉、控告或者检举的权利。"这是新闻舆论监督的根本依据,也是对新闻舆论监督性质的最高法律规定。确立了公民在舆论监督活动中的主体地位。

我国的新闻事业是属于人民所有的,新闻舆论监督是党和人民授权新闻媒体所进行的管理国家和社会事务的活动,这也是党和人民以法律形式确立的保证人民言论自由等民主权利的具体体现,新闻媒体有权利和义务代表人民的利益和意志,表达人民的愿望和意见。

新闻媒体作为职业的信息和思想传播者,具有传播消息和表达主张的优势,它也就必然成为人民群众参政议政的论坛,并对国家和社会事务起到有效的监察、督促作用。通过新闻媒体自由地表达意见和批评,是人民群众行使民主权利、有效地管理国家和社会事务的重要手段,因此,新闻媒体是新闻舆论监督的形式主体,社会公众是新闻舆论监督的实质主体,新闻舆论监督体现了一切权力属于人民的根本准则,同时,作为一种主体最为广泛的监督,新闻舆论监督使国家权力机关及国家公务人员置于无所不在的监督之中,对于社会主义民主政治的建设起着重要的保证作用。

(二)新闻媒体在新闻舆论监督中享有的权利

在我国,新闻媒体是经人民授权进行新闻舆论监督的形式主体,其实质主体是人民群众,这也就决定了新闻媒体享有以自己的名义通过新闻报道活动实现新闻舆论监督的权利:新闻媒体有权成为人民利益和意志的代言人,有权通过自由地表达人民的意见和主张对国家和社会事务的管理进行监察和督促,维护国家社会的正义与公正。为了实现新闻媒体的舆论监督权,必须由法律保证新闻媒体享有其他的权利,这些权利一般主要包括采访权、公开报道权、编辑权、评论权、著作权、媒体优先权、媒体特许权、消息来源保密权等。[①]

1. 采访权

采访权是指受法律保护的新闻媒体及其媒体人在征得被采访对象同意的情况下自由访问、探听消息、采集公众舆论、了解并探究事实真相等的权利。采访权是新闻媒体在信息采集活动中获得消息的基础保证;在新闻舆论监督活动中,新闻媒体享有采访权不仅是实现公众知情权的必要保障,也是使公众舆论得以公开表达的必要保证,因为公众只有在对国家和社会事务知情的情况下,才有可能发表意见,表明态度,实现参政议政的民主权利,同时,公众舆论只有被新闻媒体采集和接纳,才能发挥出舆论强大的监督作用,有效地实现舆论监督权。

2. 公开报道权

公开报道权是指受法律保护的新闻媒体及其媒体人通过新闻媒介发布消息和发表评论及公众舆论的权利。公开报道权也是新闻媒体受法律保护的一项职业性的法定权利,这也是新

---

① 许新芝、罗朋、李清霞:《舆论监督研究》,知识产权出版社 2009 年版,第 58-63 页。

闻舆论监督得以实现的前提条件。新闻媒体只有把采集到的消息和公众舆论通过新闻媒介公之于众，事实真相和公众舆论才能得到广泛的传播与关注，新闻舆论监督才能够有效地进行。

3. 编辑权

编辑权也属于新闻媒体的业务权利，是指受法律保护的新闻媒体及其媒体人制定具体的编辑方针、编排新闻报道及舆论监督稿件和节目、编排广告等业务权利。新闻媒体作为人民授权进行新闻舆论监督的主体，对于人民意愿的反映和表达并不是被动地有闻必录，对于要传播什么消息、反映什么意见、表达什么观点，新闻媒体或媒体人担当着重要的"把关人"的角色。因为新闻媒体在新闻舆论监督中的主体地位，决定了新闻媒体是有自由意志的，能够通过自己有意识的行为独立实现主体权力和法律义务，而编辑权正是这种自由意志的体现。

4. 评论权

评论权是指受法律保护的新闻媒体及其媒体人自由通过新闻媒体表达意见、观点和主张的权利。新闻媒体是以客观、公正为自己的职业立场的，然而刊登在新闻媒介上的意见、观点和主张，常常也隐含着或显示着新闻媒体自身的态度和主张；而在新闻舆论监督中，新闻媒体更是以社会公共利益的维护者自居，对国家和社会事务表明态度和意见，因而与一般意义的舆论监督相比较，新闻舆论监督往往也是媒体自身主张与意见的表达。表达自身的意见与态度，也是作为主体的新闻媒体自由意志的具体体现，评论权正是对其表达自由意志的保护。

5. 批评权

批评权是指受法律保护的新闻媒体及其媒体人通过新闻媒体对国家机关及其公务人员危及公共利益、违法行政等行为进行披露、批评及谴责的权利。我国公民享有言论出版自由，可以通过新闻媒体对国家机关及其公务人员提出批评和建议，新闻媒体享有舆论监督权，实际上也就意味着同时享有批评权。新闻媒体的批评权，也是舆论监督得以有效实现的保证。

6. 著作权

著作权是指刊载在新闻传媒上的作品受到我国《著作权法》的保护。我国《著作权法》规定：时事新闻是指媒介所刊载的单纯的事实消息，不是作品，不受著作权法的保护。但舆论监督稿件一般由事件报道和评论（舆论）两部分组成，其中事件的报道是意见（评论、舆论）表达的基础，意见则反映了社会公众或媒体对事件的分析、态度与评价，能够对舆论对象产生以理服人的说服力和影响力，因而是舆论监督稿件的核心内容，体现了新闻媒体或媒体人的创造性劳动，享有法律保护的著作权。

7. 媒体优先权

媒体优先权是指新闻媒体及其媒体人在进行新闻采集活动时享有的优先权利。优先权利包括优先使用权（新闻媒体可以优先使用新闻采访、传播活动所必需的公共物品，比如交通工具、电讯设备等）和优先进入权（新闻媒体可以请求优先进入普通公民不可以随意出入的限制性场所，比如事故发生区、灾区、战争地区、国家机关的会议场所、监狱等）。媒体的优先权，保证了新闻媒体在新闻传播活动中，及时、快捷、准确地采集到有关的消息，同时也保证了新闻媒体在新闻舆论监督中，突破那些阻碍公民知情权的障碍，直接、迅速地获得消息，了解并核实事实的真相，满足公众知情权的实现，进而将监督对象置于广泛的社会监督之中。

8. 媒体特许报道权

媒体特许报道权是一种事后权利，是指新闻媒体及其媒体人在新闻报道中发表了对报道对象的批评、谴责言辞而不受法律追究的特权。特许报道权是一种有条件的特许权利，各国对特许报道权的法律规定各不相同。在我国，新闻媒体享有报道特许权必须要具备两个前提条件：第一，新闻媒体报道的内容应当是公开而确实的，是以国家机关公开的文书和公开的职权行为为报道内容的，而不应当是道听途说的；第二，新闻媒体的报道内容应当客观、准确，有可靠的事实依据，而不应当是虚构和推测的。新闻舆论监督常常是以批评报道的形式出现的，对于报道对象存在问题的揭露、批评与谴责，十分容易涉及公民的名誉权或隐私权，引发新闻官司，而报道特许权保证了新闻媒体在客观公正的前提下，为维护公共利益，对国家机关及其公务人员公开的职权行为进行监察和督促的权利，确保了新闻舆论监督能够积极有效地开展。

9. 消息来源保密权

消息来源保密权是新闻媒体对消息来源提供者实行保护的权利。为了获得更多的消息，新闻媒体必须保护消息提供者的各种个人信息，特别是在舆论监督过程中，如果相关信息提供者向新闻媒体提供了可用于公开报道的信息，媒体不应披露其身份。保护消息来源，能够确保掌握涉及公共利益的信息的人不会因为害怕自己的身份被暴露而在提供信息方面犹豫不决，避免消息提供者因暴露身份而受到打击报复或迫害。一旦消息来源受损，会直接危害新闻媒体的新闻报道和新闻舆论监督。新闻媒体和媒体人应当承担责任，不对相关的消息来源予以披露。

（三）新闻媒体在新闻舆论监督中的义务

新闻媒体在享有舆论监督权利的同时，也要承担相应的义务，因为任何权利都意味着权利人在法律所允许的范围内能做一定的行为，使自己的行为不超出这个范围则是权利人的义务。在新闻传播和新闻舆论监督中，新闻媒体除了遵守法律所设定的新闻媒体的作为义务和不作为义务，还必须要遵守宪法和法律所规定的公民、企事业单位、公共信息机构、新闻媒体、国家机关等都应该遵守的共有义务。

1. 共有义务

我国宪法明确规定："中华人民共和国公民在行使自由和权利的时候，不得损害国家的、社会的、集体的利益和其他公民的合法的自由和权利。"这条准则就规定了作为中华人民共和国公民（包括公共信息机构、新闻媒体、国家机关等）所共有的义务，这也是新闻媒体在新闻传播和舆论监督活动中必须遵守的基本准则，新闻媒体在享有新闻自由和舆论监督权利的同时，必须履行自己所应尽的社会责任，不得滥用舆论监督的自由和权利，危害国家、社会、集体的利益和其他公民的合法权益，否则，新闻舆论监督权无法得到法律的支持与保护。宪法和法律所设定的公民、企事业单位、公共信息机构、新闻媒体、国家机关等所共有的义务，也是新闻媒体进行新闻传播和舆论监督活动所必须遵守的义务，这是开展新闻活动的前提条件。在新闻舆论监督过程中，新闻媒体应该遵守的共有义务还包括：遵守国家宪法和法律的义务，保守国家秘密的义务，保守商业秘密的义务，不得妨碍社会公共秩序和违背社会公德的义务等。

2. 应该作为的义务

新闻媒体是职业的新闻信息传播机构，在享有法律所规定的职业性权利的同时，也要承担相应的职业性义务。在新闻舆论监督中，新闻媒体应该作为的职业性义务包括：采访义务、公开报道义务、评论义务、批评义务、消息来源保密义务，等等。

3. 禁止作为义务

在新闻舆论监督中，新闻媒体除了遵守应该作为的义务，还应遵守有关法律法规所设定的禁止作为的义务，这些义务主要包括：不得违反国家宪法和法律，不得危害国家安全，颠覆国家政权，破坏国家的统一；不得损害国家荣誉和利益；不得煽动民族仇恨、民族歧视，破坏民族团结；不得破坏国家宗教政策，宣扬邪教和封建迷信；不得散布谣言，扰乱社会秩序，破坏社会稳定；不得侵犯公民的合法权益，因发表不实或错误消息直接触犯任何个人、集体和公共机构的名誉，有义务道歉和赔偿，等等。

二、新闻舆论监督的客体

客体是相对主体而言的。客体在哲学上指主体以外的客观事物，是主体认识和实践的对象。在法律上，客体是指主体的权利和义务所指向的对象。新闻舆论监督的客体就是指新闻舆论批评与监督的对象。[①]我国是人民当家作主的国家，一切权力属于人民，一切为了人民利益，因而，从总体上来说，一切违背人民根本利益的权力行为和社会行为都是新闻舆论监督的对象和范围。即，新闻舆论监督的对象是与公众利益相关的社会公共事务，其中，公共权力组织及权力的掌管者、执行者是监督的重点。新闻舆论监督的范围包括：重大决策的出台过程、决策执行过程、决策者和管理者的行为、社会的不正之风与消极现象以及社会成员的不良行为等。

（一）监督公权力及其使用

公权力有广义和狭义之分。在新闻舆论监督中，作为监督对象的公权力多指狭义的公权力。狭义的公权力仅指国家公权力，是指基于公共意志的国家机关为服务公共利益，在一定的公共范围内组织、协调和控制社会与个人的力量，源于公民的私权利，权为民所授。[②]公权力由国家机关所拥有和行使，必须受到制约和监督，否则就会出问题。我国宪法第四十一条明确规定："公民对于任何国家机关和国家工作人员，有提出批评和建议的权利。"第二十七

[①] 本书编写组：《新闻学概论》，高等教育出版社、人民出版社2009年版，第164页。
[②] 林芳：《认真对待公权力》，《法制与社会》，2009（12）。

条规定："一切国家机关和国家工作人员必须依靠人民的支持,经常保持同人民的密切联系,倾听人民的意见和建议,接受人民的监督。"《国家公务员暂行条例》第六条第三款规定:国家公务员必须履行"密切联系群众,倾听群众意见,接受群众监督,努力为人民服务"的义务。这就以法律形式明确指出了我国新闻舆论监督的主要对象——一切国家机关和国家工作人员。新闻舆论对公权力及其使用进行监督,包括以下几个方面。[①]

第一,监督公权力组织和机构。公权力的实际拥有者是公权力机构或组织。在我国,党委、政府、人大、政协各个部门及其各级机关,是公共权力的实际行使者。监督公权力及其使用,首先便是监督这些机构、组织,时时刻刻盯住整个"官场",监察所有公权力组织和机构的设置、构成和运行等各个方面,重点是对其决策过程、施政行为、施政效果进行监督。

第二,监督公职人员。公职人员特别是各级领导干部,他们是人民权力的执行者,是权力运行过程中的直接参与者。新闻舆论监督作为权力制约机制,当然要依法对他们进行监督,制约其决策、施政、执法中的权力偏差行为。要实际监督公职人员履行职责的情况,对他们的官德、官风、官品进行全方位督察,看看他们是否一心为公,是否犯有官僚主义、形式主义,是否渎职失职。尤其要对公职人员是不是权为民所用,是不是廉洁从政的具体情形详加督察,坚决揭露滥用权力、以权谋私、贪赃枉法的腐败行为。

第三,监督制度安排。制度安排涉及国计民生,是治国理政最重要的事务,关系人民群众的切身利益。制度安排的不合理是最大的不合理,不科学的制度安排往往导致社会危机。进行依法治国,制度安排更是唯此为大。新闻舆论监督必须切实关注制度安排,监督制度安排的合理性、科学性和有效性。要督促及时废除不合理的旧制度,建立科学合理的新制度,使各项制度安排更合乎社会发展的趋势和人民群众的根本利益。

(二)监督公共事务和公共性人物

公共事务也称作公众性事务。它是指涉及社会公众整体的生活质量和共同利益的那些社会事务,具体言之,在一个社会中,公共事务是企业和个人家庭所不愿做也做不了,但又对社会全体公民基本生活和整个经济、社会发展来说必不可少的事务。[②]因公共事务直接关系到公众切身利益,在办理这些事务的过程或行为中一旦违反法律和社会道德,就会直接损害和影响公众的利益,甚至人身安全。因此,教育、医疗卫生、环境、城市建设、商品质量、服务质量、交通安全、公共设施等公共事务常常也是新闻舆论监督的重点对象。

公共性人物也叫公众性人物,是指那些被公众所广泛熟知,对社会事务有着频繁参与行为的人物。在某种意义上说,这些人物是公众的榜样。例如,政治家、专家学者、体育娱乐明星等。他们的言行会给公众带来直接的影响,这种影响或是积极的,或是消极的。因此,为了消除他们对公众可能带来的消极影响,需要新闻舆论监督。

(三)监督社会上的不良现象和消极因素

新闻舆论监督也要指向社会不良现象和消极因素,这是它的另一个重要方面。新闻舆论

[①] 彭菊华:《新闻学原理(第2版)》,中国传媒大学出版社2014年版,第143-144页。
[②] 崔运武:《公共事业管理》,复旦大学出版社2013年版,第6页。

监督要曝光封建迷信、骄奢淫逸等腐朽文化，挞伐违背社会公德和职业道德的行为，批评各种违法乱纪的人和事，揭露侵害社会公平正义和他人权益的各种不良现象，切实运用新闻舆论的力量抑制这些社会消极因素的发生。

第三节　新闻舆论监督的原则与方法

一、新闻舆论监督的原则

毛泽东指出，新闻批评要实行"开、好、管"三字方针。"开，就是要开展批评。不开展批评，害怕批评，压制批评，是不对的。好，就是开展得好。批评要正确，要对人民有利，不能乱批一阵。什么事应指名批评，什么事不应指名，要经过研究。管，就是要把这件事管起来。这是根本的关键。党委不管，批评就开展不起来，开也开不好。"①舆论监督作为新闻工作的重要职能，必须坚持新闻的真实性原则，注重监督的准确性；必须善于找到具有代表性的、对推动事业发展有显著作用的问题，注重监督的科学性；必须在法律、法规和政策许可的范围内实施监督，注重监督的合法性；必须坚持对党负责和对人民负责的一致性，注重监督的建设性。新闻监督必须坚持党的领导，遵守监督的组织纪律。具体说来，新闻舆论监督应遵循如下原则。②

（一）准确监督

新闻监督必须准确反映事实，坚持用事实说话，使被监督者心服口服，使新闻监督发挥积极作用。新闻舆论监督是对社会偏差行为和不良现象的揭露和批评，它直接涉及一些人的切身利益，所以它同一般的新闻报道相比，要求更高、难度更大。如果事实模糊、漏洞百出，甚至虚构杜撰、捏造"事实"，那么产生的破坏作用也是很大的。因此，新闻工作者一定要深入细致，作风扎实，到一线去掌握第一手信息，多方核实情况，真正摸清事实的全过程，把握事情的本质，绝不能单靠几份材料、听几句介绍就发表评论。对掌握到的各方面材料要善于去伪存真，不以偏概全，不一叶障目。新闻媒体监督的常常是比较复杂或涉及面较广的问题，事实调查一定要全面，兼具各方，要把事情的重点和主线突出出来，以利于被监督者知错、改错，也使受众从事实中把握本质，明辨是非。对相关事件的评价，一定要客观公正，理论公允，以党和国家有关法律、政策为标准，摒除一切私利，排除各种现实利益的引诱，防止主观臆断，感情用事。

（二）依法监督

在我国，法律赋予了新闻舆论监督的存在合理性，新闻舆论监督受法律保护。但新闻舆

---

① 《毛泽东新闻工作文选》，新华出版社1983年版，第177页。
② 本书编写组：《新闻学概论》，高等教育出版社、人民出版社2009年版，第164页。

论监督也要在国家宪法和法律范围内进行，严格依法办事，不得违法违规。新闻舆论监督报道的内容必须符合宪法和法律，不得诋毁社会主义制度，不得泄露国家机密，不得危害国家安全，不得侵犯国家、集体和个人的合法权益。新闻舆论监督的手段、方法必须符合法律规定，获取新闻素材、核实报道内容都要通过合法途径、程序和正当的方式，不能采取非法和不道德的手段进行采访。如，在案件报道中，不得干预司法机关依法独立办案，不得干预民事纠纷和经济纠纷的调解，不得侵犯国家、集体和个人的合法权益，在案件审结前，不对案件审理情况进行公开报道。对一些社会反响强烈，备受关注的重特大案件的审判报道，要严格按照统一部署和有关要求做，拿不准的要及时请示报告。又如，在涉及公民个体的舆论监督报道中，要尊重公民的人格尊严，维护公民的姓名权、肖像权、名誉权、荣誉权和隐私权。不得暴露他人隐私，或者捏造事实丑化人格，不得用侮辱、诽谤等方式损害他人名誉。同时，新闻媒体和记者要摆正自己的位置，注意在法制的框架内考虑问题，决定取舍，不能"包揽诉讼""包打天下"，不能以曝光威胁被监督对象，不能把新闻舆论监督作为提高收视率和发行量的手段，更不能打着新闻舆论监督的旗号牟取私利。当然，新闻媒体也要善于运用宪法法律维护和利用好监督权利，敢于坚持原则，敢于顶住压力，敢于克服困难，不为权势所屈，不为利益所诱，切实维护新闻媒体和新闻工作者的良好形象。

（三）科学监督

新闻舆论监督要坚持科学态度，讲究科学方法，体现科学精神，遵循科学规律。要正确处理社会现实的微观与宏观、特殊性与普遍性、具体与抽象、现象与本质的关系。新闻监督不是简单的负面报道，如果只抓具体的微观的负面事件进行监督，而不考虑这些事件是不是具有代表性、典型性，很可能在宏观上背离时代主旋律，发挥不了新闻监督应有的作用。新闻报道受众广、影响大，不同的人会从不同的角度去理解统一报道。因此，新闻媒体在开展新闻舆论监督时，一定要坚持全面、历史、辩证地看问题，准确把握社会生活的本质和趋势，选取对事业发展有显著作用的事件，特别是那些损害群众利益，中央三令五申但由于种种原因仍未得到解决的问题进行监督，推动有关地方和部门改进工作。坚持科学监督还应该讲究传播艺术，坚持"时度效"相统一的原则，把握时机、掌握分寸、讲究策略、统筹平衡、注重效果。总之，科学的新闻舆论监督要坚持管根本、管原则、管大事，揭露时弊、大弊、积弊，协助社会合力制止反人类、反社会、反人民、反科学的倒行逆施。

（四）建设性监督

新闻舆论监督重在建设，要以解决问题、改进工作为出发点和落脚点，发挥新闻舆论监督在统一思想、凝聚力量、促进改革发展、维护社会稳定中的积极作用。媒体报道都有一个选择角度的问题，有一个站在什么立场报道的问题，同一个事实如果立场不同就会得出不同的结论。我们主张的建设性监督，就是要求新闻媒体要站在人民的立场进行报道，开展监督。社会生活有光明面，也有阴暗面。阴暗面的情况、性质也各不相同。对于人民内部的缺点错误，也应揭露和批判，但这种揭露和批判应该是善意的、同志式的、有益于改进工作的。目前，我们在实施新闻监督所涉及的绝大多数问题是"人民内部的缺点错误"，所以建设性的监督应该是主要的。坚持建设性监督，要着眼于维护人民群众的根本利益，着眼于帮助党委政府改进工作，多做维护团结、促进和谐的工作，多做弘扬正气、鞭挞丑恶的工作，多做理顺情绪、化解矛盾的工作，切忌炒作渲染，片面追求轰动效应，认为制造热点问题。要紧紧围绕党和国家的中心工作，抓住群众关注、政府重视、具有普遍意义的问题，把群众的意见和政府的解决办法联系起来，有针对性地开展新闻舆论监督，促进问题的解决。要坚持有始有终，跟踪报道问题的处理结果，反映党委政府采取的措施，引导社会舆论向积极方面发展。

二、新闻舆论监督的方式

新闻舆论监督一般具备三个要件：一是把监督对象的言行置于公众的视野之内；二是发表对相关事件的评论，表明新闻媒体对事件的态度；三是刊播公众对相关问题的意见，开展公众讨论，形成舆论压力。上述三点，体现了新闻舆论监督的一般特点。基于此，我国新闻舆论监督主要采用以下几种方法。

（一）批评与表扬相结合

批评报道是舆论监督的主要形式。批评性监督一般用于对监督对象的错误行为甚至是违法行为而进行的监督，其特征是舆论监督稿件不仅对监督对象的问题予以曝光和揭露，而且还对这些问题予以批评性或谴责性的议论与评价，具有强烈的批评色彩。批评性监督也因其所具有的强烈的揭露性、谴责性，会对监督对象造成强大的社会舆论压力和心理压力，促其尽快改正错误。敢于批评，善于批评，是社会主义新闻媒体战斗性的重要体现。没有批评，就没有监督。舆论监督既可以是事后批评，也可以是事前警示。但新闻媒体也不能只进行批评，还应将各地典型的好人好事加以调查分析和表扬，从而达到发扬正气、压倒邪气的目的。表扬是对好人好事的肯定和赞扬，它能产生激励作用，能给人鼓舞，使人增强信心，有利于积极性的调动。为了改进工作，不断进步，就要发扬成绩与长处，克服缺点与短处，即对前者要表扬，对后者要批评。批评和表扬的结合，有利于发挥新闻舆论的建设性作用。即使在对某一对象批评之后，如果对象确实向好的方向转变了，也应加以报道，以资鼓励。

（二）公开监督与内部监督相结合

公开监督，又称明线的新闻舆论监督。它是指新闻舆论监督稿件是在面向公众的新闻媒介上公开发表的，借助于新闻媒介传播范围广泛、传播速度快捷，来迅速影响公众舆论，形成强大的社会舆论制约力量的一种舆论监督方式。公开监督一般分为新闻公开、批评报道、刊发群众来信、民意测验等形式。明线的新闻舆论监督目的在于反映舆论、动员舆论和引导舆论，激浊扬清，扶正祛邪，增强社会监督的氛围，对其他形式的监督如党内监督、法律监督、群众监督等发挥补充、促进和提高作用，从而唤起社会公众对某一问题的关注，形成强大的舆论压力，促使问题得以解决。

对新闻舆论监督的对象并非只有公开揭露、批评这样一种办法，一些不宜公开的事件和人物，可以借助内部刊物或文件进行监督。它是一种内部监督，也称暗线新闻舆论监督。内部监督指新闻舆论稿件是发表在内部发行的（不面向普通受众）新闻媒介上，一般有编发群众来信和编发内参两种方式。"内参"是新闻媒体通过采访或其他信息渠道获得某些影响重大、比较敏感、容易产生不良影响，或者一时难以把握、暂时不宜公开发表的新闻信息时，为慎重起见，编辑部转而采取缩小发行范围或定向报送等方法向有关部门和领导反映情况的一种新闻报道方式。这种方式的优点是：既能发挥新闻媒体快速灵敏的特长迅捷通报情况，又可控制其不必要的扩散，避免某些新闻对社会产生副作用。由于具有"有限传播"和高效率的特点，这种报道方式在新闻舆论监督方面拥有特别优势。内部参考刊物上所发表的舆论监督稿件，受法律保护。比如，最高人民法院1998年8月31日公布的《关于审理名誉权案件若干问题的解释》中就规定："有关机关和组织编印的仅供领导部门参阅的刊物、资料等刊登的来信或者文章，当事人以其内容侵害名誉权向人民法院提起诉讼的，人民法院不予受理。"对于不能或不宜在新闻媒体上进行公开揭发与批评的问题，通过在内部参考刊物上发表舆论监督稿件或群众来信，就可以使问题得到及时的关注与解决，这不仅有利于拓展新闻舆论监督的空间，也有利于保护人民群众进行新闻舆论监督的积极性。

（三）点名批评与不点名批评相结合

新闻舆论监督有点名的监督，也有不点名的监督。公开点名批评，可以强化新闻舆论监督的力度和严肃性。一般而言，对那些犯有严重错误而又坚持不改、群众意见大、社会影响坏、其言行又具有典型性的，进行公开点名批评，对于当头棒喝当事者、警示其他人、平息民愤民怨有积极意义。但点名批评可能对当事人及所在单位造成很大的社会舆论压力和心理压力，所以要慎重，用得其所。对犯有一般问题的人及单位，则主要采取不点名批评的方式进行，让犯事者对号入座，达到警示、反省并自我改正的目的。在新闻舆论监督中，点名批评与不点名批评两者都需要，在实际问题中具体怎么用，需一切从利弊得失考虑，以教育人团结人又严肃党纪国法为取舍原则。

（四）反映群众舆论与引导群众参与相结合

我国新闻舆论监督的实质主体是人民群众，新闻媒体代表人民群众行使监督权。我国的新闻媒体既是党和政府的耳目喉舌，也是人民的耳目喉舌，它既站在党和政府的角度，传播其路线、方针、政策，又反映群众的意见、愿望、呼声和要求，并通过反映社会舆论来监督党和政府。因此，新闻舆论监督要真正代表人民群众的意愿和社会大多数人的要求，来反映真实的情况并形成真实的正确的舆论，给监督对象形成强大的舆论压力。不仅如此，还应引导动员群众积极参与新闻舆论监督。群众可以通过多种渠道参与监督，比如通过写信、广播电视采访、网络帖文、网络论坛、自媒体发文等方式，表达自己的意见。这种参与，是新闻媒体舆论监督的重要内容，也是对新闻媒体不可或缺的声援，是强有力的道义支持；对监督对象来说，则是人民群众对其言行所持的立场和态度，促使其有所回应和改善。同时，对群众关注的社会热点，要讲清事实，说明原因，解疑释惑，重在引导，在党、政府和人民群众之间架起沟通、理解和信任的桥梁。

【思考题】

1. 简述新闻舆论监督的内涵及特征。
2. 简述新闻舆论监督的功能及意义。
3. 新闻舆论监督的主要任务是什么?
4. 新闻媒体在舆论监督中享有哪些权利?
5. 正确开展新闻舆论监督要遵循哪些原则?
6. 开展新闻舆论监督的常用方式有哪些?

第八章

网络舆情监测与分析

第一节 网络舆情的监测

《中国互联网发展报告 2019》显示，截至 2019 年 6 月，中国网民已达 8.54 亿人，网站数量已有 518 万余个，互联网普及率达到了 61.2%。随着互联网日新月异的发展，网民数量急剧增长，在网络技术背景下各种线上公共空间为网民提供了表达意见、态度、情感等的公共场所，形成了不可小觑的舆情现象，给社会带了巨大的影响。因此，我们需要借助互联网舆情监测工具，及时监测、汇集、研判网上舆情，来有效引导舆论方向，切实化解危机舆论。目前，网络舆情监测受到社会各方的广泛关注和重视，不同的科研机构也对此也做了大量研究。由此看来，网络空间已经成为广大网民获取信息以及表达观点态度的便捷渠道。互联网发展越快，网络舆情的形成和传播也越迅速，其内容也更加纷繁复杂。

一、网络舆情及其传播途径

要做好网络舆情监测工作，首先必须理解什么是网络舆情以及其传播的途径，否则，监测工作便难以展开。

（一）网络舆情的定义

学者们研究认为，网络舆情本质上仍是社会舆情。关于"舆情"以及"舆情"与"舆论"的关系，本教材在第一章已有阐释，此不赘述。本书对"舆情"的理解，采用的是张元元的看法。他认为，"舆情是社会民众在一定的历史阶段和社会空间内，对关乎自己切身利益的公共事务或自己关心的特定事件所持有的群体性情绪、意愿、态度、意见和要求的总和及其表现"[①]。

网络舆情是与互联网技术的发展相伴而生的，网络与舆情的结合注定了其与传统舆情既存在着联系又存在着区别。与传统舆情一样，网络舆情的定义并未形成统一。刘毅在其国内首部全面研究网络舆情的专著《网络舆情研究概论》中把网络舆情界定为："通过互联网表达

---

① 张元龙：《关于"舆情"及相关概念的界定与辨析》，《浙江学刊》，2009（5）。

和传播的各种不同情绪、态度和意见交错的总和。"①丁柏铨认为，网络舆情"是在网络环境中形成或体现的舆情即民意情况"。②姜胜洪认为："网络舆情是指在网络空间内，围绕中介性社会事项的发生、发展和变化，网民对执政者及其政治取向所持有的社会政治态度。"③蔡皖东认为，"网络舆情是指通过互联网表达和传播的舆情，反映了人们对某一公共事件所表达的认知、态度、情感和倾向性。"④马映红认为："网络舆情是社会舆情在互联网空间的映射，是通过互联网传播的人们对于各种事件的所有认知、态度、情感的集合。"⑤曾润喜认为："网络舆情是由于各种事件的刺激而产生的通过互联网传播的人们对于该事件的所有认知、态度、情感和行为倾向的集合。"⑥东磊认为："网络舆情就是特殊的公众主体即网民，在特定的空间即网络空间，表达其所持有的对社会现实以及社会中的各种现象、问题的信念、态度、意见和情绪的总和。"⑦

综合国内研究成果来看，网络舆情从本质上来说仍是社会舆情，是社情民意在网络上的复制与重构。与社会舆情不同的是，网络舆情的构成要素发生了一些变化，表现在：网络舆情的主体是网民，网络舆情的客体是在网络平台上讨论的公共事务，网络舆情的本体是网民表达的认知、态度、情感和行为倾向。与此同时，网络舆情的形成和演变是在一定的时期和特定的互联网空间范围内发生。基于此，本书赞同曾润喜对网络舆情的定义。

（二）网络舆情的特征

与传统舆情相比，网络舆情具有以下几方面的特征。

1. 匿名性

在互联网环境中，每个人都可以选择匿名表达自己的意见、态度和情绪。根据表现形式，互联网空间中的匿名可以区分为视觉匿名和身份匿名，视觉匿名指交往过程中看不到对方，身份匿名指行为主体真实身份的不可识别；还可以区分为技术匿名与感知匿名，行为主体真实身份技术上的不可识别性，以及真实身份隐匿性的心理感知。互联网空间中的匿名表达，是以上四种网络匿名信息传播方式的综合呈现。基于互联网的信息传播本质上属于人类的表达行为，而表达的内涵则远胜于传递信息，在表达的过程中人们会在语言和行为中植入意图，以建构交往的意义。

2. 互动性

当人们在互联网环境中表达自己的意见、态度、情绪以及行动倾向时，这种信息的传递并不是单向的，而是实时互动的。每个人都可以在网络社会中随时随地与他人进行交流与互动，这种互动形成了舆情相互沟通和碰撞的交流场，这种交流会促成舆论的形成。

---

① 刘毅：《网络舆情研究概论》，天津人民出版社2007年版，第49-50页。
② 丁柏铨：《论网络舆情》，《新闻记者》，2010（03）。
③ 姜胜洪：《我国网络舆情的现状及其引导》，《广西社会科学》，2009（01）。
④ 蔡皖东：《网络舆情分析技术》，电子工业出版社2018年版，第2页。
⑤ 马映红：《网络舆情的基本特点、演变机理与社会效应》，《学习月刊》，2010（4）。
⑥ 曾润喜：《网络舆情信息资源共享研究》，《情报杂志》，2009（08）。
⑦ 东磊：《网络舆情的三个基本问题研究》，《辽宁行政学院学报》，2010（09）。

3. 自发性

互联网赋予了人们自由、自发地发表意见和表达态度的能力。任何一个公共事件发生后，网民都会自发地通过微博、论坛帖子、博客博文等网络媒体自由发表意见，表达自己的观点、情绪和态度，这种表达是自发的，无强制要求的。因此，网络舆情能够比较客观地反映现实社会的矛盾和公众的诉求。

4. 碎片化

由于互联网实现了快速、广泛传播信息的可能，众多信息争相通过网络媒体进入人们的视野，天南海北四面八方，竞相博取人们的注意力。网络舆情焦点因广泛而分散，亦因分散而广泛，形成了碎片化态势。此外，针对某个单一的事件，网络舆情的分布也是碎片化的，难以形成统一。

5. 多元性

网络舆情的多元性主要表现在民众角色、舆情内容及舆情传播渠道上。在网络舆情传播过程中，民众是舆情信息发布的重要来源，也可以是舆情传播的参与者，舆情产生者和参与者群体分布广泛、复杂。此外，在虚拟的网络空间中，人们不再像现实生活中总是掩饰自己真实的想法和感受，而是更愿意表达自己真实的意见、情绪和态度，能够真实地反映人们不同的思想形态、文化观念、价值取向、生活准则以及道德规范等。因此，网络舆情在价值传递、利益诉求等方面呈现出多元性特点。最后，在传播方式上，网络舆情包括QQ、微博、微信、论坛、贴吧、直播等多种传播渠道。

6. 偏差性

网络舆情的偏差性主要体现在信息真实性的偏差性，以及反映所有社会群体立场时的偏差性。第一类偏差性体现在各种言论甚嚣尘上的网络虚拟环境下，往往会出现失真信息甚至是网络谣言。第二类偏差性是在第一类偏差性的基础上，体现在网民的言论及其影响与所承担的社会责任是脱节的，网民随意发表某些不负责任的言论甚至谣言，导致网络舆情表达失真，与真实的社会舆情存在偏差。因此，网络舆情不能完全等同于所有社会群体的立场。

7. 从众性

在网络舆情形成过程中，一些网民并不直接发布信息，而是通过关注和转发他人的信息来表达自己的态度和倾向性，特别是意见领袖发布的信息。意见领袖是指在信息传播网络中经常发表意见并具有相当影响力的"活跃分子"，在意见领袖的引导和影响下，网民通过微博转发、论坛跟帖等方式，推动网络舆情的形成和发展，局部意见可能演化成网络舆情。

8. 时效性

由于网络媒体打破了时间和空间上的界限，网民可以随时随地在网上发表意见，网络舆情的形成非常迅速。当一个公共事件发生后，网民可以立即在网上发表意见，网民意见由点到面，由散到聚，迅速汇聚成公共意见，形成强大的意见声势。另一方面，随着其他社会热点事件的发生，一个舆情事件很快被新涌现的公共事件所掩盖，持续时间通常为一周左右，呈现较强的时效性。

（三）网络舆情的传播途径

网络舆情主要通过网络论坛、博客和个人网站、微博、社交短视频平台、即时通信平台等渠道进行传播。以开放性、匿名性及互动性为特点的微博、网络论坛等尤其是网络舆情的主要传播渠道。

1. 网络论坛

网络论坛是一种兼具开放性、匿名性及互动性的信息交流平台。用户不需要实名制注册，可以随意注册多个不同的用户名而不用泄露自己的真实身份；用户只要登录网络论坛，就可以随意发布或回复信息；用户在登录的情况下可以浏览网络论坛中的全部信息，而不受好友关系限制，甚至在不登录的情况下也可以浏览网站大量内容。在网络论坛中，网民就某个主题通过发帖、观看和回帖进行信息交流和互动，在信息交流过程中，某些话题的帖子受到网民的高度关注，点击量和回帖数非常大，形成较大的影响力，这种帖子称为热帖，热帖在观点传播和舆论形成过程中起到重要的推动作用。可见，网民通过发帖和回帖发表意见，参与观点传播和舆论形成，成为网络舆情的主要来源。然而，由于网络论坛的开放性、匿名性和隐匿性，它不仅成为网络舆情的主要来源地，也是网络水军进行网络炒作、造谣传谣的主要平台。如今，社交网络等平台虽然分流了网络论坛的用户量，但其用户数量依然比较庞大。

网络论坛类型多种多样，有以中央媒体为依托的网络论坛，比如强国社区、CCTV 社区等；有以商业门户网站为依托的网络论坛，如新浪论坛、网易论坛、凤凰论坛等；有不以传统的新闻媒体为依托的、单独存在的独立 BBS，比如天涯社区、猫扑社区、凯迪社区、中华论坛网等；也有比较特殊的论坛形态，比如说百度贴吧和豆瓣的讨论组。

2. 微博

微博是基于用户关系的社交媒体平台，用户可以通过电脑、手机等多种移动终端接入，以文字、图片、视频等多媒体形式，实现信息的即时分享、传播互动。微博用户能够通过发布信息实现实时分享，也能够通过关注他人与其他用户相互连接。因此，微博平台具有社交网络和媒体网络的双重特性。

Twitter 网站是世界上最早出现的微型博客网站，最初主要提供向好友的手机发送文本信息的服务，现在已发展成一个集社交网络和微博发布为一体的综合社交服务平台。国内的微博平台中，新浪微博是最大的，其注册用户数超过 5 亿人，日活跃用户数达到 4 620 多万人，用户数量迅猛地增长。尽管近几年受到微信等即时通信工具的冲击，但微博的网民数量仍然是比较庞大的。

微博作为新兴的社交媒体，越来越受到重视。根据人民网网络舆情监测室的 2015 年突发公共事件舆情分析报告，在各种突发公共事件的舆论关注度中，微博通常达到万条以上，而网络新闻、论坛帖子通常不超过千条。可见，微博已经成为网络舆情的主要来源地。

3. 社交短视频平台

青年网络用户作为中国网络用户目前的主力军，更偏好简洁、碎片化的接受方式，以及娱乐化的内容形式。短视频平台移动性、互动性、碎片化、制作简单、视觉冲击力强的产品特征，恰恰契合了自媒体时代下广大网民的互联网社交和内容消费需要。《2020中国网络视听发展研究报告》显示，截至2020年6月，中国短视频用户规模达9.01亿，网民使用率95.8%。快手、抖音、火山小视频等短视频App已经成为很多网民居家旅行必备的手机应用。

用户录制表达自己情感和观点的小视频通过社交短视频平台进行分类式甚至病毒式传播，形成了近两三年网络舆情表达的主要路径之一。事实上，有许多影响广泛的网络舆情事件的原始传播途径正是社交短视频平台上用户随手录下的小视频。

4. 即时通信软件

目前，QQ、微信等即时通信软件的个人QQ空间、QQ群、微信群、朋友圈，也成为了网络舆情的主要表现途径之一。一方面，此类即时通信软件以其极高的便捷性和互动性成为网络信息传播的重要阵；另一方面，即时通信软件的成员之间往往存在着现实的关系，这种关系就使得传播的内容具有更强的真实性。基于以上原因，即时通信有强大的信息发布和传播功能，其影响巨大，改变了当前的网络舆情传播格局，开启了移动互联网传播的新时代。

以微信为例，微信中的个人朋友圈和公众号针对某些可能引起公众关心的事件进行分享和传播后，网络舆情的风向会受到极大的影响。因为即时通信软件中的舆情传播具有传播度高及隐蔽性强的特点。其传播度高在于微信公众号及微信用户的基数巨大，截至2017年年底，微信公众号数量已超过1000万个，2019年年底，微信月活跃用户已达到11亿人，且每天保持超过亿次的信息交互量。且微信用户大多基于熟人关系，用户之间的信任度较高，舆情内容和观点较容易被接受。微信舆情发生后，朋友圈内的信息会被大量转发、评论，使舆情呈现裂变式的几何级数扩散态势，关注度较高的微信公众号发布的信息也会被大量转发，传播度极高。隐蔽性强在于微信朋友圈内发布的信息分布在无数个内部群体之中，圈外人无从发现，极难批量化检测。因此，做好微信的舆情监测和管理工作成为舆情监管部门工作的重点。

5. 博客和个人网站

博客和个人网站于2002年被引入中国，2005年得到规模发展，目前用户数量虽然受到社交媒体的冲击大大回落，但部分用户依旧保持着更新博客和个人网站的习惯。总的来说，以下两类博客和个人网站值得我们关注。一是新闻记者的博客。新闻记者是新闻的创造者，但有时受到媒体限制，有些东西无法完整地表达出来，需要借助博客进行补充。二是网络意见领袖的博客。他们是网上影响力、号召力、带动性比较强的一批人，这批人有可能是传统意义上的专家学者、社会名流，但也有可能就是一些普通人。

二、网络舆情的监测方法与流程

中国进入互联网时代及移动互联网时代以来，网络用户快速增长。根据中国互联网络信息中心（CNNIC）发布《中国互联网络发展状况统计报告》，庞大的网民群体和自媒体等新技术的出现加强了民众在网络环境中的表达能力，社会矛盾开始在网络上聚焦。在此过程中，网民群体既是网络舆情的"消费者"，又是网络舆情的"传播者"和"创造者"，使得网络舆情产生的成本低、周期短、频率快。一旦形成网络谣言等负面舆情，极易误导民众，损害政府公信力，不利于社会经济发展，甚至危害社会的安全稳定。因此，网络舆情监测在目前显得尤为重要，组织力量开展网络舆情信息汇集整理和分析，对于及时应对网络突发的公共事件和全面掌握社情民意很有意义。

（一）网络舆情监测的定义

网络舆情监测是对互联网上公众的言论和观点进行监视和预测的行为。网络舆情监测指整合互联网信息采集技术及信息智能处理技术，通过对互联网海量信息自动抓取、自动分类聚类、主题检测、专题聚焦，实现用户的网络舆情监测和新闻专题追踪等信息需求，形成简报、报告、图表等分析结果，为客户全面掌握群众思想动态，做出正确舆论引导，提供分析依据。传统的网络舆情监测主要对网站、社交媒体、论坛等某一主题的新闻或者帖文的数量进行统计。这种统计数据尽管可以结合一些算法或者模型，给出一些具有参考价值的信息，如发文数量、趋势、地理分布以及计算舆情热度等。随着大数据文本挖掘技术、人工智能等技术的发展，目前的网络舆情监测增加了社会情绪、文本价值、社会阶层话语权等指标的测量内容。

从类型上看，网络舆情监测分为日常监测和突发事件监测两种。

日常监测，指将网络舆情监测作为本部门的一项日常工作不间断进行，随时掌握网络舆论的导向、特点和趋势。目前，许多科研机构及相关部门建立了对网络舆情进行日常监控的办公室。日常监测的意义在于，随时了解网络舆论的动态方向。一旦发现有不利于社会稳定、重大的虚假舆情，可以及时反馈到有关部门。通过"舆论领袖"等手段，对日常舆情进行引导，为有关部门提供社会舆情方面的决策支持。

突发事件监测，尤指当发生群体性突发事件时对相关网络舆情的监测。突发事件的变化因素多，内部关系较为复杂，发展趋势难以预测，相关信息纷繁复杂，给管理机构的信息判断和决策增加了难度。另外，由于突发事件中的矛盾双方往往处于对立状态，影响或阻碍了原有信息沟通渠道的正常功能，从而给各种"小道消息"提供了填补信息真空的机会。此类事件突发性强、社会影响大、给决策者思考的时间短，如果不及时准确获得最新信息并加以判断处理，产生的后果非常严重。而巨大的压力使决策者很难从容地对所有信息进行采集、整理和判别，一些有价值的信息可能被遗漏或者忽视，从而对处理决策产生误导。因此，在突发事件出现时，完善的舆情监测机制、及时有效的舆情信息汇集和分析、全面掌握与该事件密切相关的各种信息，极其重要。

（二）网络舆情监测的方法

由于网络舆情信息量巨大，目前网络舆情监测主要通过系统软件来实现。"网络舆情监测系统"是针对在一定的社会空间内，围绕中介性社会事件的发生、发展和变化，民众对社会管理者产生和持有的社会政治态度于网络上表达出来意愿的集合而进行的计算机监测的系统统称。网络舆情监控系统是利用搜索引擎技术和网络信息挖掘技术，通过网页内容的自动采集处理、敏感词过滤、智能聚类分类、主题检测、专题聚焦、统计分析，实现各单位对自己相关网络舆情监督管理的需要，最终形成舆情简报、舆情专报、分析报告、移动快报，为决策层全面掌握舆情动态，做出正确舆论引导，提供分析依据。网络舆情监测系统的具体构成和工作方式将在后文进行详细阐述。

（三）网络舆情监测的流程

网络舆情监测流程可分为舆情主题规划、舆情信息采集、舆情信息预处理、舆情信息分析、舆情报告5个阶段。这5个阶段所包含的具体内容如图8-1所示。

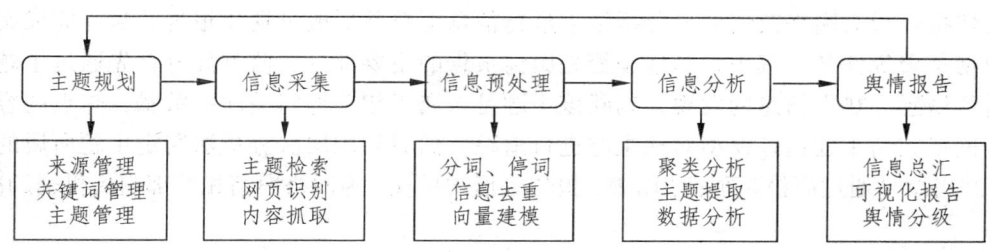

图 8-1　网络舆情监测流程

1. 舆情主题规划

相关部门根据自身所需要获取舆情信息需求，确定需要实时监测的对象以及需要关注的主题，然后确定实时跟踪的关键词并及时调整采集内容。舆情主题规划的内涵和外延包括了舆情的来源、网络舆情的关键词的管理方法以及网络舆情主题词的管理[①]。其中，主题可以根据相关研究成果并结合相关部门的实际情况进行动态调整。

2. 舆情信息采集

完成网络舆情主题规划后，需要根据相应的主题对网络舆情信息进行采集。具体而言，舆情信息采集指根据主题的关键词，利用网络爬虫等技术从繁杂的内容中筛选出与确定主题相关的舆情信息，然后将其存储在数据库中。为防止信息重复，在将信息储存入数据库时可以采用"网络雷达"技术判定资源是否存储于历史数据库中。一般来说，网络舆情信息采集的渠道有新闻、论坛、博客、评论等。

3. 舆情信息预处理

由于互联网中的信息纷繁复杂，我们无法确保通过关键词抓取的信息完全精准。因此在进行舆情信息分析前，需要对采集到的舆情信息进行初步的预处理。舆情信息的预处理首先需要将原始舆情数据进行清洗和净化，如对广告、版权说明、图片等与主题无关的噪音内容进行去噪处理。随后，需要将半结构化的网页数据转化为结构化的文本形式。最后，为了进一步进行舆情信息分析，需要将结构化的文本通过分词转化为计算机能够识别的单个词汇，并进行分类参数优化，建立文本表示模型，得到文本分类。

---

① 李中原：《高校学生网络舆情的动态监测路径与防控机制研究》，《现代情报》，2019（8）。

4. 舆情信息分析

舆情信息分析是网络舆情动态监测系统的核心环节，是指在舆情信息与处理之后，利用文本聚类技术对获取的信息进行分析、挖掘来实现网络舆情信息的主题发现，对文本的主题结构进行确定，分析结果用于信息提取、自动生成文摘、跟踪主题的转换、觉察主题间的关系等，为舆情警告处理提供支持（李中原）。其中，文本聚类有语义聚类与关联聚类，以及通过计量手段进行聚类等多种方法。

5. 舆情报告

舆情报告指对网络舆情信息分析结果进行信息汇总并形成可视化报告，从而完成舆情分级、舆情预警等任务。其中，舆情预警是舆情报告的主要部分，监测部分首先通过主题检测模型进行敏感、热点信息的发现，判断该主题是否属于相关部门关注的敏感、热点内容，随后通过网络舆情主题追踪模型对该主题进行追踪，然后利用层次分析法判定主题所属的预警等级，并将结果通过简报、列表、图表、报告等形式呈现，为网络舆情相关部门提供辅助决策。

三、网络舆情的监测系统

网络舆情的监控主要依托网络舆情的监测系统得以实现。网络舆情监测系统是政府机构、企事业等单位和个人在互联网和大数据时代进行舆情监测、分析和管理的智能化平台。[1]互联网与移动互联网中，民众的言论随时随地地发生，通过网络舆情监测系统实时收集、挖掘、分析、研判与政府及企业相关的各种舆情信息，能够为政府和企业提供最接近民意的决策参考。网络舆情监测系统一般分为：舆情信息采集系统、舆情信息储存系统、舆情信息分析系统、舆情信息管理系统四个子系统。

（一）舆情信息采集系统

舆情信息采集系统是网络舆情监测系统的基础。该系统通过互联网的搜索引擎技术，通过编写爬虫程序对互联网及移动互联网上的海量数据进行有针对性的、行业性的、精准性的数据抓取，并按照一定规则和筛选标准进行简单的数据抽练和数据归类，最终形成数据文件库。

目前舆情信息采集采用的技术主要是利用垂直搜索引擎基础的网络爬虫。网络爬虫是通过网页链接地址来寻找网页的，即从网站某一页面（通常是首页）开始，读取网页内容并找到网页中其他链接地址，然后通过这些链接地址寻找下一个网页，这样一直循环下去，直到把这个网站所有的网页都抓取完为止。如果把整个互联网当成一个网站，那么网络爬虫就可利用这个原理把互联网上所有网页都抓取下来，从而实现国内外各种互联网信息的采集。在此基础上，舆情信息采集系统能够根据互联网发展情况做到功能扩充，适应对不同网络平台和不同网络内容的获取。比如支持大规模、分布式的数据采集对不断变化的网站、新媒体网络信息进行采集，支持对文本、图片、音频和视频多类型内容的采集。随后，该系统对获得

---

[1] 彭铁元：《网络舆情管理学》，湖北教育出版社2018年版，第96页。

的原始舆情数据进行清洗和净化，如对广告、版权说明、图片等与主题无关的噪音内容进行去噪处理。同时，该系统可以采用"网络雷达"技术判定资源是否存储于历史数据库中。

（二）舆情信息存储系统

数据存储系统负责对各种舆情数据进行存储，包括存储互联网采集系统所采集到的各种原始数据、舆情分析和挖掘的中间过程数据、舆情发布和运营管理过程数据用户使用行为数据等。

网络舆情监测系统监测的数据范围是互联网上的所有信息，这个数据的体量很大，被称为大数据。大数据时代，数据规模从 GB 级发展到 TB 级，甚至是 PB 级之后，传统的关系型数据存储方案难以很好地解决海量数据存储问题。为了解决这个问题，一些新数据管理系统开始涌现，如并行数据库、NOSQLN 数据理系统、数据管理系统、云平台等。这些新技术和新的数据存储方式，为网络舆情监测系统的数据存储提供了更好的解决方法，云数据管理是其中优良的解决方案之一。

云数据管理平台是以数据储存为主的云计算平台，平台基于硬件资源和软件资源的服务提供网络舆情数据的存储功能。目前，微软、苹果、阿里巴巴等企业均建立了相应的云计算平台。有舆情数据存储需求的客户无需在自己的电脑上，或者自己的公司安装舆情数据库管理软件，也不需要花钱建设自己的舆情数据管理集群，只需要使用舆情服务提供商提供的舆情数据库，利用服务提供商提供的数据库进行舆情数据的检索和应用。此外，云数据管理系统服务提供商可以弹性地分配存储资源，享受舆情监测服务的客户不需要自己创建整套的数据采集、存储系统，只需根据自己的实际需要定制并支付相应资源费用。这使得服务提供商可以根据数据体量和客户需求进行动态扩展或者缩减。

（三）舆情信息分析系统

舆情信息分析系统是网络舆情监测的核心部分，也是网络舆情监测系统的价值所在。海量的纷繁复杂的网络信息将通过这个系统转化为有实际意义的舆情信息。具体而言，舆情信息分析系统可以分为舆情信息预处理以及数据挖掘两部分。

1. 舆情信息预处理

有的时候，舆情信息储存系统中的信息依旧保持着舆情信息的原始模式，例如某一个帖子或者某一条评论。因此舆情信息分析系统需要对这类原始信息进行信息预处理，使其转化为计算机能够识别的语言或者说信息。也就是说，舆情信息预处理是将非结构化或者半结构化的原始舆情信息转化为结构化的信息形式。具体而言，舆情信息的预处理分为分词、停词、合并词、进行分类参数优化、建立文本表示模型等，具体流程如图 8-2 所示。具体而言，分词是通过中文或者外文的分词技术将一条评论分割为单个的单词，例如将"我爱祖国"分为"我""爱""祖国"。停词是为了降低分词处理后数据库的噪点，既停用（删除）一些无用的语气助词、连词、冠词等，如"啊""哦""的"。合并词是对数据库中语义相近的词合并去重。分类参数优化与建立文本模型是利用文本向量对文本特征词提取，进而实现参数优化。

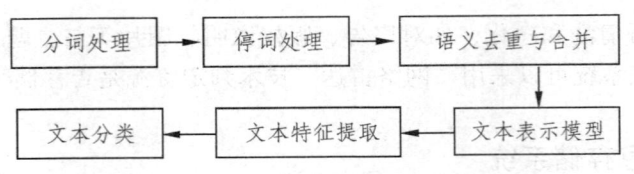

图 8-2 舆情信息预处理流程图

2. 数据挖掘

数据挖掘（Data mining）是指从大量的数据中通过算法搜索隐藏于其中的信息的过程。网络舆情的数据挖掘，从海量的舆情数据中找到政府机构、企事业单位等，进行舆情分析、追踪和研判的价值信息。目前，网络舆情信息分析系统的数据挖掘一般通过机器学习、在线分析处理、专家系统和模式识别等多种方法实现，分析技术则主要基于聚类分析、分类分析和关联规则。

（1）聚类分析。

聚类分析是将海量数据中相似的信息和数据聚集到一起的数据分析方法，基本方法包括K-means聚类和K-medoids聚类。在网络舆情监测系统中，聚类分析可以判别出某一平台或者某一时间段网民所探讨的主题。例如将百万、千万计的评论信息聚类为举报信息、投诉信息、建议信息、表扬信息等。聚类分析的技术手段很多，可以通过python编写聚类代码，或者使用Gephi、Rost等成熟软件进行聚类分析。

其中，潜在狄利克雷分布模型（Latent Dirichlet Allocation，LDA）是目前常用的一种能够实现文本主题聚类的机器学习技术，专门用于分析主观文本等高度多维数据。LDA模型认为文档中每个单词生成过程为：从K个主题中抽取一个主题，再从该主题对应的单词库中抽取一个单词。其中，K个主题的混合比例服从狄利克雷分布θm，参数为α；每个主题的词库中单词混合比例服从狄利克雷分布øm，参数为β。而LDA模型则是根据文档中已知的所有单词，运用数学公式不断迭代，反方向倒推出文档中的单词来自哪些主题，从而得到文档中的隐藏主题，如图8-3所示。

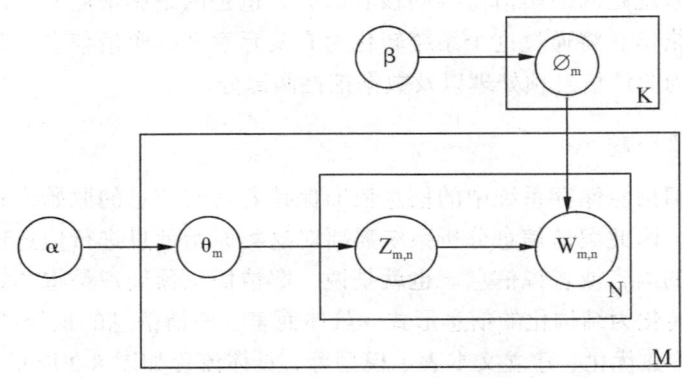

图 8-3 LDA 模型图

图中，M表示评论总数，N为评论集中所有的词汇数，$Z_{m,n}$表示第m条评论中第n个词对应的主题，$W_{m,n}$表示第m条评论中第n个词。根据LDA模型图，所有变量的联合分布为：

$$p(W_m, Z_m, \theta_m, \varphi | \alpha, \beta) = \prod_{n=1}^{N_m} p(W_{m,n} | \varphi Z_{m,n}) \cdot p(Z_{m,n} | \theta_m) \cdot p(\theta_m | \alpha) \cdot p(\varphi | \beta) \quad \text{（公式1）}$$

（2）分类分析。

分类分析是通过已知的训练数据集来识别新的观察数据所属组别的分析方法。这是一种有监督的学习过程，系统首先根据训练样本得到信息分类，例如分析出一万条样本评论数据所包含的类别以及每个类别的标签特征。随后根据该标准判断新的十万条评论数据分别属于哪种类别。

由此我们可以明确，分类分析和上文提到的聚类分析最大区别在于：分类分析对于所划分的类别是已知的，聚类分析对所划分的类别是未知的。也就是说当分类分析的训练文本得到十种类别（主题）时，我们可以预测所有等待分析的网络舆情将被分为这十类中的某一类。而我们对网络舆情进行聚类分析时，我们并不能预判这组数据集包含了多少个类别（主题）。

分类分析常用的算法包括贝叶斯分类算法和决策树算法。其中贝叶斯分类算法是统计学分类方法，它是一类利用概率统计知识进行分类的算法。贝叶斯算法在许多场合下能运用到大型数据库中，且方法简单、分类准确率高、速度快。通过分类分析技术，网络舆情监测系统能够将网络舆情信息细分为不同的子维度。在此基础上，针对每个子维度的情感分析等能够帮助我们形成同舆情不同预警级别的分类、舆情排行榜分类等。

（3）关联分析。

关联分析又称关联挖掘，主要用于发现数据之间的联系。具体而言，是在交易数据、关系数据或其他信息载体中，查找存在于项目集合或对象集合之间的频繁模式、关联、相关性或因果结构。例如，相继出现的几次舆情危机中是否是同一批网民在发布和传播？

关联分析的一个典型例子是购物篮分析。该过程通过发现顾客放入其购物篮中的不同商品之间的联系，分析顾客的购买习惯。通过了解哪些商品频繁地被顾客同时购买，这种关联的发现可以帮助零售商制定营销策略。网络舆情中也有很强的关联关系，有学者在分析了115个突发网络舆情事件之后发现，我国突发性网络舆情事件的要素之间具有紧密的关联性；府际问责、政民互动与警民冲突构成我国舆情生态的基本主体关系；公众安全感和政府公信力在共词网络中具有重要影响力；经济利益、公平正义和道德诚信也是社会公众关注的永恒议题。[1]

关联规则挖掘过程主要包含两个阶段：第一阶段必须先从海量数据中找出所有的高频信息组，高频的意思是指某一信息组出现的频率相对于所有记录而言，必须达到某一水平第二阶段再由这些高频信息组中产生关联规则，从而进行关联性分析和判断。

（四）舆情信息管理系统

网络舆情监测系统的应用价值主要体现在舆情信息管理系统上。在对网络舆情进行采集、储存和分析之后，网络舆情监测系统需要根据客户的现实需要对网络舆情信息进行管理。实现客户对网络舆情监测不同功能的诉求。具体而言，网络舆情信息管理系统在采集、储存、分析系统基础上，实现热点识别、主题跟踪、分类监测、舆情预警、生成报告等功能。

---

[1] 王超：《我国突发性网络舆情事件的关联网络结构分析》，《现代情报》，2019（12）：121-130。

热点识别能力：可以根据信息不同出处、网民评论数量、发帖时间、关注密集程度等参数，识别出给定时间段内的热门舆情话题。

主题跟踪：主要是指针对热点舆情话题进行跟踪，对其进行倾向性与发展趋势分析跟踪的具体内容可以包括：信息来源、转载量、转载地址、传播路径等。

分类监测功能：可以根据系统自动聚类和分类、客户的实际需求等进行分类监测。如领导人监测、行业监测、竞争对手监测、新媒体监测等。

舆情预警：预警主要是针对舆情及风险分析的热点信息与突发事件进行监测，根据舆情的负面情况、严重程度、影响范围、危机与损失程度等，第一时间对舆情信息进行预警提示。提示的形式可以是舆情系统中的不同标示，自动发送邮件、短信、微信等给相关监督管理人员。

统计报告：根据舆情分析引擎处理后的结果生成舆情报告，用户可通过浏览器进行浏览，系统提供信息检索功能，根据指定条件对热点话题、倾向性观点进行查询等。

第二节　网络舆情的分析

一、网络舆情的分析技术

无论是互联网时代的贴吧浪潮，还是移动互联网时代的移动社交媒体浪潮，都极大地增强了网络舆论的影响力。因此，网络舆情作为各级政府了解社情民意、改进工作作风、提高执政能力的重要窗口的功能愈发显现，推进网络舆情监测体系的重要性也愈发凸显。上一章介绍了网络舆情监测系统的基本情况，本章将详细介绍网络舆情监测系统所使用的分析技术和工具方法。

（一）网络舆情采集技术

网络舆情分析的首要技术，是使用网络信息采集工具自动搜索和采集网络中的相关舆情信息。网络时代，民众的舆情信息分散在互联网的各种网络媒体、信息交流平台之中。这些信息大多聚集在新闻评论区、微博微信、网络论坛、公众号自媒体等网络渠道。这些信息纷繁复杂、五花八门且数量巨大，是网络舆情分析的基础数据。因此，采集这些网络舆情信息的技术水平从很大程度上决定了网络舆情的分析效果。目前，网络舆情信息的采集技术主要涉及网络爬虫、搜索引擎、网页相关性计算。

1. 网络爬虫

网络舆情信息采集技术的基础和核心技术是 Web 信息采集技术，也可以称为网络爬虫。网络爬虫主要应用于搜索引擎或数据挖掘前期的数据收集工作之中，高效快速地对网页、图片和文档等数据或信息内容进行实时性动态性采集。如果我们将互联网比作一张巨大的蜘蛛网，每一个网页是蜘蛛网中的一个节点，网页与网页之间的链接关系是连接节点与节点的弧线。Web 信息采集技术就是以其中的一个网页（节点）为中心，根据图论渐渐爬遍整个蜘蛛网来获取其他的页面（节点），因此这种技术被形象地称为网络爬虫技术。

网络爬虫技术通常以一个或多个种子 URL 作为工作的起点，通过各类端口发送按照 http 协议格式的指令，如 GET、PosT 和 HEAD 格式等。采集工作由起始 URL 开始后，程序会自动按照一定的搜索策略选择模块提取文档中新的超链进行访问，并按某种过滤策略去除已被访问或是不宜访问的超链，如此反复循环，按照一定的搜索策略对互联网 Web 文档信息进行遍历搜索。图 8-4 显示了网络爬虫的工作流程，整个过程如同一个蜘蛛在蜘蛛网（Web）上爬行。

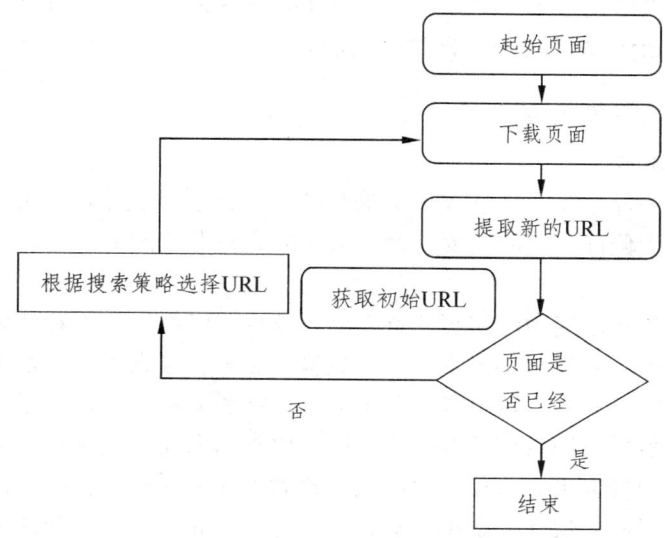

图 8-4　网络爬虫工作流程图

由于网络中的数据量巨大，更新的频率快，信息采集存在相当的困难。因为爬虫在获取某站点的页面时，很可能又有新的网页被添加进来，或者当前页面正在被修改，甚至已经被删除。互联网上的数据堪称海量，在这样高频的变化下，爬虫在给定的时间内只可能抓取网络中的部分网页。因此，我们需要制定科学合理的爬行策略来尽量避免这样的问题，可以说网络爬虫的工作效率，依赖于其爬行策略。目前网络爬虫的爬行策略，主要包括搜索策略、重新访问策略、礼貌策略三个方面。

搜索策略决定爬虫遍历网络的方式，分为广度优先搜索策略、深度优先搜索策略和最佳优先搜索策略。广度优先搜索策略是指网络蜘蛛从起始网页开始，首先搜索完一个网页中所有的链接，然后再继续搜索下一层，直到底层为止。深度优先搜索策略是指网络蜘蛛从起始网页开始，一个链接一个链接地搜索下去，处理完这条路径之后再转入下一个起始网页，继续跟踪链接，直到遍历所有的网页及链接，搜索过程结束。最佳优先搜索策略是一种局部最优的搜索算法，它是基于某种网页分析算法来计算出该页面的某种主题相关性，然后根据爬行相关度来比较相关性高的页面，所以很多相关性较低的网页有可能将会被忽略。

重新访问策略是针对网络更新频率制定的信息采集策略，目的在于确保系统所拥有的资源不会过时。重新访问策略对资源进行衡量和评价的两个常用指标是新鲜度和过时性。新鲜度用来评价抓取的内容是否准确，过时性是用来衡量已抓取页面过时的程度，尽可能提高页面的新鲜度和降低页面的过时性是网络爬虫的目标。重新访问策略又分为正比策略和统一策略。正比策略中，重新访问的制定与网页的更新频率高度相关，网页的更新频率越高，那么其重新访问的间隔越短。统一策略指的是使用相同的频率重新访问所有的页面，它将不考虑他们更新的频率。

网络爬虫在获取页面数据时往往需要频繁地访问站点服务器，这需要占用对方服务器的资源，同时也会占用大量的网络带宽，为了防止受到不必要的干扰，站点可能会将爬虫屏蔽掉，所以网络爬虫自身应该礼貌地爬行以尽量避免这种情况的发生。网络爬虫礼貌爬行主要包括标识身份、遵守机器人排除协议（Robots exclusion protocol）、设置合理的访问间隔、检查 meta 标识、将网站地图作为爬取该网站网页的入口。

2. 搜索引擎及元搜索引擎技术

（1）搜索引擎技术。

网络舆情信息的突发性使得信息收集系统对网站内容进行信息收集还不足够充分，它只能反应网络媒体的一个侧面。有时还要借助于人工方式对互联网的信息进行监控，这就需要借助引擎技术的支持。

搜索引擎自动搜集互联网中的网页信息，经过整理、组织、加工和处理后，建立管理和存储这些信息的索引库，并提供基于索引的信息检索服务。搜索引擎通常由上文介绍的网络爬虫加上索引器、检索器和用户接口等部分组成，网络爬虫在互联网中不断地搜索、发现和采集新的网页信息，然后将网页信息存入网页库，由索引器建立索引；索引器将分析网络蜘蛛所采集的信息，从中抽取出索引项，建立用于检索页面的索引表；检索器将根据用户的查询请求和条件，从索引库中快速检索出网页，并通过网页相似性分析和评价，对输出的结果进行排序；用户接口为用户提供一个输入查询请求和显示查询结果的用户界面。对于用户而言，搜索引擎操作简单快捷。因此，搜索引擎是互联网中最常用的信息搜索工具。著名的搜索引擎有 Google（谷歌）、Bing（必应）、百度等。

（2）元搜索引擎技术。

元搜索引擎则是将多个单一的搜索引擎聚集在一起，提供统一的搜索界面。元搜索引擎将用户的搜索要求提供给多个单独的搜索引擎，在对反馈的信息进行二次处理加工，反馈给查询用户。通过这种整合多个搜索引擎的机制，元搜索引擎对分布于网络中的众多搜索工具形成全局控制机制并最大限度地保证了信息的完整性。

元搜索引擎由检索请求提交机制、检索接口代理机制、检索结果显示机制三部分机制组成。"检索请求提交机制"主要负责实现用户的检索要求。"检索接口代理机制"主要负责将用户的检索请求翻译成满足不同搜索引擎符合本地化要求的格式。"检索结果显示机制"主要负责所有单独搜索引擎检索结果的去重合并、输出反馈等操作。

（二）网络舆情分析技术

1. 文本分割技术

网络舆情信息在网络中的原始呈现形态是非结构化的文本信息，即我们看到的一条条微博、一篇篇文章。通常情况下，通过采集技术采集到的网络舆情信息数量级是巨大的，以几十万甚至上百万计。要在海量的网络舆情信息中得到有价值的信息，单纯通过人工识别是不现实的，机器学习与大数据分析是目前分析网络舆情信息的主要手段。然而，由于自然语言是非结构化文本信息，计算机无法有效地识别。这就需要文本分割技术对非结构化文本进行预处理。文本分割技术能够将一个多主题的网页文本按主题分割成若干个文本块甚至是最小文本单位，以提高计算机自然语言处理的效果。因此，文本分割技术是文本自动分类、情感分析、主题提取等网络舆情分析中的基础技术手段。

文本分割技术的关键在于如何确定分割点，将原有的文本内容划分成若干个不同的部分。根据不同的信息形式（语音、评论、文章），文本分割可以选在词之间、句子之间以及段落之间进行。其中，词和句子的划分相对比较简单，而段落划分要复杂一些。对于段落的分割，可以采用按照逻辑结构划分、按照等长自然段划分、按照话题迁移划分、按照固定长度词序列划分、按照文本语义划分等方法。

目前文本分割的方法总体上可分为四类：基于词聚集的方法、基于语言特征的方法、基于统计的方法以及其他。基于词聚集的方法假定相似或相关的词倾向于出现在同一主题段落内，文本内部有机的组织是文本的一个重要特征，一个任意的句子集合并没有这种特征，而篇章内部的紧凑性是使得文本篇章成为有机组织的一个重要因素。典型的基于词聚集的方法有 Text Tiling 算法、Lexical Chains 方法、Dotplotting 方法以及 LCP（Lexical Coherence Profile）方法等。基于语言特征的分割方法是指利用某种策略从语料库中提取词特征或者韵律特征，通过分析它们与主题段落首尾的关系来确定段落边界。这种方法一般用于特定文本类或者语音流的处理。基于语言特征的分割方法主要有决策树法、隐马尔可夫模型（HMM）、综合法。基于统计的方法是利用主题性特征和提示性特征建立一个统计语言模型进行文本分割。其他文本分割方法还有 LSA（Latent Semantic Analysis）方法、动态规划法、局部内容分析等。

2. 话题监测与跟踪技术

话题检测与跟踪技术（Topic Detection and Trancking，TDT）最初应用主要是新闻出版领域，用于新闻流的话题检测和事件跟踪。后来被扩展到互联网上，用于检测和跟踪以话题词为中心的互联网新闻热点话题以及流行词，因此成为网络舆情分析中的重要技术。该技术在没有人工干预的情况下自动检索、判断和识别数据流中的话题。其中，话题指一个核心事件或活动以及所有与之直接相关的事件和活动。

TDT 是从一篇文章的主题作为切入点，通过对文章主题的发现和跟踪，把各种分散的信息进行有效汇集，并且组织成线索提供给用户进行查阅，厘清一个主题事件的来龙去脉，把握整个事件的整体和细节。例如，在网络舆情监测中，通过 TDT 技术对各种信息源的监测和分析，从中识别出针对某一突发事件的各种报道，并对事件的演化过程进行跟踪。使用 TDT 技术能够完成新事件检测（New Event Detection）、报道关系检测（Story Link Detection）、话题检测（Topic Detection）、话题跟踪（Topic Tracking）、自适应话题跟踪（Adaptive Topic Tracking）和层次话题检测（Hierarchical Topic Detection）六项分析任务，其中，话题检测与话题跟踪是核心问题。完成以上任务时，TDT 技术需要使用表示模型、相似度计算、特征项权重计算、话题和报道间的相似度计算、文本分类与聚类的策略选择等相关技术。

表示模型是使用适当的模型来表示报道和话题，以便对两者的相关性进行计算和比较，从而判断一个报道是否与某一话题相关。常用的表示模型有语言模型。语言模型是一种概率模型，基本思想是对于在某一报道中出现的词，采用期望最大化（EM）等算法来分别估算该词在某个话题所有报道的概率分布和在整个语料库中的概率分布,可以得到某一报道讨论该话题的概率,这样就构成了一个词的生成模型。在话题检测与跟踪中,人们提出了多种语言模型,如隐马尔可夫模型、指数语言模型、层次语言模型、语义模型等,其中效果较好的是上一章介绍过的 LDA(Latent Dirichlet Allocation)模型。

相似度计算指通过计算和比较某一信息与主题之间相似度值、阈值,判断该信息属于哪一个主题。常用的相似度计算技术有内积、Dice 系数、Jaccard 系数、余弦系数以及欧几里得度量等。

特征项选取属于对文本向量做净化处理的部分,是向量空间模型中用来表示文本向量空间中的各个维度的方法。因为直接使用分词和词频统计方法来得到特征项的向量空间维度比较大,这不仅会给后续处理带来大量计算工作,还会影响到分类和聚类算法的效果。因此,需要使用特征项选取来对向量空间维度进行净化。也就是保证原文含义的基础上,找出最具代表性的文本特征项。这个问题归结为找到一种低维度的特征选择方法。目前最常用的特征项选取方法是统计方法。这种方法对特征集合中的每个特征进行评估和打分,这样每个词语都获得一个评估值,然后将所有特征按权值大小排序,提取预定数目的最优特征作为提取结果的特征子集。这种方法比较精确,人为因素的干扰较少,尤其适合于文本自动分类挖掘。

文本聚类是话题监测技术中的核心技术。该技术是一种无监督的学习过程,计算机根据文档集合内部的文档对象彼此之间相似度关系并按照某种准则进行文档集合划分。通过该项技术,信息采集技术抓取到的海量网络舆情数据可以被计算机自动分为 N 类主题。与文本分类不同,文本聚类不需要预先对文档进行手工标注类别,即不依赖于文档集合划分的先验知识。因此,该项技术对于获取大规模多元数据集合的结构特征是有效的。它能够发现数据之间所隐含的某些关系,因此在数据挖掘和知识发现领域中得到了广泛应用。

文本聚类划分的依据为:同类中的文档彼此之间的相似度较大,而不同的类之间的文档相似度较小。典型的文本聚类过程可以分为三个步骤:文本表示、聚类算法和效果评估。文本表示是指使用向量空间模型等文本表示模型,把文档表示成聚类算法能够处理的形式;聚类算法是指使用无监督学习算法对文档集合进行划分,文本聚类算法有很多种,常用的算法有层次方法、划分方法、基于密度的方法、基于网格的方法、基于模型的方法等;效果评估是指使用准确率、召回率、漏报率和误报率等测评指标来评价聚类的效果,也是对聚类算法性能的评价。

文本分类是话题跟踪技术中的核心技术。与文本聚类技术不同,该技术是一种有监督的学习过程。文本分类需要对文本集合(0)进行类别标注构建费雷体系和分类器,再判断新出现的文本是属于分类体系的哪一类。通过这种技术,能够判断某一条新的舆情信息是属于一个新话题还是旧话题,从而对话题的发展进行跟踪。

典型的文本分类过程可以分为三个步骤:文本表示、分类器构建和效果评估,其中文本表示和效果评估的方法与文本聚类相同,而分类器构建是文本分类中关键的环节,应当根据所要解决问题的特点来选择一个分类器。在选定构建方法之后,在训练集上为每个类别构建分类器,然后把分类器应用于测试集上,得到分类结果。在文本分类中使用的学习算法有多种,如 Rocchio 算法、k 最近邻居(KNN)、决策树、朴素贝叶斯、神经网络、最大熵、支持向量机(SVM)等。其中,比较常用的是 Rocchio、KNN、决策树、SVM 等算法。事实上,每种分类算法都有各自的长处和局限性,它们经常可以互为补充。实际应用和算法实验表明,在文本分类中,KNN方法和多种方法的组合具有较好的性能。

3. 情感分析技术

情感分析是自然语言处理的一个分支。心理学研究发现词汇与人类情感之间的关系或可度量,情感分析便是通过对文本自动分类找到作者的观点与情感。网络舆情中,网民所持有的情感倾向性往往是多元化的,包括正面或负面、赞扬或批评、支持或质疑、肯定或否定等。情感分析在互联网时代引起了研究者的广泛关注,学者们用以监督网络舆情甚至预测股票市场的起伏。

情感分析技术主要研究如何对文本所表达的观点、情感、立场、态度等主观性信息进行自动分析,从海量文本中识别出人们对某一事件或政策等所持有的观点是褒义还是贬义,提高对文本情感分析的效率。文本情感分析技术涉及自然语言处理、计算语言学、人工智能、机器学习、信息检索、数据挖掘等多个研究领域,属于交叉性技术。情感分析的发展经历了由粗粒度研究到细粒度研究的过程。粗粒度研究包括在文档层面对整个文档进行情感分类的形式,以及在句子层面先区分文档中的主客观句再对主观句情感进行分类的形式。① 细粒度研究在词汇层面进行语义分析以及词汇元素间相互作用分析。②

词语情感分析是对句子中出现的表达情感的名词、动词、副词和形容词所表现的褒义、贬义和中性意义进行分析,包括对词的情感极性、情感强度以及上下文模式等进行分析。词语情感分析技术的基础和分析效果在于情感词典的构建。情感词典会标注有倾向性的情感词语,例如"喜欢"在情感词典中被标记为强度为 3 的正向情感,那么当舆情信息中出现"喜欢"一词时,情感总分"+3"。因此,如果舆情信息中的情感词没有收录在情感词典中,情感分析的效度将会降低。

句子情感分析的对象是在特定的上下文中出现的句子,其目的是通过分析句子中的各种主观性信息,判断该句子是主观句还是客观句。句子情感分析主要是对主观句进行分析,进一步提取出句子中的主观关系,实现对句子的情感倾向的判断,同时还要分析与情感倾向性相关的各个要素,如评价对象、情感极性、情感强度等。

段落情感分析是对文本切割后的语义段进行分析。由于语义段之间存在着语义联系,因此有助于对文本情感进行细化分析。在语义段情感分析时,以语义段中的句子为基本单元,通过计算句子情感值和语义段情感值,最终得到文本的全局情感值,实现对整个文本的情感分析。

情感分析主要依靠计算机得以实现,ReviewSeer 是世界上第一个针对评论的情感分析工具,目前还有 Senti WorldNet、Opinion Observer、Emotion Trigger 等机器识别工具。但是由于文本情感分析技术将文本的情感倾向分为褒义和贬义两类,对于网络舆情监测中来说,还不够细致。在此基础上,还需要通过人工做进一步的统计分析。

---

① 李纲、王忠义:《基于语义的情感挖掘系统的设计与实现》,《现代图书情报技术》,2011(7)。
② 祝振媛:《基于信息分类的网络书评内容挖掘与整合研究》,《图书情报工作》,2016(1)。

二、网络舆情的分析工具及方法

网络舆情信息数量级巨大，必须借助计算机工具进行分析。这类工具可以分为搜索引擎和专业的网络舆情分析平台。搜索引擎平台虽然不是专业的舆情监测平台，但这类工具简单、方便、易掌握、无成本，是一款大众化的网络舆情分析工具。除了搜索引擎不断在开发网络舆情分析功能以外，不少互联网技术公司也顺应潮流开发出不少可供政府、企业使用的专业网络舆情分析平台。下面我们将详细介绍怎样使用百度舆情、百度人工智能开放平台、"两微"数据抓取平台、云众大数据平台进行网络舆情分析。

（一）百度网络舆情

百度舆情分析系统于 2014 年 8 月 18 日上线，是国内首款免费开放的舆情工具。该系统依托百度强大的网页内容挖掘能力与领先的中文语义分析技术，挖掘与分析互联网舆情数据，能够实现主体提取、趋势分析、舆情预警等多种功能。百度舆情分为个人版、政企版、API 版三种版本。个人版服务于舆情分析师、学生、教师等个人用户，可以免费开通账号，按模块购买使用，提供舆情监控、舆情分析、相关搜索词分析、受众画像、简报导出等功能。政企版服务于政府、企业等大型客户，可申请开通试用权限，正式版按年付费使用，提供舆情监控、舆情分析、相关搜索词分析、受众画像、简报、对比分析报告等功能。API 版服务于有定制化需求的政府或企业客户。提供数据订阅、地域风向标等数百个数据接口，打包大数据平台工具，提供定制化解决方案。这里我们将主要介绍免费开放的个人版本如何进行网络舆情分析。

在百度舆情的个人版操作台（图 8-5）上，左侧的"系统监控任务"显示的是目前正在监控的舆情事件。"自定义监控任务"处可以添加新增加的需要监控的舆情事件。

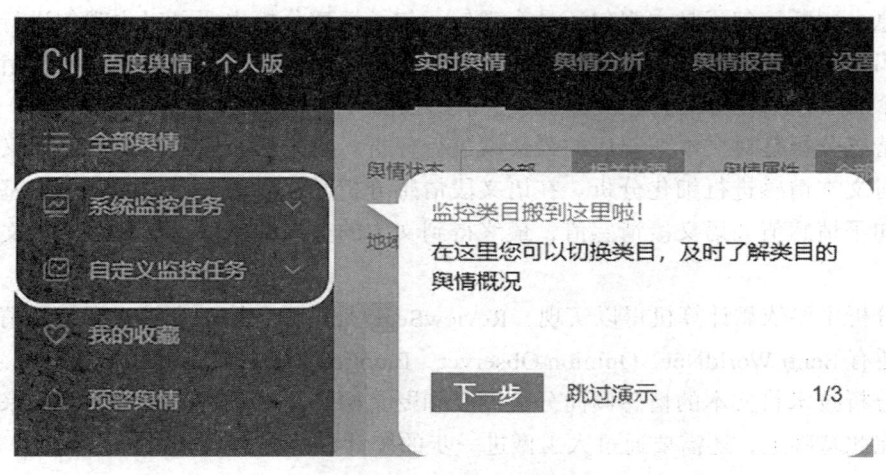

图 8-5 百度舆情平台网络舆情示意图一

确定了需要监控的舆情事件后，实时舆情项目栏将显示抓取到的舆情信息。包括标题、来源、媒体属性、舆情类型、发布时间、关联度等相关信息。我们可以通过设置抓取时间、抓取地域、媒体类型、舆情属性是负面还是正面对抓取的舆情信息进行筛选，并最终导出我们所需要的舆情信息。导出的舆情信息将以.csv格式得以储存。图8-6为2020年1月1日至3月31日，三个月间与医疗卫生相关的166 206条网络舆情信息。

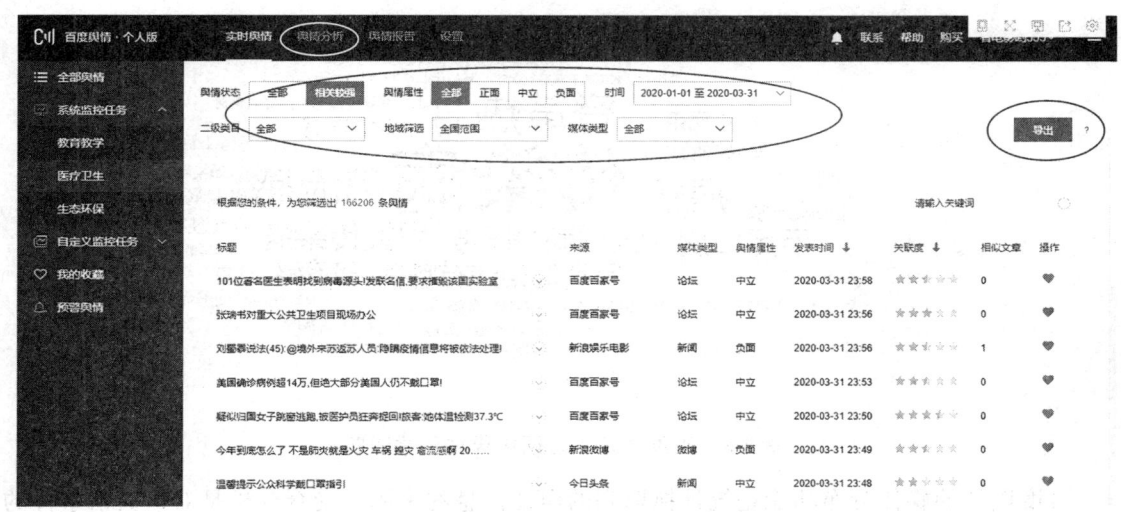

图8-6　百度舆情平台网络舆情示意图二

在舆情分析栏，我们可以看到对"医疗卫生"方面网络舆情信息的分析结果。图8-7为1月1日到3月31日，三个月间网络舆情的总体趋势图。我们可以看到1月21日，医疗卫生领域出现了罕见的峰值。随后武汉因新型冠状肺炎宣布封城的23日，网络舆情又出现了一个小峰值。

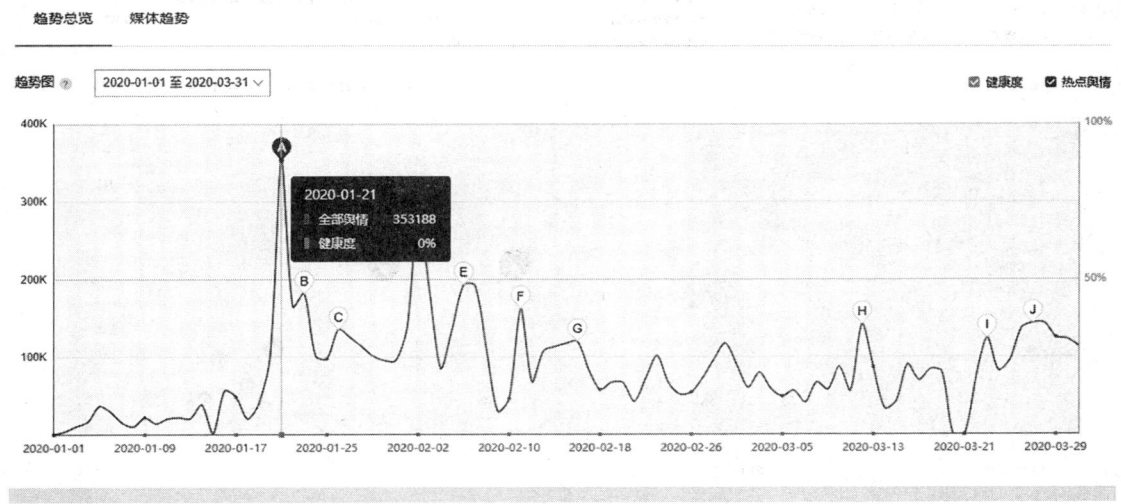

图8-7　百度舆情平台网络舆情示意图三

百度舆情平台能够实现多种网络舆情分析功能，其中最有特色的功能为依托中国最大的搜索引擎平台完成的搜索词分析。图8-8展示了2020年3月20日至4月18日间，医疗卫生方面网络舆情的搜索词分析结果。

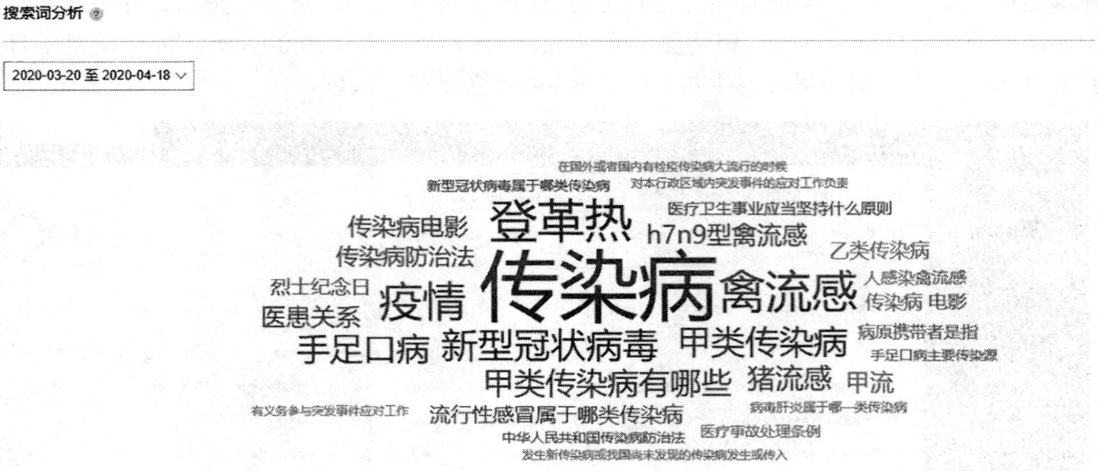

搜索词分析

2020-03-20 至 2020-04-18

图 8-8　百度舆情平台网络舆情示意图四

百度舆情的媒体分布功能是统计抓取到的舆情信息的来源。受众分析是对该舆情事件的信息发布者属性进行的分析，包括性别、地域、兴趣爱好、所属行业。由于百度并未公布百度舆情的观点分析功能的具体算法，我们无法判断其合理性，故此处不做介绍。图 8-9 展示了网络舆情的传播分析功能。该功能首先提取出抓取到的舆情信息中的微博数据，然后对微博信息的情感倾向、转发情况进行分析。

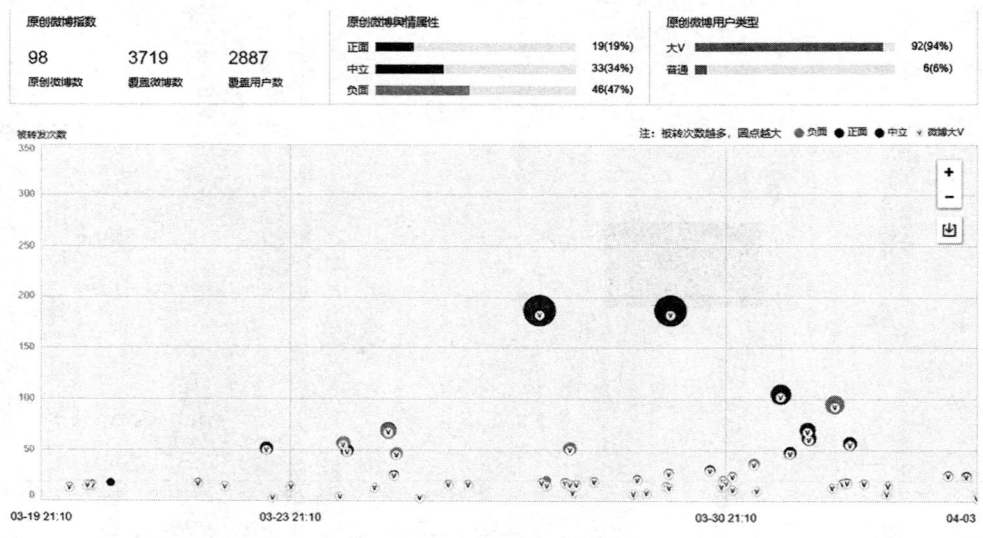

图 8-9　百度舆情平台网络舆情示意图五

事件分析会对舆论事件的事件热度、起始时间、结束时间、事件状态进行分析。图 8-10 为 2020 年 1 月 1 日至 3 月 31 日，三个月间医疗卫生方面网络舆情信息的事件分析结果。

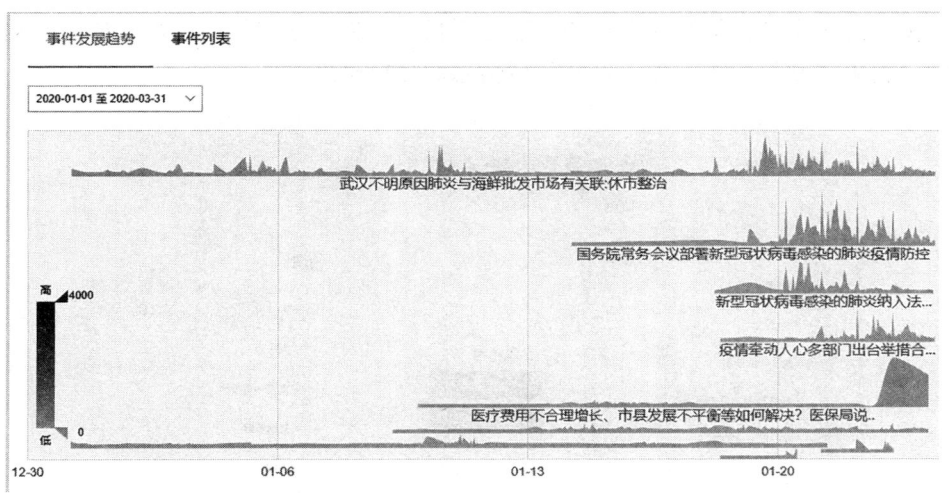

图 8-10　百度舆情平台网络舆情示意图六

（二）百度人工智能开放平台

百度舆情只能针对用户设定的舆情事件抓取网络舆情信息，用户也只能依赖百度舆情抓取信息。有的时候，我们需要分析某些特定网站的网络舆情信息，或者分析某个产品品牌的论坛上的产品评论信息。这就需要我们自行抓取网络舆情信息再进行分析。在这种方式中，网络舆情信息的来源可以多种多样，可以是企业内部的数据库，也可以是通过 Java 编写的爬虫程序或八爪鱼抓取到的网络舆情信息。总的来说，信息的来源不再局限于百度舆情的自我抓取。

在拥有了网络舆情数据之后，可以使用百度人工智能开放平台进行网络舆情的信息分析。图 8-11 显示了百度人工智能开放平台提供了网络舆情分析所需要的词向量、情感分析、文本分类等多项技术的免费使用权限。接下来，我们将大致介绍如何使用 AI 平台进行网络舆情分析。

图 8-11　百度人工智能开放平台操作功能

点击进入百度人工智能开放平台的词法分析板块，选择立即使用，进入如图 8-12 所示的操作页面，点击"创建应用"进入网络舆情信息的分析页面。

图 8-12　百度人工智能开放平台分析舆情信息示例一

在"创建应用"页面，输入你的应用名称、应用类型和应用描述。如图 8-13 所示，由于我们进入的是词法分块这一自然语言处理的板块，所以在接口选择中"自然语言处理"中相应的分词、词性标注、向量表示、情感分析、观点抽取、文本分类等是默认勾选且不能消除的。但是如果你的网络舆情信息中还包括图片等数据，可以在接口选择中加选文字识别、图像识别等功能接口。

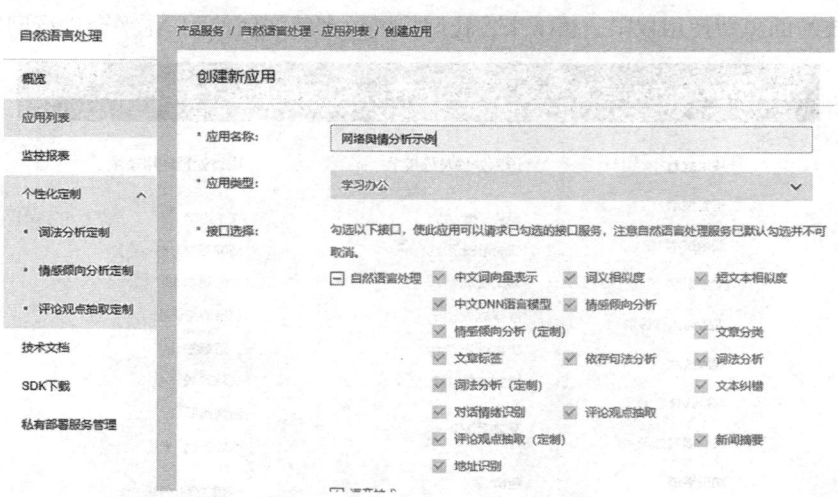

图 8-13　百度人工智能开放平台分析舆情信息示例二

创建应用成功后，我们将得到该应用的 API Key 和 Secret Key，如图 8-14 所示。随后我们可以使用 Python 代码调用百度 AI 开放平台的自然语言处理功能对抓取到的网络舆论评论数据进行分析。用户只需在百度 AI 开放平台复制 Python 代码，并将其中的 API Key 和 Secret Key 代换成自己设置的应用中显示的即可。

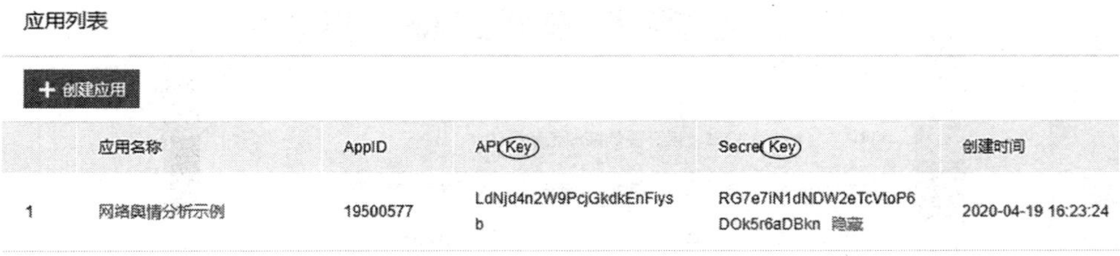

图 8-14　百度人工智能开放平台分析舆情信息示例三

（三）"双微"数据采集平台

腾讯发布的《2018 微信公众平台政务、媒体类账号发展报告》及《2018 年网络谣言治理报告》显示，2018 年政务及媒体类公众号粉丝总量达到 35 亿，相当于平均每个微信用户关注 2.3 个政务号和 1 个媒体号。此外，腾讯微信平台 2018 年全年共拦截谣言 8.4 万多条，辟谣文章阅读量近 11 亿次。可见，微信已成为各类信息宣传及舆论聚焦的主阵地之一。不管是企业还是政务单位，几乎都有开通自己的微信公众号。随着微信公众平台用户数量的增长，其信息传播范围和平台影响力都在不断加强，这也加速了微信公众号舆情的频繁突发，也促使其成为当下舆情舆论诱发的主平台。除了微信平台以外，微博也是网络舆情产生和传播的主要途径。据微博高级副总编曹增辉在"2020V 影响力峰会"上介绍，2020 年年初，微博月活跃用户已达 5.23 亿，每天活跃用户 2.29 亿，每个舆情事件的评论动辄上万条。

因此，对微博和微信公众号舆情信息进行抓取、统计、分析的工具在近两年也不断面世。这里我们将介绍主要对微博、微信"两微"数据的采集平台。

图 8-15 显示了 2014 年 6 月 9 日搜狗搜索上线的微信公众号数据搜索平台。登录搜狗搜索，选择微信，输入关键词，即可实现一批针对关键词的微信公众号数据抓取，从而实现对所关注的舆情事件的微信公众号信息的统计。

图 8-15　搜狗搜索抓取微信公众号信息示例

微博中的数据为开放数据，有网络舆情分析需求的个人和组织可以登录相应的微博平台进行舆情信息抓取。图 8-16 以新浪微博为例，点击进入新浪微博的高级搜索页面，通过关键词、数据类型、发布时间、发布地点等限定获取特定网络舆情的微博评论。

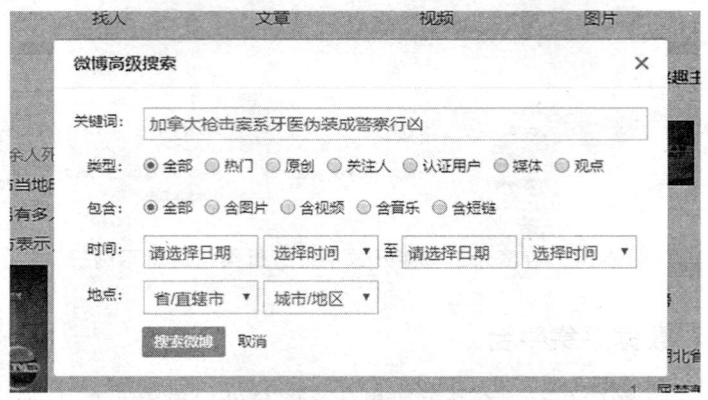

图 8-16　新浪微博搜索评论数据示例

（四）众云大数据平台

众云大数据平台（http://zy.peopleyun.cn）是人民在线、人民网舆情监测室历时十年打造的国内首款基于大数据挖掘技术，集监测、预警、分析等功能于一体的自助式开放大数据工具型平台，目前已经广泛应用于国内政府机构和企业。其对外开放的大数据抓取平台，完全能满足一般分析人员、包括职业舆情分析师对舆情数据进行个性监测、广域抓取、时时预警、一键图表、自动报告等的需求，目前可以通过申请，免费入驻。

首先，在众云大数据平台添加需要监测的舆情任务。例如监测 2020 年新冠肺炎爆发期间，有关"停课不停学"的网络舆情。在输入任务名称后，输入与该舆情事件相关的"主体词""辅助词"等关键词。接着，选择需要监测的网络舆情来源，例如数字报刊、网络媒体、政府机构、论坛、博客、微博、微信、资讯、客户端等。众云大数据平台将根据设置开始抓取相关的网络舆情信息，图 8-17 所示为 2020 年 4 月 20 日抓取到的 7 天内有关"新型冠状肺炎"的 7 814 条全网舆情数据。需要注意的是，众云大数据平台最多只能抓取 30 天内的网络舆情。

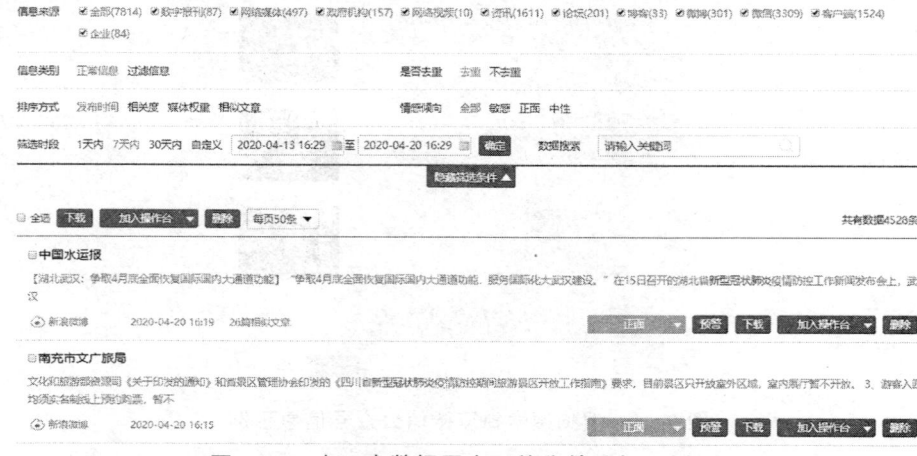

图 8-17　众云大数据平台网络舆情分析示例一

抓取到舆情事件的网络舆情信息之后，众云大数据平台能自动完成情感分析（计算敏感舆情信息占比）、报道趋势分析、报道渠道分析，如图 8-18 所示。

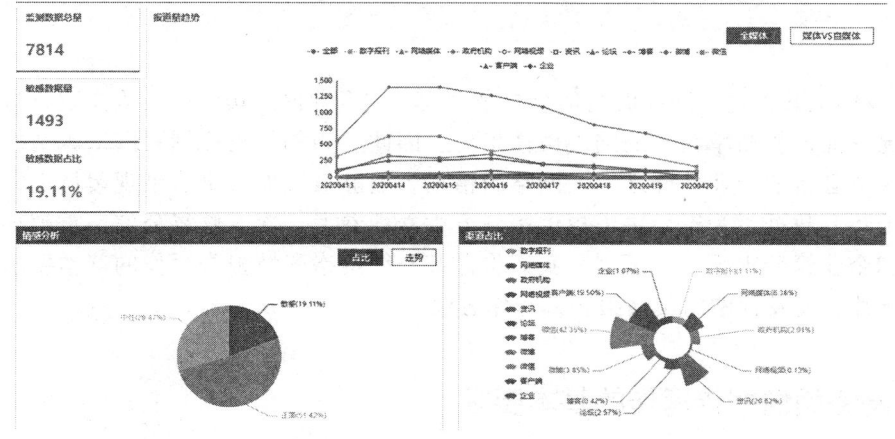

图 8-18　众云大数据平台网络舆情分析示例二

此外，众云大数据平台将专业媒体和网民的网络舆情信息进行分类。如图 8-19 所示，分别分析媒体和网络对舆情事件的关注重点。

排序	关键词	热度值	提及文章量
1	新型冠状肺炎	★★★★★	649
2	疫情	★★★★★	497
3	疫情防控	★★★★★	133
4	美国	★★★★★	117
5	构建人类命运共同体	★★★★★	22
6	企业	★★★★★	114

排序	关键词	热度值	提及文章量
1	新型冠状肺炎	★★★★★	488
2	疫情	★★★★★	410
3	疫情防控	★★★★★	86
4	新冠肺炎	★★★★★	86
5	肺炎	★★★★★	110
6	国家	★★★★★	94

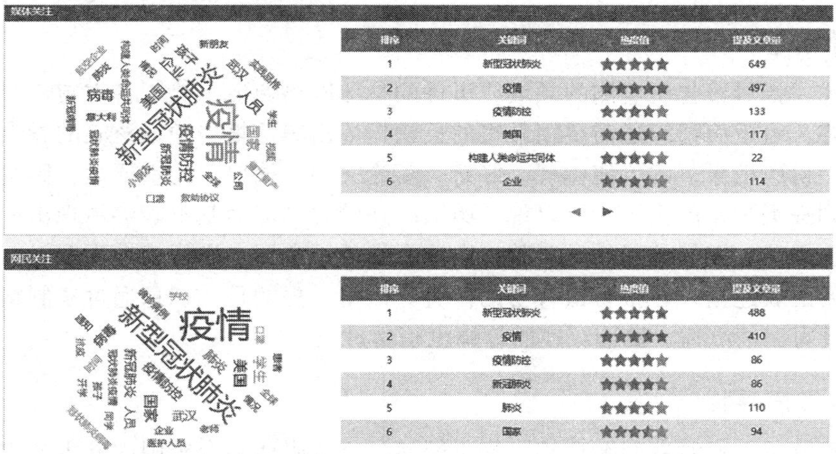

图 8-19　众云大数据平台网络舆情分析示例三

值得一提的是，众云大数据在线平台对敏感舆情单独汇报，如图 8-20 所示，该部分是舆情预警分析的重要分析来源。

最新敏感舆情

1	今日头条	一家10口，7人感染新冠肺炎，3人幸免！疾控中心解开谜团	相似文章0篇	2020-04-20 16:00
2	易车网	大众1季度在华销量下滑三成交 赛和实现正增长_易车号_易车网	相似文章1篇	2020-04-20 15:36
3	今日头条	日本3月出口额降超一成 日媒：4月或进一步恶化	相似文章5篇	2020-04-20 15:02
4	百家号	日本3月出口额降超一成 日媒：4月或进一步恶化	相似文章2篇	2020-04-20 14:10
5	沪江英语网	日本最新新型冠状肺炎确诊人数及地区分布：4月20日	相似文章6篇	2020-04-20 13:44
6	今日头条	4月20日韦恩全球要闻丨境外输入一个月来首次降至10例以	相似文章0篇	2020-04-20 12:49
7	新浪博客	二十一世纪世界各国防范瘟疫基本规则的建议	相似文章0篇	2020-04-20 12:15
8	网易新闻	菲律宾政府计划分阶段解除隔离 但未决定开放具体地区和行业	相似文章0篇	2020-04-20 11:55

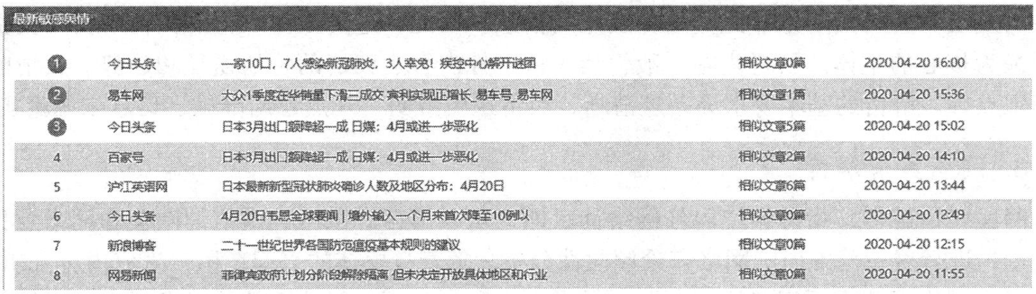

图 8-20　众云大数据平台网络舆情分析示例四

第三节 网络舆情报告的写作

正如我们上文论述，网络舆情信息复杂多变。非专业网络舆情分析人士要把握网络舆情的发展情况只能依赖简单明了的网络舆情报告。因此，为相关机构撰写网络舆情报告是网络舆情分析人员必备的专业技能之一。网络舆情报告能够系统地收集、呈现舆情反馈，展现最新的舆情走势和数据，为舆情决策提供第三方中立性参考，深度修复公信、重塑形象，提升社会治理和企业管理水平。接下来，我们将详细介绍网络舆情报告写作的基本要求，以及综述性、专题性、突发性网络舆情报告的写作方法。

一、网络舆情报告写作的基本要求

（一）网络舆情报告的基本元素

网络舆情报告由舆情综述、媒体舆情解析、网民舆情解析、舆情点评及预警建议构成。

1. 舆情综述

舆情综述，指对报告所监测的领域或事件的整体网络舆情态势、各方舆论观点和风险研判的要点提炼。由于舆情综述需要用最短的篇幅提炼出舆情报告中最核心的看点，舆情综述也被认为是一份舆情报告的价值体现。好比一篇论文中"摘要"的重要性，舆情综述对整篇舆情报告起到提纲挈领的作用。可以说，舆情综述的总结能力基本能够体现出一篇舆情报告的价值水平。因此，舆情综述需要对整篇舆论报告的重点要点进行精炼提取、高度概括，将亮点以最简要的表述呈现在报告最首要的位置。值得一提的是，切忌通过复制粘贴舆情报告原文的方式撰写舆情综述，舆情综述的篇幅也切勿过长。

2. 媒体舆情解析

媒体舆情解析，指对新闻客户端、资讯网站、官方媒体平台等国内外主流媒体的舆情信息进行趋势分析、观点提炼、情感判别、聚类等分析和总结。近年来，虽然自媒体和网民的话语权在逐步上升，但主流媒体在公众舆情事件中的话语权和舆论带动力依旧尤为重要。这一类媒介主体不仅拥有官方的采编权限，也拥有一大批专业的新闻人士。事实上，许多舆情事件的发展和转折大多依靠此类媒介发布的信息。因此，这类主流媒体的舆情解析是舆情报告中最为核心的主体。解析内容一般包括舆情事件内容、舆情的传播途径和趋势、舆情的热度和观点等。解析的基本要求为条理清晰、舆情逻辑鲜明、观点总结准确、信息来源真实。

3. 网民舆情解析

网民舆情解析，指综合境内外网络社区即论坛、博客、微博、微信的网友和网络意见领袖言论，进行这一范围内的网络言论倾向性分析。随着自媒体的兴起，用户生成内容（UGC）已经成为网络舆情中不容忽视的一股力量。事实上，有不少舆情事件的爆发源于自媒体的爆料,也正是自媒体的转发才引起了专业媒体的介入,从而引发舆情的进一步发展。因此,舆情报告中必须要包括对网民舆情的分析。网民舆情解析主要是了解网民关注的事件,提取某一舆论事件中比较主流的观点,以及分析网民群体针对某一舆情事件的集体情感倾向。值得一提的是,由于网友言论体量庞大,以往常常采用抽样的方法对网民舆情进行解析。然而随着大数据和云计算技术的发展,分析网民跟帖、微博、微信等全舆情数据也逐渐成为可能。

4. 舆情点评及预警建议

网络舆情报告的目的在于对目前的舆情进行总结,特别是对可能出现的舆情危机进行预警并提出相应的应对建议。这一部分的内容可以分为两个方面,一是对正面宣传效果进行评估,二是对负面舆情进行分析。两个方面根据舆情报告使用者的目的不同而各有侧重。其中,综述性舆情报告和专题性舆情报告大多侧重于舆情点评,突发性舆情报告则侧重于舆情预警。

(二)网络舆情报告的基本原则

一份有价值的网络舆情报告应该遵循以下三点基本原则。

1. 政治意识

基本的政治意识和大局意识是一份网络舆情报告应该遵守的首要基本原则。对于部分企业而言,有的舆情报告虽然为"内参",也一定要有基本的政治意识,熟悉把握党和国家大政方针,更不能有任何反党反社会的言论及言论倾向。因此,政治意识是政务以及企业网络舆情报告契合改善社会治理、提升企业管理的需求的基本要求。

2. 立场客观

在政治意识正确的基本原则下,网络舆情报告应该保持客观的立场,充分发挥自身的"第三方"价值。"第三方"价值的体现,在于使用真实客观的数据对舆情进行不带自身态度和情感的分析,从而使舆情报告的信息呈现及点评真实客观。因此,在舆情报告写作中,我们要避免"有/无罪推论"、偏激情绪、意识形态偏好等因素的影响。

其中,"有/无罪推论"指舆情报告撰写者最初在立场上即先入为主,对当事人一方进行"有罪推定"或"无罪推定"。例如,有的网民或机构在对某一舆情事件进行分析时,在没有任何实时依据的情况下先入为主地认为"官方在撒谎,官方在隐瞒""网友的爆料是真实的,爆料说出了真相"。这种态度会造成舆情报告撰写者出现对网络舆情信息的"选择性注意",即只注意到印证了自己观点的评论和信息,哪怕此类信息的数量非常少。可以预见,在"选择性注意"的影响下撰写出的网络舆情报告是无法代表网络舆情的真实情况的。偏激情绪指受到"仇官""仇富""仇警"等情绪的影响,忽视官方在实体工作、舆论引导层面的舆论效果,夸大一些不负责任的境内外新闻媒体、敌对势力甚至境外反华媒体的舆情炒作,那么最终很有可能误导官方决策。意识形态偏好则是指舆论报告撰写者夹带着民粹情绪或自由主义情绪对网络舆情进行分析。

3. 切实实用

切实实用是网络舆情报告的重要原则之一。随着目前大数据技术的不断发展,以及网络舆情事件的高频发生。各类网络舆情报告层出不穷，其中不乏打着大数据分析旗号却"假大空"的舆情报告。具体而言，有的舆情报告不分舆情主体与舆情报告性质，反复套用一个模板，舆情分析缺乏针对性，几乎"千报一面"。此外，有的舆情报告过度重视"大数据"的运用，缺乏相应的路径分析，特别是舆情风险研判，一味追求"华而不实"的图表。这些情况都会降低网络舆情报告的专业性和价值。一份合格的网络舆情报告，需要对舆情个案及走势有一份相对及时、全面而富有深度的解析和研判，需要以实用性为基本原则。

二、综合性网络舆情报告的写作

综合性网络舆情报告指对某个领域、行业，甚至全社会的综合性网络舆情报告。例如上海交通大学舆情研究实验室发布的《中国社会舆情与危机管理报告》《中国网络社会治理研究报告》。这类报告有时被称作"蓝皮书"。例如原农业部信息中心与社会科学文献出版社联合发布的《舆情蓝皮书："三农"舆情蓝皮书：中国"三农"网络舆情报告》针对农业领域网络舆情进行报告。其涉及的网络舆情数据及信息相较于其他类型的网络舆情报告要更多更全面一些，因此这类报告一般由权威的、专业的第三方负责撰写。综合性网络舆情报告的写作要素一般包括舆情环境分析、舆情热点、舆论观点分析、舆情前瞻分析四方面内容。

（一）舆情环境分析

网络舆情环境分析侧重对网络传播生态、行业政策变化或行业体制变革等宏观舆论环境的分析，此部分只是作为行业舆情整体环境的简单分析，便于阅读对象了解网络传播的整体环境、行业舆情的整体环境。

（二）舆情热点分析

综合性网络舆情报告的舆情热点分析侧重对行业热点事件、企业热点事件、企业热点人物的舆情分析，包括行业（企业）热点事件热度排行、行业（企业）热点话题领域分布、企业热点人物热度排行等。热点分析一般通过媒体报道分析及传播热点分析得以实现。媒体报道状态的分析，需要梳理一个时期内，媒体关于研究对象的主要报道，分析报道细分关注点、版面权重，结合媒体分布，描画媒体报道的全景图。传播热点分析则是对网民生成内容中的热点进行分析。

（三）舆论观点分析

综合性网络舆情报告的观点分析是对意见领袖认知状态、网民口碑状态的总体扫描。意见领袖认知状态的分析，需要梳理一个时期内，关注研究对象的意见领袖的行业职业分布、细分话题、主要观点的倾向性和发声渠道，推导意见领袖对该话题的认知状态。网民口碑的分析，需要借助前文介绍的抽样方法网民口碑的分析，除了网民评论渠道、观点倾向两个主要要素。其中，对于负面的、敏感的舆情信息要尤为注意。

（四）舆情前瞻分析

舆情前瞻分析主要是在前文对行业舆情环境、舆情热点、舆情观点等内容进行多角度、全方位的分析基础之上，结合行业环境、宏观经济环境和社会热点话题，探讨下阶段舆情的走势及管理等方面的关注重点。例如在人民网舆情监测室编写的《能源行业2015年舆情蓝皮书》中作者通过对2015年能源行业舆情的全面梳理与系统分析后认为，2016年能源行业舆情总体呈现三个趋势：一是舆情环境仍存较大未知因素，主要有能源供求关系调整与能源结构调整，包括产业升级与价改等方面在内的能源改革、清洁能源布局、国家能源战略等。二是能源舆情压力不减，细节决定舆情处置成败。主要是能源行业将面临更严峻情环境，"后反时代"与合并重组考验舆情处置。三是能源行业声誉管理挑战与机遇并存，主要表现为传统媒体搭载移动互联网媒融合转型、自媒体立体化播、互联网亚文化借助新兴传播平台发声等。这三个趋势，在2016年得到了印证，特别是在能源战略、能源结构调整、能源环保等方面有较准确的预测。

三、专题性网络舆情报告的写作

专题性网络舆情报告指针对某一问题、会议、事件、话题、现象、对象等展开研究，并全面呈现网络中有关该专题的网络舆情研究结果的报告。专题性网络舆情报告具有较强的针对性与目的性。专题性报告的价值在于对某一对象、某一领域进行纵深交错式分析和研究。加之较强的时效性，专题性报告能厘清复杂的舆情成因、发展过程、趋势及影响，具有更高的决策参考价值。突发性网络舆情报告属于专题性网络舆情报告的一种。在本书中，突发性舆情指突然发生，对政府、企业造成影响或社会危害的舆情。突发性网络舆情存在着相当的特殊性，例如舆情是突发的、且大多会造成一定危害的，舆情传播在短期内呈现出骤然提升甚至是爆炸式发展的态势，大多突发性舆情的关注群体较为广泛。因此，本书选择突发性网络舆情报告的写作作为示例进行介绍。

（一）突发性网络舆情报告的要素

突发性网络舆情报告的基本写作要素包括概述、舆情传播分析、舆情环境与关联分析、舆情研判与预警、舆情管理建议五个方面。

1. 概　　述

突发性网络舆情报告的概述是全篇报告的总论，也是核心观点的主要输出版面。

通常来讲，概述内容需包括舆情发展现状、舆情数据、传播路径及特点分析、研判结论，对舆情进行总体性定论。有时候，对于突发性的舆情事件而言，因为事出紧急可能没有足够的信息数据，报告的概述部分可直接呈现事件或话题本身存在的核心矛盾点。特别是针对首发于自媒体渠道的舆情事件，信息向媒体的传导力与时间节点是分析的重点，判断舆情发展趋势，需厘清事件的矛盾点。

2. 舆情传播分析

突发性网络舆情报告的舆论数据统计包括舆情传播情况分析以及舆论观点和态度分析。突发性网络舆情报告的传播分析主要包括传播路径、传播拐点及诱因的分析。其中，不同于其他类型的网络舆情报告，传播拐点与诱因的分析尤为重要。因为拐点及诱因的分析可获知导致舆情衰退的原因、信息量骤增的原因，甚至可以获得各渠道的不同作用力。传播拐点与诱因分析注重观察每个时点的传播推动力，即查找"哪篇报道或信息""事件发生何种转折"使舆情传播出现变化。突发性网络舆情报告对细微变化的精确把握，有助于做出更为正确的舆情研判。传播路径分析则是对信息传播过程的详细分析，一般通过舆情传播走势图实现。舆情传播走势图可清晰地表明各渠道每个时点的信息量变化，由此分析舆情传播的结论，对未来信息量变化做出判断。

突发性网络舆情报告中的舆论观点和态度分析，指对媒体、网民所表现的舆情中的倾向性观点及态度进行分析。这类分析一般会根据舆情信息量的大小，对全样本或者抽样样本进行聚类及情感倾向分析。具体而言，舆论观点分析是对舆情信息进行聚类分析，拟合出具有代表性的话题及观点。态度分析是通过有监督的机器学习方法对舆情数据进行情感分析，获得如正面中性、负面等判断；或者如支持、不支持、弃权、纠结等判断。通过对态度倾向性进行分析，可看出舆情阻力在哪里，为舆情处置策略的制定提供依据。

一般来说，突发性网络舆情报告的舆情传播分析通过舆情数据统计得以实现，并通过图、表的形式呈现在报告中。包括信息量统计、传播路径统计、情感分析统计等。

3. 舆情环境与关联分析

由于突发性网络舆情事件的影响面往往较为广泛，这类网络舆情报告通常需要对外部环境、关联单位、关联人物等元素进行分析。

外部环境分析指对舆情事件所涉及的宏观环境、圈层变化、社会现象等方面进行分析。如政治环境、政策环境、经济环境、不同群体心理变化、社会发展新趋势等。

关联单位分析指对上级单位、平级单位、执行单位、合作伙伴等方面的影响进行分析，对舆情的传导性进行观察和评估。

关联人物分析指对直接涉及突发性舆情事件的官员、高管、员工进行分析。或因部分人为因素出现舆情发酵，需要对特定人物进行舆情监测，观察其对舆情后期发展的影响。

4. 舆情研判与预警

舆情研判：结合当前的舆情发展形势，对舆情下一步发展进行判断，可做多种假设，力图全面性、全局性、立体性衡量舆情发展方向。

5. 舆情管理建议

基于上述要素的分析，提出合理化建议，帮助政府企业快速引导舆论，防控舆情继续高涨，寻找或创造舆情发展下行的转折点。

（二）突发性网络舆情报告的写作要求

突发性网络舆情事件通常发展得十分迅速，有的网络舆情事件甚至在短短几天内出现连续的反转。因此，突发性网络舆情报告需要迅速地、及时地掌握舆情发展动向。相比于其他类型的网络舆情报告，这种舆情报告更显得时间紧、任务重，也有更多的写作要求。

1. 及时性

及时性是突发性网络舆情报告不同于其他网络舆情报告的首要要求。因为突发性网络舆情事件的发生是非常规化的，出人意料的，其发展也是快速的。这就要求舆情报告能够及时、快速地对该事件进行汇报总结。此外，突发性事件的发展迅速，甚至有多次反转的情况出现。因此在突发性网络舆情报告完成之日，需要再次确定舆情信息的统计是否及时，是否漏掉了最新的反转。

2. 简洁性

正如上文所述，一个对社会影响重大的突发舆情事件需要相关单位及时完成一份网络舆情报告。有时候，这样的报告甚至不止一份。随着事件的发展、转折和结束，或许会出现多份针对该事件的网络舆情报告。这就要求每一份舆情报告语言要简洁，重点内容要突出。为了让读者更迅速掌握核心内容，报告不应出现冗余的内容和词句，应言简意赅地表达出观点和观察结果，为读者节省时间。同时，报告还要突出重点内容和观点，便于让读者更准确地抓住要点，不遗漏关键结论。

3. 专业性

虽然基于及时性的要求，突发性网络舆情报告的准备事件要短于其他类型的网络舆情报告。这并不代表舆情报告的使用方在突发性网络舆情报告专业性的要求上有所降低。首先，突发性网络舆情报告条理要清晰。要让读者全面掌握舆情元素，报告就必须有合理的秩序安排，并且合乎常理、符合阅读习惯。其次，突发性网络舆情报告要具有较强的分析逻辑，且具有绝对的合理性，即分析过程符合逻辑体系、具有逻辑特点、恪守逻辑规则，并符合社会发展、经济发展、企业发展等规律。最后，突发性网络舆情报告的分析结论一定要符合客观事实的标准，富有科学依据，即分析结果要清楚、切实，还要有理论依据。

4. 针对性

突发性网络舆情报告的舆情研判部分因事件不同而不像固定的舆情报告那样具有固定模式。因此，突发性网络舆情报告的舆情研判需要具有相当的针对性。如果突发性舆情涉及公共、安全、卫生、教育、环保等领域，易发展成为全民关注的舆情事件，就需要多层面的舆情研判。从时间的角度来看，既要顾及当下的影响，也要警惕形成负面的长远影响和标签；从涉事群体的角度来看，既要对直接影响群体做出判断，也要对间接影响群体进行观察，判断其态度变化的情况，以做出更准确的研判。如果突发性舆情影响面较窄，舆情研判"就事论事"即可。

5. 可操作性

由于突发性网络舆情事件发展迅速且影响力大，需要相关部门对舆论进行及时的反馈和引导。突发性网络舆情报告对舆情管理建议的可操作性要求要高于其他类型的网络舆情报告。在突发性舆情中，报告的作用是指导政府和企业如何开展舆情管理工作。因此，舆情建议就要有很强的操作性；换言之，要让政府、企业知道当下该做什么、如何做。突发性舆情的建议要避免过于宏观，危机发生之时，并不一定适合做出舆情管理的策略性动作，切实有效的建议往往更适合当时的情境。总体来看，突发性舆情报告要重点突出、逻辑性强、阅读性强，这就对分析师提出了更高的要求：首先，要做到冷静、理性，才能保障报告的质量；其次，日常要有相关领域的知识储备，才能在关键时刻发挥指导作用；最后，要善于积累舆情分析经验，对舆情传播规律了如指掌，以便在短时间内抓住舆情传播特点，并做出研判。

四、日常网络舆情报告的写作

除了综合性网络舆情报告和专题性网络舆情报告以外，政府和企业还需要汇报网络舆情日常情况的日常网络舆情报告。日常网络舆情报告分为日报、周报和月报，是对当日、本周、本月网络舆情情况的总体汇报。这一类报告通常简明扼要、开宗明义。关键是通过这样定期的汇报，我们能清晰地察觉出网络舆情的趋势变化，也能从侧面体现出某些专题或突发舆情事件的影响变化。

（一）政府日常网络舆情报告的写作

政府日常网络舆情报告的写作首先需要解决选题问题，即"报告什么"。具体而言，选题主要围绕四个方面进行：一是要体现百姓呼声，要及时把群众呼声纳入报告中来。报告的撰写者有时会有这样的误区，认为搜集的信息太具体，无法上升到一定高度，无法给领导的决策提供有效信息。其实，所有的重大政策最终都是面向基层百姓，而舆情报告正是反映百姓呼声，为领导决策提供依据。二是围绕社会关注的热点问题，有针对性地搜集各方信息，并提出解决问题的思路、对策和建议。三是要围绕本地区工作的亮点展开选题。四是要围绕事业发展的难点、政策落实的盲点，将兄弟单位的先进做法纳入报告中。

1. 政府网络舆情日报的写作

政府网络舆情日报可分为信息摘编型舆情日报、分析评述型舆情日报。信息摘编型舆情日报以信息基础性摘编为主。由于信息数据抓取的区间只有一天，所以通过信息数据得到的规律性总结较少。这类报告的写作对信息遴选分类要逻辑清晰、全面。此外，这类报告在写作时需要凝练，表述重要的舆情信息和观点，切忌冗长。分析评述型舆情日报则是以当日的网络舆情数据为基础，结合媒体、网民反馈进行综合分析。由于此类报告需要对当日情进行综合式的提炼分析，在写作上尤为需要注意分析结果的依据展示及逻辑展示。

2. 政府网络舆情周报的写作

政府网络舆情周报可分为数据综述型周报和解析型周报。数据综述型周报适用于对本周数据及舆情综合走势进行总体描述和重点分析。此类报告分为舆情数据综合分析、重点舆情及热度概要分析两大主要部分。解析型周报除了对数据总体描述有较高要求以外，对舆情热点及案例分析的要求也很高。对于舆情信息量规模较大的、政法系统一类的政府单位而言，解析型周报比数据综述型周报更为适用。

（二）企业日常网络舆情报告的写作

企业日常网络舆情报告承载着舆论对企业的关注、评论与态度。对于企业管理的各个环节而言，特别是品牌管理，企业日常网络舆情报告至关重要，甚至是战略规划性质的参考材料。按照功能区别，我们可以将企业日常网络舆情报告分为数据报告、分析报告等。

1. 数据报告

企业数据型网络舆情报告包括信息标题、内文概述（全文）、首发媒体、转载媒体、传播信息量等内容。报告分别从媒体及自媒体两个层面对企业舆情进行呈现。媒体报道方面，报告的内容包括与企业相关的新闻信息的具体呈现，包括媒体名称文章标题、内容简述（摘要）、发布时间、传播数据（首发及转载数量）等列入其中。自媒体方面，平台名称、信息标题、内容简述（微博可放全部内容）、发布时间、传播数据（转发及评论数量）等内容均需一一列出。此类报告大多从传播渠道占比、话题统计占比、舆情倾向性统计的角度，呈现企业网络舆情的总体概况，为企业及时掌握外部环境的变化提供必要的帮助。

2. 分析报告

企业的分析型网络舆情报告以舆情研判报告及竞品分析报告为主。舆情研制报告是以舆情研判信息汇总为基础，根据当日舆情情况，对热点舆情的影响、发展趋势做出判断，也对整体舆情形势给予定性分析。这类报告是企业进行一段时间的网络舆情管理后对效果的评定以及对下一步工作的分析。竞品分析报告是将企业与竞争对手进行对比，从而全面体现自身舆情管理工作的成效。这类报告在分析研判型舆情报告的基础上，增加竞品分析内容。分析时，内容可按照品牌类别、产品种类等再进行细分。在分析思路方面，竞品分析最常用的是对比分析法，即设置可对比的多个项目，逐一对各家企业、品牌、产品的舆情管理及传播宣传效果进行综合性对比，并形成结论与观点。由于涉及品牌宣传的比例较高，竞品分析内容可大胆融合其他领域的分析方法，比如公关、营销等行业。竞品分析需要观察各竞品之间的传播情况，找出核心传播点，以便抓住宣传策略的关键点。同时，竞品分析需要通过统计分析正面宣传信息的传播情况，结合效果分析体系，对宣传效果进行评估。

【思考题】

1. 什么是网络舆情？简述网络舆情的特征。
2. 网络舆情的主要传播途径有哪些？
3. 简述网络舆情监测的流程。
4. 网络舆情常用的采集技术与分析技术有哪些？
5. 熟练掌握常用网络舆情分析工具的使用方法。
6. 网络舆情报告一般由哪几部分构成，各部分的写作要求是什么？
7. 网络舆情报告分为哪几类？简述舆情月报的结构及写作方法。
8. 就某一突发性网络事件撰写一份专题性舆情报告。

第九章

舆论的测量与调查

第一节 舆论的测量

测量是进行科学研究不可或缺的重要手段，自然科学如此，社会科学也不例外。唯一不同的，也许只是测量的方法或技术、手段上的差异，自然科学中的测量更多的是借助仪器进行，而社会科学则通常是借助于问卷、访谈提纲、量表等手段进行。对社会现象的度量就是社会测量。舆论测量属于社会测量，其测量过程是舆论学研究中不可分割的组成部分。

一、舆论测量概述

舆论关乎公众的态度、立场、意见、观念、思想倾向等主观因素，比客观的社会现象更难观测。而能否对舆论进行准确的描述和判断，又直接影响到民意的反馈和社会的决策。因此，对舆论的定量化研究和精细化把握已成为一种社会必需。

（一）测量与舆论测量

人们对测量并不陌生，随着科学技术的进步，越来越多的精密仪器应用于科学的研究领域甚至日常生活当中。比如，用天文望远镜观测星体之间的距离，用天平测量质量，用尺测量身高，用温度计测量体温等。说到测量，我们想到的通常都是对自然物体的测量，其实，社会科学研究中也同样存在测量，即社会测量。

社会测量是指依据一定的规则，将研究对象所具有的属性和特征用一组符号或数字表示出来的一种方法。[1]这种方法在社会调查研究中的意义在于：它能使调查研究的实际操作成为可能；它为调查研究中的定量分析提供了必要条件；它有助于提高社会调查研究的客观性和精确性。所以，社会测量也可以视为对社会现象进行精确的、有意识的观察，其作用在于准确地描述事物的类型、性质、状态，并对事物之间的差异进行精确的度量与比较。

现代社会中，舆论的影响越来越大，对舆论除了进行定性研究之外，对其进行量化的把握也越来越重要。在舆论学研究中，对舆论的测量即是按照某种规律，用数据来描述考察舆

---

[1] 吴增基、吴鹏森等：《现代社会调查方法（第四版）》，上海人民出版社2014年版，第49页。

论，并做出量化描述。[1]对舆论的测量可使个体的感受、心理状态、主观倾向、行为表现等各种抽象或主观现象数量化或类型化，有利于进行数量化分析和研究。

（二）社会测量的基本要素

舆论测量属于社会测量。社会测量的基本要素包括测量的客体、测量的内容、测量的规则和测量的工具或手段。

1. 测量的客体

社会测量的客体，即测量的对象，它是现实社会中所存在的事物或现象，[2]最常见的是社会成员个人，还包括广泛众多的社会群体、社会组织、社区以及社会产物，如社会制度、社会设置等。舆论测量的客体主要是个人、社会群体和社会组织。测量客体主要解决的是测量谁的问题。

2. 测量的内容

社会测量的内容是指测量对象的某种属性或特征。[3]比如测量社会成员个人，就涉及测量其社会背景、心理、态度及行为表现等。在舆论测量中，这些属性和特征有些是外显的，如性别、职业、行动等；有些是内隐的，如价值观、态度等。需要注意的是，测量内容所侧重的不是孤立的客体的属性和特征，而是在客体的属性和特征之间寻找它们所具有的普遍联系，从而使我们在这些不同的客体的属性和特征中间进行比较，发现它们的关系及其变化规律。测量内容解决的是具体测量什么的问题。

3. 测量的规则

社会测量的规则，就是运用数字或符号来表达测量对象的各种属性或特征的操作规范和程序，就是某种具体的操作规则或区分不同的特征和属性的标准。[4]比如测量一个社会成员的收入状况，就可能要用"工资+奖金+其他"等来表示。舆论测量常常会测量人们对某一事物的态度。测量人们对某一事物的态度的规则，一般是用某些数字符号来代表各种不同的态度。如用1代表"非常满意"，用2代表"比较满意"，用3代表"无所谓"，用4代表"不太满意"，用5代表"非常不满意"，等等。这些测量规则的制定与运用必须正确，即所使用的符号或数字应正确地代表所要反映的事物，事物本身与符号、数字之间的关系越是一致，所得的结果就越符合期望。测量规则回答的是如何测量的问题。

4. 测量的工具

社会测量的工具，即测量手段。是指由反映测量客体的属性和特征的各种符号和数字所构成的测量指标。[5]一些测量指标纯粹由文字符号构成。如性别用"男""女"这两个概念来

---

[1] 宋晖、吴麟、苏林森：《舆论学实务教程》，中国传媒大学出版社2015年版，第98页。
[2] 吴增基、吴鹏森等：《现代社会调查方法（第四版）》，上海人民出版社2014年版，第49页。
[3] 洪瑾：《社会调查方法》，中国轻工业出版社2004年版，第209页。
[4] 聂平平、冯小林等：《社会调查理论与实践》，江西人民出版社2016年版，第67页。
[5] 吴增基、吴鹏森等：《现代社会调查方法（第四版）》，上海人民出版社2014年版，第50页。

表示；文化程度用小学、初中、高中等概念来表示。另一些测量指标主要用数字符号来表示。如月工资收入，可以用1 000元以下、1 000至3 000元、3 000至5 000元、5 000元以上等数字符号来表示。还有一些反映人们的不同态度的测量指标，虽然也常用数字来表示，但这些数字仅是一种抽象的代表符号，并无实际的数学意义。由于社会现象的复杂性，对社会现象的测量单靠某个测量指标是远远不够的，还需有一系列相关的指标。这就要借助于测量表来科学地安排这些指标，调查表、问卷表、量表等都是这种测量表的具体形式，是社会调查中所使用的十分有用的测量工具。

总之，一个完整的测量需要涵盖这四个要素。缺少其中任何一个要素，这个测量就是不完整和不规范的。通过社会测量，使得社会现象数量化，而数量化的结果不仅可以从数值上进行解释，同样也可以从定性上给予阐释。这样，社会现象的研究由定性迈向定量化。这样，社会研究与现代统计学和数学的知识相互结合起来，再辅之以现代电子计算机的运用，对社会现象的分析手段和内容就显得更为丰富。

（三）社会测量的层次

社会测量依据不同的标准可以进行不同的分类。人们常依据社会测量对象数量化程度由低到高的顺序，将社会测量分为定类测量、定序测量、定距测量、定比测量等四个测量层次和类型。

1. 定类测量

定类测量是指采用分类的方法，对测量对象的属性和特征的类别加以鉴别和确定的一种测量，故又称为类别测量或分类测量。①事实上就是将调查的事物加以分类。定类测量常常用于对定性社会现象的测量，包括做记号和划归不同的类属。所谓做记号，就是给研究对象做出识别的标志；划归类属，就是对变量的不同状态进行度量。例如，按性别分为男性和女性，把人的行为分为好与坏，按民族分为汉族、满族、土家族、朝鲜族等，按职业分为农民、工人、干部等各种不同的类别或群体，而每一个被研究对象则分别属于或不属于其中某一个类别。

对研究对象进行定类测量时必须遵循如下原则：第一，由于定类测量实际上是分类系统，所以它必须有两个以上的变量值。第二，这些变量必须相互排斥，也就是说，同一个变量值只能代表性质或特性相同的事物，只能符合一种类型。如对性别进行分类时，被测定者非男即女，不可能同属两类。第三，测定的对象都有一个合适的类型，不能没有归属。

定类测量是社会测量中最基础、最简单和测量水平与层次最低的一种测量，它是定序、定距、定比测量的基础，或者说，这三种测量都具有定类测量的属性特征。定类测量的结果既不能用来比大小，也不能依照顺序进行排列。在统计方法中，主要有比例、百分比、X^2检验和列联相关系数等②可以适用于定类测量结果的运算。

2. 定序测量

定序测量是指按照一定的逻辑规则将测量对象排列出高低、大小、先后、多少等级次序

---

① 聂平平、冯小林等：《社会调查理论与实践》，江西人民出版社2016年版，第68页。
② 李和平、李浩：《城市规划社会调查方法》，中国建筑工业出版社年2013年版，第69页。

或强弱、轻重等程度的一种测量方法，因而又可称为等级测量或顺序测量。[1]例如，将人们的经济状况分为富裕、一般和贫困，把人们的年龄划分为老年、中年、青少年，将人们的受教育程度划分为文盲、小学、初中、高中、大学、研究生，以及依据大小把城市划分为小城市、中等城市、大城市、特大城市。像这些排序，是按照测量事物本身所具有的特性来进行，而不是随心所欲依照人们的主观愿望来排列，因而具有一定的内在逻辑性和科学性。

如果我们将定序测量和定类测量加以比较的话，那么我们可以看出，定序测量与定类测量相同的地方是被测定的对象都是相互排斥的，同时又都包罗无遗。但是，定序测量与定类测量也有明显的不同。定序测量不仅能鉴别类别，而且能指明类别的大小、强弱程度，而这在定类测量中无法实现。因此，在测量的精确度上，定序测量比定类测量要高一个层次。但是，由于定序测量所测定的各个类别之间没有确切的度量单位，不能进行代数运算，故尚不能确定各个类别间大小、高低或优劣的具体数值。适合于定序测量的统计方法主要有中位数、四分位差、等级相关和非参数检验等。

3. 定距测量

定距测量是指对研究对象之间的间隔或数量差别的测量，通过等距的测量单位去衡量不同类别或等级间的距离大小，故又可称为区间测量或等距测量。[2]定距测量不仅可以对两个测量点在次序上进行观测，还可以对两个测量点之间或两个等级次序之间的数值进行加、减运算。因此，它不仅能表示出社会现象的类别和次序，而且还能测量社会现象之间距离的具体数值。例如，人的年龄大小的测算、收入多少的测算、距离长短的测算、面积大小的测算等都可以用某种度量单位计算出具体数量的多少、大小。比如，假如我们知道甲乙两个工人月工资收入分别为 2 000 元和 2 200 元（定类测量和定序测量的结果），我们就可以计算出他们工资收入差距为 200 元（定距测量的结果）。对于定距测量的数值，可以采用算术平均数、标准差、方差、积差相关、复相关和参数检验等统计方法进行统计分析。

4. 定比测量

定比测量是指对研究对象之间的比例关系的测量，又称为比例测量或等比测量。定比测量不仅具有上述定类、定序和定距测量的全部属性，还具有一个有实际意义的绝对零点。[3]因此，是否有实际意义的绝对零点是定距测量与定比测量的唯一差别。如以下的几组变量：年龄 0 岁—5 岁—20 岁—60 岁；身高 0 米—1.2 米—1.6 米—1.8 米；工资 0 元—500 元—1 000 元—2 000 元。年龄、身高和工资都有绝对的零点。这里的"零"都表示真实的"无"，因而可以对其进行乘除的计算。如 20 岁是 5 岁的 4 倍，1.8 米是 1.2 米的 1.5 倍，1 000 元是 500 元的 2 倍，等等。定比测量方法除了具有前面三种测量方法的所有特征外，还能对变量值进行乘除法的运算，因而是四种测量类型中测量层次最高的一种类型。

定类测量、定序测量、定距测量、定比测量，是社会测量中最常见的四种类型。它们之间存在着不可分割的联系。第一，从定类—定序—定距—定比测量，层次依次上升，趋向复杂，测量水平也不断提高。第二，每一较高层次的测量类型，都是以较低层次测量类型为基

---

[1] 聂平平、冯小林等：《社会调查理论与实践》，江西人民出版社 2016 年版，第 68 页。
[2] 聂平平、冯小林等：《社会调查理论与实践》，江西人民出版社 2016 年版，第 69 页。
[3] 聂平平、冯小林等：《社会调查理论与实践》，江西人民出版社 2016 年版，第 69 页。

础的。所以，每一高层次的测量，都包含着低层次测量类型的全部特征。总而言之，四种测量具有各自的特点、数学属性、功能和适用的统计方法，在实际调查研究中，究竟采用何种测量尺度，主要取决于研究的目的、要求和被测量对象的自身特点。

（四）社会测量的质量评估

社会测量的信度与效度是我们对测量的质量进行评估的两个指标。

1. 社会测量的信度

信度即可靠性，指测量结果的一致性或稳定性，也指测量工具能否稳定地测量所测的变量。换句话说，所谓信度是指同一或相似母体重复进行调查或测验，所得结果相一致的程度。社会测量的信度是指运用相同的测量手段重复测量同一对象时所得结果的前后一致程度。[①]

在同样条件下，如果对某一社会现象进行重复测量所获得的结果具有高度的一致性，就可以说这种测量的信度高，其结果具有可靠性；反之，就说明测量的信度不高或偏低，表明测量的结果不具有可靠性。例如：我们用同一份问卷测量一个小团体的凝聚力的程度，前后测量结果是相同的，就可以说明测量的信度高，相反，连续几次测量的结果都不相同，就说明测量的信度低。这就如同我们用同一架磅秤去称某一物体或人的体重，称了好几次的结果都是相同的重量，则可以说明这架磅秤的信度很高；若称几次结果都不相同，则说明其信度甚低，说明这架磅秤坏了，这件测量工具是不可信的。

大部分信度指标都以相关系数 r 表示，即用同一样本所得到的两组资料的相关系数作为测量一致性的指标，称为信度系数。信度系数可以解释为在所测对象实得分数的差异中有多大比例是由测量对象本身的差别决定的。信度系数高表明测量的一致性程度高，测量误差少。例如，当 $r=0.9$ 时，可以认为实得分数中 90% 的差异来自测量对象本身的差异，只有 10% 来自测量误差，$r=1.00$，则表示无测量误差，所有的差异都来自测量对象本身；若 $r=0$，则所有的差异均反映了测量的误差。信度系数达到多高才认为是可信的呢？理想的状况是 $r=1.00$，但这往往是办不到的。由于不同调查的测量目的、所取样本的编制、使用方法的不同，一般来说，$r \geq 0.8$，即可认为该测量是达到了足够的信度。

在实际的应用中，人们一般是从不同方面来检查和评估调查资料的信度，因而信度可分为以下几种类型：

（1）复查信度。所谓复查信度，是指对同一群对象，在不同的时间点采用同一种测量工具先后测量两次，根据两次测量的结果计算出相关系数，这一相关系数就叫作复查信度。比如：调查某地农村社区居民参加养老保险的意愿，结果愿意参加的人占 30.8%，一周之后进行复查，结果愿意参加的人占 32.1%，两次调查结果相差 0.3%，这就是某地农村愿意参加养老保险人数的复查信度。两次的调查结果接近，说明调查结果是稳定的，所采用的方法是可信的，调查信度是高的。

（2）复本信度。所谓复本信度，是指将一套测量工具设计成两个（或两个以上）等价的复本，用这两个复本同时对同一研究对象进行测量，然后计算出其所得两个结果之间的相关

[①] 洪瑾：《社会调查方法》，中国轻工业出版社 2004 年版，第 214 页。

系数，此相关系数即为复本信度。比如学校考试时出的 A、B 卷，就是这种复本的一个近似的例子。在进行这两类调查时，必须设计两份在内容、难度、长度、排列等方面都相类似的问卷。这两套问卷是等价的，故称为复本。然后用两套问卷先后对同一个对象进行调查，并根据调查对象对两套问卷的相应问题所做出的回答，进行分析比较，找出相关系数，就可以得出所调查问题的信度。

（3）折半信度。再测信度、复本信度的共同特点是必须经过两次调查才能检验其信度，在调查只实施一次的情况下，通常采用折半法来估计测量的信度。即将调查的所有问题按性质、难度编好单双数，在单数题目回答结果和双数题目回答结果之间求相关，这一相关系数就叫作折半信度。这里必须注意的是，由于问卷是按折半拟出来的，因而问卷题目只是原来的一半，由于长度减少会减少信度。

2. 社会测量的效度

社会测量的效度，是指测量工具能够准确、真实地测量事物属性的程度。或者说，是指所用的指标能够如实反映某一概念真实含义的程度。它有两层含义：第一，测量指标与所要测量的变量之间的相关与吻合程度；第二，测量的结果是否接近该变量的真实值。[①]如果二者均一致或接近，则该计量的效度较高。例如，测验学生某科学习成绩，如果所出考试题目不能真实地反映出学生的学习情况，或者测验结果远远低于或高于学生现实水平，那么，这种测验就是无效的，是不能准确地反映学生学习情况的。

效度是个多层面的概念，可以从三个角度去看，因此也就可以把效度分为三种类型。

（1）表面效度。表面效度是指测量所选题目是否符合测量目的和要求。也称为内容效度。如测量人们对历史知识的了解程度，所选题目必须与历史知识有关，如果出的题目大多关于时事政治，则测量的结果无效。

（2）标准效度。标准效度以概念的第一次测量为标准来检验第二次测量的效度，即是评价测量的标准效度。概念的第一次测量必须至少具有表面效度，才能作为评价新测量的效度的标准。例如，评价汽车驾校笔试成绩的效度，要看考生毕业后的实际驾车技术（如事故发生率），这里，考生的实际驾车技术就是评价其笔试成绩效度的标准。

（3）建构效度。所谓建构效度是指我们根据某种理论假设所设计的测量工具进行测量的结果与该理论假设的吻合程度，如果该测量结果与理论假设相吻合，那么该测量就具有较高的建构效度。它常常在理论研究中使用，通过对理论假设的验证来证明某种测量工具的有效性。比如，我们为了探讨婚姻满意度与其他变量之间的关系，建构了一个理论假设：婚姻满意度与婚姻忠诚度有关，即婚姻满意度较高的人其婚姻忠诚度也较高。如果我们用"你有没有欺骗对方的情形"作为婚姻忠诚度的一个测量指标，而且测量的结果与理论假设一致，即婚姻忠诚度与婚姻满意度之间具有较强的逻辑联系，则婚姻忠诚度这一测量指标就有较高的建构效度。但是，如果研究显示，对婚姻满意的和对婚姻不满意的夫妻都有欺骗对方的情形，那么，用婚姻忠诚度这一指标来测量婚姻满意度的建构效度就有待商榷了。

---

① 吴增基、吴鹏森等：《现代社会调查方法（第四版）》，上海人民出版社 2014 年版，第 64 页。

影响社会调查效度的因素主要有两个。第一，调查内容不能准确地反映调查的目的，即与调查目的关系不大甚至无关的内容较多，而与调查目的紧密相关的内容考虑得又不周全；第二，调查问题提得太笼统，调查中使用的概念不清楚或超出了被调查人的经验范围，在这些情况下往往会收集到无效的资料。

3. 信度和效度的关系

信度和效度都是对测量工具的一种相对意义的量度，而非绝对意义的量度，都是代表一种程度的事物；但不管如何，两者都是科学和规范的测量指标和方法所应该具备的条件。就两者的关系而言，信度是效度的必要条件，而非充分条件。但是，如果一项测量首先没有信度，必定是无效度的，而有信度却未必就有效度。效度是信度的充分条件，但非必要条件。它们的这种关系具体表现为：第一，信度不高，效度不可能高；第二，信度高，效度不一定就高，有可能低；第三，效度低，信度不一定就低，有可能高；第四，效度高，信度一定也高。

二、量表及其制作

量表是调查人们主观态度的测量工具，而舆论测量更多的是对社会态度的测量，因此，量表在舆论测量中运用甚广。我们知道，态度是指人们对社会现象具有一定倾向性的、内在性的主观评价和行为倾向。一般态度具有感情色彩和潜在性，它是个人的复杂心理感受，它存在于人们的内心活动，因而很难直接观测到它。社会态度也是存在于人们的内心活动，无法直接观察。但态度作为人们的行为倾向，往往表现在人们的各种语言、行为和对外界的反应中，因此通过编制一定的量表，就可以对人们的社会态度进行间接的测定，从中获得比较真实、准确的信息。

（一）量表的定义及类型

在舆论研究中，研究人员不仅要测量一些诸如收入、年龄等客观性事物，还常常需要测量一些表达人们看法、意见、性格或态度等主观性倾向的内容，并且还要显示其程度的差异，像这些有关人们心理状态的主观性事物，其一般情形比较复杂，且具有潜隐性，难以通过表象来进行观测，也不能如一些客观性指标，只需要通过一些简单的指标就可以进行测量，因而在问卷中常常出现用一些复合性指标来实施测量，这种复合性的测量不仅可以大大减少资料的数目和反映人们主观性倾向的方向，还可以有效地表现出人们在态度或意见等主观性倾向上的程度差异。经过近几十年的测量实践，很多学者创制了不少具有这种性能的测量工具，比如问卷、卡片、量表等。其中，量表是一种将所有被测量的项目或指标依据一定的程度或强度逻辑顺序来排列，以表示出所测量的事物的不同程度差异的复合性测量工具和方式。[①]比如测量人们对某一事物的喜好程度。

量表不仅可以用来测量人们的意见、观点、观念、信仰，而且可以用来分析人们的行为及行为倾向。所以说，量表的作用很大，应用范围很广。根据量表的内容、功能、设计方式

[①] 聂平平、冯小林等：《社会调查理论与实践》，江西人民出版社2016年版，第81页。

和形式的不同，可以将量表分为不同的类型。从内容方面来看，可以将量表分为态度量表、智力量表、人格量表、情感量表、信念量表、能力量表等。每一类型量表又包含多种量表，例如，情感量表又包括自尊量表、自卑感量表、幸福感量表、生活量表、社交量表、孤独感量表、文化分离感量表等。在这些量表中，有一部分量表已经模式化、标准化，如智力量表、自尊量表、生活态度量表等，使用者可较方便地选择使用这些量表。还有一些量表正在测试或设计中，更多的情形是对某些社会现象缺乏现成的量表，这正是研究者要努力的目标。从功能方面来看，量表可以分为调查量表与测验量表。调查量表使用的目的在于了解总体的状况；测验量表则要精确地观测被测验者的基本特征。两者不仅精确程度要求不同，而且设计方面也有所区别。从设计方式和形式上来区分，量表可以分为总加量表、累积量表、社会距离量表、语义差异量表，等等。

（二）量表的制作

实际调查中，许多社会现象缺乏现成的量表和指标，在这种情况下，调查者必须依据所调查的内容和目的设计指标并制作成量表。量表类型较多，在舆论测量中总加量表和语义差异量表比较常用，本书着重介绍这两类量表的设计与制作。

1. 总加量表的设计

总加量表又称"李克特量表"，是 1932 年由李克特提出并使用的。总加量表是最为简单、同时也是使用最为广泛的量表。其主要目的是用来测量人们对某一事物的看法和态度，主要形式是询问答卷者对某一陈述的判断，并以不同的等级顺序选择答案。总加量表按可供选择的答案的数量的不同，可以分为两项选择式和多项选择式两种形式。两项选择式只设"同意""不同意"，或"是""不是"两项可供选择的答案；多项选择式通常设"非常同意""同意""说不上""不同意""非常不同意"五个等级供选择。多项选择式量表由于答案类型的增多，人们在态度上的差别就能更清楚地反映出来。因此这种量表比两项选择式量表要用得更多一些。

具体来说，总加量表是由一组问题组成，每一题目按照态度不同的等级给予不同的分数，然后将被调查者对个体的回答分数加起来得出一个总分，再根据总分多少判断其态度强弱的程度，最后将每个人的态度总分进行汇总，从而了解集体的一般态度。

下面以一个例子来说明总加量表的形式和设计方法。如果我们需要调查学生班级中的人际关系，我们可以设计一个"人际关系量表"。量表回答栏目中的数字是每道题的每种回答的记分，它是根据量表测量的维度确定的。这一维度说明，所测量的是什么内容，即测量范围是什么，测量范围的两端是什么。下面是量表的维度：

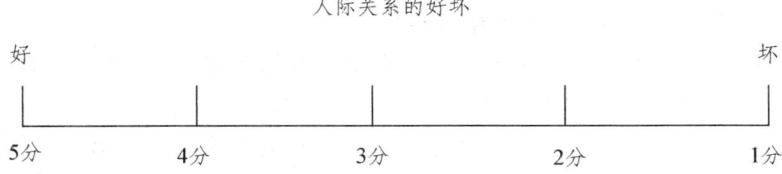

人际关系的好坏

根据这一维度来确定每道题的回答是否与纬度的方向一致。如果一致就记"＋"号,若"非常同意"这一道题,就表示"人际关系好",可记为 5 分;如果维度方向相反就记"－"号,若"非常同意",就表示"人际关系坏",可记为 1 分;根据"＋"与"－"表示的方向,就可以按顺序确定每道题的回答是按 5～1 分还是按 1～5 分顺序记分。12 道题的总分是 12～60 分,分数越高就说明人际关系越好。详见表 9-1。

表 9-1 人际关系量表

提问项目	选择回答（只先选一项）				
	非常同意	同意	不一定	不同意	非常不同意
＋1 我在我们班有许多好朋友	5	4	3	2	1
＋2 只要我需要,我相信我们班大部分同学都会助我一臂之力	5	4	3	2	1
－3 对周围的同学我很少关心	1	2	3	4	5
－4 我很难与我们班的人交朋友	1	2	3	4	5
＋5 我经常向我们班的人请教	5	4	3	2	1
－6 只有少数同学是开朗的,多数认识有偏见	1	2	3	4	5
＋7 大部分同学会为了集体利益牺牲个人利益	5	4	3	2	1
－8 如果这样做可以使他晋升,我相信大部分同学会在背后中伤我	1	2	3	4	5
－9 我很少关心别人说什么,我只关心自己	1	2	3	4	5
－10 我们班大部分人思想保守,他们怎么也不肯改变	1	2	3	4	5
＋11 我与所有的同学都是朋友	5	4	3	2	1
－12 我在我们班没有一个好朋友	1	2	3	4	5

总加量表的制作程序是:

第一,确定量表的内容。根据所要测量的内容和变量。如人际关系、学习态度、职业意愿等。收集大量与这一问题有关的内容,然后,筛选出一组问题,一般以 10～30 个问题为宜,组成一个初步量表。提问方式分为正向提问和反向提问,正向提问用"＋"表示,反向提问用"－"表示。一般,在一个量表中。正向提问与反向提问应各占一半,以便使回答者集中精力认真回答,防止误差与敷衍。

第二,规定计分标准。每组问题按肯定或否定的强弱程度一般分为五个等级,如:非常同意、同意、一般、不同意、非常不同意,也可分七个等级、三个等级。五个等级常常用 0～4 或 1～5 分计分,正向提问与反向提问的积分顺序应相反。对于正向提问,越趋向同意的给分越高;对于反向提问,越趋向同意的给分越低。

第三,试调查。从调查对象中找出少数人尝试回答初步量表,并给他们打分,然后将分数累加起来,以便发现量表中的问题。

第四,评估量表内容。量表中问题设置得好坏,取决于能否分辨出不同的态度,及分辨力如何。所谓分辨力,是反映一个题目能否分辨出人们的不同态度和态度的不同程度。如果一道问题 100%都回答同意，那么这个题目就没有分辨力。评估量表就是通过试调查来删除分辨力较低的题目，保留分辨力较高的题目（一般 5~20）组成正式量表。

李克特量表分辨力检查方式是将试调查表中得分最高的 25%与得分最低的 25%的人进行比较，然后计算出每题的分辨力。以表 9-1 为例，它是一个初步量表，假定这一量表在试调查中发给 20 名大学生填写，然后将试调查结果按总分由高到低排列，再从表中列出最高的 25%的人，即前 5 名，与得分最低的 25%的人，即后 5 名，分别计算这两类人在每道题上的平均分。如果总分高的 5 名在第 1 题的平均分为 4.6；总分最低的 5 名在第 1 题的平均分为 1.4 分，两者相减（4.6 - 1.4=3.2）即为第一题的分辨力分数。分辨力的得分数越小，说明这道题的分辨力越低，则应删除，如果在这一例子中第 11、12 题分辨力的分数是 0.1 和 0.2，在所有的 12 题中的分辨力是最低的，就应该删除这两道题，保留前 10 个问题，做出正式人际关系量表。

总加量表可测量每个被调查者的社会意向，即个人的总的态度倾向，也可测量全体被调查者关于某一问题的平均倾向，这时只要把全体被调查者所得分数加总，再除以被调查人数，就测出全体被调查者关于某一问题的平均倾向。因此，它在舆论测量中被广泛运用。总加量表的优点表现在：一是它简单且容易设计；二是它的适用范围比其他量表要广，可以用它来测量一些其他量表不能测量的某些多维度的复杂概念；三是总加量表的五种回答形式使回答者能够很方便地标出自己的位置。总加量表的最主要缺点是相同的态度得分者有可能具有十分不同的态度形态。因为总加量表是以各项目总加得分代表一个人的赞成程度，它可大致上区分个体间谁的态度高谁的态度低，但无法进一步描述他们的态度结构差异。

2. 语义差异量表

语义差异量表又叫语义分化量表，最初由美国心理学家 C. 奥斯古德等人最初在对小政治群体的政治态度进行测量时所创建和使用，在 20 世纪 50 年代后发展起来。它主要用来研究和测量不同的人对概念本身所理解的不同含义，常常在文化、个体和群体之间的差异比较研究中以及人们对周围的事物或环境的看法、态度研究中得到大范围的运用。

语义差异量表是由一组或一系列形容词和它们的反义词构成的两组意义相反的词，每一个形容词和它的反义词中间分为 7 个或更多奇数个等级区间，每一个等级的分值按照从大到小记为 7、6、5、4、3、2、1（如表 9-2），或者在 7 个或更多奇数个等级中，将处于中间的这个等级记为 0，两头分别记为正负相对应的两个数值（如表 9-3）。然后把测量的事物或概念置于这个量表的地段上，作答者依据自身的感受在每一对正反形容词所组成的量度的合适位序上做好标记，例如画一个"0"或打一个"√"，研究人员根据这些标记所代表的分值进行统计和核算，然后依据核算数值的结果来分析人们对某一事物或概念的主观性倾向如何，或者进行群体或个体的比较分析。[①]测量结果出来后，有两种处理方法：一是单个加总计分，把每个被调查者所有回答的分值加起来，计总分，这是每个被调查者个人的感觉和评价得分；二是求整体平均数，即将所有被调查者总分加起来除以人数，得算术平均数，这个算术平均数就是群体平均的感觉和评价。[②]

[①] 聂平平、冯小林等：《社会调查理论与实践》，江西人民出版社 2016 年版，第 84 页。
[②] 吴增基、吴鹏森等：《现代社会调查方法（第四版）》，上海人民出版社 2014 年版，第 59 页。

表 9-2 语义差异量表示例

您对政府某项政策的评价是：								
及时的	7	6	5	4	3	2	1	缓慢的
有效的	7	6	5	4	3	2	1	失效的
恰当合适的	7	6	5	4	3	2	1	不恰当合适的
有针对性的	7	6	5	4	3	2	1	无目的的
接地气的	7	6	5	4	3	2	1	脱离实际的
便民利民的	7	6	5	4	3	2	1	扰民伤民的

表 9-3 语义差异量表示例

您对所在组织的评价是：	非常合适	大体合适	都还可以	说不清楚	都还可以	大体合适	非常合适	
温暖	3	2	1	0	-1	-2	-3	冷酷
民主	3	2	1	0	-1	-2	-3	专制
自由	3	2	1	0	-1	-2	-3	拘束
活泼	3	2	1	0	-1	-2	-3	严肃
团结	3	2	1	0	-1	-2	-3	分散
充实	3	2	1	0	-1	-2	-3	空虚

语义差异量表在实际操作中，也存有一些缺陷，比如其询问不够清晰，较含糊，而且较难把握程度上的差别；同时，个人在评价的具体过程中容易把自己的经验或主观偏见渗入进去，从而影响评价的客观性。但不管如何，语义差异量表的测量还是有效的，理由是研究者可以对作答者的回答取平均值，将一些偏见和极端的看法中和掉。作为一种平均性的倾向，语义差异量表就能够比较有效地对各种选择进行评比了。社会调查中常常需要了解人们的态度，可以使用语义差异量表来测量，其效果和前面的总加量表以及李克特量表的效果是一样的，而且会显得更经济。此外，奥斯古德等人认为语义差异量表在再测信度和表面效度方面具有较高的数值。

第二节 舆论调查

舆论调查，常称为民意调查。严格意义上讲，舆论与民意在概念的范畴上是有差别的，这一点我们在本书第一章就已阐释过，但由于民意是舆论构成的主体部分，民意调查又是目前最为重要的舆论测量方法，所以在实际使用上大家默许这种"混同"。民意调查经过了一百余年的发展，目前已经形成了较为成熟的程序和实施方法，本书讲到的舆论调查都是对其程序和方法的借鉴。

一、舆论调查概述

舆论调查是社会调查的一种重要的应用形式。它自20世纪初在美国产生以来,在全球获得了迅速的发展,在政治、经济及社会管理等领域发挥着重要作用。

(一)舆论调查的含义

舆论调查,又称民意调查,是了解公众舆论倾向的一种社会调查,它通过运用科学的调查与统计方法,如实反映一定范围内的民众对某个或某些社会问题的态度倾向,就其内容而言,它属于舆论调查范畴;就其方法而言,它又属于抽样调查范畴。①舆论调查不是简单地到街上随便找几个人征询一下意见就行的,它要运用科学的调查方法(抽样、访谈、问卷、实地调查等),进行统计分析(资料整理、分组和汇总)等,以反映民意,引导舆论。具体过程是,通过抽样调查等方法,征询调查对象的意见、观点或想法,并以此进行分析和推论,然后向公众公布调查结果,以期说明和解释问题的趋势或倾向,引起社会公众或被调查者的关注和重视,借此造成舆论并形成影响。

舆论调查所调查的内容主要是被调查者的主观愿望、意见和态度,而不是某种客观存在的社会事实;不是被调查者的个人单独意见,而是要将一个个被调查者的意见综合起来,通过统计学的方法显示出被调查者总体的态度倾向,也即反映的是一种"共同意见"。

民意调查作为社会调查的一种重要工具,是在20世纪初开始广泛运用的。1912年美国总统选举时,《文学摘要》主办的空前规模的民意测验,成功地预言了总统选举的结果,从此民意测验就成为一种有影响的社会调查方法,《文学摘要》也再次成为美国民意测验的重要机构。到了20世纪30年代初期,美国人乔治·盖洛普依据费希尔的抽样理论,在民意测验中采用了科学的抽样方法,并在一系列的民意测验中取得了成功,使得民意测验的方法进一步科学化。第二次世界大战以后,民意测验方法在世界范围内兴起,欧美、日本以及亚、非、拉各国都纷纷设立民意测验机构,负责进行经济、社会、政治、舆论等研究。据统计,美国每年花在舆论调查(包括市场调查)的费用就多达几十亿美元。

中国最早的民意测验是由留美心理学硕士张耀翔于1922年在北京师范大学成立14周年庆祝大会上举行的"时政热点问题"的民意测验。20世纪80年代以来,民意调查在我国也得到了迅速的发展。1986年,中国人民大学舆论调查研究所成立。1987年,隶属于中国经济体制改革研究所的中国社会调查系统,隶属于中国社会科学院的中国社会调查所,北京零点市场调查与分析公司,广州社情民意研究中心等专业机构相继成立,并在民意调查方面发挥了重要作用。与此同时,外国民意调查机构也开始挺进中国市场。1993年秋,盖洛普舆论调查公司在北京设立了分公司"盖洛普在中国",目前其在中国的业务限于市场调查。此外,还有一些民间的舆论调查机构也广泛地采用了民意调查来了解社情民意。

(二)舆论调查的作用

民意测验的应用范围十分广泛,除用于政治、经济、社会等问题的调查外,还用于商业、

---

① 袁荃:《社会研究方法》,东北财经大学出版社2016年版,第95页。

教育、法律、医疗卫生、大众传播等方面。在这些领域中，它的作用主要有以下几个方面。

1. 客观反映舆论现状

舆论调查能客观及时地反映社会舆论和大众心理的一般状况。我们知道，舆论以及心理状况都是主观变量，是很难用客观指标来衡量的。比如，我国 GDP 增长 7%，很难说明人们的幸福感是增还是减，增减了多少；人均收入增长 10%也很难说明人们对生活的满意程度也增长 10%。同时，靠实地调查和访问，也很难反映公众心理的一般状况。但是，通过民意调查就能够了解公众的意见、态度的一般状况和变化情况。

2. 为政府提供决策参考

民意调查可以成为党和政府联系群众，了解民情、民心，正确制定路线、方针、政策的重要途径。民意调查的议题反映的通常是人民共同关心的并对人民生活有较大影响的事件，因此，民意调查结果所反映的社情民意是政府有关部门拟定决策方案、出台和实施改革政策的重要参考因素。例如，各地有关部门经常进行的价格听证会等，就是民意调查的一种方式。现在，我国各级政府在重大民生事项决策前后都要委托第三方进行民意调查，以了解公众的有关意见、态度和评价。

3. 预测社会心理的发展趋势

民意调查可对涉及人们主观态度的宏观社会现象进行比较客观的分析和预测。例如，将全部调查对象按年龄、事业、收入、地区等分为不同类型，然后比较各类人的态度和心理。除了横向进行比较以外，还可以进行纵向的比较。国外每年都在民意调查中询问一些同样的问题：如，"你认为目前生活状况与过去相比是'好''停留原状'还是'较好'"，又如，"你认为社会是在进步吗"。对这些问题进行纵向分析就能发现社会心理的波动状态或一般趋势。

4. 引导舆论朝正确方向发展

民意调查结果通过媒体发布，有利于就人民群众普遍关心的、与群众切身利益密切相关的事情广泛地形成社会舆论，它反映民声、体恤民情、集中民智，从而拓展了相关决策部门倾听民声民愿的渠道，实现"下情上达"。民意调查结果一经发布，往往会成为社会大众关心、议论和思考的问题，并对人们的思想、认识、态度和行为产生某种影响，从而引导着社会心理和舆论。

当然，民意调查也有它的局限性，主要表现在两方面：第一，如果民意调查所使用的方法不科学，调查结果就会偏离真正的民意，以这样的结果来做出判断、指导工作，就会使工作发生偏差。第二，民意调查的结果只能反映某种"民意"的倾向性，而不能表明某种民意的是非和对错。例如，用群众投票办法来考评干部，一些坚持原则、大胆改革、真抓实干的干部，有时得票数有可能不如"老好人"多。因此，要正确发挥民意调查的作用，一方面要讲求民意调查的方法，另一方面要对民意调查的结果做具体分析。

（三）舆论调查的基本类型

根据调查对象的范围不同，可以把舆论调查划分为普遍调查（或称全面调查）、抽样调查、典型调查和个案调查。

1. 普遍调查

普遍调查简称"普查",是指对调查对象总体全部单位无一例外逐个进行调查的一种调查方式。①一般来说,普查往往是对较大范围的地区或部门进行的调查,例如全国、全省、全市、全行业、全系统等范围内进行的普查,其规模很大,属于宏观的社会调查。

与其他类型的社会调查相比,由于普查的调查对象是总体中的每个个体,因此其调查最全面;又由于普查的各个项目和指标都是统一规定的,并且它对每个调查对象都是按照统一的要求进行逐个的调查,因此,普查收集的资料标准化程度较高,准确性较强;再加之,普查是从总体中的所有个体那里收集资料,不同层次、不同状况的调查对象的有关情况在资料中都逐一地得到反映,因而,通过对这些资料的汇总和归纳得出的结论,具有较高的概括性和普遍性。但普查也有一定的局限性,主要表现在:一是普查的调查对象多、分布范围广,造成其工作量较大,需要的人力、物力和资金也很多;二是对调查对象的了解不如其他调查形式深入、细致,调查缺乏深度。在舆论调查中,普查不是常用的调查类型。

2. 抽样调查

抽样调查是从全体研究对象(称为总体)中,按一定方式选择或抽取一部分对象作为样本,调查工作仅在样本中进行,从研究范式上看属于定量研究。②一般来说,对调查总体做普遍调查,所得到的结果应该是最全面、最准确的。但实际上,在社会研究中,由于客观条件的限制或者研究目的的要求,往往无法或没有必要做普遍调查,而常常采用抽样调查。在一定意义上,严格采用科学方法进行的抽样调查可以起到普遍调查的作用。

抽样调查有一套完备的操作技术,包括抽样方法、资料搜集方法和数字统计方法等。基本的调查步骤是:③第一,确定研究总体和调查总体。首先在理论上明确界定研究总体,然后根据调查的目的和要求,决定调查对象的内涵、外延及其数量,确定从中抽样的调查总体。第二,进行抽样设计和实际抽取样本。进行抽样设计包括两项内容:一是根据研究目的、总体性质以及主客观条件,确定样本大小;二是根据调查目的及各方面的具体情况,选择抽样的具体方法。完成抽样设计后,进行实际抽样。第三,评估样本和收集资料。抽样后要对样本进行评估,检查样本对总体的代表性,其方式是通过试验性调查,即到调查点考察个案或进行小范围的抽样调查,然后对调查结果进行评估,发现问题,修正调查计划,补充或减少样本。之后,就可以按照调查提纲进行正式调查,全面、完整地收集样本资料。第四,分析统计资料和推论总体。收集到样本资料后,要对资料进行汇总和统计分析,得出样本的统计值,然后根据样本的统计值推论出总体的参数值,说明总体的情况。

调查样本的选择可通过概率抽样或非概率抽样两种方式进行。概率抽样(也称为随机抽样)是指按照随机原则,从总体中抽取一定数目的个体作为样本,总体中的每个个体被选入样本的可能性是一样的;非概率抽样(也称为方便抽样)是从方便的角度出发或根据研究者主观的判断来抽取样本,每个个体进入样本的可能性有多大是未知的。当为概率抽样时,可

---

① 杜智敏:《社会调查方法与实践》,电子工业出版社2014年版,第18页。
② 杜智敏:《社会调查方法与实践》,电子工业出版社2014年版,第19页。
③ 洪瑾:《社会调查方法》,中国轻工业出版社2004年版,第45-46页。

以通过对样本的分析对总体进行描述；当为非概率抽样时，不能通过样本的信息来对总体进行描述，只能对样本进行描述。

抽样调查是一种非全面调查，工作量要比普查的工作量少很多，是应用比较广泛的一种调查方法，也是舆论调查中常用的方法。

3. 典型调查

典型调查是指根据调查研究的目的和要求，在对所要了解的社会现象或问题有了总体的初步认识、划分类别的基础上，有意识地选择一些有代表性的典型单位（个人、团体、组织、社区、事件甚至产品等），进行深入细致的周密调查，深入了解情况，借以由此及彼地认识同类社会现象的本质及发展规律，并找出具有普遍意义和有价值的经验和值得借鉴的教训的一种调查研究方法。[①]

典型调查主要是定性调查，典型调查与抽样调查不同，必须深入到调查对象中，通过开座谈会、个别访谈进行面对面的调查，听取各方面的意见，获得丰富的第一手定性资料，在此基础上，运用各种科学思维方法，由个别推论到总体，分析其主要的内在联系和外部联系，搞清所调查的现象或问题的性质、特征及发展、变化的一般规律，探索解决问题的途径和方法。

典型调查只对总体中的少数典型单位进行调查，调查中使用的调查工具也不多，大大节省了人力和资金，缩短了调查时间，运用起来简便灵活、收效迅速。但典型调查也具有其自身的局限性：一方面，典型调查大多适用于范围较小、同质性较强的研究总体，对于较大范围的总体就不太适用了；另一方面，典型调查的调查对象的选择是调查者根据自己的分析和判断进行的，容易受个人主观因素的影响；再者，典型调查是由个别的典型推论一般的总体，这种推论往往不能保证其准确性，调查结论的适用范围也难以确定。

4. 个案调查

个案调查是选取某一社会单位，如个人、家庭、组织、社区等作为调查对象，通过对其进行深入、细致的调查，收集与它有关的一切资料，并详细描述和分析其产生与发展的全过程的一种调查方式。[②]个案调查是一种深度调查，它能够全面地把握个案的全貌，不仅了解调查对象的现状和历史，还要了解其周围的社会背景与各种社会联系，并在此基础上，得出关于社会结构和社会过程的一般理论。

个案调查是通过深入调查、详细剖析，从而透彻了解个案的全面情况，具有质的深度和社会的实在性。个案调查的调查资料是通过调查者与调查对象进行较长时间和较为密切的接触获得的，能够反映个案单位的整体情况，具有精确、全面的特点，通过对这些调查资料的分析得到的调查结论，是对个案单位实际状况的描述，真实可靠。但个案调查也有一定的局限性：一是个案调查要对调查对象的整体状况进行详细的描述，为此设计一种正式、客观的观察和记录的方法是很不容易的，这就容易造成调查者在调查中只去发现自己所希望的现象，导致调查结果缺乏客观性；二是个案调查是对个别的、具体的个案单位进行的调查，其调查结果缺乏普遍性，如果把个案调查的结论推广到一般的社会现象中，就容易出现以偏概全的缺陷。

---

① 杜智敏：《社会调查方法与实践》，电子工业出版社2014年版，第20页。
② 洪瑾：《社会调查方法》，中国轻工业出版社2004年版，第49页。

(四)舆论调查的基本方法

根据舆论调查所借助的手段来区分,问卷调查法和个别访谈法是舆论调查的基本方法。

1. 问卷调查法

问卷调查也叫问卷法,是一种以问卷作为工具和手段来进行资料搜集的调查方法。问卷是研究者为调查而设计的一些问题或题目。问卷是一种书面调查工具,它要求被调查者具有一定的书面理解能力和文字表达能力。[1]问卷调查法一般运用统一设计的问卷向被选取的调查对象了解情况或征询意见,它是有关个人行为、态度、意见和看法的主要测量技术之一。在西方国家,问卷调查法最早用于民意测验,直到今天它仍是舆论调查最基本的方法。

问卷调查法可以分为自填式问卷法和结构式访问法(也称代填式问卷法)。自填式问卷法指的是调查员将问卷表发送给被调查者,由被调查者自己阅读和填答,然后再由调查员收回的资料收集方法。这种方法可以说是现代社会调查中最常用的一种资料收集方法。结构式访问法是指调查员依据事先设计好的调查问卷,采用口头询问和交谈的方式,向被调查者了解社会情况、收集有关资料的方法。在这两个大的类别中,根据具体操作方法的不同,又可以进一步划分出不同的子类型。[2]其中,自填式问卷调查,按照问卷传递方式的不同,又可分为报刊问卷调查、邮政问卷调查和送发问卷调查;代填式问卷调查,按照与被调查者交谈方式的不同,可分为访问问卷调查和电话问卷调查。

报刊问卷调查,就是随报刊传递分发问卷,请报刊读者对问卷做出书面回答,然后按规定的时间将问卷通过邮局寄回报刊编辑部。邮政问卷调查,就是调查者通过邮局向被选定的调查对象寄发问卷,请被调查者按照规定的要求和时间填答问卷,再通过邮局将问卷寄还给调查者。送发问卷调查,就是调查者派人将问卷送给规定的调查对象,等被调查者填答完后再派人回收调查问卷。访问问卷调查,就是调查者按照统一设计的问卷向被调查者当面提出问题,然后再由调查者根据被调查者的口头回答来填写问卷。电话问卷调查,就是调查者通过电话按照统一设计的问卷向被调查者提出问题,然后再由调查者根据被调查者的电话回答来填写问卷。[3]

下面将各种类型的问卷的特点简要概括如下:

	自填问卷			代填问卷
	报刊问卷	邮寄问卷	送发问卷	访问问卷
调查范围	较广	较广	较窄	较窄
调查对象	难以控制和选择,代表性差	有一定控制和选择,回复问卷的代表性难以估计	可控制和选择,但过于集中	可控制和选择
影响回答的因素	无法了解、控制和判断	难以了解、控制和判断	有一定的了解、控制和判断	便于了解、控制和判断

---

[1] 聂平平、冯小林等:《社会调查理论与实践》,江西人民出版社2016年版,第122页。
[2] 王学川、杨克勤:《社会调查的实用方法与典型实例》,清华大学出版社2011年版,第72页。
[3] 水延凯:《社会调查教程》,中国人民大学出版社2003年版,第212-214页。

续表

回收率	很低	较低	较高	高
回答质量	较高	较高	较低	不稳定
投入人力	较少	较少	较少	较多
费用	较低	较高	较低	高
时间	较长	较长	较短	长

（资料来源：水延凯等编著：《社会调查教程》，第206页。）

问卷调查法在舆论调查中具有其自身的优点，主要表现在如下五个方面：[1]第一，问卷调查可以突破空间的限制，在大范围内对众多的调查对象同时进行调查，比如可以通过邮寄甚至在线的方式把问卷分发到全市、全省，甚至全国各地，进行相关问题的调查。第二，由于问卷调查大多是使用封闭型回答方式进行调查，因此，在资料的搜集整理过程中，可以对答案进行编码，并输入计算机，以进行定量处理和分析，也就是说，问卷调查法就是一种切实可行的大容量、高效率的定量调查方法，问卷调查有利于对调查资料进行定量分析和研究。第三，由于在问卷调查中，每个被调查者都是在大体相同的时间得到问卷，以大体相同的方式回答问卷，而且问卷在问题的先后次序、问题的表达、答案的类型等方面都是完全相同的，因此，问卷调查可以避免主观偏见的干扰。第四，由于在问卷调查过程中，调查者与被调查者不直接见面，回答的问卷不要求署名，填写问卷的地点由被调查者自己选择，可保证无其他人在场，这就有利于回答那些不宜当面询问的敏感问题。第五，由于问卷调查是用一份问卷代替派人专访，可以在很短的时间内同时调查很多人，因此，问卷调查具有很高的效率，这对调查双方的人力、财力和时间都是极大的节省。

问卷调查法在舆论调查中也还存在一些不足之处，主要表现在如下三个方面：第一，由于问卷调查使用的是书面问卷，这在客观上要求被调查者首先要能看懂问卷，能理解问题的含义，懂得填写问卷的方法，因此，问卷调查法不适合于文化程度普遍较低的群体。第二，由于在问卷填写过程中，被调查者有时会对该项调查的兴趣不大，不愿意合作，或者敷衍作答，或者因精力、能力的限制而无法完成问卷，这些情况都会影响问卷的回收率和有效率。第三，由于问卷的设计是统一的，调查的问题和问题的答案是固定的，没有伸缩的余地，故而对那些问卷设计中没有涉及的新事物、新情况、新问题就很难展开调查，因此，问卷调查法只能获得有限的书面信息。

2. 个别访谈法

访谈调查法是指通过与研究对象交谈收集所需资料的调查方法，又称访谈法、谈话法或访问法。[2]访谈是一种研究性交谈，也就是两个人（或更多人）之间一种有目的的谈话，其中由访问员通过询问来引导被访者回答，以此了解调查对象的行为或态度，最终达到调查目的。

按照访谈对象的人数可分为个别访谈和集体访谈，舆论调查主要运用个别调查法。个别访谈，就是访问者与受访者一对一单独进行的访谈。[3]一般是每次只面访一个调查对象（主要

---

[1] 吴增基、吴鹏森等：《现代社会调查方法（第四版）》，上海人民出版社2014年版，第110-111页。
[2] 王学川、杨克勤：《社会调查的实用方法与典型实例》，清华大学出版社2011年版，第58页。
[3] 聂平平、冯小林等：《社会调查理论与实践》，江西人民出版社2016年版，第142页。

是指一个人,但有时也指此人的家庭),与集体访问比较,个别访问主要的特点是因与个别人接触,访问者与被访问者之间有可能建立起相互信任的关系,使他们能够反映真实的信息,从而可进行深入的探讨。与其他几种搜集资料的方法相比,这种访问的特点主要体现在"个别接触"上。由于调查对象控制在最小的范围内,因而调查者与被调查者之间有可能建立起相互信任的人际关系,从而有利于调查对象解除思想顾虑,减少谈话中的心理障碍,避免了开座谈会中因许多人集合在一起而引起不便讲真话的现象。同时,它也有利于调查者对谈话环境与过程进行有效的控制,就所关心的问题与被调查者展开深入的讨论。总之,在个别访谈中,由于时间比较充裕,环境比较单纯,访问者可询问较多、较深入、较敏感的问题,受访者则可在比较单纯的环境中较充分地回答问题,甚至有可能回答一些敏感、私密的问题,因此,个别访谈法成为舆论调查的基本方法之一。

在个别访谈法中,既可用标准化访谈,也可用非标准化访谈。[①]

标准化访谈,也称结构性访谈,就是按照统一设计的、有一定结构的问卷所进行的访谈。这种访谈的特点是:选择访谈对象的标准和方法、访谈中提出的问题、提问的方式和顺序,以及对受访者回答的记录方式等都是统一设计的,甚至连访谈的时间、地点、周围环境等外部条件,也力求保持基本一致。标准化访谈的最大优点是便于对访谈结果进行统计和定量分析,便于对不同受访者的回答进行对比研究。但是,这种访谈方法缺乏弹性,难以灵活反映复杂多变的社会现象,难以对社会问题进行深入探讨,同时也不利于充分发挥访问者和受访者的积极性和主动性。

非标准化访谈,也称非结构性访谈,就是按照一定调查目的和一个粗线条调查提纲进行的访问。这种访谈方法对访谈对象的选择和访谈中所要询问的问题有一个基本要求,但可根据访谈时的具体情况做必要调整。至于提问的方式和顺序、对回答的记录、访谈时的外部环境等,都不做统一规定和要求,而由访问者根据实际情况灵活掌握。非标准化访谈有利于充分发挥访问者和受访者的主动性和创造性,有利于适应千变万化的客观情况,有利于调查原设计方案中没有考虑到的新情况和新问题,有利于对社会问题进行较深入的探讨。但是,这种方法对访问者的要求较高,调查结果往往因人而异,而且难以进行定量分析。

在个别访谈法中,既可用直接访谈,也可用间接访谈。[②]

直接访谈是指访谈双方进行面对面的直接沟通来获取信息资料的访谈方式。它是访谈调查中一种最常用的收集资料的方法。在这种访谈中,访问员可以看到被访者的表情、神态和动作,有助于了解更深层次的问题。这种访谈方法可以分为"走出去"和"请进来"两种情况。"走出去"是指访问员到被访者确定的访谈现场进行访谈。"请进来"是在征得被访者认可的情况下,由访问员确定访谈现场。为了方便被访者,一般来说,以到被访者确定的访谈现场为主。

间接访谈不是交谈双方面对面坐在一起直接交流,而是访问员借助一定的工具向被访者收集资料。间接访谈又可以分为电话访谈和网上访谈。电话访谈可以减少人员来往的时间和费用,提高了访谈的效率,电话访谈与面对面访谈的合作率相差不多。但电话访谈也有它的局限性。比如,它不如面对面的访谈那样灵活、有弹性;不易获得更详尽的细节;难以控制

---

① 聂平平、冯小林等:《社会调查理论与实践》,江西人民出版社2016年版,第141页。
② 王学川、杨克勤:《社会调查的实用方法与典型实例》,清华大学出版社2011年版,第61-62页。

访问环境；不能观察被访者的非言语行为等。随着 5G 技术以及 AR、VR 技术的广泛应用，电话访谈将会有很广阔的发展前景。网上访谈是访问员与被访者，用文字而非语言进行交流的调查方式。网上访谈像电话访谈一样有节约人力和时间的优势，它甚至比电话访谈更节约费用，并且网上访谈是用书面语言进行的，这便于资料的收集和日后的分析。但网上访谈也有一些局限，如无法控制访谈环境，无法观察被访者的非语言行为等；同时，由于网上访谈要求有电脑配备、宽带等物质条件，这在一定程度上也限制了访谈的对象。

（五）舆论调查的操作程序

舆论调查更多的是指通过抽样方式进行的问卷调查，其运行过程主要包括确定调查主题、实施调查以及发布调查结果三个阶段。①

1. 确定调查主题及执行者

民意调查首先要确定调查的主题，这通常是由发起调查的人或部门确定的。有些民意调查是研究机构独立进行的，这类调查由机构自主选择调查题目并组织团队开展调查。在美国，此类研究机构包括以自有基金为运作基础的非营利独立机构，如皮尤研究中心等。中国的少量研究机构也进行自主调查，如零点调查等。还有相当一部分民意调查是调查机构接受相关单位委托进行的。在西方，新闻媒体、政党、政府机构、利益团体、游说机构、学者个人和政治思想库都会委托机构进行民意调查。一些电子媒体和印刷媒体也会与机构合作进行民调并发表结果。在委托调查中，委托者提供调查经费，并确定调查的主题。民调机构完成调查之后，通常直接将结果交给委托单位。

2. 实施调查

一般而言，民意调查的实施过程是由被委托的民意调查机构完成的。包括以下步骤：拟定研究计划、设计问卷、抽取样本、进行调查、数据分析、撰写研究报告。

（1）拟定研究计划。

研究计划中主要包括以下内容：明确所研究的问题、选择收集数据的方法、规定变量的测量方法、设计抽样方案、制定数据分析方案等。

（2）设计问卷。

设计问卷是围绕确定的调查主题，通过合理设计问题从而了解受访者的感受、愿望、倾向、评价、态度和思想观念等主观指标状况，以及受访者的年龄、性别、民族、文化程度、行业、职业、职务、经济状况、居住情况、政治面貌、宗教信仰等基本情况。问卷的提问方式应该包括：表示心理状态的方向，如喜欢和不喜欢、赞成和不赞成等；表示心理状态的强度或等级，如非常满意、比较满意、无所谓、不太满意、很不满意；完全同意、同意、中立、不同意、坚决反对等。此外，在答案中还应设计"其他（请说明）"栏，以便出现原设计答案之外的回答时，记录下新的回答。总之，设计的答案应该包括一切可能的答案，如此才能真实反映民意全貌。

---

① 中共中央组织部党建研究所：《中外民意调查方式比较研究》，党建读物出版社 2011 年版，第 62-66 页。

（3）抽取样本。

抽样即在调查总体中抽选一定数量的样本。抽样方法分为随机抽样和非随机抽样。随机抽样是按照概率原则从总体中抽取一定数目的单位作为样本进行观察，总体中每个个体都有被抽中的可能，按此方法做出的结论对总体具有充分的代表性。一般都应该采取随机抽样方法。随机抽样包括简单随机抽样、系统抽样、分层抽样、整群抽样、概率比例抽样等。非随机抽样是从方便出发或根据研究人员的主观判断来抽取样本。这种方法对抽样误差难以控制，较之随机抽样的可靠性要差。其方法包括偶遇抽样、判断抽样、配额抽样、雪球抽样等。

（4）进行调查。

抽样完成后选择相应的方式进行调查。主要调查方式有面访、电话调查及邮寄调查等。面访和电话调查在实施前需要招聘访员并对其进行培训，准备好相关资料和工具等。

（5）数据分析。

访问完成后，首先应对问卷进行检查，并将合格问卷录入电脑，建立数据库，之后对数据进行统计分析。民意调查的资料分析通常是以频数和频率分布为主，进一步测量变量的相关性时，可根据变量的类型，使用不同的统计方法，交叉分析方法主要用于反映不同群体与某一民意调查内容之间的相互关系。交叉分析与频数分析是民意测验数据分析的最基本的方法。在社会科学界，最常使用的统计软件是 SAS 与 SPSS。

（6）撰写研究报告。

数据处理完成后，根据统计分析的结果撰写研究报告。报告有多种类型，如综合报告和专题报告、研究报告和说明性报告等。研究者应在报告中讲明计算、分析方法，结论成立的前提，说明哪些结论是根据样本得出的，哪些结论是根据样本推断出来的，在报告中应给出方差和置信区间。以学术研究为目的的报告，内容必须包括详细的理论基础、执行细节、前因后果，以及可能的后续研究方向等。对管理者服务的报告，要求在最短的时间内了解调查结论很重要，通常需要每章节都有小节并在目录中有所显示。应用于媒体的报告可以适当加强报告的生动性和可读性。

3. 发布和报道调查结果

真实、可信是对民意调查结果的基本要求。新闻机构发布民意调查结果时，最好呈现完整的调查研究报告，而不应仅选择有利的资讯发布，并应遵守发布新闻的道德与规范。从世界一些重要民意调查机构制定的规范或标准看，一般都要求媒体在报道民意调查时遵守"样本资料下限原则"，即通常要求媒体报道应包含调查机构的名称、赞助者名称、调查的时间、调查对象和抽样方法、样本规模、回应比率、误差幅度等基本资料。通讯社、报社和电视公司的新闻部门都有如何报道民调结果的作业准则。新闻记者需要对民意调查报告的数据来源进行严格审查。在报道时，必须说明资料的来源，这是取信于公众的必要程序，这些讯息也可以让读者评估民调结果。

二、调查问卷的设计

问卷是指为了调查和统计之用而精心设计的由一系列问题、备选答案及说明等组成的向调查对象搜集资料的一览表，是最常用的一种调查工具，通常用于调查人们的特征、行为和态度等。①问卷设计的质量直接关系到数据搜集的质量和效率,关系到我们是否能够达到调查研究的目的,可以说,有什么样的问卷就有什么样的结果。因此,了解问卷的结构并掌握问卷设计的技巧是问卷调查过程中十分关键的一环。

(一)问卷形式与基本结构

1. 调查问卷的形式

由于调查者的研究目的以及调查内容和调查方式不同,因而调查问卷的形式也不尽相同。调查问卷的形式主要有开放式、封闭式、半开放式三种。②

开放式调查问卷是指对问题的回答不提供任何具体的答案,而由被调查者自由回答调查问卷。使用开放式调查问卷的优点在于可以使调查得到比较符合被调查者实际的答案;缺点是有时意见比较分散,难以综合。封闭式调查问卷是指答案已经确定,由被调查者从中选择答案的调查问卷。使用封闭式调查问卷的优点是便于综合;缺点是有时答案可能包括不全。半开放式调查问卷是指给出部分答案(通常是主要的),而将未给出的答案或用其他栏表示,或留以空格,由被调查者自行填写。

2. 问卷的基本结构

一般一份完整的调查问卷一般由标题、封面信、指导语、问题、答案、编码与其他资料等组成。

(1)问卷的标题。

问卷的标题要概括性地表明调查研究的主题,使被调查者对所要回答的问题的范围有一个大致的了解。确定标题应简明扼要,既要明确调查对象,又要突出研究主题,并易于引起被调查者的兴趣。标题的结构一般是:调查对象+调查内容+调查问卷,例如,"重庆市居民住房状况调查问卷""青年发展状况调查问卷"等。切不可简单地采用"调查问卷"四个字作为标题,这会使调查对象摸不着头脑,从而不愿参与或产生某些不必要的怀疑。

(2)问卷的封面信。

问卷的封面信就是一封写给被调查者的短信,由于它常常放在问卷的封面上,所以被称为封面信,有的也称为封面语。在问卷中设计封面信的作用有二:一是通过封面信中的自我介绍和说明,比如调查的目的、调查单位或调查者的身份等,让被调查者了解研究者的基本情况,取得被调查者对接受调查的信任,使得被调查者愿意进入调查过程;二是通过封面信对课题的介绍和说明,如调查的大概内容、调查对象的选取方法和对调查措施的保密等,使被调查者了解课题的基本信息和接受调查的原因,让被调查者形成一定的心理准备,以便顺利进入调查过程。封面信一般要求通俗、简明、亲切,字数上以二三百字为宜。

一般来说,封面信的结构包括以下内容:第一,介绍调查者的身份,说明"我是谁"。自我介绍有两种方式:一是研究者直接在封面信中说明其身份;二是通过落款来说明自己的身份。最好能附上研究者单位的地址、邮政编码、电话号码、联系人等,以便体现研究者的诚意以及调查的正式性和组织性。第二,介绍调查的大致内容,说明"调查什么"。通常用一两

---

① 杜智敏:《社会调查方法与实践》,电子工业出版社2014年版,第92页。
② 吴思宇:《新编统计学》,北京理工大学出版社2018年版,第43-44页。

句话概括地、笼统地指出其内容的大致范围就可以了,但不能为了让被调查者接受调查而在介绍调查内容时欺骗被调查者。第三,说明调查的目的,回答"我们为什么进行这项调查"。在介绍调查目的时,要叙述得当,让被调查者认为研究者的调查是正当的、有价值的,而且是对被调查者有实际意义的,从而起到调动回答者的责任心和积极性的作用。第四,说明调查对象的选取办法及保密措施。为了消除被调查者的戒心和疑虑,研究者应该在封面信中简明扼要地说明两个方面问题:一是说明调查对象的选取办法,要突出研究者选择调查对象的客观性;二是说明对调查结果保密的措施,尤其是对匿名的说明和对个人资料严格保密的保证,应成为封面信中不可或缺的内容。下面是一封完整的封面信的例子。

亲爱的市民朋友:

您好。

我们是重庆××大学舆情研究中心的研究人员。为了了解新冠肺炎疫情期间重庆市城市居民的生活状况,我们特地组织了这次重庆市城市居民生活状况问卷调查。

经过严格的随机抽样,您成为我们调查对象中的一员。我们将严格按照《统计法》的要求,对您的调查资料进行保密。请放心如实地填写。

对您的热心帮助我们表示衷心的感谢!

祝您生活愉快,家庭幸福!

重庆××大学舆情研究中心
2020 年 5 月

(3)问卷的指导语。

指导语是指用来指导被调查者填写问卷的一组说明,也称"填表说明",其作用是对填表的方法、要求、注意事项等做一个总的说明。指导语的语言要简明易懂,使回答者懂得如何填写。比如:

① 请在每一问题您认为适合您的答案前(后)画圈。

② 如无特殊说明,每一问题您只能选择一个答案。

③ 填答问卷时,请不要与他人商量。

④ 请您独立完成问卷的填写。

⑤ 可选多个答案。

⑥ 请按重要程度排列。

⑦ 请您依次选出前三项。

⑧ 如不是,请跳过 10—14 题,直接从 15 题接着答题。

一般来说,在填表说明中,说出关键的填写注意事项,个别情况可以在具体的问题后重点说明。

上述封面信和指导语也可以合在一起写,统称为问卷的"前言"部分。

(4)问卷的问题与答案。

问题和答案是问卷的主体,它们是实际测量人们的特征、行为和态度的工具,是组成问卷的核心内容。这部分内容一般包括调查所要询问的问题、回答问题的选项和方式,以及对回答方式的说明等。本书将在下文对问题及答案的设计做重点介绍。

（5）问卷的编码及其他资料。

编码也是问卷设计中一项十分重要的工作。在一些大型的统计调查中，为了将调查者的回答转换成数字，以便录入计算机进行处理和定量分析，往往需要对回答结果进行编码。所谓编码，简单地说就是给问题和答案编上数码，用这些数码来代替问卷中的问题及其答案。编码是将问卷中的信息数字化，转换成统计软件和统计程序能够识别的数字，这项工作是一种信息代换的过程。编码工作既可以在设计问卷时进行，也可在问卷收回后进行，前者称为预编码，后者称为后编码。在实际调查中，研究者大多采用预编码。

除了编码以外，有些问卷还需要在封面印上访问员姓名、访问日期、审核员姓名、被调查者地址及联系方式等其他有关资料。

（二）问卷设计的原则

问卷作为社会调查的一种工具，在设计时必须考虑到整个调查过程中的相关因素，适合被调查者情况，符合调查目的，适应调查要求。因此，在问卷设计中，需注意以下几个原则。[①]

1. 问卷设计要从被调查者的角度出发

问卷作为调查者用来收集资料的工具，对其进行设计时，自然要考虑到研究者的需要。但是，如果只从研究者需要来考虑，而不考虑被调查者的多种实际情况，那么所设计出来的问卷往往会存在一些不妥的地方。比如，问卷内容太多、填答量大、问卷表太厚，有的问卷长达几十页，问题数目多达几百个，或者问卷中的开放式问题过多，或进行较复杂的数字计算以及数据统计工作，等等。因此，在设计问卷时，调查者不应把注意力全部放在编制什么样的问题上，而应认识到被调查者才是问卷调查的核心，要时刻从被调查者的角度出发，多为回答者着想，尽可能地为回答者创造方便，减少他们填答问卷的困难和麻烦，减少他们填答问卷所需要的时间和精力，使问卷的设计适应被调查者在心理上和思想上的要求和需要。只有注意了这一点，研究者才有可能设计出优良的问卷。

2. 问卷设计要适应调查的目的

对于任何一项问卷设计工作来说，调查目的就是其灵魂，是调查活动的根本，也是决定问卷选择什么样的内容和采取什么样的形式的关键因素。一份优良的问卷应该能够达到希望的调查目的，因此在问卷设计时必须就不同的调查目的而遵守不同的设计要求。倘若调查者实施问卷调查收集资料是为了了解和描述对象的一般状况和特征，那么选择设计问题的标准就应该是能够最大限度地询问到调查对象各方面的客观事实。倘若调查者是为了解释或说明某类社会现象存在的原因，探索各种现象之间的关系及发展规律，抑或验证某种理论，那么整个问卷必须围绕研究课题、研究假设和变量编制，提问什么问题、不必提什么问题，都将受到理论假设、研究框架和主要变量的制约。因此，在我们动手设计问卷之前，应该问问自己：这项调查的目的是什么？只有明确了总的目的，我们在问卷设计中才知道该怎样做。

---

① 董海军：《社会调查与统计（第2版）》，武汉大学出版社2012年版，第77-79页。

3. 问卷设计要适应调查的内容

被调查者常对不同的调查内容有不同的敏感度、熟悉度，重视程度也不同。当被调查者对调查内容比较熟悉、比较感兴趣时，问卷可以设计得相对详细深入一些，问题数量可以多一些，让其自由回答的题目也可适当增加。但是，当调查的内容研究者不熟悉时，或者调查内容比较枯燥、单调和平淡无味，不易引起他们的兴趣时，特别是涉及一些敏感问题时，问卷设计工作就要困难一些。对于被调查者不太熟悉的内容，问题的数量不要过多，内容要浅显，问卷的封面信和指导语就比较详细，也不要设计过多的开放式问题，以免被调查者因知之甚少而无所填答。对于比较敏感性的内容，措辞要小心谨慎，问题的形式要更加恰当。

（三）问卷的问题设计

问题是问卷的主体内容之一，是问卷设计工作中最具体、最直接也是最重要的内容。

1. 问题形式的设计

在调查问卷中，问题的形式可分为开放式问题与封闭式问题两种。所谓开放式问题，是指对问题的回答不提供任何具体的答案，而由被调查者自由填写的问题。例如：

例：您认为导致中小学产生应试教育倾向的主要原因是什么？
答：_____

例：您对我国农村村民委员会的直接选举有何看法？
答：_____

开放式问题因为不需要列出答案，所以形式很简单，设计时，只需在问题下面留出一块空白即可，但要考虑空白留多大比较合适。太大增加篇幅，也意味着希望或要求回答者多写一些，太小客观上限制了回答的内容。设计者要根据自己的调查情况进行综合考虑。

封闭型问题是指将问题的几种主要答案，甚至一切可能的答案全部列出，然后由被调查者从中选取一种或几种答案作为自己的回答，而不能做这些答案之外的回答。问卷设计的关键在于封闭式问题，包括问题和答案两部分，形式复杂得多。常见的问题形式有以下八种。

（1）填空式。

即在问题后面的横线上或括号内填写答案的回答方式。通常只需填写数字，格式是在问题的后面画一短横线或括号，让调查对象填写。例如：如：

例：您的年龄是_____岁？
例：您现在居住的房屋建筑面积是_____平方米。

（2）两项式。

即只有两种答案可供选择的回答方式。答案只有肯定与否定两种，回答者根据自己的情况选其一。被调查者被严格区分为两类，民意测验最常见。如：

例：您是否愿意毕业后留在北京工作？①是；②否。
例：您满意你现在的生活吗？①满意；②不满意。

这一问题形式在民意测验的问卷中用得最多。其特点是答案简单明确，可以严格地把回答者分成两类不同的群体，可以简化人们的回答分布，便于集中、明确地从总体上了解被调查者的看法。它的缺点也比较明显：一方面，对于态度问题它所得到的信息量太少，两种极端的回答类型不能很好地测量出人们在态度上的程度差异，因而不便于了解和分析回答者中客观存在的不同的态度层次。另一方面，这种问题形式也会使得原本处于中立状态的回答者违心地偏向一方，因而它在一定程度上带有强迫选择的性质。

（3）多项单选式。

多项单选式就是给出的答案至少在两个以上，回答者根据自己的情况选择其中之一作为回答。这是各种社会调查问卷中采用得最多的一种问题形式。多项单选式答案特别适合于进行频数统计和交互分析。在设计上，这种问题类型的关键之处是要保证答案的穷尽性和互斥性。在具体表达形式上，多项单选式可有几种不同表达方式。如：

例：您的婚姻状况是：（请在合适答案前的方框中打√）
□①未婚　　□②已婚　　□③离婚　　□④丧偶　　□⑤其他

例：您最喜欢看哪一类电视节目？（请在合适答案前的方框中打√）
□①新闻节目　　□②电视剧　　□③体育节目　　□④广告节目　　□⑤其他

（4）多项多选式。

与多项单选式有所不同，多项多选式问题要求回答者在问题所给出的全部答案中，根据自己的情况从中选择若干个。根据是否限选，可分为任选题和限选题。如：

例：您最喜欢看哪些电视节目？（不限选项数）
□①新闻节目　　□②电视剧　　□③体育节目　　□④广告节目
□⑤教育节目　　□⑥歌舞节目　　□⑦少儿节目　　□⑧其他节目

例：您认为生育儿子具有以下哪些主要的家庭功能？（限选三项）
□①提供劳动力　　□②传宗接代　　□③挣钱养家　　□④养儿防老
□⑤有面子　　□⑥完善人生　　□⑦增加夫妻感情　　□⑧其他

多项多选式的优点是，对于有些问题来说，它比多项单选的方式更能反映被调查者的实际情况。即有很多方面人们实际上是存在着不止一种情形的。比如上例，人们对生育后代的性别期望往往是多方面因素共同作用的结果，虽然我们可以要求回答者从中选择一个答案来回答，但那样可能会使得有的回答者感到没有很好表达他的真实情况。（在实际调查中，研究者常常碰到这样的问卷调查结果：虽然问卷中要求被调查者只选择一个答案，但一些回答者却"主动地""自发地"选择了一个以上的答案。）在这种情况下，多项多选式的形式就给了回答者更充分地表达自己情况的机会。

（5）多项排序式。

即列出若干种答案，由被调查者给出各种答案排列先后的回答方式。如：

例：对下列情况比较而言，您心里难忍受的前三种情况依次是：　　、　　、　　。
□①贫困　　□②劳累　　□③误解　　□④欺负　　□⑤被人瞧不起
□⑥无安全感　　□⑦无朋友　　□⑧挫折　　□⑨其他

例：您认为重庆最吸引人的地方是什么？请选择三项并排序：＿＿、＿＿、＿＿。
□①居民收入高　□②交通便利　□③风景优美　□④房价不高
□⑤有利于创业　□⑥文化氛围浓　□⑦有历史厚重感　□⑧其他（请注明）

这种方式可以说是针对多项多选式的不足而发展出的一种问题类型。它在一定程度上可以看成是多项单选式和多项多选式的一种结合。一方面，它要求被调查者在所给出的多个答案中，选择一个以上（但有限）的答案；另一方面，它又要求被调查者对他所选择的这些答案按某种标准进行排序。

（6）矩阵式。

即将同类的几个问题和答案排列成一个矩阵，由被调查者对比着进行回答的方式。这种回答方式，适用于同类问题、同类回答方式的一组定序问题。如：

例：您对本公司在下列问题上的看法如何？（请在适用的方格内打√）

	非常满意	满意	无所谓	不满意	非常不满意
①娱乐设施	□	□	□	□	□
②福利条件	□	□	□	□	□
③职工教育	□	□	□	□	□
④工资待遇	□	□	□	□	□

矩阵式问题的优点是节省问卷的篇幅，同时由于同类问题集中在一起，回答方式也相同，因此也省了回答者阅读和填写的时间。但要注意的是，矩阵形式（以及下面的表格形式）虽然具有简明、集中的优点，但它们却并不减少实际问题的数目。同时，在设计这样的问题时，一定要给出专门的填写说明或填答指导，以免有的回答者不会填写。

（7）表格式。

表格式其实是矩阵式的一种变体，其特点和形式都与矩阵式十分相似。如：

例：您觉得下列现象在你们学校是否严重？（请在每一行适当的格中打√）

	严重	比较严重	不太严重	不严重	不知道
①迟到	□	□	□	□	□
②早退	□	□	□	□	□
③旷课	□	□	□	□	□
④作弊	□	□	□	□	□

表格式的问题除了具有矩阵式的特点外，还显得更为整齐、醒目。但是应当注意的是，这两种形式虽然具有简单集中的优点，但也容易使人产生呆板、单调的感觉。在一份问卷中这两种形式的问题不宜用得太多。

（8）关联式。

一系列相互衔接的问题被称为关联式问题。当要针对一个议题准备一系列的问题，并知道该议题只与部分被调查者有关的时候，关联式问题就会发生。被调查者是否需要回答这一问题，常常要依据他对前面某一问题的回答结果而定，这样的问题被称为相倚问题，而前面的那个问题叫作筛选问题或过滤问题。一个回答者是否应该回答相倚问题，要看他对前面的筛选或过滤问题的回答结果而定。适当地使用关联式问题，可以帮助被调查者迅速地完成问卷，因为他们不需要回答和他们不相干的问题。

关联式问题的格式有很多种，如：

例：您是教师吗？
①是的
②不是的

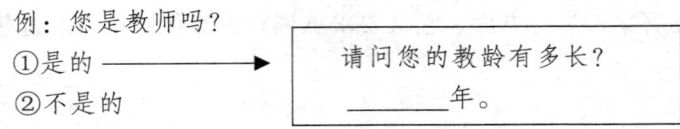

从上列中我们可以看出，相倚问题一般是用方框框起来，与过滤性问题隔开，并通过一个箭头指示它同过滤问题中的某种答案相连接，表示选择该答案的回答者需要进一步回答相倚问题。

有时相倚问题中又有相倚问题，其设计方法同上述情形完全类似，如：

例：您是大学本科应届毕业生吗？
①是的
②不是的

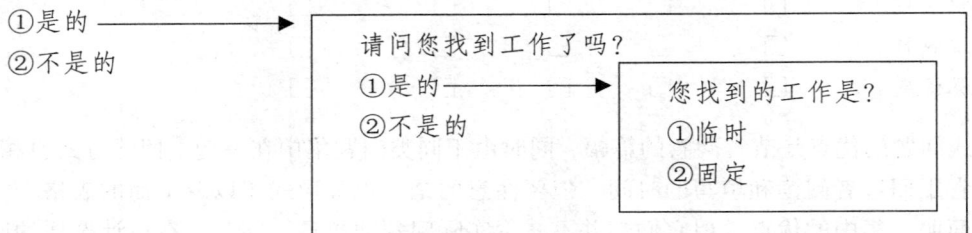

有时，一连好几个问题都只适用于一部分回答者，设计时往往采用跳答指示的方法来解决。如：

例：您的孩子是独生子女吗？
①是的
②不是的 —————————→ 请跳过第5~9题，直接从第10题接着回答。

这个例子中，第5~9题都是询问有关独生子女家庭情况的，对于多子女家庭来说，显然不适用。故通过跳答指示，让他们从问题10开始答起。

2. 问题设计的要求

要使问题含义清楚，简明易懂，问卷中的问题设计需注意以下六条规则，并在设计时尽可能按此执行。

（1）问卷的语言表达要通俗、简洁。

设计问题所用语言的第一标准应该是简单通俗。问题中的词汇，应该是所有回答者都能明白的、日常生活中的词汇。一方面，尽量避免使用复杂的、抽象的概念，如"社会地位"是一个既抽象又笼统的概念，其含义不具体、不明确，被调查者会有多方面的理解。实际上，我们知道，社会地位设计很多方面的内容，表现为政治地位、经济地位、法律地位、教育地位和家庭地位多个不同的维度。因此，这样的概念在问卷中直接询问被调查者，显然是不合适的。另外，尽量不要使用专业术语，除非研究者调查的对象就是某一领域的专业人士。除了通俗易懂，问题的陈述还应尽可能简短，因为回答者往往不愿意花时间去阅读太长的问题。因此我们在陈述问题时，最好不要用长句子，要使用尽可能清晰、简短的句子，使回答者一看就明白。在设计问题时须牢记的一条原则是：短一些的问题总比长一些的问题要好，简单一些的问题总比复杂一些的问题要好。

（2）问题要避免带有双重或多重含义。

双重（或多重）含义的问题就是在一个问题中，同时询问了两件（或几件）不同的事情。或者说，在一句问话中同时询问了两个（或几个）问题。如"您父母退休了吗"，实际上询问了"您父亲退休了吗""您母亲退休了吗"两个问题。又如，"您认为您的文化知识和生产技术能否适应生产的需要"，实际上也包含了"您认为您的文化知识能否适应生产的需要"和"您认为您的生产技术能否适应生产的需要"这两个问题。一题两问会使得被调查者无法进行回答，因此，应记住，每个问题只应涉及一种事实行为，要避免问题内容的多维性。

（3）提问要避免带有倾向性和诱导性。

在问句设计中，所提问题应持中立的立场，尽量避免对回答者产生暗示和诱导作用。例如有这样两个问句："绝大多数人认为××领导工作抓得好。你认为如何？""医生认为多吃糖对身体没有好处，你是否同意？"这两个问句都带有一定的倾向性，应改为："一部分人认为××领导工作抓得好；另一部分人认为××领导工作抓得不好。你认为如何？""有的人认为多吃糖对身体没有好处，而另一些人认为多吃糖对身体有好处。你认为如何？"

（4）不要直接提具敏感性或威胁性的问题。

在调查过程中，敏感性的问题包括涉及个人利害关系的问题、个人隐私问题、各地的风俗习惯、社会禁忌等问题。例如"您家有多少存款""您离过婚吗""您信仰何种宗教"，等等。由于问题具有敏感性，出现虚假回答和拒绝回答的比例就比较高，因此，问卷的设计者或者要避免问此类问题，或者要想办法降低问题的敏感性。敏感性问题的处理一般采用如下几种办法：一是使问题适度模糊；二是转移对象；三是采用假定法。例如："您家的存款在：① 10万元以下；② 10 万 ~ 100 万元之间；③ 100 万元以上。""对婚姻关系中的第三者，有些人认为不道德，有些人认为无所谓，您同意哪种看法？""如果政府不再对人口生育加以限制，你希望能有几个孩子？"等等。

（5）不要用否定形式提问。

在日常生活中，除了某些特殊情况外，人们往往习惯于肯定形式的提问，而不习惯于否定形式的提问。比如，人们往往习惯于 "您是否赞成高校教师实施聘任制"，而不习惯于"您是否赞成高校教师不实施聘任制"。当以否定形式提出问题时，由于人们不习惯，因而许多人常常容易漏掉问题中的"不"字，并在这种理解的基础上来进行回答，这样就恰恰与他们的意愿相反了。

（6）不要询问超越回答者回答能力的问题。

提问题不得超出回答者的能力，包括识别文字和理解问题的能力、知识范围和水平等，否则，回答者是很难做出回答的。也就是说，我们所问的问题都应该是被调查者能够回答的，或者，被调查者确实具有回答这些问题的知识能力。比如，研究者如果向一个城镇居民问："您对目前我国农村合作医疗制度的实施政策如何评价？"那么，城市居民中的大部分人将无法回答。

3. 问题的数目和顺序

（1）问题的数量。

针对问题的数量需要掌握两个原则：一是时间原则；二是报酬原则。时间原则：入户做问卷的一般时长为 20 分钟左右，最长也不要超过 30 分钟。如果在街头做问卷一般最长为 10 分钟；电话问卷一般最长为 5 分钟。一份问卷到底多少问题才合适，没有统一的答案，根据自己的主题来确定。报酬原则：所有做问卷都应有礼品或钱发放给受访人，一般为 20~30 元不等。

（2）问题的顺序[1]。

问卷中问题的前后顺序及相互之间的联系，既会影响到被调查者对问题的回答结果，又会影响到调查的顺利进行。一般来说，安排问卷中问题的次序有以下准则需要注意：

① 把简单易答的问题放在前面，把复杂难答的问题放在后面。问卷最开头的几个问题一定要相当简单，回答起来一定要非常容易。这样可以给回答者一种轻松的、方便的感觉，以便于他们继续填答下去。

② 把能引起调查对象兴趣的问题放在前面，把容易引起他们紧张和产生顾虑的问题放在后面。如果开头部分的问题比较敏感，一开始就直接触及人们的心灵深处，触及有关伦理、道德、政治态度、个人私生活等方面的问题，那么，往往很容易导致调查对象很强烈的自我防卫心理。回答者的这种自我防卫心理有碍于他们对接受调查的合作，阻碍调查的顺利进行。

③ 把调查对象熟悉的问题放在前面，把他们感到生疏的问题放在后面。这是因为，任何人对自己熟悉的事物总能谈出一些看法，说出些所以然来；而对于自己不熟悉的事物往往难以开口，说不出什么来。如果以被调查者熟悉的内容开头，就不至于使调查一开始就卡住而无法进行。

④ 一般先问行为方面的问题，再问态度、看法、意见方面的问题。这是因为行为方面的问题涉及的只是客观的、具体的事实，因此往往容易回答。而态度、意见、看法方面的问题往往涉及的是回答者的主观因素，多为回答者思想上的东西，内心深处的东西，更不喜欢在陌生人面前表露的东西。

⑤ 开放式问题一般放在问卷的结尾。这是因为开放式问题要比回答封闭式问题需要更多的思考和书写。无论是把开放式问题放在问卷开头还是放在中间，都会影响回答者填完问卷的信心和情绪。而将它放在问卷的结尾处，由于仅剩下这一个问题了，绝大多数回答者是能够完完整整地填答它们的。退一步说，即使回答者不愿意填答开放式问题，放弃了回答，也不会影响到前面的问题和答案。

⑥ 按一定的逻辑顺序排列问题。从时间框架上来说，一般按照时间先后顺序提出问题。既不要颠倒，也不要打乱。即把询问同一方面事物的问题尽可能排在一起。否则会破坏回答者的思路和注意力。

---

[1] 董海军：《社会调查与统计（第 2 版）》，武汉大学出版社 2012 年版，第 89-90 页。

（四）问卷的答案设计

由于大多数问卷往往由封闭式问题构成，而答案又是封闭式问题非常重要的一部分，因此答案设计得好坏就直接影响到调查的成败。关于答案的设计，要注意以下五方面内容。

1. 遵循穷尽性与互斥性原则

穷尽性是指问题的答案选项必须包括所有可能的情况，不能有遗漏。这就要求问卷设计者必须预测全面。因为对于任何一个被调查者来说，问题的答案中总有一个是符合他的情况的，或者说每个回答者都一定是有答案可选的。但是，如果有某个回答者的情况不包括在某个问题所列的答案中，那么这一问题的答案就一定不是穷尽的，或者说是有所遗漏的。比如，下列问题的答案就不是穷尽的。例如，你喜欢哪项体育运动（请选一项）：① 乒乓球；② 篮球；③ 足球；④ 排球。以上四种答案不能概括所有的运动种类，那么倘若喜欢游泳的回答者，问题就出现了。这种情况下，一般在答案中另设一个"其他"选项以穷尽问卷中未尽的答案。

互斥性是指答案互相之间不能交叉重叠，也不能相互包含，即对于填答者不存在两个或两个以上的答案可以同时选择。如果一个回答者可同时选择属于某一个问题的两个或更多的答案，那么这一问题的答案就一定不是互斥的。例如，你认为一位经理最应该具有哪三种能力（请依次序排列）：① 创新能力；② 业务能力；③ 指挥协调能力；④ 谋略能力；⑤ 综合分析能力；⑥ 交往能力；⑦ 表达能力；⑧ 其他。在这一问题的答案中，经理的"业务能力"包括"指挥协调能力"和"谋略能力"等，各个选项并不在同一层次上，因此不能互相排斥，回答者很难做出选择。

2. 答案要与所提的问题相互呼应，内容上应协调一致

我们为每一个问题所提供的答案必须属于这一问题所涉及的特定的现象领域，要做到预先设计的"所答"，正是针对着问题的"所问"。在内容与形式上，都不要出现"答非所问"的情况，要针对问题涉及的内容和范围恰当地设计出答案。这就要求问卷的设计者对问题所涉及的内容范围有十分清楚的认识，并能很好地把握住这一范围中最基本、最主要、最有代表性的方面，恰当地构成问题的答案。

例：您是否有可能长期生活在城市？
□①不可能　□②比较困难　□③不太难　□④很困难

问题是"是否有可能长期生活在城市"，回答应为"有可能、没可能、有一定可能"，而不是问"是否生活在城市有困难"，后面三个答案明显属于"所答非所问"。保持答案与问题的一致性是答案设计的一项基本要求。

3. 要注意根据研究的需要来确定变量的测量层次

不同测量层次的变量具有不同的性质，高层次的变量可以转化为低层次的变量来使用。因此，我们在设计问题的答案时，先要看问题所测量的变量是哪个层次的变量，即看这个变量是定类层次的、定序层次的，还是定比层次的。然后再根据研究的要求和变量的层次来确

定答案所应具备的特征，并根据这种特征来决定答案的形式。

比如，我们要设计问题"您每月的工资收入是多少"的答案。这是一个定比层次的变量，即最高层次的变量，因而它可以用于任何一种测量层次。如果我们希望准确了解每一个回答者相互之间的差别和比例关系时，就可以采用填空形式，即"您每月的工资收入是多少元"，以得到定比层次的测量结果。如果我们主要想了解的是调查总体中人们工资收入处于不同等级的分布情况，那么，我们就可以把这一变量转化为定序层次来进行测量。即"您每月的工资收入处在下列哪个范围中"，如果研究者仅仅只想了解所调查总体中的人们月工资收入水平处于某城市平均水平（假定为 2 500 元）之上和之下的比例，那么，他就可以把月工资收入转化为定类变量来测量。即"您的月工资收入属于下列哪一类？□①2 500 元及以下 □②2 500 元以上"。

4. "其他"类答案的问题

在实际问卷设计中，设计者常常遇到这样的情况：有些问题的答案数目太多，如果要将它们全部列出，即使不是不可能的也是十分困难的。比如，"人们的择偶标准"的问题。现实生活中，人们选择对象的条件是多种多样的，要一个不漏地列出它们，一方面不太可能，另一方面也不合适。我们一般采取列出几个最主要的条件，然后加上一项"其他"的答案的方法。这一项"其他"虽然对研究者来说所提供的信息很少，但它却能起到使每个人都能有所答，都能归入一类的作用，即起到了"保证答案具有穷尽性"的作用。

设计"其他"这种答案时，应该注意这样一种情况：即当问卷收回后，如果我们发现，选择"其他"这一类的回答者非常多，在总体中占的比例相当大，或者远远大于所列的另外几类，就说明我们对这一问题的整个答案设计有毛病，我们所列出的答案是不恰当的，有些比较重要的答案类别没有单独列出，同时，一些相对不太重要的答案又单独列了出来。避免出现这种失误的方法，一是要在探索性工作中，广泛了解人们对这一问题的回答情况，并根据这种事先的了解来设计答案类型。二是要认真地进行问卷的试用。一般来说，只要有 20～30 个人的试用结果，这种明显的失误是可以及时发现和避免的。

5. 注意等级答案的明确性

在问卷中经常会有大量的等级答案，比如，"经常""有时""偶尔""从不"；"很好""比较好""一般""不太好""很不好"；"十分赞同""比较赞同""不太赞同""很不赞同"；等等。只要有可能，应该尽量将这些等级类型的答案明确化，以便反映被调查者的实际情况。

三、调查报告的撰写

撰写舆论调查报告是舆论调查研究的收尾工程。舆论调查报告是反映舆论调查研究结果的书面报告，它以文字、图表等恰当的形式将研究的起源、过程和结果表现出来，并作为研究成果提供给相关的社会管理部门。调查报告撰写是否合理，直接影响到调查研究结果的交流和这一成果对社会的作用，因此调查研究者必须高度重视研究报告的撰写。

（一）舆论调查报告的结构及其内容的写作

调查报告的结构是根据研究目的的不同和研究内容的需要而在格式上做出的不同安排。人们由于不同的研究目的，可以采取不同类型的调查报告，并在其格式、表达方式等方面，表现出不同的特点。从这个意义上讲，调查报告的写法没有一定之规。一般来说，舆论调查报告由标题、导言、主体、讨论和附录五部分组成。

1. 标题及其写作

标题，即调查报告的题目。它是调查报告内容的浓缩点。好的标题能确切地把报告内容的精华表达出来，令读者一目了然和耳目一新，给读者一个良好、深刻的第一印象。撰写调查报告，应该十分重视标题的推敲。

舆论调查报告标题的写法通常分为单标题与双标题。

（1）单标题。

单标题是用一句话或一个短语概括调查报告的主题或要回答的问题，有陈述式与提问警示式之分。

陈述式标题用的是一个简单的陈述句或者带有若干限定语的名词性短语，表明调查研究的对象和调查主题，或者揭示主题，并表明作者的态度。如《××医院患者满意度调查》《当代大学生思想状况调查》等，这类标题比较简明、客观、主题突出，但往往显得呆板平淡，缺乏吸引力；又如《大学生就业问题不容乐观》《择友不当是青少年犯罪的重要原因》等，这类是用作者的判断或评价作标题，它既表明了作者态度，又揭示了报告主题，比较吸引人，但调查对象和所要研究的问题在标题中往往不易看出。

提问警示式标题是以一个简单的问句来点明调查研究的内容和关键问题，多用于揭露现实中存在的问题。例如，《公众科学素养何时不再尴尬？》《××单位的领导班子为什么涣散无力？》等。这类标题提出了问题，设置了悬念，比较尖锐、鲜明，有较强的吸引力，但是一般看不出调查的结论。

（2）双标题。

双标题也称复标题，是由主标题与副标题共同构成的。主标题部分是一种判断或评价，用于揭示报告的主题或主要内容或作者的态度；副标题部分则是对主标题所做的必要补充和说明，用于标示出调查对象或范围，常采用公式化写法，即由调查对象、调查课题、文体名称组成。主、副标题之间用破折号"——"连接。如，《党心民心极大提振——2019年全国党风廉政建设民意调查报告》《高度评价重建成就 防灾减灾任重道远——汶川地震灾区灾后重建十周年民意调查报告》等。双标题优点是两个标题相互呼应，对调查的主题、调查对象、调查结果甚至作者的态度都有较好的说明，但文字往往比较长，应用得相对比较少。

总之，调查报告标题的写法比较灵活，但不论采用何种标题法，一般要注意这样几点：第一，标题要与报告主题相吻合、协调；第二，标题要文字简洁，一目了然；第三，标题要有吸引力和感染力。

2. 导言及其写作

导言就是调查报告开始的部分，有的标示为"前言"或"引言"，也有的以"问题的提出"等为标题。导言的主要任务是向读者简要地介绍整个调查的有关背景。其中，最主要的内容包括调查的目的、调查的内容、调查的对象、调查的时间、调查的地点、调查的方法等。具体到舆论调查报告,其导言部分一般包括以下内容。

(1)简要说明调查研究的目的和意义。其中首先要说明为什么要进行某项调查研究,其理论意义和实践意义是什么。同时,还要说明这次调查所要探讨解决的主要问题。

(2)简要说明开展调查研究的基本情况。其中包括调查的主持者、承办单位、参加人员,调查的对象、时间、地点、步骤、方法等。对于抽样调查和典型调查,要说明选样的根据、方法和步骤,评价样本的代表性,以及测量手段的信度和效度,以便别人对研究结论进行验证。

(3)简要介绍调查的成果和结论。

> 例:
>
> 今年,是汶川"5·12"地震灾区灾后重建十周年。为及时、全面地了解当地群众的生产生活现状,了解群众对当地经济社会发展和民生改善的评价、诉求,以及对防灾减灾、避灾自救的认知等,四川省统计局民调中心于2018年4月组织开展了汶川地震灾区灾后重建十周年民意调查。
>
> 本次调查通过计算机辅助电话随机访问的方式,在汶川"5·12"地震39个重灾县中抽取18个进行访问,访问对象为当地年龄在18~70岁之间的城乡常住居民,每个县完成有效样本200个,调查共计完成样本3 600个。受访者中,男性占48.8%,女性占51.2%,年龄、学历、职业、城乡等基本情况也分布合理,调查样本代表性强。
>
> 调查结果显示,有97.7%的受访者对灾后重建十年来取得的成就持认可态度;受访者对灾后重建十年来当地经济社会发展和民生改善6个主要方面的满意率均在92%以上;绝大多数受访者表示已走出了汶川"5·12"地震的阴影,地震给当地群众造成的心理创伤进一步恢复,但还一定程度存在;94.4%的受访者表示对当地未来发展有信心。
>
> ——摘引自《高度评价重建成就 防灾减灾任重道远——汶川地震灾区灾后重建十周年民意调查报告》[①]

舆论调查报告前言部分的写作方法,形式比较多样,也没有固定的模式。在具体的写作过程中,可根据所撰写调查报告的目的、内容以及手头所掌握的资料和预计的篇幅等情况做适当选择,灵活运用。一般有以下几种写法。

(1)直述式。即开门见山,平铺直叙,直接把调查目的、内容、对象、范围等一一写出。这是最常用的一种写法。

> 例:
>
> 为了解北京市宜居水平,2019年1月,我们开展专题民意调查,从普通居民的视角对我市的宜居水平进行评价。在调查实施过程中,根据《北京市统计用区划代码(2015年版)》,按照区—街道(乡镇)—社区居委会,采用多阶段抽样方式随机抽选调查社区。在选定的社区中对本社区居民进行随机拦截,并发放调查问卷进行调查访问。本次调查结果如下:
>
> ……………

---

① 原文参见《四川省情》,2018年第5期。

（2）悬念式。即先描述某种社会现象和社会问题，然后对这种社会现象和问题产生的原因、影响等提出一系列疑问，最后介绍调查的基本情况。

例：

人口平均寿命延长，老年人口增加，是经济发展、社会文明进步、人民生活水平提高的必然趋势。但是，人口老龄化也会给社会发展带来一系列影响。老年人有哪些需求？如何采取积极措施提高老年人生活质量？为了弄清这些问题，上海市城市社会经济调查队在全市 10 个区 100 个居委会，抽选 1 000 位 65 岁以上的老年人，进行了老年人生活状况的专题调查。

（3）结论式。即在描述现象、提出问题的同时，直接写出结论。

例：

青少年犯罪是全社会普遍关注的社会问题之一。据统计，我市去年一年中，因各种犯罪而被劳教的青少年达 600 多人。这么多的青少年是怎样误入歧途，走上犯罪道路的呢？导致青少年走上犯罪道路的主要原因是什么呢？笔者今年 5 月对两个劳教所 400 名犯罪青少年进行调查的结果表明：家庭破裂、择友不当以及黄色文化的影响，是导致青少年走上犯罪道路的主要原因。

3. 主体及其写作

主体是调查报告的主要、核心部分，占报告的绝大部分篇幅。调查得到的材料和调查者的观点，都要通过这一部分体现出来。

主题、材料、结构是正文的三要素。对于一篇高质量的调查报告而言，深刻的主题、丰富的材料、完美的结构，三者缺一不可。在主体部分的写作时，至关重要的是要安排好结构、展示清材料。

（1）结构形式：并列法与递进法的运用。

结构起着沟通主题与材料、论点与论据、作者与读者的作用。结构的安排应该先后有序、主次分明、详略得当、重点突出、逻辑严密、层层深入。舆论调查报告的结构一般采用并列或递进的结构方式。

并列法是把调查的事实和形成的观点，按性质或类别分成若干个部分，分别描述，从不同的方面来说明调查的主题。因此，从主体的结构上说，并列法也称为横向结构方式的写法。在舆论调查报告的结构安排中，这是最常用的方法。例如，在《2019 年某市反腐倡廉建设民意调查报告》中，引言之后，主体围绕主题分为几个部分：

一、对反腐程度的评价；

二、对反腐力度的评价；

三、对反腐成效的评价；

四、对反腐工作的信心；

五、对"八项规定""三公"经费执行和使用情况的评价；

六、群众参与反腐倡廉的态度

递进法就是在叙述调查内容的基础上，步步深入，从现象本身深入到各种现象之间的内在联系，探讨其产生的原因、预测其发展趋势，最后提出建议与对策。因此，从主体的结构上说，逐步深入法也称为纵向结构方式的写法。例如，由肖汉仕、李美英撰写的《贫困女大学生心理健康调查与分析》中，在引言之后，主体分为三个部分："一、贫困女大学生的心理现状；二、贫困女大学生心理问题产生的原因分析；三、贫困女大学生的心理问题的对策探析。"

（2）论据说明：图示清晰，解释具体。

在舆论调查报告中展示详细、具体的证据和结果时，需要运用到大量的数据、图形、图表。在写作时，需要对这些数字、图形、图表进行必要的说明和解释。其基本规则是，即使读者能通过阅读相关的文字说明和解释领会到主要结果，也要提供可查看并一目了然的图形或表格。因此，各种图表都必须具有清楚完整的标题，即使标题非常长，也是必要的。同时，在说明和解释的文字中，必须线索清晰地引导读者找出图表中的主要结果，而不是笼统地说出结论，然后期望读者自己去表格或图形中搜寻具体的证据和结果。

例如，在《党心民心极大提振——2016年全国党风廉政建设民意调查报告》[①]中，既有相关文字说明，也有一目了然的统计图表展示。现节录三段及相关图表如下：

关于对2016年党风廉政建设和反腐败哪项工作印象深刻，38.5%的群众选择"老虎""苍蝇"一起打，严惩腐败分子，排第一位；38.0%的群众选择落实中央八项规定精神，狠抓作风建设，排第二位；8.9%的群众选择强化责任担当、加大问责力度，排在第三位。

关于对纪检机关和纪检干部的信任程度，89.4%的群众选择信任，比2013年提高18.3个百分点。关于了解掌握腐败问题线索首选反映途径，34.2%的群众选择写信或拨打专门举报电话，排第一位；25.8%的群众选择直接到纪委举报，排第二位；21.2%的群众选择登录纪委举报网站，排第三位。

关于当前哪些领域不正之风和腐败问题仍然突出，49.0%的群众选择教育医疗卫生，排第一位；47.9%的群众选择选人用人，排第二位；39.6%的群众选择工程项目、矿产资源、土地出让，排第三位；39.0%的群众选择扶贫和惠民资金管理，排第四位；34.2%的群众选择行政审批，排第五位。

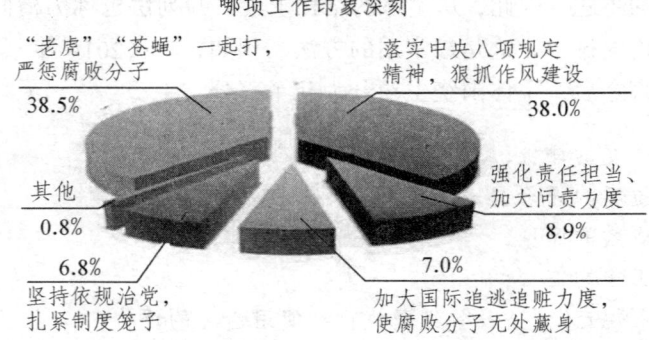

群众对2016年党风廉政建设和反腐败哪项工作印象深刻

---

① 原文载《中国纪检监察》，2017年第1期。

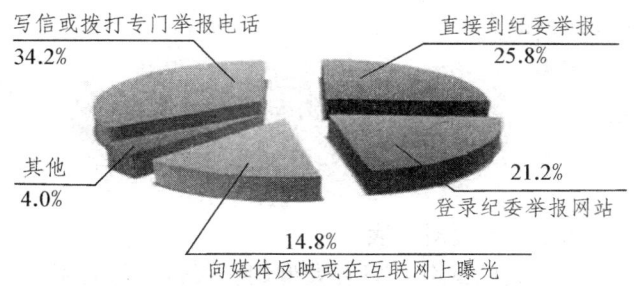

群众对腐败问题线索的首选反映途径

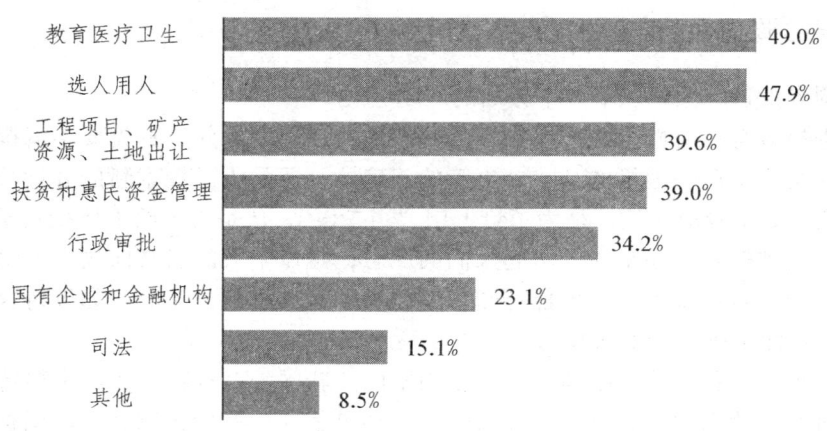

群众认为当前不正之风和腐败问题仍然突出的领域

4. 讨论及其写作

讨论部分就是调查报告的结尾部分。它主要是在正文的基础上评价调查研究工作的得失，说明调查研究在理论上和实践上所取得的进展以及存在的局限性，为今后进一步调查研究提出参考性的意见。因此，这部分又可以"结束语""结论与讨论""为题与对策"等作为标题。该部分一般涉及以下内容：

（1）对整个报告的一个总结：用精练的语言讲明报告的基本观点，给出调查的主要结论，以及研究的理论价值与实际意义。

（2）根据主体中对各种资料的分析，提出需要解决的问题，并给出某些建议与对策。

（3）说明本次调查研究取得的主要成果、研究假设是否得到证实，怎样解释调查的结果，研究存在的局限性及对下一步研究工作的建议。

（4）对曾给予调查工作大力支持的单位和个人所做的工作与贡献郑重致谢。

5. 附录及其写作

附录是调查报告的附加部分，是对正文报告的补充或更详尽的说明。由于主题、篇幅或表述等原因的限制，调查者对于在调查过程中获得的一些有价值的资料，或遇到的一些基本情况，未能将其收录到报告中去，可以在报告正文之后以附录的形式写出来，以便参考。附录一般包括以下一些内容：

（1）引用资料的出处。
（2）调查问卷或量表。
（3）调查指标的解释或说明。
（4）计算公式和统计用表。
（5）调查的主要数据。
（6）参考文献。
（7）典型案例。
（8）名词注释、人名和专业术语对照表。

附录不是调查报告不可或缺的部分，只有大型调查报告才需要附录。附录的内容不应随意扩张，只有那些与调查报告密切相关，而又无法为调查报告所包含的内容才应列入附录之内。

（二）舆论调查报告的写作要求

写舆论调查报告应注意以下五个方面的问题：

（1）调查报告有针对性，必须注意它的目的性。在动手之前，首先要弄清撰写这个报告是为了什么，是为了反映上级的某一个决策的正确性，还是为了探索新的方针政策；是为了总结经验，还是为了吸取教训；是为了给上层"当参谋"，还是为了给下属指路子；是为了使人们看了之后受到振奋，还是为了引起人们的反思；是以个人的名义向领导汇报，还是以组织的名义向上级报告；是为了在内部传阅，还是为了见诸报刊，等等。如果对这些目的没有弄清，就糊里糊涂上阵，硬着头皮写，是肯定写不好的。

（2）调查报告有新闻性，必须注意与新闻不同。新闻消息这种文体的主要特点，是告诉人们在什么时间、什么地点、发生了什么事情，结果怎样，有什么意义；而调查报告，不仅要写明这些内容，还要用大量事实，全面地、系统地阐述和剖析事件的发展过程，发生的原因，造成的影响，有什么经验教训，内容比新闻消息丰富。

（3）调查报告有求是性，必须注意用事实说话。用事实说话，并非把事例堆积得越多越好，而是要对调查的材料进行深刻的分析，选用能反映事物本质和规律的材料。谁对事物分析得透，对规律抓得准，谁写出的报告质量就好。

（4）调查报告有主张性，必须注意言辞语气。写指示、命令、决定、讲话、意见、通知等公文，提倡什么，反对什么，要怎么办，不该怎么办，多是用指令性的口语。而调查报告这种文体多是用于个人向组织报告，用于下级向上级报告，用于部门向上级报告，提倡什么，反对什么，强调什么，注意什么，多是用探讨性的语气，很少用指令性的语气。

（5）调查报告有翔实性，必须注意简明扼要。写调查报告不是越长越好，越全越好。应该从实际出发，该长则长，能短则短。无论写情况复杂的报告，还是写情况简单的报告，都不能片面追求大而全，长而多。就是写那些情况复杂、牵扯面广的调查报告，也要力求简洁明了，防止离题千里。

（三）舆论调查报告的写作步骤

撰写调查报告的一般程序是：确定主题、选择材料、拟定提纲、起草报告和修改报告。

1. 确定主题

调查报告的主题就是调查报告要表达的中心问题，它是整个调查报告的灵魂。明确而适当的主题，是整个调查报告撰写过程顺利开展的前提，是写好调查报告的关键。确定调查报告的主题，要考虑三个方面的因素：

（1）调查研究的最初目的。在许多情况下，调查报告的主题是由上级机关或委托调查的有关部门事先确定的。如一些总结经验性的专题调查，其调查的任务和目的本来就很明确，深入调查研究的任务在于使主题更加清晰、明确。因此，许多调查报告的主题就要根据调查研究的最初目的来确定。

（2）调查所获得的实际材料。调查报告的主题，不管是领导机关确定的，还是自己拟定的，或者在调查阶段酝酿而成的，最后都要根据调查所获得的实际材料来确定主题。有时主题事先确定或者酝酿好之后，调查所获得的实际材料却与之不完全一致，甚至完全相反，这时，就要对调查前确定的主题加以必要的修正、补充或深化，甚至确定新的主题。

（3）主题要紧密联系现实生活中迫切需要回答的问题。这是调查研究的任务决定的，同时也是调查报告的意义和作用之所在。

主题的确定和提炼，要努力做到正确、集中、深刻、新颖和对称。

正确，是指主题要如实反映客观事物的本质和规律，要对社会实践起指导作用，对社会发展起促进作用。集中，是指主题要突出，要小而实，中心不要多，不要大而空。深刻，是指主题要深入揭示事物的内在本质，由现象到本质，不断深入下去，而不能只满足于对现象、对浅层本质的认识。新颖，是指主题要有新意，要在前人研究的基础上有所发现、有所前进、有所创造，要努力在别人尚未开垦的地方耕耘。对称，是指主题与材料、观点相对称。主题过宽、过大，而材料不充分、观点不成熟，论证就没有力量；主题过窄、过小，又不能充分发挥材料和观点的价值。

2. 选择材料

调查报告的特点是用大量的调查材料来说明观点。调查报告所用的材料通常是从调查中得到的各种数据、表格、事例等客观材料。为了充分论证主题，应该精心选择以下几种类型的材料。

（1）典型材料。典型材料是最能反映事物本质的材料。如典型事件、典型例证、典型经验、典型事迹等。典型材料必须真实、具体、生动，具有代表性。典型材料的运用，有助于说明事物的本质，加深对问题的认识，增强说服力。

（2）综合材料。综合材料是指面上的材料，它说明事物总体的概貌。写作时，要注意处理好典型材料与综合材料的关系，只有把这两者有机地结合起来，才能充分说明事物总体的情况。

（3）对比材料。对比材料是一组具有可比性的材料。如历史与现实的对比，成功与失败的对比，新与旧的对比，好与坏的对比，优点与缺点的对比，先进与落后的对比等。有比较才有鉴别。通过对比，可以使调查报告的主题更加突出，给人以更强烈、更深刻的印象。

（4）统计材料。统计材料包括绝对数、相对数、平均数、指数、动态数列等。统计材料有很强的概括力、表现力，而且有具体性、准确性的特点。许多问题用文字很难表达清楚，但如果选用恰当的统计材料就可一目了然。因此，恰当地使用统计材料，对于论证基本观点、突出报告主题,增强调查报告的科学性、准确性和说服力具有重要作用。

精选材料以后,还要运用得法。运用材料的过程,就是一个用材料说明观点,揭示主题的过程。在写作中,要努力做到用材料说明观点,用观点论证主题,使它们三者之间具有内在的逻辑联系。同时,还要注意详略得当、主次分明,以便更好地表现主题。

3. 拟定提纲

拟定提纲的目的在于确定调查报告的大致轮廓和框架,避免报告内容重复、零乱和结构失衡,从而使报告结构严谨、层次清晰。同时,在拟定提纲的过程中可以发现调查过程中存在的问题。因此,拟定提纲是写好调查报告必不可少的环节。提纲的内容应包括以下几个方面:调查报告的论题;说明论题的材料;报告结构及各层次内容的安排;每部分标题及内容概述。

提纲的形式可分为条目提纲和观点提纲两类。条目提纲就是从层次上列出调查报告的层级目录;而观点提纲则是在此基础上列出各级目录所要叙述的观点。在一般情况下,写作前先拟定条目提纲,把调查报告的几大部分定下来,然后再充实、详尽,形成观点提纲。提纲拟定得越细、越具体,撰写报告时就越顺利。

4. 起草报告

调查报告是一种以叙事为主,叙议结合的说明性文体。在写作过程中,要根据确定的主题、拟好的提纲,合理使用精选的材料。具体说来,撰写调查报告必须注意以下问题。

第一,从头到尾一气呵成。在撰写调查报告时不要经常地在一些小的环节上停下来推敲修改,以免耽误过多时间。这样做的好处是便于整个调查报告紧紧围绕所确立的主题来展开,使得调查报告在整体思想、体系结构、内容形式、行文风格等方面都前后一致,浑然一体。当调查报告全文写完后,再反复地从头阅读、审查和推敲每一个部分,认真地修改好每一个细节,使调查报告不断丰富和完善。

第二,采用叙议结合的表达方式。在一般的调查报告中,叙述用于交代事实,议论则用于阐明观点,叙述的成分多于议论的成分。要保证叙议结合得恰到好处,其基本原则,一是作者的观点必须是从材料中提炼出来的,而不是外加的;二是在确定观点之后,应以观点作为标尺去选取材料和审定叙述材料。

第三,语言表达力求准确、简洁、朴实、生动。调查报告是一种以叙事为主的说明性文体,应该有其独特的语言风格。掌握调查报告的语言特色十分重要,语言表达得好,犹如锦上添花,就会吸引更多的读者,表达不好,就会功亏一篑,甚至会影响调查报告社会作用的充分发挥。

5. 修改报告

当围绕主题展开,依据既定成熟的思路和框架以及翔实确凿的资料撰写完成后,可以反复从头阅读和推敲,认真完善各个细节。修改报告的主要任务是:

(1)报告中所涉及的概念是否界定得清楚,即操作化定义是否科学,与相关理论中的界定有何共同之处,有什么差异。

(2)报告的观点与结论是否正确、客观,用词是否准确。

（3）对调查研究方法的介绍是否全面、翔实。

（4）论证过程中所引用的材料是否恰当、真实，充分，有没有错误；是否需要进一步补充相关的文献资料，是否对引用的相关文献资料都给出了准确的注释。

（5）对统计分析的方法进一步审核，有没有使用了错误的方法或不满足前提条件的方法；对统计分析结果的表述是否规范，解释得是否准确；有没有需要做进一步统计分析的内容，以便对报告做相应的补充。

（6）报告的文字是否准确、简洁、朴实，图表、公式、数字和标点符号使用是否规范，有没有对读者来说过于专业的术语或晦涩的语言。

（7）附录部分的材料是否充分，有没有遗漏，有没有不必要的资料也放了进去。

在修改调查报告初稿时要集思广益，除调查组成员的集体讨论外，还应请有关的专家提出修改意见，如果是为领导机关决策、政策制定与修改而做的调查，还应请相关的部门参与初稿的修改。在定稿之后印刷之前，还要对整个报告再进行一次认真阅读，特别是有无错字、别字，标点符号的使用有无不妥，以及录入过程中出现的字词错误。

【思考题】

1. 什么是舆论测量？它有哪些测量层次？
2. 量表是用来测量什么的？请设计一份用来测量市民对农民工态度的社会距离量表。
3. 试设计一份测量人们对独身现象的态度的总加量表。
4. 什么是问卷调查？简要说明问卷的结构。
5. 问卷设计中，对问题和答案的设计各有什么要求？
6. 有哪些方法可以评价问卷的信度？
7. 有哪些方法可以评价问卷的效度？试说明信度与效度的关系。
8. 自选课题，按照编制调查问卷的程序完成问卷设计，并试做网上调查。
9. 舆论调查报告一般由哪几部分组成？各部分的写作要求是什么？
10. 为你所选择的调查课题撰写一份详细的调查报告提纲。

附 录

附录 1　调查问卷表设计案例

2017 年中国社会状况综合调查[①]

1. 问卷编号：[__|__|__|__|__]
2. 样本序号：[__|__|__|__|__]
3. CAPI 自动加载访问地点：

省/自治区/直辖市名称：

市+县/区名称：

乡/镇/街道名称：

居委会/行政村委会名称：

4a. 督导记录：受访者居住的地区类型：（单选）

4b. 访问员记录：受访者居住的社区类型：（单选）

4a.督导记录：受访者居住的地区类型：（单选）		4b.访问员记录：受访者居住的社区类型：（单选）	
市/县城的中心城区	1	未经改造的老城区（街坊型社区）	1
市/县城的边缘城区	2	单一或混合的单位社区	2
市/县城的城乡接合部	3	保障性住房社区	3
市/县城区以外的镇	4	普通商品房小区	4
农村	5	别墅区或高级住宅区	5
其他（请注明）	6	新近由农村社区转变过来的城市社区（村改居、村居合并或"城中村"）	6
		农村	7
		其他（请注明）	8

[①] 本调查表由中国社会科学院社会学所制作。本调查表是一个综合调查表，内容丰富，本书仅节录了其中三部分。网址：http://css.cssn.cn/css_sy/zlysj/lndcwj/201908/U020190810359551878045.pdf。

5. 访问户类型：　　　　　　1.家庭户　2.集体户
6. 受访者是否是答话人：1.是　　　2.不是
7. 访 问 员（签名）　　　代码：[__|__|__]
8. 陪访督导（签名）　　　代码：[__|__|__]
9. 审卷（签名）　　　　　代码：[__|__|__]
巡视督导（签名）＿＿＿＿代码：[__|__|__]
10. 现场复核类型：①入户复核　　②电话复核　　③陪访式复核　　④未复核
复核（签名）＿＿＿＿＿代码：[__|__|__]
11. 访问开始时间：[__|__]月[__|__]日[__|__]时[__|__]分（24小时制）；
结束时间：[__|__]日[__|__]时[__|__]分（24小时制）
12. 访问总长度：[__|__|__]（分钟）

先生/女士：您好！

我叫＿＿＿＿＿＿＿，是中国社会科学院的社会调查员。我们正在进行一项社会调查，目的是了解民众的就业、工作和生活情况，以及对当前一些社会问题的看法。经过严格的科学抽样，我们选中了您作为调查对象。您的合作对我们了解有关信息和制定社会政策，有十分重要的意义。

问卷中问题的回答，没有对错之分，您只要根据平时的想法和做法回答就行。访问大约要一个小时左右。对于您的回答，我们将按照《统计法》的规定，严格保密，并且只用于统计分析，请您不要有任何顾虑。希望您协助我们完成这次访问，谢谢您的合作。

G 部分：社会凝聚/价值观/国家及社会评价

下面我们想了解一下您对现在社会风气、地方政府工作等问题的评价。

G1. 您在多大程度上同意下列说法？（每行单选）

		很同意	比较同意	不大同意	很不同意	[不好说]
1	现在大多数人都没有什么信仰	1	2	3	4	8
2	我经常为国家取得的成就而感到自豪	1	2	3	4	8

G2. 请用 1-10 分，来表达您对以下项目的评价，1分表示非常不好，10分表示非常好：（每行单选）

		非常不好									非常好
1	现在社会上人们普遍的道德水平	1	2	3	4	5	6	7	8	9	10
2	现在社会上人们的遵纪守法水平	1	2	3	4	5	6	7	8	9	10

G3. 您认为（CAPI自动加载现住地地方县一级名称）政府下列方面的工作做得好不好？（每行单选）

		很好	比较好	不太好	很不好	[不清楚]
1	提供医疗卫生服务	1	2	3	4	8
2	为群众提供社会保障	1	2	3	4	8
3	保护环境，治理污染	1	2	3	4	8
4	保障公民的政治权利	1	2	3	4	8
5	打击犯罪，维护社会治安	1	2	3	4	8
6	廉洁奉公，惩治腐败	1	2	3	4	8
7	依法办事，执法公平	1	2	3	4	8
8	发展经济，增加人们的收入	1	2	3	4	8
9	扩大就业，增加就业机会	1	2	3	4	8
10	政府信息公开，提高政府工作的透明度	1	2	3	4	8
11	有服务意识，能及时回应百姓的诉求	1	2	3	4	8
12	提供优质教育资源，保障教育公平	1	2	3	4	8
13	总的来说，地方政府的工作	1	2	3	4	8

下面请您听几个情景，然后请您选出更符合您个人情况的选项

【请访问员逐一念出下面几个情景，明确说明甲和乙的观点，然后请受访者选择其更加同意哪个观点或者做法，并请受访者回答有多大比例的人和受访者的想法是一致的，然后选择相应选项】

G4a1. 某地政府因为水利建设要进行征地拆迁，甲认为，只有政府给的征地拆迁款完全满足自己的要求才会搬走，否则就一定不搬；乙认为，政府既然要征地建设水利，作为普通百姓，就应当服从政府的安排。上面提到的甲和乙的想法，哪个与您的想法更接近？

比较同意甲的说法 1
比较同意乙的说法 2

G4a2. 您认为有多大比例的人和您的想法是一致的　　[____|____|____]%【如果不清楚，填写998】

G4b1.甲乙两人准备共同办个工厂，但还不具备经营资格，无法拿到营业执照。甲认为，要想拿到营业执照，就应当找点关系，给办事人员一些好处；乙认为，不符合办厂的相关规定，就等条件满足了后再考虑。如果是您，上面提到的甲和乙的想法，哪个与您的想法更接近？

比较同意甲的说法 1
比较同意乙的说法 2

G4b2.您认为有多大比例的人和您的想法是一致的　　[____|____|____] %【如果不清楚，填写998】

G5. 您认为当前我国存在的最重大社会问题是什么？（最多选3项）

	问题	选择
1	就业失业问题	01
2	看病难、看病贵	02

续表

	问题	选择
3	养老保障问题	03
4	教育收费问题	04
5	收入差距过大贫富分化问题	05
6	物价上涨问题	06
7	住房价格过高问题	07
8	社会治安问题	08
9	社会信任度下降问题	09
10	贪污腐败问题	10
11	环境污染问题	11
12	食品安全问题	12
13	征地、拆迁补偿不公问题	13
14	进城农民工受到不公平待遇问题	14
15	其他（请注明）	15

G6. 您觉得当前社会中以下方面的安全程度如何？（每行单选）

		很不安全	不太安全	比较安全	很安全	[不好说]
1	个人和家庭财产安全	1	2	3	4	8
2	人身安全	1	2	3	4	8
3	交通安全	1	2	3	4	8
4	医疗安全	1	2	3	4	8
5	食品安全	1	2	3	4	8
6	劳动安全	1	2	3	4	8
7	个人信息、隐私安全	1	2	3	4	8
8	环境安全	1	2	3	4	8
9	总体上的社会安全状况	1	2	3	4	8

G7. 请用 1-10 分，来表达您对现在社会的总体情况的评价，1 分表示非常不好，10 分表示非常好：（单选）

	非常不好									非常好
总体来说，您对现在社会的评价	1	2	3	4	5	6	7	8	9	10

H 部分：社会参与/政治参与

下面我们想了解一下您的社会活动参与的情况。

H1a. 过去一年里，您或家人遇到过下列哪些事情？

H1b.【提问在 H1a 中遇到过的事情】您或家人在办这件（类）事情时，托人说情或请客送礼了吗？

H1c.【提问在 H1b 中遇到过的事情】如果您或家人托人说情或请客送礼了，那么请问最后这件（类）事情是否办成了？

	H1a.过去一年里，您或家人遇到过下列哪些事情？ 0.没有这类事情 1.有这类事情	H1b.您或家人在办哪些事情时，托人说情或请客送礼了？ 0.没有托人或送礼 1.有托人或送礼	H1c.请问最后事情是否办成了？ 1.办成了 2.正在办 3.没办成
1.看病就医	[_]	[_]	[_]
2.孩子入学/升学	[_]	[_]	[_]
3.求职就业	[_]	[_]	[_]
4.提薪升职	[_]	[_]	[_]
5.打官司	[_]	[_]	[_]
6.经商办厂	[_]	[_]	[_]
7.其他（请说明）	[_]	[_]	[_]

H2a. 最近 2 年，您是否参加过下列事情？（可多选）

H2b. 如果没有参与过，您是否愿意参与？（每行单选）

		H2a.最近 2 年，您是否参加过下列事情？（可多选）1.参加过 0.没有参加过		H2b.如果没有参与过，您是否愿意参与？（单选）		
				愿意参与	不愿意参与	[不好说]
1	与他人或网友讨论政治问题	1	0 --->	1	2	8
2	向报刊、电台、网络论坛等媒体反映社会问题	1	0 --->	1	2	8
3	向政府部门反映意见	1	0 --->	1	2	8
4	参加政府/单位/学校组织的志愿者活动	1	0 --->	1	2	8
5	参加村（居）委会选举	1	0 --->	1	2	8
6	参加所在村居/单位的重大决策讨论	1	0 --->	1	2	8
7	参加自发组织的社会公益活动，比如义务献血、义务清理环境，为老年人、残疾人、病人提供义务帮助	1	0 --->	1	2	8
8	参加宗教活动	1	0 --->	1	2	8
9	罢工/罢市/罢课/静坐/示威/游行等行动	1	0 --->	1	2	8
10	参加线上/线下集体性维权行动	1	0 --->	1	2	8

H2c_a. 最近 5 年，您是否参加"区县人大代表的选举"？

参加过 .... 1→跳问 H3a
没有参加过 2

H2c_b. 如果没有参与过，您是否愿意参与？（单选）
愿意参与 1
不愿意参与 2

H3a. 目前您参加了下列哪些团体（包括网上和线下的团体）？（可多选）
宗教团体 1
宗亲会 2
同乡会 3
校友会（校友群等） 4
联谊组织（如文体娱乐团体等） 5
民间社团（如志愿者、业主委员会、环保组织） 6
职业团体（如商会、农村合作组织、专业学会、行业协会等）... 7
其他团体（请注明）：... 8
没有参加过任何团体 9

H3b. 您今后打算参加下列哪些团体（包括网上和线下的团体）？（可多选）
宗教团体 1
宗亲会 2
同乡会 3
校友会（校友群等） 4
联谊组织（如文体娱乐团体等） 5
民间社团（如志愿者、业主委员会、环保组织） 6
职业团体（如商会、农村合作组织、专业学会、行业协会等）... 7
其他团体（请注明）：... 8
不打算参加任何团体 9

H4. 您是否同意以下说法：（每行单选）

		很同意	比较同意	不大同意	很不同意	[不清楚]
1	在村（居）委会选举中，选民的投票对最后的选举结果没有影响	1	2	3	4	8
2	村（居）委会根本不在乎和我一样的普通村（居）民的想法	1	2	3	4	8
3	我有能力和知识对政治进行评论和参加政治活动	1	2	3	4	8
4	我对政治不感兴趣，不愿意花时间和精力在这上面	1	2	3	4	8
5	参与政治活动没有用处，对政府部门不能产生什么根本的影响	1	2	3	4	8
6	我的言论自由会受到来自政府部门的限制	1	2	3	4	8
7	老百姓应该听从政府的，下级应该听从上级的	1	2	3	4	8
8	国家大事有政府来管，老百姓不必过多考虑	1	2	3	4	8

I 部分：价值观和社会公正

I1. 您是否同意以下说法：（每行单选）

		很同意	比较同意	不大同意	很不同意	[不好说]
1	在一个公正的社会，决策应当为大多数人好，即使这样可能损害少数人的利益	1	2	3	4	8
2	任何社会都从来没有真正公正过	1	2	3	4	8
3	缺少民主自由的国家，即使大部分人生活富裕，也是不公正的	1	2	3	4	8
4	在一个公正的社会，即使是不合理的法律，人们也应当遵守	1	2	3	4	8
5	在一个公正的社会，收入应当在社会成员中平均分配	1	2	3	4	8
6	在一个公正的社会，收入反映了一个人的劳动和付出	1	2	3	4	8
7	在一个公正的社会，富人应当比穷人交更多的税	1	2	3	4	8

I2. 您认为在我国，哪些因素实际上对个人的工资高低有影响？

		影响很大	影响比较大	一般	影响不大	没有影响	[不好说]
1	受教育程度	1	2	3	4	5	8
2	工作条件和工作环境	1	2	3	4	5	8
3	工作能力	1	2	3	4	5	8
4	工龄	1	2	3	4	5	8
5	性别	1	2	3	4	5	8
6	管理岗位职级	1	2	3	4	5	8

I3a. 任何社会中，都有一定比例的穷人存在，你认为穷人会陷入穷困最主要的原因是什么？（最多选 3 项，并排序）

		最主要原因	第二主要原因	第三主要原因
1	没有能力才华	1	1	1
2	运气差	2	2	2
3	家庭条件差	3	3	3
4	懒惰	4	4	4
5	身体不好，有残障	5	5	5
6	受教育程度低	6	6	6
7	法律和政策偏向于富人，缺乏对穷人平等的保障	7	7	7
8	缺少社会关系	8	8	8

I3b. 任何社会中，都有一定比例的富人存在，你认为富人能取得财富最主要的原因是什么？（最多选 3 项，并排序）

		最主要原因	第二主要原因	第三主要原因
1	有能力才华	1	1	1
2	运气好	2	2	2
3	家庭背景好	3	3	3
4	工作努力	4	4	4
5	有社会关系	5	5	5
6	受教育程度高	6	6	6
7	政府的政策和法律偏向于富人	7	7	7
8	敢于冒险	8	8	8
9	违法乱纪，走歪门邪道	9	9	9

I3b. 任何社会中，都有一定比例的富人存在，你认为富人能取得财富最主要的原因是什么？（最多选3项，并排序）

		最主要原因	第二主要原因	第三主要原因
1	有能力才华	1	1	1
2	运气好	2	2	2
3	家庭背景好	3	3	3
4	工作努力	4	4	4
5	有社会关系	5	5	5
6	受教育程度高	6	6	6
7	政府的政策和法律偏向于富人	7	7	7
8	敢于冒险	8	8	8
9	违法乱纪，走歪门邪道	9	9	9

附录2　舆论调查报告写作案例

北京宜居水平民意调查分析报告[①]

首都社会经济发展研究所　黄江松

为了解北京市宜居水平，2017年1月，我们开展专题民意调查，从普通居民的视角对我市的宜居水平进行评价。在调查实施过程中，根据《北京市统计用区划代码（2015年版）》，按照区—街道（乡镇）—社区居委会，采用多阶段抽样方式随机抽选调查社区。在选定的社区中对本社区居民进行随机拦截，并发放调查问卷进行调查访问。

本次调查共接触1 367个调查样本（即被访者），调查范围覆盖全市16区，最终实际有效调查样本为1 000个。这些样本平均分布于各年龄段。其中：高中及以下、以上学历的被访者各占一半，拥有北京户口的被访者占了八成，逾八成的被访者是已经在北京居住十年以上的

---

① 本调查报告摘自《城市管理与科技》，2018年第1期。

"老北京"。另外，居住在普通平房区、老旧楼房小区和历史文化保护街区、保障性住房小区、商品房小区的被访者各半。本次调查结果如下。

一、北京市宜居水平得分为65.3分

调查显示，2016年，居民认为北京市宜居水平得分为65.3分。在五个二级指标中，城市健康水平得分最低（60.6分），社会包容度评价得分最高（68.4分），极差为7.8分。

纵观北京市16区居民对宜居水平的评价，郊区居民的宜居水平评价普遍高于城区居民的评价。密云区居民对宜居水平的评价最高，评分为81.5分；排第二、第三的是延庆区、通州区，分数分别为76.8分、74.0分；海淀区在城六区中排第一，全市排名第四，评分为73.5分；第五是房山，72.4分。

从被访居民年龄看，年龄越大，对北京的宜居水平评价越低。20岁以下居民对北京市宜居水平评价最高，为68.8分，30~39岁及以上的居民评价最低，为64.3分，相差4.5分。

从被访居民学历看，学历越高，评价越低。初中及以下评分为68.3分，研究生评分为61.6分，相差6.7分。非京籍居民比京籍居民对北京的宜居评价高。非京籍居民的评分比京籍居民高5.5分。

在北京居住时间越长，对北京的宜居水平评价越低。在京居住5年以下的居民评价为72.0分，而居住30年以上的居民评分为63.0分，相差9分。

在评价宜居水平的23个三级指标中，评价最好的5个方面是水电气供应、中小学教育、互联网服务、社会保障、社会治安。评价最差的5个方面是空气质量（33.2分）、水质（56.6分）、食品安全（58分）、小区环境（62.9分）、社区活动空间（63.1分）。

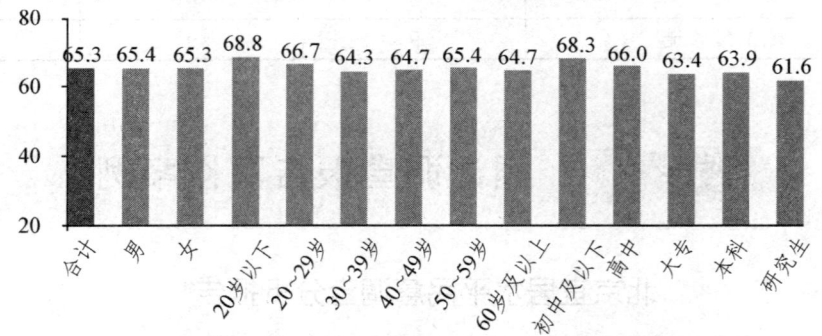

图1 不同性别、年龄、学历居民对北京市宜居水平评价

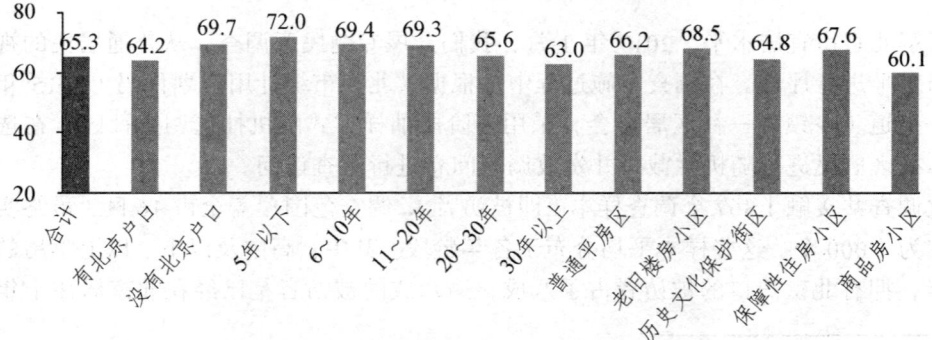

图2 不同户籍、居住年限、房屋类型居民对宜居水平评价

二、在"城市健康"五个指标中,空气质量成为最大的短板

调查显示,城市健康水平得分为60.6分,其中被访居民对水电气供应的评价最高,达到82.8分,空气质量的评价最低(仅为33.2分),水质得分为56.6分。

从分项评价指标看,空气质量成为最大的短板。2016年全市PM2.5年均浓度为73微克/立方米,仍超国标(年均35微克/立方米)1.09倍,与居民的期望差距较大。城市"最轻的"空气会影响"最重的"民心,宜居城市,健康的环境对大家很重要。

(一)密云区和延庆区居民对城市健康方面顾虑较少,朝阳区居民忧患意识最高

各区居民对"水电气供应"的评分都位于80分以上,而顺义区和朝阳区居民的评价较低,分别是73.8分和68.4分。

对于"空气质量",很明显地看到,延庆区和密云区的空气质量远优于其他区,居民给出了74.3分和65.3分的评价,分别高于北京市总评价分数32.1分和41.1分。

另外,密云区和延庆区的居民对"水质"也较为满意,给出83.5分和78.8分;而朝阳区和怀柔区的居民却对水质问题有较大的担忧,仅给出29.2分和37.5分。

在"医疗服务"和"小区环境"方面,通州区、密云区、延庆区和海淀区的居民认同度较高,打分都接近80分;而朝阳区居民却认为这两方面的表现离他们的期望差距较大,评分只有41.3分和31.2分。

(二)健康维度分析中,不同类型的居民对北京市城市健康的五个指标的评价基本一致

相对而言,20岁以下的年轻人对"小区环境"的评价低于总体评价4分左右。

随着学历的升高,居民对"小区环境""水质""空气质量"的要求越来越高;值得关注的是,研究生学历的被访居民对空气质量的评价最低,分数低于总评分近12分。

居住在历史文化保护街区的居民对"水电气供应"没有什么顾虑,但对"空气质量"更加担忧。

表1 北京市宜居水平评价情况

北京市宜居水平评价情况		城市健康维度评价情况	
	评价得分		评价得分
城市健康	60.6	城市健康总体水平	60.6
城市安全	66.5	空气质量	33.2
空间开发度	66.9	水　质	56.6
社会包容度	68.4	医疗服务	67.3
文化活力	66.1	小区环境	62.9
宜居水平(加权计算)	65.3	水电气供应	82.8

三、在"城市安全"五项指标中,食品安全仍是被访居民认为需要提升的重要指标

调查显示,城市总体安全水平得分为66.5分,其中被访居民对社会保障的评价最高(71.0分),其次为社会治安(69.6分),食品安全的评价最低(58.0分)。

(一)密云区和延庆区居民对城市安全评价较高,评分在80分上下,朝阳区居民评分最低,分数仅40分左右

密云区和延庆区在"食品安全"方面做得较好,分数分别为76.5和73.0;顺义区和通州区在食品安全方面尚未达到60分,还有待提高。

另外,房山区居民在"社会治安""交通安全""社会保障""就业安全"方面评价也较高;值得关注的是,在十大郊区中,顺义区在5项安全指标评价中都得分较低;怀柔区居民对"就业安全"呼声较高,评分为57.5分。

在城六区中,海淀区的安全水平各项指标评价都高于其他区;而朝阳区居民对各项指标都非常担忧;石景山区在"社会保障"和"就业安全"方面表现较好;西城区在"交通安全"方面还要加强,评分为61.0分。另外,加强食品安全问题仍是各区的工作重点。

(二)随年龄、学历和居住时间的变化,居民对北京市安全水平的五个指标的评价呈趋势化

被访居民年龄越大,对"社会治安"和"交通安全"的评价得分越低;而研究生学历的被访居民对这两个指标的评价分数较高;住在历史文化保护街区的居民对"社会治安"评价较高。

在北京居住时间较长以及住在商品房小区的居民对北京市安全水平的各项指标评价都较低;而住在老旧楼房小区的居民对各项指标评价都较高。

四、在"城市开放度"四项指标中,社区活动空间略有不足

调查显示,城市总体开放度得分为66.9分,其中被访居民对北京市互联网服务(网速网费)的评价最高(71.9分),其次为公园就近绿地(66.8分),社区活动空间的评价最低(63.1分)。

(一)密云区居民对城市开放度评价较高,朝阳区居民评价最低

密云区在城市开放度各方面都领先于其他区,且四项指标评分均在80分以上;通州区在"绿色出行环境"方面也达到了80分;而顺义区的居民对于几个指标的评分比其他几个郊区都相对较低,特别是"公园就近绿地"一项的评分,仅为47.5分。

在六大城区中,海淀区和石景山区居民对四项指标的评价均较高。

值得关注的是,朝阳区居民对"社区活动空间""绿色出行环境""公园就近绿地"三项

评分都是最低，不到40分。

（二）学历越高，在京居住年限越长的居民对北京市城市开放度的四个指标的需求越高

20岁以下的年轻人对北京市"绿色出行环境"的评价较高，高于平均分7.2分；研究生、居住在历史文化保护街区和商品房的居民对于"社区活动空间"和"绿色出行环境"两项指标的需求较高，评价低于60分。

在北京居住6~10年和住在老旧楼房小区的居民对于"互联网服务"满意度较高。

表2 城市安全维度、城市开放维度评价情况

城市安全维度评价情况	评价得分	城市开放维度评价情况	评价得分
城市安全总体水平	66.5	城市总体开放度	66.9
食品安全	58.0	社会活动空间	63.1
社会治安	69.6	绿色出行环境	65.7
交通安全	66.8	公园绿地就近	66.8
社会保障	71.0	互联网服务（网速）	71.9
就业安全	66.9	—	—

五、在"城市包容度"五项指标中，北京城市社会的包容度较高

调查显示，城市总体包容度得分为68.4分，在六个二级指标中得分最高。其中，被访居民对中小学教育的评价最高（72.7分），其次为残疾人服务（69.0分），对公益活动的评价最低（65.6分）。

（一）房山区、密云区居民对城市包容度评价较高，朝阳区居民评分最低

房山区、延庆区、怀柔区、密云区对"中小学教育"的评分分别为87.5分、84.5分、83.5分和83.0分，明显高于其他区。

房山区、密云区和平谷区的"托幼服务"评分也都在80分以上。

房山区和密云区在"残疾人服务"方面也做得较好。

在"养老服务"方面，房山区的评分也是最高（81.5分）。

"公益活动"获得密云区居民的高度认可。

相比之下，朝阳区居民对五项指标的评价都未达到50分，对于"养老服务"指标的评价，分数仅有33.0分。

（二）学历越低、在京居住年限越短的居民表现出越高的城市包容度

刚离开中小学校园不久的20岁以下的年轻人对北京市"中小学教育"评价较高；学历为初中及以下、在北京居住5年以下的被访居民有同感。

住在商品房小区的居民对城市包容度的五项指标评价都较低，其中"公益服务"和"养老服务"的评分低于 60 分。

六、在"城市文化活力"四项指标中，北京创业环境有待进一步提高

调查显示，城市总体文化活力得分为 66.1 分，各项指标得分较为均衡。其中，被访居民对历史文化保护的评价最高（69.5 分），其次为体育活动与设施（66.2 分）和文化活动与设施（65.1 分），对创业环境的评价最低（63.6 分）。

密云区居民对城市文化活力评价较高，朝阳区居民评分最低。

年龄越大、学历越高、在京居住年限越长的居民对北京市的城市文化活力满意度越低。除此之外，住在历史文化保护街区的居民认为"体育活动与设施"方面做得还不到位；而住在商品房的居民更加担忧"创业环境"。

附录 3　舆情月度报告写作案例

2019 年 2 月全国社会组织舆情月度报告[①]

2 月，2018 年度全国性社会团体、国际性社会团体、基金会、外国商会年检、年报工作有序开展；志愿服务领域发展迅速，志愿者数量已过亿，志愿服务质量也逐渐提升；各地积极开展党组织书记、党务工作培训班，以党建引领社会组织创新发展。本报告以进入全国社会组织舆情信息库的 199 条舆情信息（各级登记管理机关报送信息 15 条，要闻 17 条，热点关注 40 条，地方动态 140 条，警示信息 2 条）为研究样本，对相关社会组织舆情时间、地域、类型进行月度数据综合分析，精确梳理概括了 2 月份全国社会组织舆情的趋势走向和主要特征。

一、2 月舆情信息分析

1. 时间分布

关键词：3 次高峰

2 月 15 日，民政部启动基金会年检工作，要求基金会财务报告要向全社会公开。2 月 20 日，国务院总理李克强主持召开国务院常务会议，要求制定涉企法规规章和规范性文件必须听取相关企业和行业协会商会意见，使政府决策更符合实际和民意。2 月 26 日，中国扶贫基金会与阿里巴巴公益共同在京启动一项"国际爱心包裹"项目，未来三年，力争向"一带一路"沿线发展中国家有需求的小学生捐赠"爱心包裹"100 万个。

[①] 该舆情月报摘自《中国社会组织》2019 年第 6 期。

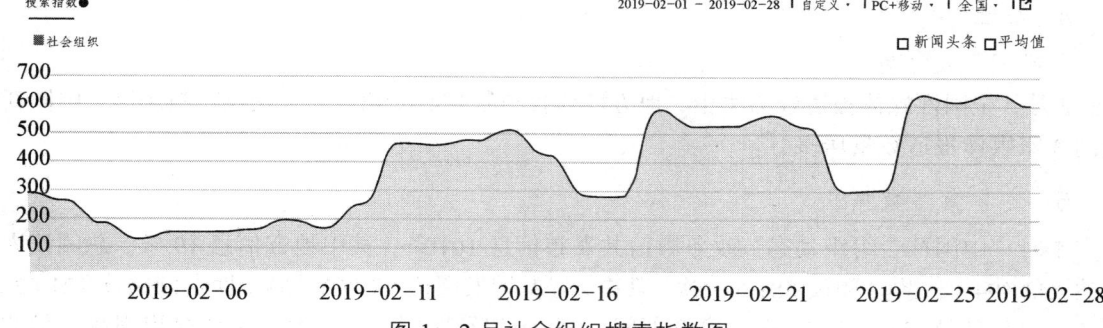

图1 2月社会组织搜索指数图

2. 地域分布

关键词：广东

2月，采集地方社会组织舆情信息140条，分布在29个省份，总量排名前三的是：广东（14条）、浙江（11条）、北京（10条）。

表1 2月份地方舆情信息数量分布情况

省份名称	信息数量（条）	省份名称	信息数量（条）
广东	14	上海	6
浙江	11	安徽	6
北京	10	山东	5
江苏	9	湖北	5
天津	8	陕西	5
甘肃	7	内蒙古	4
河北	6	重庆	4
山西	6	四川	4

3. 热点分布

关键词：作用发挥

2月，舆情热点分布领域：作用发挥（47条）、公益慈善（30条）、志愿服务（14条）、脱贫攻坚（7条）、非法社会组织（6条），以上五个领域信息占总量的52.3%。

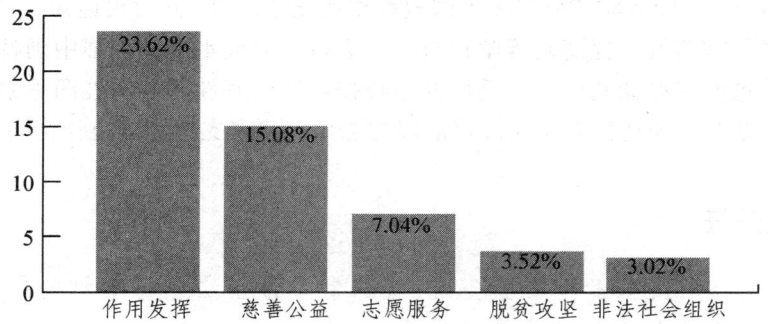

图2 2月份舆情热点分布领域TOP5

4. 媒体分布

关键词：人民网

2月，全国性媒体报道较为集中，地方媒体报道数量有所增长，人民网、新华网、中国新闻网3家媒体报道数量居多。

5. 政务微信数据

本月"中国社会组织动态"政务微信共发布信息101条，其中地方信息19条。总阅读人数达443 494人，累计阅读581 648次。其中，好友转发阅读77 162人次，朋友圈阅读121 628人次，会话阅读310 241人次。春节期间，《我给叙利亚朋友看除夕中国放鞭炮视频，他哭了……》阅读量达到5万人。

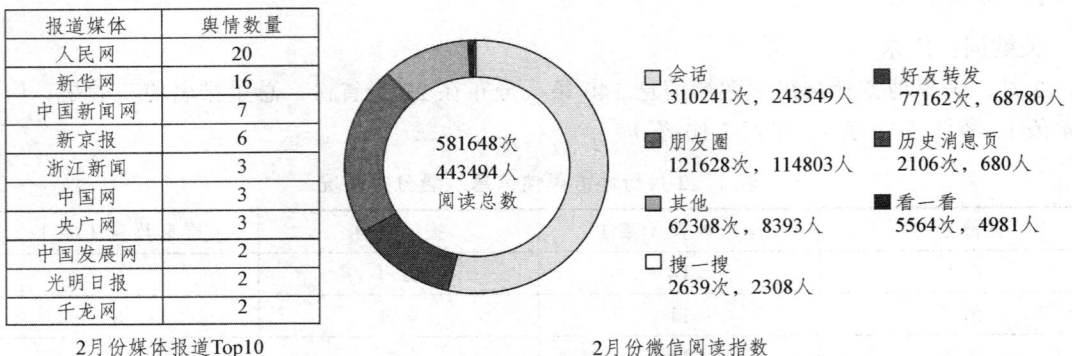

图3 2月份媒体报道TOP10·2月份微信阅读指数

二、政策聚焦

1. 中共中央、国务院印发《粤港澳大湾区发展规划纲要》

2月18日，中共中央、国务院印发《粤港澳大湾区发展规划纲要》。该规划纲要提出，探索把具备条件的行业服务管理职能适当交由社会组织承担，建立健全行业协会法人治理结构；充分发挥行业协会商会在制定技术标准、规范行业秩序、开拓国际市场、应对贸易摩擦等方面的积极作用。研究建立粤港澳跨境社会救助信息系统，开展社会福利和慈善事业合作。

2. 中共中央、国务院印发《中国教育现代化2035》

近日，中共中央、国务院印发了《中国教育现代化2035》，并发出通知，要求各地区各部门结合实际认真贯彻落实。提高高等学校哲学社会科学研究水平，加强中国特色新型智库建设。加快发展普惠性民办幼儿园，鼓励民办学校按照非营利性和营利性两种组织属性开展现代学校制度改革创新。推动社会参与教育治理常态化，建立支持和规范社会力量兴办教育。

三、月度关注

1. 李克强主持召开国务院常务会议，要求制定涉企法规规章和规范性文件必须听取相关企业和行业协会商会意见等

2月20日，国务院总理李克强主持召开国务院常务会议，要求制定涉企法规规章和规范

性文件必须听取相关企业和行业协会商会意见，使政府决策更符合实际和民意；决定再取消和下放一批行政许可事项、在全国全面开展工程建设项目审批制度改革；部署推动家政服务增加供给、提高质量的措施，促进扩内需、惠民生。

2. 国新办举行新闻发布会，民政部回应民生热点问题

2月21日，国务院新闻办举办新闻发布会，民政部部长黄树贤介绍民政事业改革发展有关情况，并答记者问。黄树贤介绍，2018年民政事业全面推进。规范管理社会组织，各级社会组织党的建设全面加强，打击整治非法社会组织专项行动持续开展，广大社会组织积极参与扶贫济困；社会工作专业人才突破100万人，各类志愿服务活动广泛开展。推进社会组织登记管理条例的立法，完善社会组织管理法规政策，依法做好社会组织的管理，更好地发挥社会组织的积极作用。

3. 全国社会组织登记管理工作视频会议召开

2月18日上午，民政部召开全国社会组织登记管理工作视频会议，部署社会组织登记管理领域2019年主要工作。会议强调，要坚持用习近平新时代中国特色社会主义思想指导社会组织工作的方方面面，确保始终坚定正确的政治方向；要广泛动员社会组织参与脱贫攻坚，为如期全面建成小康社会做贡献；要切实抓好社会组织特别是行业协会商会涉企收费整治，助推我国经济持续健康发展；要抓好社会组织风险防控和化解工作，促进社会大局保持稳定。

4. 民政部开展基金会年检，基金会财务报告要向全社会公开

2月15日，民政部发布通知，要求开展基金会2018年度报告和年度检查工作。按照要求，2018年度工作报告（含财务会计报告）要向全社会公开。2018年12月31日前登记或者认定为慈善组织的基金会，应于2019年3月31日前向登记管理机关报送2018年度工作报告（含财务会计报告），具有公开募捐资格的，还应当报送审计报告和专项信息审核报告。

5. 四部门联合开展App违法违规收集使用个人信息专项治理，中国互联网协会、中国网络空间安全协会参与编制大众化应用基本业务功能及必要信息规范

日前，为了切实治理个人信息保护方面存在的乱象，中央网信办、工信部、公安部、市场监管总局四部门决定，自2019年1月至12月，在全国范围组织开展App违法违规收集使用个人信息专项治理。对违法行为将予以处罚，包括责令App运营者限期整改；逾期不改的，公开曝光；情节严重的，依法暂停相关业务、停业整顿、吊销相关业务许可证或者吊销营业执照。

6. 我国登记社会组织超过81万个，成脱贫攻坚重要力量

截至2月9日，全国社会组织数据系统显示全国登记社会组织已超过81.6万个，其中民政部登记社会组织2 300个。民政部社会组织管理局相关负责人表示，随着我国社会组织快速发展，社会组织参与脱贫攻坚的力度也越来越大，已成为一支推动脱贫攻坚的重要力量。

7. 教育部：将加大扶持力度鼓励社会力量办幼儿园

2月2日，针对近日关于"民办幼儿园将退出历史舞台"的说法，教育部回应表示：民办

园不仅不会退出历史舞台，相反，政府还会继续加大扶持力度，鼓励社会力量办园，积极引导和扶持更多的民办园提供普惠性服务。

8. 专家热议取缔军民融合领域非法社会组织

2月2日，解放军报军民融合专版以近乎一个整版的篇幅，推出重磅报道《重拳出击：治理规范引出热门话题》，就非法社会组织"中国人民解放军军民融合发展委员会"被依法取缔，刊登了军地4位法律专家的有关看法和相关建议：一、涉军造假令人痛恨，法治建设亟待加强；二、堪称专项法治宣传，凸显今后努力方向；三、通关先锋张弛有度，依托保障科学高效；四、完善高端战略规划，全面加强法治保障。

9. 公安部公布43个民族资产解冻类诈骗犯罪虚假项目和组织

近日，在公安部统一部署指挥下，各地公安机关迅速推进专项行动，侦破了一批民族资产解冻类诈骗案件，摧毁了一批犯罪网络，抓获了一批犯罪嫌疑人。同时，公安机关查明了43个实施民族资产解冻类诈骗犯罪的虚假项目和组织。

10. 志愿者过亿，志愿服务质量应乘势而上

截至2018年年底，全国志愿服务信息系统注册志愿者超过1亿人。全国标识志愿服务组织1.2万个，记录志愿服务时间超过12亿小时。自2008年大规模参与汶川地震救灾和奥运会志愿服务开始，志愿服务正式出现在我国大众视野之中。十年来，志愿者队伍超过1亿人，志愿服务从起步到今天渐趋成熟，这是一个来之不易的成绩。习近平总书记今年1月在天津考察时就强调，"志愿服务是社会文明进步的重要标志"。注册志愿者数量和服务时间的快速增长，体现了在我国制度化推进志愿服务方面的积极效果。

11. 2018年全国学雷锋志愿服务"四个100"候选名单出炉

由中宣部、中央文明办等部门组织开展的2018年宣传推选学雷锋志愿服务"四个100"先进典型活动日前发布公示名单。据了解，全国学雷锋志愿服务"四个100"先进典型宣传推选活动从2015年开始，每次推选出100名最美志愿者、100个最佳志愿服务组织、100个最佳志愿服务项目和100个最美志愿服务社区。

12. 行业协会减税降费进行时：积极响应国家号召，切实采取有效措施

为深入贯彻落实中央减税降费精神，在2019年全国民政工作视频会上，民政部党组书记、部长黄树贤对减税降费做出了具体安排，民政部两次召开党组专题会对减税降费工作进行研究部署。中国证券投资基金业协会、中国轻工业联合会、中国证券业协会、中国银行业协会等积极响应国家号召，纷纷采取措施减税降费。中国证券投资基金业协会减免私募创投机构等会员2019年年会费3 000万元；中国轻工业联合会召开学习传达贯彻民政部落实中央减税降费精神座谈会；中国证券业协会发布《关于就资本市场减税降费措施征集意见的通知》；中国银行业协会布进一步减费让利引领银行业更好地服务实体经济倡议书。

四、月度热词

1. 社会组织党建

地方层面：

安徽省宁国市个体民营企业协会党支部从诚信经营、奉献社会、服务发展三方面入手，狠抓党组织和党员作用发挥，营造了诚实守信市场氛围，树立了协会良好社会形象，促进了非公经济蓬勃发展。近日，山东省滨州市保险行业协会党支部开展春节送温暖慰问养老院活动。近年来，西藏拉萨市按照全市非公有制经济和社会组织党建工作抓好"两个覆盖"的要求，加大"两新"组织党建工作力度，采取独立组建、联合组建和挂靠组建等方式建立党组织，对条件不具备的，派驻党建指导员，确保实现党的组织和党的工作全覆盖。河北省承德县突出党组织"红色带动"，大力实施"红色领航工程"，推动党组织覆盖，增加投入保障，提升服务功能，规范党建制度，推动非公企业和社会组织履行社会责任，助力脱贫攻坚。贵州省瓮安县紧紧围绕非公企业和社会组织党组织"建得起、稳得住、干得好、管得活"为目标，走好"五步"，逐步提升"两个覆盖"工作质量。近日，山西省侯马市举办了非公经济组织和社会组织党组织书记示范培训班。2月13日，山西省高平市非公和社会组织工委党支部书记"改革创新、奋发有为"大讨论培训班在市委党校开班。2月13日至14日，山西省孝义市非公经济组织和社会组织党组织书记"改革创新、奋发有为"大讨论集中培训班召开。

2. 脱贫攻坚

地方层面：

近年来，四川省成都市试点社会组织集成攻坚扶贫创新模式。2月12日，国家知识产权局商标局公布12件"四川扶贫"集体商标的"注册公示"，标志着"四川扶贫"集体商标正式被核准注册，商标专用权受法律保护。2月13日，河南省商丘市民政局带领多家公益组织开展"脱贫攻坚、对口扶贫"活动。2月16日，为贯彻落实"牵手计划"精准脱贫工作，"甘肃省社工扶贫工作站"在敦煌市揭牌设立。近日，甘肃省民政厅印发《关于进一步引导和动员社会组织参与脱贫攻坚工作的通知》。2月24日，山西省民政厅推动社会组织参与脱贫攻坚座谈会举行。

3. 执法监察

地方层面：

近日，陕西省宝鸡市陇县公安局宣布打掉一个以广西百色籍犯罪嫌疑人万崇庄为首、打着"精准扶贫"旗号大肆实施诈骗作案的犯罪团伙。陕西省西安市民政局、市公安局联合取缔"全球华人总会""中国（中华）中医药期刊学会""中国方圆慈善基金会"等三家非法社会组织。日前，安徽省推进依法行政领导小组办公室以2019年1号文件的形式，向该省各市、县政府及省直各部门发出《关于进一步加强行政公益诉讼应诉工作的通知》。2月15日，重庆市民政局发布2019年第6号公告。重庆市合作经济学会等17家社会组织因未按规定参加年度检查，市民政局决定对其做出撤销登记的行政处罚。2月21日，湖北省召开的民政工作会议透露，2018年，全省共有27家社会组织被行政处罚，44家社会组织纳入严重违法失信黑名单，91家社会组织列入涉嫌非法社会组织名录。近日，云南省民政厅发布《列入社会组织活动异常名录公告》，将6家机构列入社会组织活动异常名录。2月25日，河北省民政厅依法取缔非法社会组织"河北省门业协会"。

4. 志愿服务

2月15日，由中央宣传部、中央文明办、全国总工会、共青团中央、全国妇联等16个单位联合评选的2018年学雷锋志愿服务"四个100"先进典型名单进行公示。

地方层面：

2月1日，安徽省合肥市教育局发布《关于加强合肥市中学生志愿服务工作的实施意见（征求意见稿）》，鼓励将志愿服务工作纳入各级教科研中。2月1日，河北省邯郸市文明办发出通知，要求全市各县（区、市）直相关部门在春节期间组织动员广大志愿者和志愿服务组织，广泛开展形式多样的志愿服务活动。近日，辽宁省大连市甘井子区泡崖街道玉山社区党总支组织党群志愿者开展了志愿服务积分兑换礼品活动。近日，天津市文明办召开志愿服务工作座谈会，深入贯彻落实习近平总书记在天津视察工作和在京津冀协同发展座谈会上的重要讲话精神，进一步推动全市志愿服务工作全面展开。重庆市各区（县）积极开展"我们一起奔小康"扶贫志愿服务活动，为贫困群众送温暖、送技术、送文化、送健康、送新风。天津市总工会通过发挥三级志愿服务平台作用，依托开辟网上注册入口等全市职工志愿服务模块，打造"工会志愿服务超市"。春节期间上海市金山区市民巡访团志愿者有近200人参与"禁燃"宣传和烟花爆竹管制工作，全市共有25万名志愿者参与平安守护。日前，北京世园会园区志愿者社会招募工作正式启动。陕西省西安青年志愿者开展2019年春运"暖冬行动"。2月8日—9日，河北省承德市双桥区团委组织志愿者在承德火车站开展了"暖冬行动"志愿服务活动。2月16日，海南省海口市琼山区新时代文明实践中心、琼山区志愿服务联合会举办元宵节志愿服务保障工作培训活动。

5. 公益慈善

地方层面：

2月2日，江苏省盐城市爱心公益协会举行"冬送温暖"慰问活动，当天共发放慰问金3万多元。2月12日起，以"保民生，促和谐"为主题的广东省江门市第六届（2019）社会治理公益创投活动正式接受报名。近日，浙江省杭州市社会组织开展形式多样的迎春公益服务活动。2月19日，广东省中山市2019年慈善万人行巡游活动在广东省中山市兴中道举行。近日，河南省郑州市社会组织举办公益性岗位岗前培训活动。2月19日，广东省佛山举行元宵慈善文化人人行活动，近80万人行通济。

附录4　舆情专题报告写作案例

我国世界文化遗产舆情专项数据分析报告[①]

中国文化遗产研究院　张欣

世界文化遗产舆情是指公众对世界文化遗产保护管理各种现象所表达的态度、意见和情绪等表现的总和。随着我国综合国力显著增强，人民群众精神文化需求日趋旺盛，对世界文化遗产工作的关注度也显著提升。近年来网络信息技术迅速发展，人民群众获取信息更加高效便捷，提升了舆情扩散的速度和影响力。有效的舆情监测有利于世界文化遗产保护管理人员从游客、媒体的角度了解保护管理工作过程中存在的问题，并及时防控处在潜伏期的舆情问题，避免形成危机事件，从而保障世界文化遗产的安全。同时世界文化遗产舆情监测是世界文化遗产监测工作的重要组成部分，舆情监测可以为国内世界文化遗产反应性监测提供信息源，提升当地政府对舆情的监管和应对能力，从而有助于提高我国世界文化遗产的保护管理水平。

一、总体情况

据统计，2017年涉及我国世界文化遗产的舆情报道共44万条[②]，平均每项遗产报道约1.1万条，报道量排名前五名的遗产分别为明清故宫、长城、黄山、武夷山、丽江古城（图1）。

二、月度报道量

2017年全年报道量排名前五的月份由高到低分别为11月、12月、2月、3月、1月，其中11月份、12月份报道量最大，占总报道数的23%（图2）。这5个月报道量排名较高的原因分别为：

11月11日，央视曝光了丽江古城两家客栈存在不正当竞争行为，引发了网友和媒体的热议。

12月9日，"驴友在长城内生火做饭"事件，引发媒体对大众道德的声讨和对执法部门的质疑，传播量较大。

2月4日，发生了"丽江游客被打事件"，引发了网友及媒体的热议。

3月，"丽江游客被打事件"讨论度仍然较高，十三陵承认思陵烛台被盗。

1月，发生于2016年11月的丽江打人事件讨论度持续较高。

除此之外，7月、8月暑期期间游客量控制、游客不文明行为的负面报道也较多（图3）。

[①] 该舆情专题报告摘自《中国文化遗产》2018年第6期。
[②] 本报告所统计的世界文化遗产舆情数据来源于苗健信息咨询有限公司在网络平台上搜集的舆情数据，涉及40项世界文化遗产，其中文化遗产36项，文化和自然混合遗产4项。

图1 2017年我国世界文化遗产舆情信息数量排名

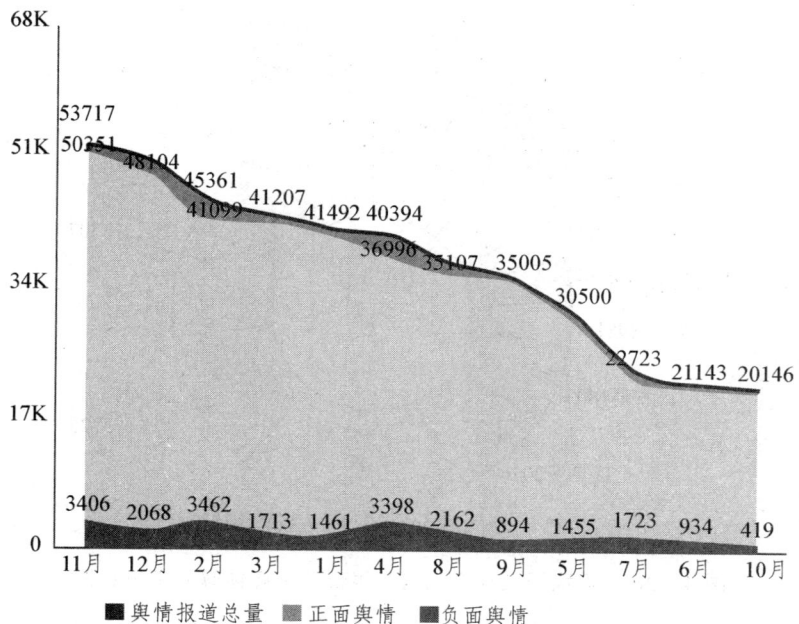

图 2　2017 年我国世界文化遗产舆情信息月度报道量统计

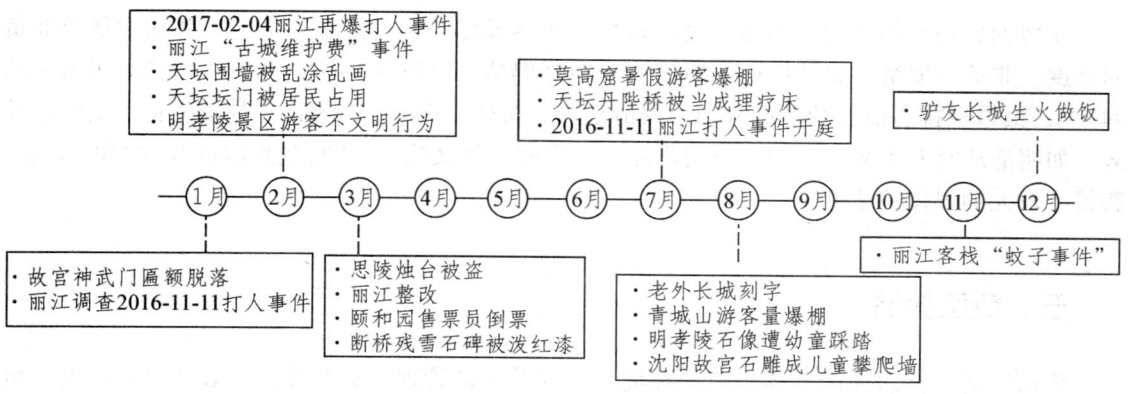

图 3　2017 年我国世界文化遗产每月重点负面舆情信息

三、媒体关注度

媒体可分为平面媒体、网络媒体。平面媒体主要指报纸、杂志等传统媒体，网络媒体主要指各大媒体门户网站、搜索引擎、博客、手机报、网络杂志等新媒体。

2017 年我国世界文化遗产舆情数据显示，网络媒体发布/转载的舆情信息占舆情总量的 87%，这表明互联网是当前舆情信息传播的主要媒介。

其中，一线、二线城市的媒体报道量比较大，特别是重要门户网站如网易、中国网、新浪网、人民网、搜狐等对世界文化遗产的关注度较高（图 4）。

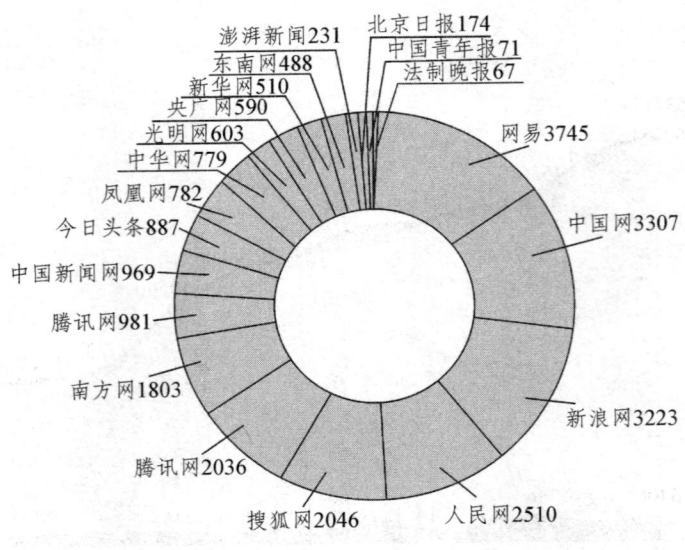

图 4 2017 年我国世界文化遗产舆情信息媒体曝光率统计图

四、非负面舆情

非负面舆情是指跟遗产本体、遗产环境、游客及保护管理人员有关的，表达中性及非负面态度、非负面情绪的舆情信息。2017 年非负面舆情报道量共 41.8 万条，占舆情总报道量的 94.8%，报道量排名前五的遗产分别为明清故宫、长城、黄山、武夷山、鼓浪屿：历史国际社区。如明清故宫有关故宫文创、彩视作品《我在故宫修文物》、故宫院长演讲等方面的报道，获得了较大的媒体关注度。

五、负面舆情

负面舆情是指跟遗产本体、遗产环境、游客及保护管理人员有关的，表达负面态度、负面情绪的舆情信息，包括遗产本体或环境因自然因素或人为因素被毁坏、游客人身安全受到威胁等信息。2017 年，我国世界文化遗产负面舆情报道共 2.3 万条，占舆情总报道量的 5.2%，平均每项遗产的负面报道量约 577 条。

（一）遗产地负面舆情曝光率

2017 年，我国负面曝光率排名前五的世界文化遗产地分别为丽江古城、明清皇家陵寝、北京皇家祭坛—天坛、都江堰—青城山、秦始皇陵及兵马俑，这五处遗产的负面舆情报道量占负面舆情报道总量的 81%（图 5）（表 1）。

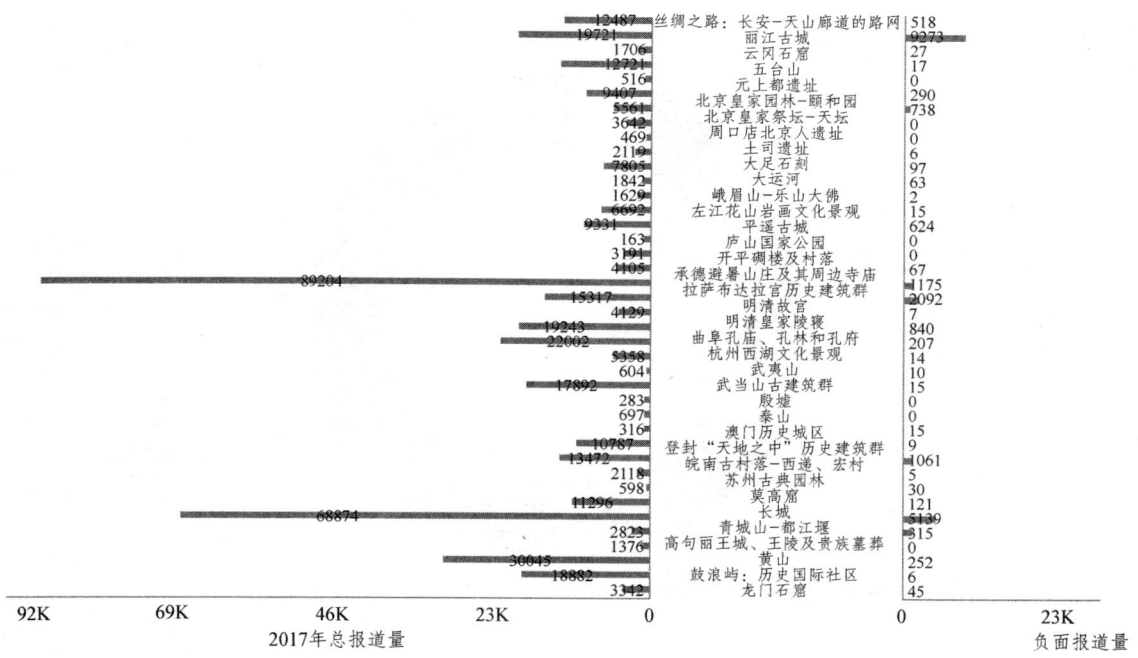

图 5 2017 年我国世界文化遗产负面舆情报道情况

表 1 2017 年方面舆情曝光率排名前 10 的遗产地

序号	遗产地名称	2017年总报道量	2017年负面报道量	负面曝光率
1	丽江古城	19 721	9 273	47.0%
2	明清皇家陵寝	15 317	2 092	13.7%
3	北京皇家祭坛—天坛	5 561	738	13.3%
4	都江堰—青城山	2 823	315	11.2%
5	秦始皇陵及兵马俑	13 472	1 061	7.9%
6	长城	68 874	5 139	7.5%
7	庐山国家公园	9 331	624	6.7%
8	苏州古典园林	598	30	5.0%
9	皖南古村落	316	15	4.7%
10	杭州西湖文化景观	19 243	840	4.4%

（二）负面舆情话题分布

2017 年，负面舆情话题的分布从高到低依次为遗产影响因素、遗产保护项目和相关研究、机构与能力建设以及遗产展示宣传，图 6、图 7 分别为 2017 年我国世界文化遗产负面舆情分类占比情况及词云图。

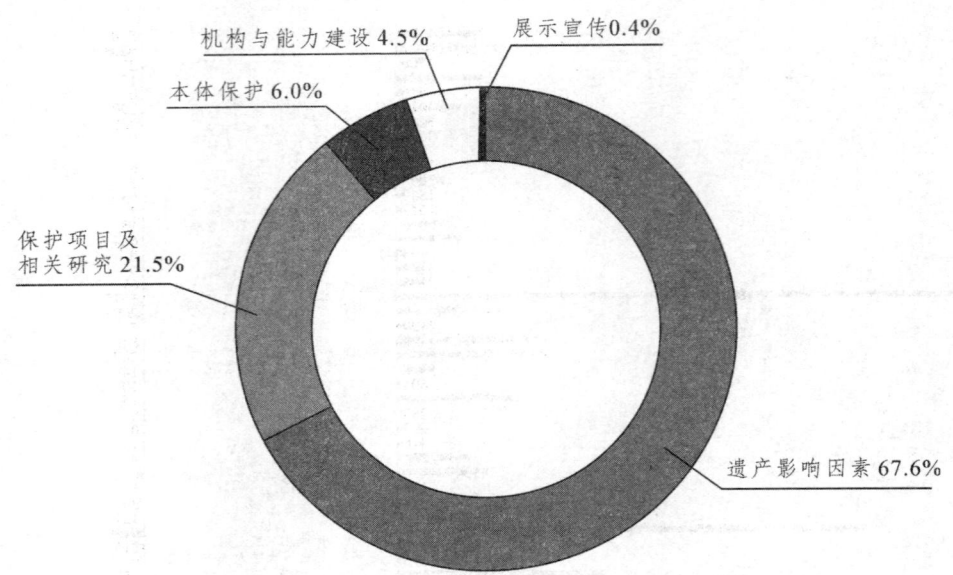

图6 2017年我国世界文化遗产负面舆情的分类占比情况

图7 2017年我国世界文化遗产负面舆情的词云图

遗产影响因素方面主要涉及旅游与游客管理、人为盗窃破坏等内容。如"明十三陵思陵石五供烛台被盗""暑期旅游爆棚,千年莫高窟不堪重负""丽江打人事件""八达岭长城被刻字"等。

遗产保护项目和相关研究方面主要涉及遗产保护、展示、环境等工程、遗产的消防安防等内容,如"古桥遗迹濒临灭失被曝光,通州官方加强保护"等。

机构与能力建设方面主要涉及遗产保护管理能力建设、专项法规等内容,如"颐和园员工涉嫌倒票被停职"等。

展示宣传方面主要涉及文创产品、遗产地宣传等内容,这方面的负面报道较少,主要有"山寨文物伤害文化遗产几时休"等。

六、趋　势

（一）2017年舆情报道总量及均值有所下降

从2015—2017年我国世界文化遗产舆情总量和均值的情况看，2016年的舆情总量和均值最高，2017年的舆情总量和均值略微低于2016年，2016年舆情总量和均值分别为441 169条、11 029条，舆情总体情况较为稳定（图8）。

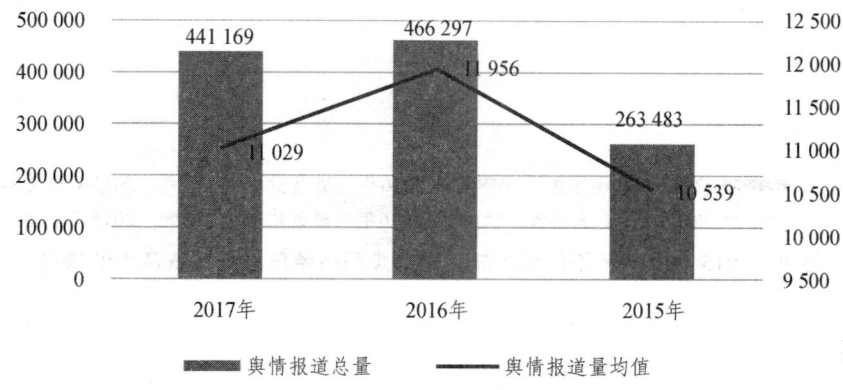

图8　2015—2017年我国世界文化遗产舆情信息的总量及均值情况

（二）三年中古建筑类遗产地报道量均为最高

从2015—2017年不同遗产类型的舆情报道数的情况看，古建筑类遗产的年度报道总量三年持续增长，且均为这三年年度舆情报道总量最高的遗产类型（图9）。相较2016年，2017年石窟寺及石刻类遗产舆情报道量有所增长，混合遗产、文化景观、古村落、历史城镇和中心类遗产的舆情报道量有所下降，其中混合遗产降幅最大。综合不同遗产类型的游客量均值和舆情报道量均值情况看，2017年舆情报道量从高到低依次为古建筑（游客量均值排名第二）、混合遗产（游客量均值排名第四）、文化景观（游客量均值排名第一）、古建筑、古村落、历史城镇和中心（游客量均值排名第三）、古遗址及古墓葬（游客量均值排名第六）、石窟寺及石刻（游客量均值排名第五），这表明古建筑、混合遗产更容易引发大众对遗产保护管理各种现象表达态度、意见和情绪，拥有更多的社会关注度。

（三）2017年旅游与游客相关负面报道大幅增加

从2016—2017年我国世界文化遗产负面舆情报道的内容来看，与遗产影响因素相关的负面舆情均占两年负面舆情总量的60%以上，是最主要的负面舆情类型。相较2016年，2017年与遗产影响因素相关的负面舆情占比略微下降，遗产保护项目和相关研究的负面舆情占比略微上升，机构与能力建设、展示宣传的负面舆情占比基本无变化。

在与遗产影响因素相关的负面舆情中，旅游与游客相关的负面舆情占负面舆情总量的50%以上，相较2016年有较大幅度的增长，这反映出我国世界文化遗产地在游客管理方面的不足。

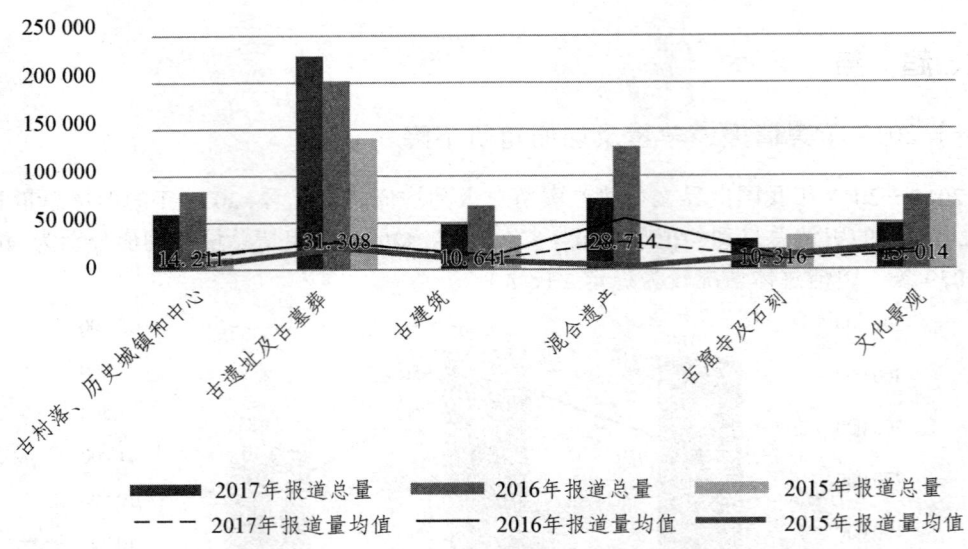

图9 2015—2017年不同世界文化遗产类型舆情信息的总量及均值情况

结　语

随着我国文化强国战略的提出，文物价值和文物保护取得社会普遍共识，文物事业发展取得了全面进步，媒体和大众对世界文化遗产的关注度逐渐提高，我国世界文化遗产的保护管理工作正受到前所未有的重视。同时，负面舆情占舆情总数的比例仍然较高，反映出我国世界文化遗产工作在游客管理、舆情响应制度等方面存在不足，各遗产地政府和遗产保护机构应加强自身能力建设，建立并完善舆情管理制度，积极引导舆情朝着有利于世界文化遗产可持续发展的轨道前行。

参考文献

[1] 陈力丹. 舆论学：舆论导向研究[M]. 上海：上海交通大学出版社，2012.
[2] 陈力丹. 舆论——感觉周围的精神世界[M]. 上海：上海交通大学出版社，2003.
[3] 刘建明，纪中慧，等. 舆论学概论[M]. 北京：中国传媒大学出版社，2009.
[4] 刘建明. 社会舆论原理[M]. 北京：华夏出版社，2002.
[5] 刘建明. 基础舆论学[M]. 北京：中国人民大学出版社，1988.
[6] 刘建明. 舆论传播[M]. 北京：清华大学出版社，2001.
[7] 胡钰. 新闻与舆论[M]. 北京：中国广播电视出版社，2001.
[8] 喻国明，刘夏阳. 中国民意研究[M]. 北京：中国人民大学出版社，1993.
[9] 韩运荣，喻国明. 舆论学：原理、方法与应用[M]. 2版. 北京：中国传媒大学出版社，2013.
[10] 秦志希，饶德江. 舆论学教程[M]. 武汉：武汉大学出版社，1994.
[11] 侯东阳. 舆论传播学教程[M]. 广州：暨南大学出版社，2009.
[12] 侯东阳. 中国舆情调控的渐进与优化[M]. 广州：暨南大学出版社，2011.
[13] 程世寿. 公共舆论学[M]. 武汉：华中科技大学出版社，2003.
[14] 孟小平. 揭示公共关系的奥秘——舆论学[M]. 北京：中国新闻出版社，1989.
[15] 王灿发，邵全红，等. 新闻舆论学基础教程[M]. 北京：中国广播电视出版社，2018.
[16] 宋晖，吴麟，等. 舆论学实务教程[M]. 北京：中国传媒大学出版社，2015.
[17] 许静. 舆论学概论[M]. 北京：北京大学出版社，2009.
[18] 廖永亮. 舆论调控学——引导舆论与舆论引导的艺术[M]. 北京：新华出版社，2003.
[19] 王雄. 新闻舆论研究[M]. 北京：新华出版社，2002.
[20] 徐向红. 现代舆论学[M]. 北京：中国国际广播出版社，1991.
[21] 郑力. 中国监督学大辞典[M]. 北京：中国财政经济出版社，1996.
[22] 纪忠慧. 美国舆论管理研究[M]. 北京：新华出版社，2016.
[23] 许新芝，罗朋，李清霞. 舆论监督研究[M]. 北京：知识产权出版社，2009.
[24] 邓海荣. 新闻媒介舆论引导力研究[M]. 长春：吉林出版集团有限公司，2013.
[25] 何梓华. 新闻理论教程（修订版）[M]. 北京：高等教育出版社，2008.
[26] 李良荣. 新闻学概论[M]. 上海：复旦大学出版社，2006.
[27] 李良荣. 宣传学导论[M]. 福州：福建人民出版社，1989.
[28] 陈力丹. 新闻理论十讲[M]. 上海：复旦大学出版社，2011.
[29] 彭菊华. 新闻学原理[M]. 2版. 北京：中国传媒大学出版社，2014.
[30] 刘九洲. 新闻理论基础[M]. 武汉：武汉大学出版社，2006.

[31] 郭庆光. 传播学教程[M]. 北京：中国人民大学出版社，1999.
[32] 刘建明. 媒介批评通论[M]. 北京：中国人民大学出版社，2001.
[33] 沙莲香. 社会心理学[M]. 北京：中国人民大学出版社，2002.
[34] 王援. 新闻学概论[M]. 成都：电子科技大学出版社，2017.
[35] 丁柏铨. 中国当代理论新闻学[M]. 上海：复旦大学出版社，2002.
[36] 邵培仁. 传播学[M]. 北京：高等教育出版社，2000.
[37] 张晓峰，孙璐. 传媒与政治[M]. 北京：中国传媒大学出版社，2014.
[38] 本书编写组. 新闻学概论[M]. 北京：高等教育出版社，2009.
[39] 丁柏铨. 中国新闻理论体系研究[M]. 北京：新华出版社，2002.
[40] 李彬. 传播学引论[M]. 3版. 北京：高等教育出版社，2013.
[41] 邱沛篁，吴信训，等. 新闻传播百科全书[M]. 成都：四川人民出版社，1998.
[42] 尹保华. 社会学概论[M]. 北京：知识产权出版社，2018.
[43] 韩军. 新媒体时代下的新闻传播与舆论监督研究[M]. 北京：九州出版社，2017.
[44] 刘毅. 网络舆情研究概论[M]. 天津：天津人民出版社，2007.
[45] 王来华. 舆情研究概论[M]. 北京：社会科学院出版社，2003.
[46] 蔡皖东. 网络舆情分析技术[M]. 北京：电子工业出版社，2018.
[47] 彭铁元. 网络舆情管理学[M]. 武汉：湖北教育出版社，2018.
[48] 人民网舆情数据中心. 十天学会写舆情报告[M]. 北京：人民出版社，2018.
[49] 吴增基，吴鹏森，等. 现代社会调查方法[M]. 4版. 上海：上海人民出版社，2014.
[50] 洪瑾. 社会调查方法[M]. 北京：中国轻工业出版社，2004.
[51] 聂平平，冯小林，等. 社会调查理论与实践[M]. 南昌：江西人民出版社，2016.
[52] 袁荃. 社会研究方法[M]. 大连：东北财经大学出版社，2016.
[53] 杜智敏. 社会调查方法与实践[M]. 北京：电子工业出版社，2014.
[54] 吴思宇. 新编统计学[M]. 北京：北京理工大学出版社，2018.
[55] 董海军. 社会调查与统计[M]. 2版. 武汉：武汉大学出版社，2012.